U0451526

漫长的瞬间

吴亮谈话录 II

吴亮 著

商务印书馆
2016年·北京

图书在版编目（CIP）数据

漫长的瞬间：吴亮谈话录.2 / 吴亮著. — 北京：商务印书馆，2016
ISBN 978-7-100-11614-5

Ⅰ.①漫… Ⅱ.①吴… Ⅲ.①画家－访问记－中国－现代 Ⅳ.①K825.72

中国版本图书馆CIP数据核字(2015)第232557号

所有权利保留。

未经许可，不得以任何方式使用。

漫长的瞬间

吴亮谈话录Ⅱ

吴　亮　著

商 务 印 书 馆 出 版
（北京王府井大街36号　邮政编码 100710）
商 务 印 书 馆 发 行
三河市尚艺印装有限公司印刷
ISBN 978-7-100-11614-5

2016年8月第1版　　开本 880×1230　1/32
2016年8月北京第1次印刷　印张 15 7/8

定价：50.00元

目录 Contents

画画应该成为一种业余状态（何旸　吴亮） 1

梦就是你清醒时候的期待（杨福东　吴亮） 16

我想把所有的痕迹抹去（施勇　吴亮） 29

第四维迷惑：一分钟就是一百年（胡介鸣　吴亮） 45

有时候我们不能完全相信眼睛（李斌　吴亮） 59

用一种存疑的眼光去看大千世界（邬一名　吴亮） 75

犯点错误是我的理想（裴晶　吴亮） 86

比艺术家更强大的是作品（刘建华　吴亮） 97

我更适合我一个人能够完成的工作（罗永进　吴亮） 110

摄影人就是一个影像的偷窃者（陆元敏　吴亮） 125

观念就是偏见，摄影就是沙里淘金（周明　吴亮） 139

没有看到的，并不等于不存在（王秋人　吴亮） 154

我画的所有画就是一幅画（伊灵　吴亮） 169

漫长的瞬间（汤国　吴亮） 185

只要汉字存在，中国画就不会消失（萧海春　吴亮）	203
我的梦想和憧憬具体而短暂（赵勤　吴亮）	217
我喜欢这种漂泊的状态（焦振予　吴亮）	234
我的每件作品背后都有原型手稿（虞村　吴亮）	256
我承认空灵的力量，但还是要继续说话（韩冬　吴亮）	273
你也许觉得很突兀，我却感到很快乐（韩峰　吴亮）	294
学会节制，放慢节奏（陈心懋　吴亮）	309
当灰尘厚厚地落满了桌面（秦一峰　吴亮）	326
每天面对苍天下跪五分钟（郭海平　吴亮）	342
我没有什么对象需要反抗（黄渊青　吴亮）	360
我需要自由地工作才更加自在（曲丰国　吴亮）	379
我不想做生活的旁观者（计文于　吴亮）	393
整个空间里都是你的痕迹（陈墙　吴亮）	408
写实绘画在当代语境中的三重焦虑	422
（吴亮在龙美术馆《味象》油画藏品展研讨会的发言，2013年）	
消受青山一卷书	426
（吴亮在上海美术馆萧海春《烟云自在》个展研讨会的发言，2011年）	
对前卫的失望或对传统的失望	431
（吴亮在喜马拉雅美术馆《墨测高深》当代艺术展研讨会的发言，2012年）	
观看的维度	437
（吴亮在上海大学美术学院《视觉的维度》年度展研讨会的发言，2013年）	

时代的遗产与照片的光芒　　　　　　　　　　　　**443**
（吴亮在马勒别墅陆元敏《繁花》摄影展研讨会的发言，2013年）

莫奈与他的时代及对二十世纪的影响　　　　　　**452**
（吴亮在上海思南公馆的讲座，2014年3月22日）

解释世界，还是改造世界？　　　　　　　　　　**470**
（吴亮在苏州金鸡湖美术馆的讲座，2013年8月3日）

后记　　　　　　　　　　　　　　　　　　　　　499

画画应该成为一种业余状态

何旸　吴亮

(何旸，艺术家，现居上海。对话时间：2010年10月)

吴亮：寻找你这个工作室很费力气，你说在一个精神病院旁边，路比较复杂，总算找到了。一路上，我试图把你的工作室和精神病人联系在一起……这是我二十年来拜访过的你第四个画室了，你第一个画室在筒子楼里，1990年。

何旸：我最早的画室在乡下。

吴亮：城乡接合部吧，像北京的那种筒子楼。你当时的几幅作品，背景有一些呆板单调的多层建筑，水泥房子，灰乎乎的，像兵营一样的房子。你说这就是从你家窗口看出去的空间，筒子楼我记住了。此后在郊区你和申凡共同租了一个工作室，再后来就是你的新华路老家，底层两间，很巧，弄堂对面也是医院——光华医院……你的工作室总是和医院、兵营这类概念联系在一起。

何旸：这个我倒没有想到过。

吴亮：现在我想起你最初的一些画——几个医生，戴着大口罩，病人被弄在了一个手术台上面，正在作检查或解剖，还有一些孩子，婴儿，大脑壳，像一个医院，甚至像监狱。有些面目差不多的人，有时候是你自己，你站在铁栅栏后面，从窗外朝里看，那些医生都面无表情……那时候我正在看一些政治幻想小说，比如奥威尔的《1984》，赫胥黎的《美丽新世界》。那个时间段很难忘，八十年代后，一个特殊的年代。你给我印象就是沉默寡言，但从你的画里能看出这个画家有自己的想法，一些政治思考。后来呢，我知道你参与过一些地下诗歌活动，你给那些出版物做设计，后来你把默默、郁郁、孟浪和刘漫流介绍给我，我陆续认识了他们。

何旸：其实我和他们也就是经常一起喝酒，不大谈政治。

吴亮：但你的作品很政治，而且非常直接，人和权力的关系，控制与被控制，或者把人放在一种被监禁、被监视的封闭空间中。你早期作品政治性很强，当然你的作品有一种象征性……你是什么时候开始关注政治的？我是一个好奇心强烈、胃口也相当好的人。艺术家的经历我都有兴趣，我想，你画画的历史总要比你关心政治的历史长吧？

何旸：我画画的经历开始得很早。我的父母，原来都从事艺术工作，都跟绘画有关，当时他们都在出版社做美术编辑。从小，在他们画画的时候，我也无意中受到了这种影响。我在黑板上画——画马，画狮子，画动物是我小时候非常喜欢做的一件事。好像是"文化大革命"时期，曾经临摹过这种形象。

吴亮：你小时候画画，父母有没有辅导你？

何旸：辅导，当然。我在"文化大革命"时期也画过那种政治漫画，临摹。我记得有个小插曲，是画刘少奇，好像把他身体画成一只乌龟，这个头是刘少奇，上面压一块石头，写着"打倒刘少奇"，后来我改动了一下口号，改成"毛主席万岁"。我父母回家看见了，吓得不得了，马上擦掉，不然要闯大祸的。这件事跟画画有关，跟"文化大革命"记忆有关。"文化大革命"时期我还小，生活状态跟《阳光灿烂的日子》差不多，就是我们一帮二十世纪六十年代初出生的，每天在外面玩，骑自行车乱窜，打架……

吴亮：那个期间，你父母也应该去"五七干校"了？

何旸："五七干校"，对，当时基本上是这样……正式开始学素描，因为有现实需要了，最后总归要毕业，要考大学。那时候没有地方画画，每一个家庭房间都很小，有一个朋友介绍，我们附近有个零陵中学，杨晖跟龚建庆也在里面画画，我就这样认识了他们两个。

吴亮：这是哪一年？

何旸：1980年或者1979年，好像是1979年。认识他们后，我们三个就算比较谈得拢，大家开始作一些探索。那时候北京的"星星画展"对我们有一点影响，觉得艺术就应该是这样的，不完全按照苏联那套模式，素描只强调契斯恰柯夫体系，好像还应该有别的。实际上是一种冲动，年轻好奇，就从这里起步，对现代主义特别是表现主义非常感兴趣,你刚才提到的那些概念,20世纪80年代初流行的存在主义对我影响比较大,萨特的存在主义。

吴亮:你在那个期间写过现代诗歌吗?

何旸:没有,诗歌没有写过。

吴亮:但你对现代诗很有兴趣。

何旸:那时候的交往,同彼此住的地方距离远近有关,默默和龚建庆,他们住得都比较近,跟杨晖是一个中学的,大家来往挺勤,如果分散太远,那时候交通也不是很容易的。诗歌嘛,最早是认识默默,后来逐步通过他再认识孟浪他们……记得当时我从电台里面听到波兰罢工,好像对社会主义这一套有了一种怀疑,就是说,我们生存状况是不是也有同样的问题,人的思想被禁锢,我不是想得特别理论,但是追求自由的这种想法是明确的。后来我去了一个印刷学校学习书籍设计,毕业后就正式开始画画了。二十世纪八十年代中我学过立体派风格,就是毕加索那种。

吴亮:我记得你后来给我看过一些素描小稿子,还有版画。我有你的一幅石版画,画一个小孩子举着一只气球奔跑,那气球其实是人的内脏,背景就是筒子楼。是不是这种带有象征或者超现实主义的主题性创作,你很早就开始了?

何旸:对这种主题我一直特别感兴趣,这和文学阅读可能有关系,那时候我们就看这些,卡夫卡对我的这个影响应该说是很大的,卡夫卡、萨特、加缪。

吴亮:只是你们那时候不怎么和外界交流,就是一个小圈子?

何旸：基本上是这样，对啊，小圈子……因为爱喝酒，那时候和杨晖、龚建庆还有默默，经常要聚在一起喝酒，而且是烈性酒，喝醉后就不知道自己在说什么了，失去理性了。

吴亮：喝醉以前你和他们谈了些什么，还记得吗？

何旸：基本记得的，比方说我在哪里看到了一些新资料，或者哪里出了一本什么书，是谁写的，交换一个什么新信息，只要关于艺术方面的，那我们就会去买。有一次，我听说联合国有一本杂志叫《信使》，上面印有四张毕加索的画。记得我与杨晖，就两个人，一直走，走到外滩的那个邮局去买，那边没有了，又走回到四川路邮局总局才买到。

吴亮：这本《信使》你还收藏着？

何旸：现在恐怕没有了吧！

吴亮：是不是可以认为，你后来的一些作品，你创作它们的思想基础在二十世纪八十年代初就奠定了，你好像成熟很早？

何旸：不过就是好像，不是成熟，其实那时候我的思想非常摇摆，一会儿觉得要学表现主义，一会儿又觉得那个立体派也不错。有什么新的东西一来，就马上被它吸引过去了，因为之前毕竟看得太少……我们在新华书店看到的很多国内专业书基本上没有什么价值。我回想，存在主义对我影响比较大，它一进来，我就深深地被吸引住了，然后就用这种方法去观察世界。

吴亮：形成这种思想，更多的源于阅读，还不是你的实际生活经验？

何旸：那是肯定的。

吴亮：你曾经说在"文化大革命"后期，你也有一段阳光灿烂的日子，类似王朔和姜文当年的那个状态，父母都在"五七干校"，他们大人经受的那种政治运动和压力，你们还不太懂。

何旸：真的还不太懂，我真正对政治形成看法，是从二十世纪八十年代末到九十年代那个时期……邓小平刚刚搞改革开放，我们这帮年轻人一起待着，但是呢，中国到底发生了什么，好多事情不公开，大家都不清楚内幕，中间反反复复，到了二十世纪八十年代末，才一下子被震动了。

吴亮：改革开放初你就陆续读了西方的一些文学和哲学著作，它还是一种抽象的东西，1989年以后这种抽象终于变得具体了，是这个意思吗？我正是在这个时期认识你的，1991年的车库展，你和龚建庆都参加了，后来你们还搞了个《猿》展览，当时大环境不好，艺术生存非常艰难……我想起来，2000年在东方红画廊展览了你的一幅刚完成的油画《北回归线》，用新古典主义的风格描绘了1989年之前的世界政治图景，两个重要首脑，里根与戈尔巴乔夫，在一个游泳池里。看来你仍然牢牢记得这两个早已退出历史舞台的人物，而不是老布什，也不是叶利钦和撒切尔夫人，为什么？

何旸：你的意思是，问我画这幅画的想法？

吴亮：你还是在关注这个冷战的最后阶段，你的许多画面内容都显露出你对那个历史时期尤其是政治人物的兴趣焦点。

何旸：对，我年轻的时候对国际上发生的事情特别感兴趣，每天两次听国际新闻。但是后来，因为画画就去关注形式，其他新流派，比方说佛朗西斯·培根。一直在寻找，应该怎样去找我自己的语言，好像就对国际形势有一些淡薄，不再很关心。画这幅画的时候，我的生活环境安定了一点，但还是没有忘记1989年前后的国际氛围，中国应该放到国际的角度上去考虑……当然，我有的时候觉得政治很像舞台，有一种类似看戏的兴趣和关注。二十世纪八十年代的这几个人在国际政治舞台上就像一部电影，像某些角色一样经常出现在新闻和电视中，或者他们就是主角。我常常有这种想法，就是把他们画进一幅画，为此我画过一些草图，长时间搁着。后来有空了，终于把它画了出来。我对那些国际关系和领袖人物在世界上的作用特别有兴趣，我觉得美国和苏联的冷战当中包含着一种很大的骗局。

吴亮：从你早期作品来看，明显有对斯大林体制的隐喻，这么用词比较稳妥，对斯大林的社会主义模式，你有批评，甚至是揭露，你实际上是为二十世纪乌托邦的终结做一个记录，我知道本来你有一个更大的计划，画更多的二十世纪人物，因为种种原因，你没有全部完成，2000年你画了八个人……

何旸：记得，你给它们做了一个展览。

吴亮：你现在还看国际新闻吗？

何旸：比较少了，也关注，但不是特别关注。

吴亮：你前面讲，二十世纪八十年代初，你曾经关心波兰工人罢工，那个运动其实七十年代初就开始了，格但斯克的一个船厂工人瓦文萨，团结工会领袖，不断组织罢工不断进监狱，七十年代末团结工会被取缔了。1989年以后瓦文萨居然戏剧性地当选了波兰总统，还有一个哈维尔，被选举为捷克总统。整个二十世纪，世界不断出现一些具有魅力的超凡人物，有正面的，有反面的，有一开始是正面的后来变成反面的，或被揭露为反面的，他们都是乌托邦的产物，现在你还肯定乌托邦吗？

何旸：还是应该肯定。

吴亮：你的早期作品，还没有出现乌托邦人物时候，表现的是无权者和权力者的关系。权力者不是具体的人，而是一种特殊职业身份，所有的人都被一个无形的压迫性的空间笼罩住了，戴口罩的医生无非就是这个巨大机器的一部分，我们没有把他作为人，他不过是一个机构的基层代表，执行者，是这样吧。但是后来，那些有名有姓的国际性政治人物出现在你的画中，你好像带有一种回顾的使命来做这个事情。你从象征回到历史现实，但你对这二十年来这个世界告别乌托邦，大面积世俗化过程的现实，包括你周围的生活现实，它们所发生的变化，你似乎从来就没有在你的作品中表现过，这又是为什么？

何旸：二十世纪九十年代就这一幅，这个主题，我想它是唯一的一幅。

吴亮：它只是一个历史回顾，我指的是你的画不关心现实，我记得你一直非常喜欢关心现实的伊门多夫和墨西哥的西盖罗斯。

何旸：我没有具体的对商业社会的这种批判思考，讽刺性的作品我好像没有过，没有做过这样的作品。

吴亮：不管你有没有系统的理论思考，但是你的作品形象，有一种很紧张的关系在里面，就是人和世界的关系，压制者和被压制者、有权者和无权者的关系是你作品明确的内容和主题。你说你对商业社会没有思考，是不是它的刺激力度远远逊于政治强权？是不是九十年代以来，这个世界的两极化分裂与敌意消失了，你可能觉得原有的那种紧张也消失了，你没有欲望再画画，是因为这个世界太表面了。

何旸：那倒也不一定……九十年代变化最大的，好像是最最混乱的时代，现在回过头来想，九十年代很困难，我觉得它在我印象中好像非常特别，我作品也特别少，到了九十年代末期以后才开始画了这个乌托邦，其他还都是很病态的，还是跟医学那个系列有关。我从没有具体地去表现过这种商业化，包括那些流行事物，我对那些东西提不起劲。

吴亮：你没有在流行的事物中找到你想表现的主题，或者说，你压根儿就没有兴趣。

何旸：是这样的，好像没心思关注现实。一方面自己的状态比较乱，生活当中各种各样的琐事，女儿的成长也花去了我很多精力。回想起来，九十年代最难忘的是看了大量的盗版影碟，西方最重要的电影。那时候，胡建平经常打电话给我，说哪里出了什么片子，我赶过去买，和八十年代狂热地买书一样。花了很多工夫,很多时间,基本上把西方的伟大电影作品全部搜罗到了,认真地看,有的都看了很多遍。

吴亮:看了很多电影,但最终并没有影响你的绘画。

何旸:应该说也是有影响的,包括这幅《北回归线》,当中明显有那时候看电影留下的痕迹,英国导演彼得·格林那威的作品,对我的影响特别大,我特别喜欢他。

吴亮:就看你这幅画,我会想起超现实主义,达利,还有一个马格利特,特别蓝色的天,这种虚幻的布景,像罗布·格里耶的或帕索里尼的电影,《索多玛的一百二十天》,我想这几位对你可能会有影响。

何旸:对,影响很大。

吴亮:我猜测,我是一个具有猜测癖好的人。我本来很希望在你这里得到一些回答,你不给回答,我就忍不住地要猜。

何旸:你问。

吴亮:你的画一方面非常具象,但又高度抽象,什么意思呢?就是说,你这种具象情景里的一切既是看得懂的、熟悉的,又是陌生化的、惊悚的。一个房间,一个铁窗或者是一个手术台,载体很具象,每个东西都画得很清晰,画什么就是什么——监狱、铁面具、手术台、手术刀、内脏、胚胎、玻璃试管……对,你还画了一批玻璃试管,福尔马林泡着的动物,内脏或者是婴儿标本,你一定用这些具象在表现一个抽象的意思,一个被抽象的情景,不可能不是,它究竟是什么呢?你后来看了那么多电影,这些电影别人也看，他们未必就会有你的这种强烈想象。你能从你的画中找出这种隐秘的关系来吗？

何旸：我想，还是看，就为了看这些东西——医学、试验、标本、死亡……有时候我会找一些类似的和我想法差不多的作品来看，可能别人做得更好，他们的条件比我更加完备，做得更加精致，更加有震撼力……为什么总表现这个？很奇怪，我就是感到震撼，我没有追问这是为什么。比如婴儿标本，福尔马林浸泡的动物标本，现在互联网上能看到其他国家的一些类似作品，很前卫，他们九十年代就做这样的作品，不过他们的表现方法不同，不一定是画，而是摄影图片甚至是标本本身。从内容看，我觉得彼此想法差不多，但他们做得比我更直接。可能，我没有把这些作品做得更好的原因是条件的限制，时间上的限制，我缺乏一种完全投入进去的状态。

吴亮：你有过一些什么草图、方案或者计划，至今仍然没有实现？

何旸：那很多，很多。

吴亮：现在还在吗，那些草稿？

何旸：应该在的，很多本，乱七八糟画了很多。

吴亮：你能够向我介绍一下吗，关于你那些草稿。

何旸：有的是一些想法，不一定是草稿，我还收集了一些资料。我收集的东西很多，政治事件，新闻图片，还有一些动物，尤其对动物做爱的图片我大量收集。另外就是那些婴儿图像什么的,还有医院场景,在互联网上看到了,我会把它们收集起来。现在比较方便了。九十年代还不具备这种条件,要自己去找啊,翻拍啊,摄影技术也不是很好。我当时的那些作品的表现力还不是很到位,受到技术条件的限制,我觉得是这样。

吴亮:我多次看过你不同阶段的一些画动物的作品,你马画得很多,也画过羊、狗,在纸上画的,用油画棒,或者色粉笔。油画你也画过动物,黑天鹅、鳄鱼、大象这一类的。你的这些动物形象,都不在中国文人画所谓花鸟动物的描绘对象系统里面,带有鲜明的西方动物图像的象征意义——欲望、政治、权力,主人和仆人。

何旸:那肯定是的。动物和一些政治人物、政治事件,或者和普通人放在一起,和地球放在一起。人类与动物的关系就是生命关系,地球上的不同生命形态要放在一起去看,用一种戏剧性的语言把它表现出来,这是我的想法。我也喜欢看那个《动物世界》的电视片,弱肉强食、掠夺、杀戮、竞争、食物链、繁殖、遗传……基本都跟这种权力,跟人类的生存状态很相似,就是一种象征。

吴亮:奥威尔还有一本小说叫《动物庄园》,你肯定喜欢这本小说。假如请你给那个《动物庄园》做一点插图,铜版画或钢笔画,你会有兴趣吗?

何旸:我会的,这个肯定,我有很大的兴趣,为伟大的文学作品做插图。题材,应该不会找不到,对影响我的这些作品,伟大的作品，用我的眼光去做解释……我以前给默默的诗歌做过插图，九十年代的时候。后来很奇怪，他把那些插图原稿放在家里，装了镜框挂在墙上，居然被小偷偷掉了。

吴亮：你现在没有整块的时间了，工作室又搬得这么远，住在精神病院旁边，你上班的出版社在市中心，你每天要花很多时间在路上。假如大块时间无法解决，你可以画些小作品，单色的，素描也行，为什么不呢？

何旸：为什么不？我也是这么希望的……我现在的时间太零碎，我这个人不属于工作状态非常稳定，能够天天坚持的那种。有时候我需要的就是时间，有时候我需要灵感，灵感来了，就可以画很多。没有时间和灵感，我就画不出来。

吴亮：要看状态。

何旸：要看状态，是这样的。我有时候想，假如有一个长假，我可以画一些画了，真到了假期，一幅画也画不出来，也有过这种情况。

吴亮：只好顺其自然。

何旸：天天坐着，一笔也画不出。

吴亮：你是我在上海的画画朋友中的一个特例：你画画起步很早，成熟也早，可是你的重要性还没有充分表现出来。无所谓，散淡，非功利的生活方式与艺术态度，这样的艺术家我见过很多，一般来说他们比较多倾向于文人画——与世无争，悠闲，画完了就完了。但是你不同，你的作品很有分量，很有深度。这种深度、力量感,和你的懒散,我觉得很难统一起来。伊门多夫前几年刚去世,他还活着的最后几年,坐在轮椅上,请了很多助手帮他画,他现场遥控指挥。伊门多夫的手已经拿不起笔了,他的一条胳膊完全无力,肌肉萎缩,但他的食指和中指间还夹一支香烟。他的手举不起来,无法将香烟送到嘴巴的位置,他就不断地来回晃动自己的手臂,像荡秋千那样来回晃,最后"啪"香烟就飞起来了,送到伊门多夫的嘴边,他赶紧吸一口。你看他的手都这种程度了,还在画画,还吸烟,你的手比他好吧。

何旸:是这样,但我不是伊门多夫……我一直想,我很多年的一种理想,那就是我不再去工作,天天在家里,虽然很懒散,但是状态会比较好,因为它有一种延续性,不被打扰。二十世纪九十年代我跟默默经常讨论这个,我们哪一天都可以解放了,可以天天自由自在,胡思乱想。其实,一旦我坐在这里,不一定天天我都能画画,但工作效果肯定要比现在提高不知多少倍,最起码,一年可以画十来张大画,应该可以做到的。不被打扰,延续性是很重要的。

吴亮:你总不能等到退休吧?

何旸:中国当代艺术目前来说,你必须有一种流动,把你的画卖掉,这样你才能保持你的生活,对吧?你说我不参加社交,或许是性格上的问题,也许是缺点也许是优点,不知道,不管它,我也不知道怎么去改变这种状态。我觉得我现在这样也有好处,就是我可以坚持我自己,画一些我自己认为想法比较激烈的,对这个世界具有批判性的作品，那么，我的思想就比较自由了。现在的画廊和拍卖行里的那些东西，简单说，卖得好的那些，我基本都不喜欢——那么就可以推理我的画没有市场价值。我非常谨慎，觉得还是——画画应该成为一种业余状态。有的时候，可以安慰自己的是，马格利特和籍里柯经常标榜自己是业余画家，这不仅仅是低调，我目前也只能这样，这一天是可以到来的，我应该做到这一点。

吴亮：你的想法很成熟，你也有具体计划，收集到了很多资料，你已经做了充分准备，你的作品似乎应该提前出来。我期待你画得更多，总有一天它的价值会被更多的同道认识，你毕竟生活在上海，不是在深山老林。你不能等退休之后的大把时间，很可能十年以后你就更没有状态了，你不知道将来会怎么样。

何旸：那是啊，这个问题我也考虑过，要有一个办法去解决这个问题，我一直在努力。

吴亮：你应该知道你的画具有多么大价值，只是还没有被更多人发现，这是他们的问题。但如果你不再多画，那就是你的问题了。

何旸：我想应该，应该就在这几年里解决吧。

梦就是你清醒时候的期待

杨福东　吴亮

（杨福东，艺术家，现居上海。对话时间：2010年10月）

吴亮：你今天的《第五夜》一共八个屏幕？

杨福东：七个。

吴亮：《断桥无雪》几个屏幕？

杨福东：那个是八屏幕。

吴亮：我有许多次，都是在多屏幕的情况下看你的电影，你曾经把它命名为，或暂时叫作"抽象电影"。这样的命名，就使我不再把它作为我们习惯的那种电影去看了。当然你还可以有其他的命名方式，同时看到那么多屏幕，又是同一些人物，同一些场景，只是不同的机位，不同的角度，不同的片段，我确实无法在里面看到情节线索，它们循环往复，情节性被打乱，不断被那些并置的图像干扰，对吧。

但是同时接受这些图像，我会是个什么感觉呢？就像在识别一个陌生事物的时候，我们会努力地回想脑子里已有的图像记忆，来做一些比对。所以，看你的电影是需要一些准备的——电影的准备、图像的准备和生活经验的准备，包括你电影里涉及的场景，那些场景你可能没去过，也许在书中见过，在梦中见过。在这里，你的电影就变成一个观众的电影，一个观者的电影，而不是一个导演的电影。但尽管如此，我仍然认为在这种作品当中，作者，或者说导演、拍摄者，他是绝对主导性的，正是他为我们刻意提供了这样一件作品。所以，疑问就来了——这只"苹果"是从何而来的，假如说它是一只苹果，你就是这只充满诱惑的苹果的提供者。

杨福东：上大学的时候，我学的是油画。原来我是中央美院附中毕业的，当时我曾有一个愿望——考中央美院二画室。二画室，大家都知道，有点接近苏派风格，从传统写实技巧发展过来的一个画室。我欣赏写实油画，偏苏派的，以及印象派之后发展过来的各种油画，从我心意上来说，画油画是特别伟大的一件事。但阴差阳错，我后来进了浙江美院，就是现在的中国美院。

离开北京到杭州，进了浙美后，我的心态有一个很大的变化，觉得离自己原来附中的同学越来越远了，一个人跑到南方，非常孤独，就渴望把画画得更好。而且产生了一种欲望，就想冲出去，怎么着让自己内心的很多东西释放出来。这时候就觉得传统写实绘画的表现力和自己感觉到的那种爆发力，好像两者有区别，至少有一些束缚。

上学以后，接触的同学，高年级同学，在学校图书馆，学校讲座,都在讲当代艺术,跟以前学的那种传统绘画是不太一样,特别容易激动。记得当时有一个讲座,介绍德国当代艺术和波依斯的关系,包括录像艺术,行为表演。很激动,也说不上来为什么,就觉得这种感觉——这才是你想要的。我希望,在想象当中,自己毕业以后能够去拍一部电影,就是这个时候起的心念。

但其实不那么简单,第一个电影拍是拍了,拍完就有点动弹不了,经济问题,钱的问题,我动弹不了了。必须要务实,就是上班,工作,踏踏实实挣钱,参加艺术展,基本就这么个状况,慢慢地开始参与当代艺术的活动。

吴亮:你第一部电影是自己掏钱,还是得到了一笔资助?

杨福东:第一部电影,是有人来赞助的,当时用了四万块钱拍一部三十五毫米电影。赞助的人一直不希望我把他名字说出来,但他在那个时候对我来说至关重要。作为我,只能说是一个承诺吧!在拍完片子以后,给他寄过一封信和一本叫《西湖梦寻》的书。那本书就作为一个小小的礼物,送给了他。

吴亮:这部电影也是和杭州有关?

杨福东:就是《陌生天堂》,我的第一部电影,也是一个礼物,一个承诺。告诉他,这四万块钱我没有乱花,做了这件事情。

吴亮:是不是《陌生天堂》包含了你后来电影的基本元素,以后风格的雏形与萌芽,还是一部完全不同的作品?

杨福东:对我来说,自己的第一部电影是最有感情的。很多经历很难得,对后来创作产生很多看不见的影响。第一部电影,像一个树根，慢慢发展成一棵大树。从这部片子拍摄到最后剪辑完成，让我获得了这种诞生一件作品的感觉。

吴亮：看你的影片，包括我们现在看到这一部，还有前面说到的《断桥无雪》，我的感觉是——你的电影让我感觉，电影中的人物，他们是在拍电影——不像一般的电影，都是虚拟的真实，演员的表演必须像"真的"一样，而不能像在"表演"。你的电影把这个准则推翻了，看得出这些影片中的人只是在表演一个情景，表演性非常强，似乎是在做表演游戏。毫无疑问，你要的就是这个，你追求这种虚拟感，梦游一样的不真实感觉。有点像罗布·格里耶的《去年在马里安巴》，不断说有个梦，白日梦，给我们的感觉非常之游离……因为这种感觉，你不会去想象电影中的现实究竟在发生什么，它不像是真的，它不合乎逻辑，它没有一个意志推动。斯坦尼曾经说过，人物必须有自己的意志，有一个欲望和目标，他们将要干什么，他们必须去干什么。你的电影不是，它好像被一种神秘力量支配，角色们在做些动作，走过去走过来，我不知道他们在干什么。

杨福东：中国的某些传统绘画，包括一些文学和戏剧，很讲究一个"意会"，我觉得意会是比较有意思的，就是在某个时候，你怎么你通过作品，通过自己的印象，让观众去感受到一点难以言说的东西……举个可能不太关联的例子，初冬的感觉是什么，春天来临前的感觉是什么，你感到一点点寒意袭来，你把衣领轻轻地往上一搭，就是天气变冷了，或者你嗅到春天的味道了。

怎么通过影像，把这种意象做出来，让观众的心理，产生一种叫什么"水面涟漪"的感觉。怎么去接近意会，寻找意会的影像，这要你做。就像你说的《断桥无雪》，我希望八个画面连在一起，让观众坐那儿看的时候，他心里可以自己重新去搭一个电影，可能两个画面的，或者一个画面的电影，也可能没有全部看，他就一撩帘儿进来，看了一眼："哦！"一排屏幕的感觉印在他脑海了。我觉得这种经验，也是电影的一个有意思的地方。

吴亮：你现在说"意会"，你还用过一个词，"断章取义"。你给我们的就是一个断章，你说是你在断章取义，你的一个阅读经验，看书的时候看到一句话，就把书搁下来，浮想联翩，这个经验我也有，不跟随作者，好读书不求甚解，关注自己的感受和联想。

但你做作品不同，你自己把它断章了，你把章已经断了，然后要求观众去取义，你是做这样一个事情！让观众云里雾里——你的那些影像，不同于传统电影，它不是一个线性的时间艺术，你把时间切碎了，放在一个放映当下的平面中，多个屏幕共时态呈现，也许它们是一个空间的不同角度，你来来回回，你想强调这种"意会"，效果又如何呢？

杨福东：首先，在电影院里观看电影，跟展厅里观看电影，两者的味道很不一样。其实大家的耐力，或者耐性，在展厅里是很小的，这个时候，你进入展厅里看到八个屏幕同时在放映同一部电影，你未必有耐心全部看完。

吴亮：对。

杨福东：但就在这个时候，展厅里建立了一种感觉，就是"看不完的电影"。看不完的影像可能是有意思的。你也许只瞄了一眼，就有点像蓦然回首，灯火阑珊的一刹那，展厅观影要的就是这么个味道。上次在正大美术馆展览，九个电影机位的一个作品，那时候我谈到了一个"余光观影法"。所谓余光电影，八个屏幕，你眼睛的余光看见了七个屏幕呈现给你的影像，但你的焦点，可能只在一个屏幕上。

吴亮：对，但又总会兼顾旁边的画面。

杨福东：你的眼光焦点是一个。

吴亮：这是你事后总结的呢，还是你有意识追求的？

杨福东：事后自我调侃说的，也包括了电影拍摄过程，正大美术馆九部电影机现场放，那个作品叫《离信之雾》。拍了九个画面，等于你拍这个镜头的时候，一共拍了十遍。一般的电影，剪辑是选最好的一遍用在最后放映的电影里。我是把这个十遍全部当成自己的作品，所以，可能应该剪去的那九条，也作为这个电影的一部分保留下来。它其实是成立的——九个画面，所有拍摄的东西，不经过剪辑，全部呈现出来，作为你这部电影的一个主要的表达方式，或者说是一个观念电影作品。

《第五夜》这个作品，是根据电影拍摄中，运用不同的镜头，不同的景别来创作的一部电影。我把它叫"预览作品"，就是通过电影机的监视器，从排练到实拍，选了比如五遍，或者是六遍，就把这么一个工作过程的感觉，做成影像作品，就监视器上录下来了，虽然它很糙，很模糊。就是说，被预览过了的这些影像，可不可以成为作品？

吴亮：你还有一个词，叫"图书馆电影"。这个词用得相当好，我在看你的电影的时候，就像面临很多很多书，你随便一本打开，就有好多东西冒出来，但你同时又看到了这个书架，每本书都是单一的，你可以随时把它拿出来。这是个很有趣的比喻，我想听你说说这个词的出处。

第二个问题，你的作品把逻辑、情节都打乱，但是看几分钟，离开，过一会再来看，重复看，就会发现它的一些情境是稳定的，它有一种古典性的节奏和氛围。不知道有没有人会称你的作品叫文人电影，我不知道是否恰当，因为这个词比较暧昧，容易产生歧义。你不是暴烈的，也不具有破坏性。你是温和的，甚至可以说是柔情的、伤感的、青春的、缅怀的，我把这种形态称之为古典形态。这一点你能够意识到吗？

杨福东：我认为没有一个关于是传统还是当代的绝对区别，其实在我拍的很多片子里，时间的概念也不是特别清晰，最近的百八十年，都可以是我创作的时间主线。当代艺术没有一个绝对的区别，谁是最先锋的。可能传统就是当代，像你说的那个文人电影。反过来，我之前拍第一部电影的时候，也谈到小文人电影，其实我的意思是，努力一点点收着来慢慢感觉它。你一个人未必能随手就可以做出一个鸿篇巨制，有可能的话，你就是一本小书，或很小的一篇散文，恰恰某些人在不经意的时候看到它了，他们有感觉，这就足够了。这就是文人有意思的地方，它的兴致所至，无非是这么一个状态。

至于"图书馆电影"，产生在2007年《竹林七贤》拍完了以后，有了这么一个想法，当时也是随口说的，计划做二十二部电影。这个数字我觉得非常美，在数量上，二十二就是美的，我的一个直觉。去年拍的《离信之雾》、《第五夜》，这种展厅里呈现的多屏幕作品算不算电影，要不要把它放在所谓的二十二部电影之内，这也是自己需要再考虑的。二十二部电影针对图书馆，我有一个用意，对影像的循环思考，或者循环认知。所谓图书馆电影，可能会用你的一辈子的时间去做，做你相信的事，甚至把它提到理想和信仰的状态去做。

吴亮： 到现在为止，你有没有拍过单个银幕的，从头到尾一个银幕看到底的，有点情节的电影？

杨福东： 你是指长片，还是？

吴亮： 就是那种可以在小电影院里面放的电影。

杨福东： 小电影院看，应该是《陌生天堂》，这是第一部。后来的《竹林七贤》，之一、之二、之三、之四、之五，其实都可以在影院里看，每部分可以独立存在，也可以用多屏幕一起放映。

吴亮： 有没有放过？

杨福东： 在一些电影节上放过。

吴亮： 电影节，都是评委在看电影，非常小的范围。

杨福东： 不，就是在电影院放映，面对普通观众。

吴亮：你的意思，二十二部电影，多屏幕的假如也算的话，还是不难达到的。

杨福东：在现在的计划中，希望若干部，也许十几部，是独立的长片，可能也有长纪录片，或者说戏剧，或者在这些年当中写一本书，这些算不算电影计划里的一部分？所以不在于它的量多量少，而是说你要想去做什么，能不能把你的精神贯彻在图书馆电影计划里，就一个主题，讨论我们的精神生活在哪里？

吴亮：你的余光电影，观众可以中途入场中途出去，可以反复看，它的特点是循环往复，无始无终，没有起点和终点的循环电影。单屏幕部分不一样，它多少要有个结构，基本情节，有一个开始有一个结束——那么，在处理这两种不同的电影时，你肯定会根据不同的时间，一个是循环的时间，一个是有始有终的线性时间，分别处理不同的内容。你怎么样划分，怎么样选择，哪些影像素材做成一个有始有终适合在影院放映，哪些电影适合放在美术馆来展示？

杨福东：现在我做影像作品，首先不会特意考虑影院这个场所。在我看来，影院和美术馆展厅的那种味道不一样，虽然都是空间的一种，影像可以在电影院，在那种特别的空间里放映，这只是其中之一。艺术家做影像，它的宽容度要远比一个电影导演做一个电影产品的宽容度高得多。所以我不会刻意去设定一个限制，我根据直觉。比如说《第五夜》这个作品，多屏同时拍摄，事先考虑肯定是展厅展出，它需要多大的一个空间。有些短片，单屏的,也很直接,首先在展厅展出,可能也会考虑在一个很老的影院放映,可能很有意思,那也没问题,因地而异嘛!

吴亮:换个问题——你平时常常做梦吗?

杨福东:我做梦不太多,我没办法判断它的到来。有时候睡着前有一点点兴奋,就是你期待着入睡,期待着做梦……但醒来的时候很失落。然后又开心。开心是你做梦了,但没记住,就又不开心了。更多的时候你就没有做梦,所以梦有一个好处,它使你清醒的时候对它怀有某种期待,你一旦睡过去了,你无法肯定一定就做梦的。

吴亮:你期待哪一类的梦,你对它有所期待?

杨福东:都有……到现在为止,我有过做两个同样的梦,中间隔了几年后又有了一模一样的梦的经历,这个感觉真是很奇怪。

吴亮:说说。

杨福东:有一次做梦,好像回到我小时候(我是部队大院长大的),部队大院的防空洞,建筑之类的,还有小学校区,在里边一帮傻孩子在那傻玩傻闹,然后又是很多建筑,又进入地下通道,我们一起潜水,反正潜意识告诉你,如果你能潜过去,就会出现在那边的部队营房。第一次是潜行,跟着大伙往前走,在梦里我已经呼吸不行了,可能需要潜十分钟才能过去,一个很深的水库,那种感觉你已经是死亡状态了,最后你憋醒了。

但是,前两年我又做了这个梦,几乎一模一样的场景,又去潜水,一切都重复一遍,好像非要憋气憋过去了才会醒过来。我很惊讶,当一个梦出现两次。

吴亮:你事后是否给自己分析过这个梦?

杨福东:没有,醒来就觉得胸口堵得慌,就这样……我做的很多梦,都跟小时候有关系,小伙伴和部队大院这种。

吴亮:那么,你电影当中的那些场面基本上就是你的创作,就是白日梦,和你平常的梦没什么关系了?

杨福东:其实要说有影响,只能说是看不见的影响,很难说直接的。

吴亮:梦境电影,超现实电影,科幻电影,你喜欢吗?

杨福东:在以前,一谈到"梦境",我就会有一个很优美的感觉,但现在梦境,反而是一个很写实的状态。前面我们谈到抽象影像,就是最早的时候,从小文人电影到抽象影像的发展,怎么继续往下去做,这时候我就觉得梦境显得轻了。我必须考虑怎么跨越过梦境的状态。因为,"梦境"好像有一点荒诞、无厘头,或者没有逻辑,这只是抽象影像第一阶段,是素材阶段。

吴亮:你是一个注意力集中的人,你实际上没有像你的电影那么走神,或那么分心。但是你可能还有另一点"走神",就因为谁说了一句话,书上只看到一句话,打动你了,你就丢开书完全想你自己的事情了——这种经验我们都会有,发愣、走神儿、灵魂出窍。你前面也谈到"走神儿的电影",还有"走神儿的阅读"、"走神儿的想象",你说一个人读很多书,有那么多知识管什么用呢,好像你说过这句话。你认为所谓系统全面的知识是没有用的,往往只是一个小小的刺激，似乎是被大家忽略的地方，突然打动了你，使你受惠，让你产生动力。那么，在读大学的时候，年轻的时候，小时候，你是不是一个容易走神儿的孩子呢？

杨福东：谈到"走神儿影像"，是一个很微妙的感觉，很奇怪，我现在想到了另一个词——南辕北辙。南辕北辙非常奇妙，你明明是想往东走，但你所做的一切，全是西面的事情，你怎么去找这种感觉，这个事挺奇怪的。

有点像你要我谈到的小时候，也是南辕北辙。可能一个孩子毕业之后，可能真的是一个好学生，但他老想做一些坏孩子做的事，这种快感竟然成就了他成为更好的学生。南辕北辙是很重要的思考方式，包括"断章取义"。我看书不多认字不多，这有点开玩笑的意思，认字不多，对很多书都停留在对它的序的理解而已，就是第一页的序，看完了，哦，这本书就差不多，中间再撩几篇，其实就第一页那几行字，对你的影响，大于你看完一本书。

吴亮：因为它把后面东西留给你想象。

杨福东：对，因为我觉得很多时候，你读书的时候，每个字都认识，但是你找不着中心思想，这个时候，你还是不看更好，可能你的理解还会更准确一点。

吴亮：那么你是不是打算，让人家也用这样的方式来对待你的作品？

杨福东：其实我有时候也会调侃，我做影像，自己有一点点叶公好龙，这也是一个挺有意思的地方。你觉得挺微妙的感觉，你真的很喜欢吗？或者你到底想要做什么？这个时候我觉得，还是抛开影像不谈吧，还是要关注自己的生活，珍惜自己的生活，这种感觉是最重要的。

吴亮：这么说，你是一个双重性的人？

杨福东：也许啊，就是潜伏。

吴亮：你在平日生活当中从来不走神儿？

杨福东：那倒没有，还是有感而发吧。乘兴而来尽兴而去，古代逸士就可以做到这个，想见你这个朋友，他半夜骑着马就去了。天亮的时候，回到家门口他感觉OK，他就成了……这种感觉我很欣赏。

我想把所有的痕迹抹去

施勇　吴亮

（施勇，艺术家，现居上海。对话时间：2010年10月）

吴亮：这次采访有两个目的：一是为了做纪录片，内容可能会很多很杂，有些可能不适合在电视节目中播，但你放开讲，无所谓，我可以剪；二是我可能要写一本有几十个艺术家的访谈书，你的谈话我会尽量保存下来。你别管适合不适合，你先放开说，出格的话也不要紧，我们最后再修订。

施勇：出书的时候给我看看，别把我……

吴亮：不会，你放心，假如要出书，我把录音整理成文字，你觉得不适当的字句可以删——从我们第一次见面开始吧，我们第一次见面好像是在华东师大。

施勇：在华东师大旁边枣阳路一家小饭店吃火锅。

吴亮：你身边还有一个女孩。

施勇：夏蔚，我原来的女朋友。她先认识你，后来我认识你是在华师大。

吴亮：一晃二十年了。你当时在华师大附近租了房子，比利·安娜确证了这一点。

施勇：在华师大后面，我和胡介鸣两个合租。刚毕业，我们没有画室，在那儿借了农民的房，不得了，有十五个平方，厉害得很，当时算很大了。

吴亮：你是不是装假牙了？怎么牙齿那么白，你头发也染了色……

施勇：洗过牙了，很正常的喽，白头发显得苍老。染了就精神一点，自信嘛。

吴亮：我不按照时间顺序……九十年代初你到了华山美校，开始做作品了。

施勇：后来钱喂康也来了，两个人一起在学校地下室里做装置。再往后呢，我搬到了锦秋加州花园，你经常到我家来玩，和陶惠明他们打牌。

吴亮：哈哈……去你家，就看到你的工作室里摆了许多小雕塑，就你现在这个形象，染了头发，还戴了副墨镜。从那以后，我想起施勇，不是想起你的人，而是想起这个雕塑……当时那个雕塑好像只卖一百多块钱一个吧？

施勇：最早参加"超市展"，它们就作为超市展的一部分，卖一百八十元一个，限量二十个。当然，拿到画廊价钱就不一样了。

吴亮：后来有没有在二十个的基础上又做一些，现在你手头还有吗？

施勇：前后做了八十个，画廊早卖完了，我自己留了一个断手的。

吴亮：据说你当年那个假发套，为了这款发型，你在网上征求了网友的意见。

施勇：八九十年代购物城，大商厦底楼，常常会有几台电脑放着，供你自己挑选你的发型，你穿的衣服。那个时候特别流行，什么样的发型和打扮更符合你和外界接触的需要，给你设计形象，让你成功。你坐在电脑里，他们做的头发套一个一个试，太滑稽了。先给你一个快照看效果，你要什么发式，马上帮你提供。我要的就是这种感觉，哇，这个太好了，和当时我们那种刚刚开放的心态完全吻合，我看了就想笑。好，我不用自己找，我到处征求，到国外去征求，通过互联网。

吴亮：你仅仅觉得好玩吧，或者还有别的含义？

施勇：那当然有，那个时候想法很简单，九十年代后期，1997年、1998年，中国当代艺术还没有机会在国内做展览，没有美术馆会给你做装置艺术。他们不认为这是艺术，根本不理你，不论在形式上还是在意识形态上，他们都不会认同你。所以唯一的机会，就是去国外展览，只要有一个国外的策展人来，可能就是你唯一的途径，你就会很紧张，觉得这是一个机会了。

吴亮：必须赶紧抓住。

施勇：当时就是这种状态，有国外策展人过来了，可能就是你的机会，每个人都非常主动，变得很策略，这就需要有一个

"新形象"。那时候其他领域和国外沟通，国际接轨，就是指和欧美发达国家接轨，不会和非洲、南美洲接轨的，那时候我们搞当代艺术处于边缘，处于弱势，就希望靠近国际主流圈……现在完全不一样了。

吴亮：我第一次看你们在华山美校地下室的展览，是你同钱喂康合作的"事物的两种态度"吧。

施勇：不，那个展览叫《形象的二次态度93》。

吴亮：当时开了一个小型研讨会，会议上大家用了那样一些词汇，有点物理学的味道，借用物理学、数学等概念，几何夹角、投影、感光、粉末之类，尽量去除当时大多数装置艺术作品中存在的社会学内容，当时好像还没有"当代艺术"的说法，一般说"前卫艺术"。

施勇：对，前卫艺术。

吴亮：所谓当下性，当代性，就是针对现在的问题，不管是形象还是观念，都和社会现实或历史有关。但你们的这个展览有点反这个针对性，就是说，艺术未必一定要表达社会内容，你们针对的是当代艺术的教条……但你们这种反针对性的状态，在以后的作品中就消失了，以后你对社会现实基本就介入了，你的介入风格是调侃式的，游戏模仿，寻开心，讽刺，有时候就只是一种调侃。

施勇：自嘲。

吴亮：算一种幽默感吧，在日常当中你的形象比较夸张，头发染了，还经常改变颜色，做些夸张的表演，你平时就有一种夸张的表情，你的招牌风格就是故意很做作，你把"做作"作为你的风格。你不是喜剧演员，你生活当中就是这副样子，我们偶尔讨论艺术，谈些严肃的话题，只要你一搅，你模仿一个什么人，我们就要笑。你也许没有想开玩笑，也许你是无意的，反正我们就笑，笑场，严肃话题没法再继续了。

施勇：我可不是故意的，哈哈。

吴亮：许多年前我看到你有一套图片作品，你和你的家庭成员，大家在畅想未来，你父亲，你母亲，你太太，有点像室内肥皂剧，对，还有个孩子……这个画面，很有点像幸福家庭。你父母是从事艺术的吗？

施勇：不，他们都不是，我们家里出了我一个艺术家，算是异类了。说的神一点，我一出生，我的父母就看见我一只手挥来挥去，好像要画画，左撇子。就像毕加索刚出生医生说他要死了，结果被他舅舅用雪茄喷了一口烟就醒过来一样，不一定是真实的……我听父母说，一出生我的手老是乱画八画。我父母和艺术完全没关系，父亲是搞政工的，他的本职是管理我，修理我。小时候，我第一次正式画画（现在找不到了），是画在卫生纸上的，以前用的草纸，黄颜色，很粗糙，一大张一大张的，我没有别的纸；拿一个铅笔，也是偷拿我哥哥的。我才小学一年级，画芭蕾舞白毛女，大春把白毛女领出山洞，拿个照片做样子，被我画出来了。我读小学期间有好多作品参加了上海市儿童画展，在我们那个学校，我有点像神童。

吴亮：当时的环境，"文化大革命"后期吧，一个小孩子的画画才能被老师发现，父母也赞扬他，他应该跟着主旋律走。

施勇：那当然了，我哥哥当时读中学，我还是小学生，就被我哥哥中学里的老师拖过去，为他们学校画"批林批孔"，画批判邓小平的漫画，我画得很好。主题到现在还记得，叫"邓小平何许人也"，我当时还奇怪"何许人"是谁？但是我画得很好……

吴亮：你就照抄，大人怎么写你也怎么写……从什么时候开始你画画不再为政治服务了？

施勇：到大学毕业，1984年之后。我内心一直对政治头晕，但不停画画客观上培养了我的操作能力。我在中学时候画墙报，劣质广告颜料，用大号底纹笔画，画宣传画，写美术字，很大的美术字。

吴亮：说说九十年代初吧，那时你的生活状态怎么样？

施勇：很穷，但是很浪漫，有浪漫主义情怀。在华师大那边住的时候我还画过油画，就是浪漫主义。后来就觉得画得不痛快，想改变，就关心前卫艺术、政治波普什么的。当时我和胡介鸣两个人住十五个平方米，一个月二十四块钱房租，两个人连二十四块钱都常常付不起。每次到付房租了，晚上轻轻地回房间，刚坐定，房东就"噔、噔、噔"敲门来要钱了。我们抽很糟糕的烟，包装印外文，牌子叫万世杰，很便宜，我请房东抽一根，他以为是外国烟，就心情好一点……就这样的，就是穷开心，我们把自己想象成梵·高。那时胡介鸣在学校，我在一个研究所，每天下班骑自行车，哗——穿过一片田野，金光闪闪的，一路很多农民屋子，感觉自己在梵·高画的《阿尔的风景》里。像梵·高那样把自己弄得很痛苦，像艺术家一样留长发，到华师大去玩，其实是为了泡妞，后来就认识了夏蔚……你还记得华师大后面有一个酒吧，叫"麦田守望者"。之前我们全在点心店里谈话，吃火锅，吃馄饨就聊艺术，后来有麦田酒吧了，我们就去麦田了，就喜欢聊天……其实1991年底我就不再画画了。一年后钱喂康搬来了，也是那个地方，我们每天晚上见面，每天晚上看书，聊，钱喂康读书多，那个时候我了解了一些哲学，都是从他那里得到的启发，他本来是做文学研究的。我记得什么德里达，什么米歇尔·福柯，罗兰·巴特，全是在这个时期开始知道的。海德格尔的《林中路》我看不懂，每人轮流读十五分钟。钱喂康很有意思，他说我们就多读，多读总会有东西影响你的。

吴亮：我有你画的一个手稿，你还记得吧。

施勇：记得，我在美国画的。

吴亮：当时挂在你的工作室，你说要送一件东西给我，我说就这幅手稿吧。一幅铅笔画，铅笔淡墨，一家小铺的橱窗门面，旁边还有一些文字注释，提示，我觉得是一个很完整的作品，手感特别好，不是那种随便画的草图……这是在什么地点写生的？

施勇：那是在1997年，我去美国，有一个叫沃曼特斯丹里山特的地方，一个艺术中心。我当时参加了一个驻扎计划，要求艺术家在那边工作一个月或两个月之类的。1997年的时候,你知道,去国外我是很乐意的。不像现在,去国外如果太长时间,我会犹豫。那是一个小镇,除了工作室还是工作室,一个艺术中心的展厅加一个食堂。一个小镇全是老人,风景好得不得了,它在新英格兰区,靠近蒙特利亚,风景太美了……但是你就没有一点点冲动要在那边做艺术,每天很缓慢的生活,散步的老人,镇上的店铺全是老人开的,当地的年轻人都不知道到哪里去了。小镇上看到的各种年轻人,全是世界各地来的艺术家。我在那边想,我这作品怎么办?当时我已经有"新形象"这个概念了,当时用复印做,做得很傻,后来我调整过来了,我的工作室对门是一家家具店,我手稿上画的这个门面就是这个家具店,一对老夫妻开的……我计划把我选择的复印头像,不同头发的头像,分别放在一个一个瓶子里,再一个一个放到家具上面,顾客来看家具时候,事实上等于在看我的展览,直接把我的这个来自中国的新形象渗透到一个完全是白人居住的美国小镇,一家小店。

吴亮:后来这个计划实施了没有?

施勇:没有成功。他们好像不理解这种观念的东西,其实那个地方很单一,我个人认为美国还是很单一,在欣赏艺术方面,这种小镇还是喜欢油画。我记得他们平常用得最厉害的一个词,beautiful,女人孩子美丽,看风景看画也是美丽,beautiful,没有别的了。我不知道怎么办,你要知道,我每天中午在山坡上晒太阳,看下面的小镇,漂亮极了,河水在流,蓝蓝的天……后来我突然发现，其实很多大师都是从小地方来的，小地方来的人很容易成大师，为什么？因为这个小地方囚禁你，你会产生一种愿望，一定要飞出去，这种愿望非常强烈。我是一个外来人，我也感觉到了，很多大师一旦出去就再也不回来了。我明白了，那个小地方虽然控制了你的身体，但是你的脑子却非常有想象力，飞到太空上也是有可能的。不像城市里的人，看的东西多，给你的东西也多，你吸收的东西太多，就麻木了，你的欲望就不强烈了。

吴亮：说得对。

施勇：后来我就在那里开始做我的作品了，几乎不花一分钱。我就在工作室桌子上——因为每次艺术家去那儿，桌子上都会弄得一塌糊涂，等他们走的时候，我把白粉弄掉，露出里面一层层颜色——我用英文写，"囚禁与飞翔在桌子上"。

吴亮：你以前也写过诗歌？

施勇：当然写过，以后给你看，手稿都还在。

吴亮：你来自上海，你在上海长大，你的动力又何在呢？你在大城市获得信息总是要比小地方多得多。

施勇：不，反过来，获得当代艺术的信息不多，没什么不好。你现在想想，那个时候我们很困难，对不对，但是我们如饥似渴地去了解西方的当代艺术，为什么？因为没有这种途径，我们看不到。不像现在的年轻人，他看得太多反而变成了一种疲劳。那个时候我们都有一种欲望，就是想了解西方和西方当代艺术，所以很多西方艺术家来中国的时候，他们都不如我们知道多。西方历史上的一些艺术家，他们自己都不了解，但我们都了解。我们虽然没有去过西方，但是我们全在做准备，因为我们是弱势方，我们弱势所以必须了解对方，这也是我们的传统教育我们的，"知己知彼"，对不对？一个西方人是可以无所谓的，作为一个艺术家，我不了解自己的历史也无所谓，我照样可以往前走，因为这个属于他们的历史已经摆在那儿了，但对我们来说不是这样的。

吴亮：你说那个二十世纪八十年代末九十年代初，你们几个经常在一起的时候，你们会看一些哲学。当时西方哲学搬过来，那个时候信息非常有限，所以给你们很大刺激。现在东西越来越多以后，你是不是觉得动力反而减弱了？

施勇：对呀，完全可能，所以我的作品，后来的方向又走到"抹去"的概念上去了。我前面说过，当代艺术就是疯狂的信息，密密麻麻的展览，全世界的画廊全卷在里面，每天疯狂运作；艺术家在世界各地飞，策展人也在世界各地飞；各种基金会，美术馆，各种艺术项目一个接一个，完全疯了，你根本停不下来。我突然有一种特别强烈的感受，就是 stop。一开始我想伪造一个通知单，以卡塞尔组委会的名义向全球发布通知，抱歉地说 2007 年卡塞尔由于种种原因停办了……后来我改做了一个图片作品，视觉化的，在电脑里把卡塞尔那个美术馆和文件库什么的，凡是和卡塞尔展览有关的地方全部围起来，上面写"很抱歉，2007 年卡塞尔没有文献展"。

吴亮：一个玩笑，一个虚拟作品。

施勇：虚拟作品，"没有文献展"，反正是虚拟的，它要通过杂志印刷，我印了很多名片。我真的到卡塞尔去发，人家看到笑死了……其实那时候我就有这种想法，应该停一下……也许只有停了的时候你才能真正冷静下来想一想，就像你说的，麻木了，因为太多了，完全变成商业炒作了，是需要停一下了。

吴亮：你不能叫别人停下来，但你可以自己停下来，比方你不再看展览……

施勇：哎哟，你说得很对。

吴亮：也不读书。

施勇：我就在做这个，我有一段时间很少有作品，但是反过来说，我停，不是为停而停，停是为了更好地走。

吴亮：那就不彻底了，你应该搬到小镇去住。

施勇：那不对，那完全是以前的浪漫主义思路。不，我继续在这里，我打开窗户看外面风景，我把自己抽离到现实之外，高瞻远瞩听音乐，不必住到小镇上去。

吴亮：我看到你很夸张地做了一个动作。

施勇：啊，又被你看见了。

吴亮：人类需要那么多艺术吗？

施勇：怎么说呢，反正艺术已经存在了，那你就消费好了。你不消费也有人消费的，总要有人消费呀。

吴亮：从艺术史特别是人类文化史上来讲呢，本来也没什么艺术，艺术来自巫术嘛，一种仪式的需要。以前地球人都一个一个部落分散得很，他们之间不来往，挺小的一个部落，别的地方有什么人他们都不知道的。他们狩猎，农耕，生老病死，有丰收有灾祸，他们会围绕这些事做一些仪式，最早的舞蹈、唱歌、绘画都由此而生，所以这些做巫术的就是一些当地的巫师，为当地的人做，就是你在这里生存，你就为这里的人做，他们直接面对天，面对他们的神灵。好多年以后这几种内容才一个一个分离出来，成了一种专门的手艺，现在我们称它们为艺术。但是，不管中国还是欧洲、美洲，一个地方的建筑师、画匠，因为交通的限制和闭塞，他们还是为当地服务的，不会全世界跑，不必要也不可能。现在已经不对了，尤其是这一百年来，飞机出现以后，高速公路、高速铁路出现以后，搞设计的，做贸易的，读书的旅游的，在全球飞来飞去，人类已经没有一个"在地"的概念。艺术家都是全球性的了，你只要有一点知名度，你的专长不一定是艺术，你在哪里居住无所谓，一个艺术家和邻居是可以完全不来往的，他的朋友全在国外，隔壁邻居的脸都不认识，他通过 E-mail 联系世界各地。这样一来你会发现什么呢，你发现你生活的地方与你的生活、你的作品恰恰完全没有关系，而世界各地的信息却可能都跟你有关。

施勇：对，其实现在我们和世界的接触，就是和鼠标的接触。

吴亮：这种情况再往下发展又会怎么样呢，会停下来吗？就如你说，我们生活得简单一点。

施勇：停不下来，就像你刚才说的，艺术原来是为生老病死，为一种仪式产生的，不是为艺术而艺术，后来自从美第奇家族把艺术变成投资，变成消费了，那就停不下来了，停止是不可能的，这种残酷性……先前做大地艺术的这帮人，初衷是为了对抗美术馆体制，他们的大地艺术不在美术馆，是在大自然里。他们一开始坚持这样的态度和概念，最后商业把你照样招了回来，你现在去看这些大地艺术，理查德·朗、史密森，他们那些作品全在美术馆里出现了，很幽默吧！

吴亮：这里有一个文化制度，比如说博物馆，包括院校、研究机构、基金会，掌握知识和话语权的机构，最后总会把你强行纳入它的体系。在世界范围里，它会怎么做谁都不知道，它的未来它也未必知道，拦也拦不住……那你自己能够为自己做些什么调整呢，就打开窗子看看风景，看看自己桌子上的书？

施勇：我说的只是我一个阶段的状态，我可以这么去做，不是说我一定要这么去做。你说，你停下来，你不去看艺术，你到一个小镇去，这种状态我没有，我最多有时候会把自己封闭起来。比方说，我可能，我真的会的，我会在家里不出来，一个星期我甚至连床都不下来，我就看DVD，人家说这是忧郁症的体现，我不知道是不是忧郁症，也许是吧。在那个床上吃东西，稍微坐一下，然后又躺到床上去了，这种不会维持很久，可能两个星期。我很分裂，你一开始说我看上去很开心，反讽，其实我不是这样，我是被这个现实逼的，我的内心很苍凉，有非常大的苦恼。有时人会变得很分裂，有时候一个东西朝你扔过来，好像你感觉这个东西是对的，真正的好东西可能就是这个，但是我这个手势不对，我莫名其妙先挡了一下，可能这也是一个习惯吧。

吴亮：回到我刚才说的，我说你是反讽，你说你不尽然如此。那么我再回到前面一个问题，说到你的《形象的二次态度93》，你做这样作品和你当时的哲学思考、阅读有关，而你以后做的一些带有社会性的观念作品，都是和外界刺激、个人的反应有关。

施勇：对，是的，那是两个阶段，两个状态。

吴亮：刺激、反应、条件反射，这是美国行为心理学，就是外界刺激了你，你就恐惧了，你就舒服了……但是从弗洛伊德理论看来，人的心理活动，主要发生在自我内部，人本身，就是他的早年记忆，童年记忆，创伤，欲望，心理压抑，这些东西完全来自生活内部，这两种情况，以不同的方式和角度影响了不同类型的艺术家，当然也影响到了每一个人。假如说我把你的这种作品，看成是一种刺激反应的结果，外界刺激了你，你有反应了，你就做出了作品。外界刺激消失了，或者你找不到刺激了，你就一下子没有了灵感，失去动力，是这样吗？但是也有另一些艺术家，多少年来他始终有一个内在的动力，他不需要外界刺激，他能够不断生产，有这样情况，有这样一些人……你刚才说了，以前在低信息的条件下，信息会给你很大刺激，提供的想象空间很大，我们前面讨论了这个问题，对你来说，信息就是刺激。

施勇：对对。

吴亮：可是，信息太多以后你就茫然了，你可以一下子就报出好多概念，好多策展人名字，好多重要展览，好多重要作品，大博物馆的走向……你了解很多，因为你身在其中，你对这种事情比较敏感，你会记住它。但是即便如此，现在有很多艺术家，也仍然在做自己的事情，还是有这样一些人。那么我想问，如果你撇开这些信息，你的内心还有动力没有，就是多少年来，你一直想做的一件事情。或者，在你所有作品的变化多端的表层下面，有一个你自己觉得一点没变的那个心态，有一种东西还在动。

施勇：我得好好想一想，这问题很深……你提醒了我，有的艺术家不管外面发生什么，他按照他自己的内心世界走，这种艺术家对艺术史不是影响很大，但作为个案他非常厉害。我相反，我会在一个艺术系统里产生其他东西，并不像按照内心走的那种艺术家……其实我内心里，退一万步说，我非常茫然。

吴亮：你也会茫然？

施勇：茫然，对，就是你不知道怎么办，这也不是我一个人，现在很多做当代艺术的都面临这个问题，集体性疲劳，一个瓶颈，它无法逾越，作为个体很难逾越。当然有市场在，有媒体在，有推波助澜的人在，所以还会有很多展览，还会有很多作品出来，但这些作品的力量究竟有多大就见仁见智了。反过来另一个意思是，当代艺术变得有气无力，有点苍白了，它的内心动力确实在退化。

吴亮：你说了一个重要的词，"茫然"，你有没有发觉在你后期的作品中已经体现出这种荒凉的心情？

施勇：有，我特别想找一个空间，把它的窗户全部弄掉，文字弄掉，颜色也弄掉……所有的痕迹全部抹去，变成一个壳体，录像已经做了好几个了。前年的当代艺术博览会我有个新项目——把整条南京路用影像的方式一点一点抹去，最后变成一个苍白的壳体。就是这种"抹去"，不知道为什么让我特别有感触。后来我又做过类似的"抹去"作品——我把香格纳画廊（香格纳是中国当代艺术的标杆之一），通过三维技术，把香格纳从莫干山路五十号挖掉了，一张大照片……做这件作品之前我需要实地拍照，还要让劳伦斯站在那里，我骗他，我打了一个电话给劳伦斯，请他从画廊里走出来，我就在对面的楼顶上面，"哗"一张照片就拍下来了……最后的作品是，周围一切都没有改变，只有香格纳的原址是一片废墟，劳伦斯，一个孤独的身影站在那里。

吴亮：很妙，这个作品做出来了吗？

施勇：做出来了，题目叫《有一个画廊》。

第四维迷惑：一分钟就是一百年

胡介鸣　吴亮

（胡介鸣，艺术家，现居上海。对话时间：2010年10月）

吴亮：在一个画家的展厅给他做访谈，你是第一个，这样的环境和你在一起，感觉非常好。我的问题从这里开始……你背后这个作品叫《一分钟和一百年》，所有这些图像都来自艺术史，世界范围的艺术史，把历时性的图像记录变成一个共时性的呈现，在一分钟里面呈现出来，周而复始。这让我想起另一个历时性——我们二十年前认识，中间大家各忙各的，但我总会听到你的消息，通过图册，或者经过美术馆，抬头看见你的作品裸露在公共空间中……说说你这些年的故事吧。

胡介鸣：故事太多了，我们都在一个时间平面上，每一分每一秒这样过来，实际上每一分每一秒都在发生事情。人和人交流就建立在这样的基础上，首先是有故事；每个人的故事都不一样，这样就有了交流的可能性和必要性。讲故事涉及回忆，人家说当一个人老喜欢讲他以前的故事时，就说明他老了……从我个人的性格来看,我回忆我小时候的一些故事。在我记忆当中,好像我是属于那种经常会弄出一些莫名其妙的事情的人。

吴亮:你小时候有没有自闭症?一个很孤独的孩子,不合群。

胡介鸣:这倒没有。我可能经常会想出一些类似恶作剧的念头,弄点什么事出来,搞得一些里弄干部双脚跳。我会想出不少捣乱的花样,搞一下什么。除了这个之外呢,小时候我对科技一直挺有兴趣,记得在念小学、中学的时候我最崇拜的就是科学家。当时"文化大革命",艺术还没有显现出它作为一种探知问题的方面。当时的艺术创作就是为了表现政治需要,画点什么东西,更多的是作为一种工具。我小时候没有出对艺术这方面的兴趣,感兴趣的是科技。我印象最深刻的,看得最多的一套书是《十万个为什么》。

吴亮:我们都差不多。

胡介鸣:这个书我翻来覆去地看,"文化大革命"的时候其他书很少。我在家里按照书里面说的方法做实验,比如青蛙抓来,把它的头剪掉,测量它的脊椎骨,看它的神经反应。邻居都觉得这个小孩特别奇怪,搞得血淋淋的,在家门口尽搞这种东西。我还按照书里说的,把凳子吊起来测量它的惯性,或者把半导体给拆了。可能跟这个爱好有关,我中学里最好的成绩是数理化,不是语文,现在回想我当初的画,也是相对比较理性的,不是表现主义的那种。

吴亮:我想起我们最早认识是在九十年代初,你们搞"新架上"的时候，你是其中唯一用黑白两色画油画的人。你画一个人在镜子面前自我检查，自我审视，色调非常冷，零度情感，那个画里的人处在一种很奇怪的状态：自己扒开眼睛，脸部扭曲，镜子里面的形象是变形的，自我窥视的。我还看过你几年后的一批作品，还是手绘油画，许多身份证上面的肖像照片，摆满了一堵墙，也像今天一样，大规模的，重复很多很多同类型的图像。

胡介鸣：对，集合型的，一起呈现出来。

吴亮：共同的展示，上百个陌生人，呈现的不再是每个人的故事，当它们呈现在一起的时候，他们各自的历史突然变得虚无了……另外一种感觉，它像图书馆，那么多的书摆在一起，抽出一本就是一个世界。你会很茫然，这么多人你来得及了解吗？这么多的书你看得完吗？这些读不完的书好像是一片沙漠，每一颗沙都不得了，就像博尔赫斯，一个图书馆馆长，读得太多，后来眼睛都瞎了。

胡介鸣：他写的小说反而变得不现实了，他看了太多的文字符号。

吴亮：你从小虽然有捣乱的记录，但你喜欢试验，和外面一般孩子不太一样，你看《十万个为什么》，没有走上科学的道路，却走向了艺术，不过在你的艺术中就流露出你对技术的偏爱，甚至是迷恋，你现在越来越讲究呈现你的技术性了。

胡介鸣：对对，但我不是为了呈现作品所需要的技术，而是表现我对技术本身的思考，因为这种技术已经深化为我们整个感知世界的方式，影响到我们的记忆，影响到我们对时间的判断。新媒体出现以后，这个被它带出来的新时间观的影响似乎转移到了"另一个维度"。从身份上来讲，很多人都认为我是搞新媒体的，这样一来我现在和一些不是搞新媒体的艺术家之间，在平时的沟通上，多多少少产生了一些分歧，有了一些障碍。

吴亮：在基本概念上你和他们的区别在哪里？"另一个维度"的时间，你能不能再讲得通俗一点？

胡介鸣："另一个维度"是指认知上的——实际生活中发生的实际的时间，实际的空间，大家日常感觉基本是一致的，都生活在这样的一个时空里。但是在认知中，这个时间概念已经装入另外一个空间里面去了，我觉得是装在一个完全不同的认知体系里面，一个想象空间里面，这样就在价值判断上产生了明显的分歧，比如说我认为这么做是有价值的，反过来就会有其他一些朋友觉得这个没什么意思。但"另一个维度"是有一个新的认知体系来支撑的，这个认知与日常感觉之间有这种差异，我愿意有这种差异性存在，正因为有这种差异性存在，能够使得我不停地思考问题。我从当代艺术出来，我不是学技术出身，不是学计算机或者是工程师出身，我是跨界的状态。一跨界，我就同原来的出生地之间有了一个距离。我对我的原来这个出生地的认知系统是熟悉的，现在我就有可能性在这种技术跨界当中产生一种新的陌生感和交错感。

吴亮：和原来那批人很难再有共同语言，这也没什么对错，每个人都不同,这没问题。但是我想,因为你现在做作品,必须和很多同类型的新媒体艺术家发生交流,另外,你肯定还会和电脑工程师,和做图像的年轻人,包括和你的儿子一辈的新一代交流,还有做网络游戏的这批人……你在和他们的交流中,在关注他们的文化中,有没有发现你的好多想法,居然和他们无法沟通;或者相反,非常容易沟通?有的话是什么,没有的话又是什么?

胡介鸣:当然,之间有差异,我是跨界的,现在处于这样的位置,在我的朋友圈就有越来越多其他学科的人,生物技术,工程师,机械电子,计算机等这一类的。其实具体来讲,我还是跟艺术圈的朋友更密切,交流的可能性更大。当然,说到年轻人,他们正在形成的认知方式,更多的还是表现在时尚方面,他们有一些初步的经验,他们用这种经验来判断现实。这一辈年轻人在交流当中的信息表达方式,接受方式,甚至生活方式,我跟他们还是有那么一点共同点的;但是在价值取向上我和他们不一样,毕竟我的经验跟他们有非常大的差异。

吴亮:你具有双重性,你的作品思考采取了这个新样式,但在现实中,在人生经验方面,你仍然和原来圈子的朋友更有共同性,因为你们都是从"实际的时间"这样一个维度过来的。

胡介鸣:历史还是存在着的,确实还是有东西在那边,我没有说它不存在了。

吴亮:但是这两种维度中的经验被你这么一组合之后,它产生了另外一种虚幻性——现在我看着你的脸,你背景的屏幕同时

进入我的眼睛，它们在闪烁，那么多屏幕在闪烁。我听着你这样一个活生生的人在这个时空里和我讲话，后面是一个虚拟世界，同时又是一个曾经是现实的一百年的时空。我在短时间里脑子被抽空，产生一种迷幻感，历史变成了一个屏幕，变成了一个图书馆……在这一瞬间，真和假，虚幻与现实，全部混淆在一起了。

胡介鸣：对，有高技术在背后支撑，以这样的方式，怎么把一个图像，还有声音，怎么把这个艺术作品和公众之间的关系，怎样把这样一个讨论，放在公共场合里面产生交互作用，发生一些互动——这件作品在这几个基点上，我在做的过程中是有考虑的。一件作品放在室内还是室外，效果完全不一样，它最后体现的价值不一样，它的要求也不一样。公共性的作品对我是个尝试，在我以前的经历中几乎还没有过，在公共场合来直接呈现它——它与观众的接受度的关系，一个交互的关系，这是绕不过去的。以前我的作品观众看得懂看不懂，不在我考虑之内，我完成了我的叙述就完了。现在我必须要考虑受众，这也是在我后面的作品必须体现的。

吴亮：近二三十年来，在西方学院知识分子对虚拟世界的文化批判里面，很多是针对大工业，电视，公共传媒，包括广告这些东西，把这个媒介拎出来，说它是一个全球性的权力，通过改变世界的想象，影响价值观、重塑价值观，然后加以批判。你的作品包括很多当代艺术家的作品，也具有一种批判的立场，有些人可能是模棱两可的，我们很清楚这个世界，不是批判就可以解决问题的。你把你的作品放在美术馆里面展示,选择这样的一个地点,我觉得基本还是把它作为一个精英的,圈内的,或者说是带有学术性的……

胡介鸣:对,只是把它作为一个问题提出来。它的观众是一些机构,一些专家,一些同行,包括一些媒体。它确实是比较精英的,而不是消费的,不是广告的,也不是用于商业用途的……它发生了转换。

吴亮:那它变成什么了呢,变成艺术了,还是变成批判了呢?

胡介鸣:新媒体的发展为什么有生命力,从历史上来看它不但是一个样式的突破,一个观念的更新,更是一个新时代的来临。它最初的突破点实际上是在大众媒体这一块,与公众的广泛接受度有非常强的关联性。它不再是精英式,象牙塔式的了。新媒体这个词汇最早出现应该是在1936年,电视发明的前后,广播是二十世纪二十年代发明的,电视是在三十年代,它涉及千家万户。现在的因特网就涉及每个家庭,我们现在还有跟每个人生活有关的手机。这个手机平台不得了,比因特网更深入,深入到每个人的口袋里。它的渗透性、广泛性,你没法阻挡,这个问题我现在比较关注,我觉得这种方式将来会在传播领域取代所有的一切。

吴亮:这个毫无疑问,不再是想象了,已经是现实了。

胡介鸣:它会改变生活方式,改变所有。

吴亮:麦克卢汉有本书你一定知道,《媒介即权力》,新闻从业人员,还有艺术家的必读书,这个人太厉害了,一个加拿大人可以写出这样的书。

胡介鸣：对，加拿大的。媒介和权力，这个问题在学院里面被谈滥了，媒介就是表达必不可少的一个元素，它当然和话语权有密切的关系，你谈到的这个麦克卢汉现在变得越来越重要了，他像预言家一样，地球村等一类概念都是他发明的……你说起他这个人，和我接下去有一个跨国合作的项目有关，这个项目要梳理新媒体的脉络，从本雅明，麦克卢汉，一拨一拨的，一份很长的名单，很大的计划，准备做三年到四年，专门从理论上去梳理，最后做一本书，bedrock，就是"启蒙"，书名叫《启蒙》。这是一个非常有意思的工作，我对这个脉络非常感兴趣，既然谈这件事，最好搞清楚它的"父亲"是谁，它的"爷爷"又是谁。

吴亮：要做到心中有数。

胡介鸣：不能离谱，离谱就毫无意义了。我要坚持的一点是，媒介的重要性，权力或别的什么，最重要的不是媒介本身，而是一种精神，它是一个不断更替，不断产生的一种精神……技术层面的东西太廉价了，今天是这个，明天可能又不是它了。作为工具的媒介，离开永恒的距离太遥远，我跟年轻人之间的这个认识上的差异就是这样，他们更多看到具体的某个媒介，这款新手机出来，iPhone4，现在排队买都买不到。

吴亮：他们是机器迷。

胡介鸣：其实这个东西不重要，它是四，还是五，还是三，实际上是一种精神，年轻人往往就忽视了这一点，他们还没有认知到这一点，这需要过程。年轻人对媒介的热衷比较浅显，有盲目性，这种热情……我在接触当中也发现年轻人挺困惑的，他们刚刚热衷于追求这个，突然又变得这么廉价，这个到底是怎么回事？

吴亮：我们不会崇拜新款式，不会欣喜若狂，但是我们也很矛盾。你把这个矛盾呈现出来，你把你的感受，一种复杂性呈现出来了，而不是简单拿出你的态度——当然态度也很重要，但好像呈现比态度更重要。

胡介鸣：因为有时候作品已经呈现出那么多丰富性的时候，你会发觉，你在中间都是被淹没掉的。

吴亮：我们的世界已经被媒介所包围，你把它进行了浓缩，轰击我们。我们平时在日常生活中也是这样被包围，但我们没有那么集中地被轰击，你通过一种集中的方式逼迫我们进入这样的感受当中，至于这个感受能够引出什么结论那是每个人自己的事情。

胡介鸣：我想其他艺术家也差不多有这样的情况，在做作品的时候他还是模糊的，我到底要贡献一个什么？肯定是比较模糊的，但是必须有一个企图，这个企图肯定有，当然这个企图和最后结果不一定完全一致，这个完全可能。我这么多年来，在每一次做作品时的这个思考，这样的一个贯穿的过程，首先，这个经验来自我的生存空间给我的一种感受，心里的感受或者是一种价值的感受，这是一个综合性问题。我把它表达出来，要通过一个非常有意味的方式来呈现，而且这个呈现的方式跟我的这个思考应该是对位的，怎么让它有一个至少可以有探讨性质的形式，我不喜欢说"创新"这个词，而是"有所不同"的一种形式。哪怕只有那么一点点"有所不同"的元素表现出来，也是我所希望的。至于表现出来之后观众会得到什么，当然我会期待，但是同时呢，我更多的还是希望能够看到更多的答案，来自观众的答案。比如昨天有一个朋友说起，他看到了我这件作品里的历史有一种"摇摆性"，我说这个概念我倒没想到过，我觉得他说的挺有意思。可能的话，假如有时间有精力，我真想收集一下不同的观众阅读我的作品以后的感受，他们得到的是什么？

吴亮：有一些艺术家，他们在做展览的时候会发点问卷给观众，你有没有做过这种尝试？

胡介鸣：我也想过，想得到这样的反馈，但现在还没有具体去做过。

吴亮：你有没有开微博，或者写博客？

胡介鸣：有过这想法，实在没时间去扑在上面弄。我现在的日常时间安排非常紧凑，我连上网的时间都很少，每天收发一下E-mail，仅仅是这样。

吴亮：你现在的工作，因为做这个作品，你都无法离开这样一个媒介，一个新媒介。但是除了你的工作部分，日常生活当中你非常依赖这些东西吗？你获得新闻，你看体育比赛看电视剧，你对新媒体的依赖性有多大，大到什么程度？你有没有某一天，或者某几天，不看电视了，不开电脑了——我这几天休息了，我把电脑关掉，把手机也关掉。

胡介鸣：这个曾经想过，目前为止还做不到，依赖性应该还是有，没有百分之一百的依赖，至少有百分之八十的依赖，肯定没法离开这个东西。曾经有一次，我在课堂上半开玩笑似的在讨论当中提出来，对学生说我们是不是搞一个活动，学校不是有一种外出写生嘛，写生课实际上毫无意义，我说我们现在是不是换一种方式，因为写生课这个时间段还得用掉，我们什么时候到某个地方去，大家把自己随身携带的所有通信设备全部停掉，就这么过上一个星期，就是说，回到信息时代之前的那种生活，手机不许开，电脑不许用，甚至电灯也不用，点蜡烛，自己烧火做饭。学生非常踊跃，说什么时候我们就这样去体验一次吧。我后来觉得这个计划在实施过程当中可能是非常困难的，很难做到这一点……但是在人的内心世界好像都有这样一种向往，原始生活是怎么样的，大家来体验一把。我想象，是不是在一个星期的原始生活结束后，手机一开机，大家都哭了，或者怎么样了……我还是非常期待这样的一个事。

吴亮：最后一个问题，我想听听你对时间的感受，时间是什么？你说时间无时无刻存在着，但是你根本抓不住它，你看不见它，可是我和你已经聊了快一小时了。这一小时中，我几次走神儿地想，眼前的这个胡介鸣是生活在哪个时间里呢，在第四维，还是在第五维？第四维，通常就是讲时间嘛，第五维，那就是一个虚拟世界，你背后那个屏幕世界，《一分钟和一百年》。

胡介鸣：虚拟的。

吴亮：第四维的迷惑，你对时间感觉很迷惑，好多哲人都对时间很迷惑，普通人也都说，眼睛一眨我就那么老了，时间怎么会那么快啊？

胡介鸣：可能就是这个问题，我们对时间太无奈了。这么多年来，我只要一提到时间，从潜意识里面就有一种恐惧感，但是你没有办法，是吧。那么接下来就是你刚才说的，可能就是一种需求，渴望制造一些虚拟的东西来弥补。从我这几年的，尤其是最近的一些作品来看，就是对一个过时了的东西，已经消失了，没有价值了，或者曾经死亡了，或正在死亡的一些事物，或正在发生的一个未来，可能代表将来时段的事物，通过一些新的技术，或者其他手段，对这些不同时段的事物进行结合，在两种时态之间进行结合，那就会出来一种特别奇怪的方式，就像你说的第四维、第五维也好，第几维也好……

吴亮：你想把那些死亡了的东西留在你的第五维。

胡介鸣：我很难确切描述这样的状态，把这两者之间结合在一块，就这一点，在我近年来的作品里都有所体现，比如那个《零度海拔》，就是一些以前已经失去价值的东西，我把它再拿出来跟观众互动，通过高技术的支撑。

吴亮：我打断一下，你通过这个闪屏的方式，把这一百年放在一分钟里面，是不是试图使那些幽灵复活呢，你觉得它这么一闪一闪，它们就又都活了吗？

胡介鸣：呵呵……当然这只是一种动画，这些东西，它开始动，它们活起来，实际上这些不一样的动法，都是有一个说法的。比如为什么要眨眼睛，为什么手要这个样子，这些名画为什么会做这样的动作……当时我的一个设想非常明确，就是现在这个时段，我跟它相遇，我阅读它，两者之间的一瞬间，我脑海里呈现的，似乎就应该这样。我现在是一个团队，不是一个人，我把这个意图告诉了他们，要求我的助手们也这样，他可以决定什么时间来动他的一瞬间。这样一来，等于我在现在的这个时段来赋予它一种新的存在形式，它呈现了的东西，既不是历史的，又是历史的。它不是编年史，它没有客观性，其实就是一个虚无，或者说是一个梦境，类似超现实主义的那种感觉。你说达利为什么要画那种梦境，也可能就是他在意识当中的一个主观的存在。

吴亮：你这作品，如同一个用新媒体做的历史博物馆，它和传统博物馆很大的区别是，传统博物馆都是有物证放在那边的，但我们觉得它已经属于遥远的彼岸了，你这个像时间博物馆，你可以让它在当下闪烁。

胡介鸣：正在进行式，它又变成今天发生的事情了。

吴亮：我们通常有一个习惯，屏幕的东西，都像是刚刚发生的。它给我一种错觉，历史以用一种闪现的方式被复活。

胡介鸣：是。比如说毕加索，他七十年代一张画就变成当下的一个情境。

吴亮：它重新具有了一种此刻性。

胡介鸣：这一观念在我的声音系统里面也这样体现了，把那个历史的声音，通过不同的频道，收集了差不多这个一百年的，比如约翰·凯奇的声音，那么还有一些文明史技术史吧，同时放几部录音，经过混合处理，有许多元素，爱迪生第一次录下的声音，政治家的演讲，还有一些朴素的谈情说爱……通过分轨，一共有三十多轨，你听的时候受你所在的场域限制，你走到这儿听到的可能就这一块，远一点的你就听不见了……

有时候我们不能完全相信眼睛

李斌　吴亮

（李斌，艺术家，现居上海。对话时间：2011年11月）

吴亮：十一年前我们初次见面，那时候你已经从美国回来了，我才知道你原来也是从上海出去的。

李斌：我1987年去日本，1989年到了美国。

吴亮：我们这个拍摄计划有一个时间范围，"八十年代以来的上海当代艺术"，很巧合，我刚讲入你工作室，扑面而来的就是那幅《1980年大审判》，它把我带回到这个八十年代的开端……然后我左顾右盼，又看到你更早的一些巨幅作品，题材是五十年代的，当年亚洲的几个盟国领袖，胡志明、金日成，还有欧洲的一些共产党兄弟党的领袖人物，好多曾经熟悉的面孔……我第一次在南京总统府里面看到你画的那幅油画，应该是别人复制的，许多民国政治人物，中间是孙中山。

李斌：孙中山，对，国父。

吴亮：后来我通过一些画册了解你的作品，通过那些政治人物的肖像与历史场景，我看到了近现代不同的时间片断，那些"决定性的瞬间"，你以共和国的历史为主轴，延伸到民国史，画了大量的政治题材的绘画，今天我都看到了原作……但基于不方便的原因，我很遗憾不能以那些作品作为背景对你进行电视访谈，我只能选择你的地下室，在你的书房进行这次访谈，地下室和书房，非常具有隐喻性。你看在我的背后，是一幅梁启超的字，我的历史感就被你这个空间召唤回来了。

长期以来，外界一直认为上海人是不大关心政治的，特别是艺术家，但是你李斌不仅是个例外，而且如此执着，这真是让我惊讶……我们就这么开始吧。

李斌：我出生在1949年10月，按当时大家习惯说的，叫作跟祖国一起成长，就应该是一个彻底的理想主义者，从小，从幼儿园开始一直到小学，加入少先队到加入共青团，"文化大革命"中又想法混入了红卫兵队伍……可是我的出身非常不好，我的父亲是右派分子，我本来是一个被称为"狗崽子"的角色，但我的政治表现相当突出，"文化大革命"爆发不久，我居然在上海《红卫战报》当上了美术编辑和摄影记者，那时这份报纸已经是上海"红代会"的机关报了。

在那个年代我是跟得很紧的，非常非常主动，想在紧跟无产阶级革命路线这条路上发挥自己的能量，我甚至做出了一些现在一般人都会很讨厌的事——我跟我父亲划清界限，主动揭发我父亲的问题，他原来是右派嘛，摘帽以后有没有对党不满啊，我让我父亲苦思冥想三天，写了一个文字交代，我把这个交代送到他们厂里造反队队长手里……这个造反队队长看了以后说，"你这个革命小将真奇怪，你爸爸本来没有事，你这么一来，不是没事找事吗？"

当时我很尴尬，但还是装出一副大义凛然的样子，因为我要向别人表示，我虽然出身不好，我选择的立场，是跟毛主席的无产阶级革命路线一致的。我不知道我的心态已经扭曲，我以为自己很阳光……林彪9·13事件发生后我受到极大震动，我发现应该自己去进行思考，而不是盲目追随，周恩来过世毛泽东过世一直到"四人帮"下台，我就越来越怀疑我们走过的这条理想主义路线，这条路线很值得反思，那个时候的反思当然不如现在，不过至少我开始怀疑，开始重新思考了。

吴亮："文化大革命"一结束，你又走红了……

李斌：正好赶上1979年，我跟刘宇廉、陈宜明接到了《连环画报》的约稿，就是画卢新华的小说《伤痕》。我们很认真地画，这故事正好跟我的经历很相似，讲一个出身不好的女青年如何跟她的母亲划清界限，到了农村，最后等到她回来看她母亲的时候，她的母亲已经死在病床上了。这样一个悲惨的伤痕故事当时在全国很有影响，我们三个人把它画成了水粉连环画，用了很大的力气，后来还在全国得了奖。紧接着，我们又画了连环画《枫》，那是根据郑义写的小说改编的。《枫》讲的是"文化大革命"武斗，年轻人为了捍卫毛主席的革命路线自相残杀。我们用了三个月的时间，水粉画，每个人用每天的八个小时。你想想看，也就是说每一张画平均用了一个人九天的工作量……这么小小的方寸，这么大的稿纸上的，这样的一个作业。我们在对待红卫兵武斗这个问题的批判上是非常主动的，采取了一些比较隐喻的艺术手法。比如说有一幅画，许多红卫兵倒在地上，好多尸体上面画的标语是"毛主席万寿无疆"，无疆的"疆"字放在画面的最主要的部位，隐喻当时的专制和个人崇拜，已经发展到了让多少无辜的生命，特别是年轻人殒命，生命牺牲生灵涂炭。

这套画后来引起了风波，一度被禁止发行。那时候胡耀邦是中宣部部长，他非常民主，接见了《连环画报》的编辑，因为他们申诉了，胡耀邦接见了他们，陪同的有文化部部长周巍峙什么的。在接见的过程中，胡耀邦听了他们的意见，有关部门改变了原来禁止发行的决定，又重新发行，印量达到一百万，现在听起来也是很大的数字。可惜的是这套稿子现在散了，原作中间除了有九幅被中国美术馆收藏，其余的二十三幅，大部分丢失了，可能被某些人拿走了，不愿意再拿出来。

2009年，赶上这套连环画三十周年，出版社希望我用油画重画这套《枫》，我当时犹豫了很长时间。从我一个人画的角度来讲我不该做这件事，可是我确实觉得有一种责任，有必要把它重新画出来，我在原稿的基础上，画面放大了四倍，最后画成这么大小的油画……油画跟原来的水粉画不一样的，原作注重平面效果，是三个人合作；现在是我一个人，画的是油画，另外还增加两幅，整套作品变成三十四幅。

我为什么从这儿说起呢,《枫》这套连环画到现在已经过去三十年了,这三十年间变化太大了,刘宇廉不幸十年前过世了,陈宜明呢,他一直在中国美术学院当教授,转向形式研究……就我心里总落不下,《枫》是我的一个新开端,我觉得还有大量的东西值得我进一步去探究。1987年到日本,1989年到美国,在国外我能够看到的东西更多了,寻找资料也更方便,共和国历史,民国史,近代史,凡是跟暴力革命有关的资料我都留意,我不断地收集它们,逐渐地形成了最初的一些构思。

吴亮:记得几年前,具体时间我忘了,上海有过一个知青绘画的回顾展,当年就画画的知青,里面也有你的画。听说你们后来还补画一些作品,是不是这样?

李斌:是的,当年的画不可能都保存下来……刚才一讲时间跨度,一下子就把知青给略过去了。我老跟别人说笑话,我说我是土插队十年,洋插队也十年……这个土插队,到了北大荒以后,说心里话我不太好意思,就是我没干过什么体力活,我基本都是画画,我在那儿干体力活的时间加起来,可能也就一年的时间。我没饿着,劳动我也没累着,吃苦并不像大部分的知青那样多,所以我特别害怕别人提起知青,为什么?一提知青人家就会说:"李斌,你要不是'上山下乡'哪有你的今天?"他们往往会把我今天的所谓一点点成绩归功于这场灾难。这对绝大多数的知青是很不公平的,全国一千七百万到两千万的知青,十年的下乡，被剥夺了继续上学的机会，这些人现在可以说是都处在社会的最底层⋯⋯

你刚刚提到这个知青绘画展的事，实际上是我跟李向阳，上海油雕院院长，他也是知青；还有王洪义，上大美院的史论系教授，就我们几个人策划的⋯⋯我们就把这个展览的宗旨定义在——绝对不能美化"上山下乡"这场灾难，但对于知青奋进努力的精神，我们称它为知青精神，应该从正面去表现。另外，对我们曾经有过的狂热也应该拿出来，不必去回避它，让当下的年轻人，还有跟我们年龄差不多的当事者和亲历者，去重新回顾这段荒唐的历史，重新来看一看，上山下乡运动是否真像有些人认为的那样，对于改造人的世界观，或者是对于我们国家，对人性的锤炼，具有正面的意义。

吴亮：后来我看过这个展览的画册，很厚一本，你展出的作品不是当年留下来的，是新画的女裸体⋯⋯那个展览反响怎样？

李斌：这个展览三年前在上海美术馆引起了比较大的轰动，出了画册，大家都非常喜欢。我画的知青题材你都知道了⋯⋯画女裸体，我画了好多女裸体。上次在中央美院有几个我的老师还说我："李斌，你画得太过分了，我们对你有意见了，你怎么能把知青的男女野合都画出来？"

当着老师面前我没有解释，其实我想画的，想表现的是什么呢，我画的都是非常健硕，性感，那些很漂亮的女知青，我就是要告诉人们，现在那些都成老太老头的当年知青，这些老太老头在他们少男少女的时候也跟今天的 90 后、80 后一样，风采夺人。我画她们的裸体时用的是现在的模特，但我把她们放在了那种非常恶劣的北大荒环境中，我有一幅画叫《油灯的记忆》，我们在下乡的时候（开始没有电灯），完全是在煤油灯下生活跟作息，女知青干活回来后就在帐篷里面，一盆水从头洗到脚，油灯幽暗的红光下面的这样一种气氛，这么灿烂性感的身体……也许就在洗完澡的第二天，那个身体跟生命就被一场火灾夺去，或成为终生残疾。

吴亮：你前面说了一个细节，你说你在北大荒虽然土插队十年，中间加起来在田间劳动也就一年。我可以想象在其余九年里你都在画画，有那么多画让你画，我可以进一步想象，你不遗余力地在为当时的政治服务。

李斌：对，是这样。

吴亮：当时的历史条件，我也是过来人，显然这种宣传画，为政治服务为工农兵服务的这种文艺，只能正面歌颂。但是同时在你的身边，那些悲剧在不断发生，你目击到好多悲剧和荒唐事情的发生，虽然你自己是没饿着过，当然，黑龙江军垦农场可能不太一样，一直说北大荒是个粮仓嘛，相对来说没有发生过严重的饥饿，但是你已经承认你看到了许多黑暗面……那么你是在过一种两面性的生活，你没有内心矛盾吗？

李斌：看上去这是非常奇怪的一件事，就是说，现在的好多年轻人可能不理解，他们会怪罪我们这代人："你们当年看到那样悲惨的情景，你们难道就那么麻木吗？"我坦率地告诉他们，当年北大荒知青跟其他地方知青的情况不一样，北大荒是国家花了八个亿专门塑造出来的一个田园诗一般的环境，我们是有工资的，每个月三十二块钱。有部队的支撑，解放军官兵在那边指导我们，比如像文化工作，有非常优厚的条件，我们这些在基层能够画画的人，都被组织起来，每年办美术学习班，北大荒出了不少画家，像沈嘉蔚、我，还有前面我讲到的刘宇廉、陈宜明，我们都是北大荒美术学习班的，全国的美术大学都停了，北大荒的美术学习班一直在办着，我们就在那样的一个特殊的学习环境，再伴随一点点所谓的艰苦劳动。

大部分知青，我们那边一共有五十多万人，这五十多万人大部分是从事田间劳作的，他们非常辛苦；极少数从事文体活动的，比如像姜昆，也是从北大荒出来的，聂卫平也是……这些人是极个别的，所以我在谈这个问题的时候想提醒大家，我们这些人是极个别的文艺点缀，大部分北大荒知青非常非常辛苦。

吴亮：混得好的是极个别的人。

李斌：我们再回过头来说整个全国的"上山下乡"，像云南、安徽，比方陈丹青在江西，他们很少会有什么青春无悔这样一种感慨，他们非常愤慨，最美好的年华都葬送在那里了……前些年，北大荒的老知青搞活动老是说什么青春无悔，老是激情满怀，甚至很怀念地大唱当年那些所谓的革命歌曲，像真的一样，好像恨不得成为八路军，成为革命志士那样，要为后人所尊崇，非常荒唐，知道吧？北大荒当年条件很特殊，是国家花了那么多钱塑造出来的特殊环境，即便是在那样被塑造出来的环境，依然有极其荒唐的事……比如救火，我也参加过，我救的不是荒火，是救附近的机关大院的失火，那就没出什么大问题。但我可以给你讲个小插曲……我刚冲进火场的时候发现有一个人在火场里面大叫："不要管我！毛主席万岁！"当时我们一个参谋长，他比较实在，他冲进去对那个人就骂："你给我下来，你的脚离地面也就一米高，你跳下来不就结了嘛！你叫什么？"当年这些小青年都很想当英雄，英雄主义情结，在我们这一代青年身上处处可见，碰到哪里失火了大家就很兴奋，亢奋，觉得自己的机会来了，或者出身不好的，就觉得在救火中烧伤了，甚至牺牲了生命，就可以证明我已经真正背离了我的家庭，真的跟共产党站在一起，跟劳动人民是一条心了。为了这样的一种非常简单非常幼稚的想法，好多人真的献出了生命。

北大荒当年发生了好几起山火，前不久凤凰卫视还讲到了庆丰农场的山火，也就是我们兵团的三十五团，真的有十四个知青在救火的过程中被活活烧死了，后来又作为事故，这样不要命的救山火确实是不应该的……发生山火，不管是美国，苏联，还是北大荒大兴安岭，都有飞机救火，救火人员进去都是非常有序的，首先要保护生命。可是在我们那个时候，个体生命是不被重视的，牺牲个体生命就为了换取小小的两根电线杆。这就要讲到金训华了，金训华也是北大荒的，他就是为了抢救两根电线杆，就是那种从苏联那边漂过来的木头，为了不漂到苏联去，要把它抢回来，怕损失所谓的国家财产,一条生命就这样被漩涡卷走了。

我最近在画一张画,画金训华已经成佛了,坐在中间,后面是好多画,那里面就有当年陈逸飞跟徐纯中一起画的,就是那幅《向毛主席的红卫兵金训华学习》的宣传画,我把这个画在后面做成了一个问号,两边有对联,还有横批,写的是"金训华遗训",两边写的是"记住我,别学我"。我把这个想法告诉了金训华的妹妹,她表示同意。

我当年画了太多英雄主义宣传画,英雄主义标兵,英雄人物,你刚才问我有没有内心冲突,我确实有过,这种负面的、悲痛的,真是,最后都以悲壮结束了,觉得那是应该的,是我们追求的,那就是,为了一个伟大的理想,生命算得了什么?就是这个想法——为了伟大的理想献出生命,这是我们的光荣,我们求之不得啊。

吴亮:然后,你就把这一思考转移到了国共之间的内战……

李斌:那是有一个过程的……抗日战争,国共之间的战争,我当年都把所有参与革命,或参与战争的人看成我心中的楷模,当然了,现在我回过头来看看,包括读龙应台的文章,她写的《大江大海:1949》,或者我自己慢慢感悟的,生命最可贵,有些所谓理想是不是非要用大量的生命代价去换取不可呢……在下乡的那些年,我所经历的,即便是在北大荒,被特别关照的这一块净土,我可以这么称呼,一块净土,或者想象中的共产主义乐园吧,把不应该的看作是应该的,把荒唐的看成正常的。当年就是这样，所以年轻人问到我，我有羞愧之心，我确实有。我最近碰到一些学者，就是比较早的觉悟者吧，比我觉悟高的，好多人，像朱学勤，他当时不一样，他在兰考。兰考是什么地方，那是焦裕禄待过的地方，那地方是死过大量灾民的地方，他在那边所看到的所经历的，基本上就是悲惨之极，所以他对"上山下乡"的看法跟我完全不一样。老话说，眼见为实，但有的时候，亲眼看见的也未必是事实。有的时候我们不能完全相信自己的眼睛，因为你的眼睛看到的或许恰恰是虚假的事实，只不过眼前的这个景象不过是一种展现，它背后的实质是被掩盖的，要透过表面现象把历史真实表现出来，这才是我作为一个画家的责任。现在人家说我是政治画家，是一个太跟政治挂钩的画家，我无所谓，因为我后来真的越来越觉得我责任重大。

吴亮：先不说责任重大……你前面说自己一半是羞愧，一半是历史的悲剧，你那么年轻就和你的右派父亲划清界限，你当时毫无羞愧，你觉得自己很阳光，可是连造反队队长都那么说你，他都觉得你不应该揭发你的父亲，他都比你传统，我想你肯定后来就羞愧了。

李斌：对。

吴亮：我觉得我们可以再谈一谈这件事，小小地谈一谈。当时，你父亲怎么看你的这个行为，后来你父亲什么时候原谅你了？

李斌：我说出来好多人会不相信，我父亲从来没怪过我，他甚至认为我那么做是对的。他至今，我父亲就从来没有谈起过这些事，每次我要跟他谈，我父亲只是一笑了之。很简单，那个时代太荒唐了，荒唐到了现在回想起来都觉得很奇怪，这究竟是怎么一回事呢？针对我当时对我父亲的这种恶劣行为，后来我做过一些实验，什么实验呢，我到美国去，到中国台湾去，在香港地区，我就跟一些友人坦白这件事，他们会用惊诧的眼光，甚至用一种厌恶的眼光看着我，说李斌，有的还尊称我"大师"，李大师，他说你竟然干过这么缺德的事情啊？他们已经跟我很熟了，大家直言不讳，他们说如果在我们这儿，你那样做简直是太过分了，要早知道你这样，我们是绝不会跟你交朋友的，你怎么会这么可耻，这么卑劣的呢？

我觉得我该骂，也就是说，我做的这些事情在当时的我们这代人中间，曾经是一种非常正确的政治表现，可是我现在当然明白了，所以我现在动员周围的好多人写回忆录，我自己也在写。我非常清楚我父亲他为什么不责怪我，很简单，他觉得我这么做对我有利啊，我其实需要保护自己。我当时觉得我很无私，实际上思想深处非常自私，踩着我父亲肩膀往上爬的这种卑劣行径，只不过表面上我会把它说得非常大义凛然，因为是我逼着我父亲交代问题的呀，其实我完全没有必要逼父亲作交代。最近易中天说的一句话我很有感触，他说你可以不说真话，但你也不必主动说一些肉麻的话，助纣为虐，我觉得他这个话说的很对。

彻底反省的话还是因为我自私，就是说，为了改变自己的命运，改变我作为一个"狗崽子"的角色，我已经尝过甜头……还在小学二年级少先队选大队长的时候，我票数最高，因为出身不好没让我当大队长，只做了中队长。三年级还是这样，到了四年级老师就跟我讲："李斌啊，彭真伯伯教导我们说'有成份论，不唯成份论，重在政治表现'。"到了我五年级的时候，我的右派父亲突然"摘帽"了，那天他一回家，就说了一句台词般的话："我回到人民队伍中来了！"这是真话呀，我一点没有加工，他就这么说的。听到这句话以后，我没有去跟我爸爸拥抱，或者祝贺一下，没有，我理都没理我爸爸，直接冲出家门奔到学校，把这个消息告诉我的老师、校长跟大队辅导员。第二天，他们就破格让我当上了大队副队长。我拿到了大队长的标志，就那个三条杠的袖标，在我的宿舍周围，我家的弄堂里面，得意地来回走动，就想让别人知道我已经是学校大队干部了。当时我就是这么样的一种心态，现在想想真是很龌龊。

吴亮：我很高兴你能够这么坦率地说你的少年往事……接下来，说说现在的李斌，现在李斌的画已经不仅仅是知青题材了，是你的历史使命，这是你自己说的。虽然两者实际上属于同一个范畴，一个记忆的范畴，但后者显然不是你李斌所经历的也不是你李斌亲眼目击的，你要搜集各种历史图片和照片，要查阅档案资料，还要看大量相关的文献与回忆录。而在我们年轻的被欺骗的六七十年代，我们所获得的知识，教材，官方报纸的说法，经过你的事后了解，你会发现历史中有好多事情原来不完全是那样的，或者很不是这样，甚至根本不是这样的。

李斌：对，你说的完全对。

吴亮：你对历史的看法慢慢地有了递进，所以我们就接触到这样一个问题——我们对历史的认识分裂成两个部分，前半部分是我们过去曾经相信过的教科书历史观，后半部分是我们晚近独立思考形成的新历史观，而你，就在这两种历史观的混合当中进行着你的历史题材创作——历史曾经是怎么样被改写，怎么样被描述的，现在又如何因为档案的解密，材料的揭发，那些回忆录的公开出版，甚至某些国家公之于世的秘密材料，你的描述又怎么样随之改变。这样的话，历史对我们，尤其对你，似乎发生了两次，前一次是史诗般的，后一次是骗局；前一次是正剧，后一次是悲剧。在这样一种双重性的背景下，李斌的新作品源源不断地出现了，但是看你的作品，至少在我看来，它还仍然以一种庄严的正剧面貌出现，你意识到了吗？

李斌：你这个问题提得非常有意思，你让我非常快地回忆起我对这个历史认知前后确实不一样的例子……我在北大荒的时候，画的画都是歌功颂德的，正面的形象嘛，其中有一幅画叫《天亮了》，参加了当年的全军美展，这张画画的是1949年上海刚刚解放的早晨，一个老大娘推开自家的屋门，贫民窟房子，背后是上海苏州河，一座大桥，市邮政局那条路叫什么路……

吴亮：四川北路。

李斌：对，四川北路，能看出那就是上海的典型背景。马路上屋檐下全是露宿的解放军战士，那个老大娘非常感动，流泪，门上贴着的解放军布告之类的……我是个党员嘛，我当然会很正面地去表现我们的子弟兵，1949年共产党能够把国民党赶走获得老百姓的拥戴，当时部队的风气确实让人震惊。到了2005年，我又画了一幅油画叫《上海的早晨》，类似这个《天亮了》，画幅比原先那个大许多，场景没有变，时间也没有变，1949年5月25日到27日之间吧，就是上海解放的那三天之内，我画了四个人：陈毅，带着后来的上海市副市长潘汉年，上海市公安局局长杨帆跟上海市财政局局长顾准，四个秀才从外滩方向走过来，他们在视察，马路上依然躺着好多解放军的战士。这张画很简单，我在边上有一个注："1949年5月，陈毅市长率领副市长潘汉年，公安局长杨帆，财政局长顾准，巡视上海外滩。"……这张画后来又参加了全军美展展出，很意外它还得了一个三等奖，后来被中国美术馆收藏了。

　　明眼人一看就知道，我画的这四个秀才都被后来的政治运动吞噬了。杨帆跟潘汉年在1955年被打成了"潘杨反革命集团"，陈毅是1972年含冤死去的，顾准是在1974年惨死的……我不回避这段历史，我开始有了一个比较深入的思考。我感觉中国还是有很大进步的，这不是我肉麻，我是说老实话，中国美术馆收藏这幅画，我想他们一定能看出这幅画的意味。我们回顾历史，大家都不要走偏，我们也不要全部否定我们的以往，不管是共产党国民党还是清朝的仁人志士，只要是我们的前辈，对他们所做的努力我们要抱以一种温情一种敬佩，这好像是钱穆说的吧。

我就是在这样的一种感情下去回顾历史，我想我会得出一个相对比较妥帖的结论，而不至于要么左，要么右，对不对？今天反思历史，我觉得对历史中任何无视生命价值的做法，我们都应该认真反思，这就是我想在今后的绘画的过程中，所要表达的意思——对生命的尊重，就是我主要的表达。

用一种存疑的眼光去看大千世界

邬一名　吴亮

（邬一名，艺术家，现居上海。对话时间：2010 年 11 月）

吴亮：我应该算是很了解你邬一名了，不过电视机前的观众还不了解你，我们平时的对话他们没有机会听到，所以我今天要重复……1997 年在波特曼酒店，那天下午我去见一个朋友，你的好几幅画就挂在二楼的走廊上，幽灵一样的古人，宽袖长袍，飘浮在画面当中。当时我还不知道落款的邬一名是谁，后来很戏剧性的你成了我邻居，在罗阳新村那几年，我经常到你的工作室来看你的画，你的舅舅从浦东过来帮你做饭，我吃过他烧的红烧肉，我们一直保持这样的一种邻居式的联系。后来呢，断断续续听你讲以前的事，你从小画画，很小听评弹，邬一名似乎少年老成，怎么样，今天我们的话题还是从你童年开始……

邬一名：这的确是，我不能说自吹自擂，就是天赋了，小时候一进小学上美术课，我第一次画画我们的老师就说："我没法教你了，你自己去画吧！"小学开始一直到中学都是这样，美术老师的办公室就是我的画室,我有老师办公室的钥匙,跟老师一起画画,到了初中一年级,我平时画画课不再上了,就像免修,觉得画画是一件很容易的事情……因为从小对画画着迷,业余时间都用在画画上了。那个时候正是"文化大革命"后期,还能看到我的老师在画巨幅毛泽东像,可以四个人扛在肩膀上游行的那种,粉蓝色的背景,印象很深。后来在国外看到安迪·沃霍尔画的毛泽东,耳目一新,从神到波普形象,中国和西方的图像读法完全不同。

你说的1997年在波特曼二楼走廊的那些画,是香格纳画廊给我做的第一次个展,十四幅作品,那批作品的缘起是教学生临摹古画,我告诉学生可以有这样一种临摹古画的方法,结果直接由教案做成了作品,现在看来好像不太靠谱,已经过去许多年,谁还在乎呢……当时我看了许多杂七杂八的书,受到当时艺术思潮的影响,认为不能再以临摹芥子园画谱的方法来学习中国画了。我们已经没有那种古人的语境和技术基础,古人一辈子握的就是毛笔,我们面对的世界也和古人完全不同,但是直觉上又觉得彻底使用西方的现代艺术手段也有问题,西方的理性太明确太有逻辑性,用在艺术上不怎么适合我,我更在意不确定性,逻辑与逻辑之间的含糊地带。说话应该讲逻辑,我就属于这方面有一点问题的人,好在我目前还没有用语言做作品的计划。

吴亮:让我们再回到1997年的那个下午,波特曼二楼的走廊,我看到了你的作品,画中出现的那些形象,没有五官,似乎来自中国古代壁画或旧戏舞台，他们穿着古代的服装，我看不出他们的表情，那些面目不清的男男女女好像悬空飘浮着……以后的许多年，这样飘浮着的形象时不时在你各个阶段的作品中重复出现，当然，你的作品涉及的内容很多，可是这个腾空的形象一直不断重现，就是一个失重的、飘浮的古代幽灵。不久以后，在你的画面中又出现了现代人，打扮很时髦，领带墨镜，但是呢，他们的姿势还是像古人似的黑乎乎像个影子飘来飘去，或者是一个人穿古代的衣服，帽子，却坐在一把现代躺椅里面……我一直有种好奇，那些形象是怎么回事呢？一个幽灵，他的姿势可能在睡觉，可能在梦游，也可能是一个喝醉酒的人，或者喝醉了以后的幻觉，我会问这个问题，人们可能也会问你，为什么这个画家总是把人画成那样一个样子呢，他们这个样子是什么意思，他们为什么总是处在一种无特定背景的状态？

邬一名：当年画这些作品的初衷嘛，我是学传统国画的，可是我们的现实已经不对了，在当代的这种环境下，我们很难再找到那种传统国画的语境，我学的那种国画感觉就像空中楼阁。我希望我的技艺，跟我所能了解的传统的某些形式，能够跟当代生活对话，能够以一种主人翁的角度，一个现代人的立场，而不是要回到传统状态。所以那个时候，我的画里有传统形象也有现代人物，但是互相之间的对话总不见得我直接在上面写字，还是两种时代的人物形象的重叠呀，一种影子，一种互相影响。另一方面，那时候我还有点儿自我意识的膨胀，在临摹古画时总爱把今天的人或自己放进去,就像希区柯克那样让自己的形象出现在他的每一部电影中,就是你看到的老有点"飘浮的影子",就像现在流行的"穿越电影"……同时呢,中国宣纸的特殊效果让我着迷,和油画布的隔绝效果不同,宣纸具有层层渗透的微妙感,比如关良的画,他的水墨戏曲人物要比他的油画好很多,我觉得赵无极的水墨抽象也比他的油画更纯粹。宣纸轻柔飘逸,用水过多会自然生发,有变化,水起了决定性的作用。水无所谓色彩、空间、形象,水会改变一切,那时我甚至设想过开一个展览,所有作品都浸在水里,空间里都在往下流水,你必须穿了雨衣才能看展览。

吴亮:这些年来我进入过许多画家的工作室,一个很强烈的印象,特别现在,大家都在装修自己的新工作室,刚刚竣工的时候,它还是个空的大房子,你什么都看不到,但是过些日子你再来访问他,这个画家就陆陆续续把他原来那个世界带进了这个空间。因为每个画家的经历不同,趣味不同,习惯不同,他会把各不相同的物体和形象带入这个新空间来,就像你现在的这个画室,墙上有你以前的作品,也有一些新的变化。这个新倒不一定是时髦,有时也许反而是传统的,比如像你这个最近画的黑色荷塘,有点儿荷塘夜色的意思。当然,这个荷花即便在今天仍然是新鲜的,自古以来它一直就有,你不能说荷花这个植物品种只能是属于古代的,但在我们的图像记忆当中,它似乎确实又成为中国传统意象的一个重要符号。一看到荷花,大家就会联想起中国古代文人的情怀,一个非常悠久的传统,诸如"出淤泥而不染"之类的概念。所以呢，艺术家在这方面享有很大的自由度，他可以任意把他所需要的图像带进他的私人空间，向他的朋友，那些来访者或者收藏家来展示他的这个私人世界……在你这里，我听到了两种不同的声音在你的空间里回响。一个，是你的那种来自中国古代的传统幽灵，另外一个，就是现代世界的新形象，你的作品中出现过安迪·沃霍尔、博伊斯，也出现过自由女神、毛泽东，好像你已照单全收，什么都能够容纳到你的空间里，在你的这个空间里同时有两个时间，一个是传统的、过去的、艺术史的，另一个是当下，新闻的和时尚的。你订阅《东方早报》，对外部世界发生的事情，对刚刚发生的一切是否同样充满兴趣，以至于当下的图像也就自然而然地进入了你的画面？

邬一名：应该是吧，我以为一个当代艺术家，如果他对他周围发生的新闻都不敏感的话，那他就是纯粹、很自我的了，他一直待在自我的世界里，远离当代，非常有定力，但我肯定不是这样的。当然也不是说，只要一有新闻我就照单全收，我也是有选择的，不过我不是一个哲学家，我不是非常理性地去选择这个，选择那个，它们背后有什么意义，我不需要完全搞懂它们。我只是凭感觉，在某种状态下，用了它提供的形象，仅仅觉得挺有意思。至于这个形象是不是能够表达一个多么深刻的理念，这不是我作为一个画家可以做到的事。我可能对任何事情都会觉得好玩，有时候我的取舍完全是偶然的，我也不希望自己有一个固定的主题，太阳每天不一样。

吴亮：你在你的作品中多次引用艺术史上的经典形象，又是为什么呢？是不是对艺术史，有点调侃的意思在里面，看上去你不像是在向艺术史致敬？

邬一名：不一定就是调侃，可能有一些疑问，不是很明确的疑问。可能任何一个稍微了解艺术史的人，他都会产生疑问，各种各样的艺术放在一部艺术史里就会产生疑问。我想，如果你是一个有想法的人，你就不可能对艺术史里的一切照单全收，你不会说："哦，艺术就是可以乱来的，这些人就是厉害……"你还会进一步问："为什么它很厉害？"然后你希望看到分析什么的，对我来说，这些分析就变成了某种疑问。就是说，他们也许的确很厉害，那么然后我们该怎么办，我们再怎么走？这既可以是一个指引你的方向，也可以是一个反问：你是不是继续走这条路，是不是要跳出它的这个概念？

吴亮：当代艺术现在已经充分市场化，这个状况又成为当代艺术的主题之一，或按你的说法，成为疑问之一了。回头看，中国当代艺术走向世界，参加各个国家与地区的展示，包括画廊销售，被收藏，这个过程最早来自境外人士的介入，是由他们来开始推动传播的。你的作品，我想绝大部分的收藏者也是来自国外吧……那么你有没有注意，一个收藏者，对另一个国家的艺术家发生兴趣，一般基于什么条件呢，是熟悉还是陌生，还是两者兼而有之？换句话说，一个外国人，他如果完全熟悉你的画，也许他就不要看你的作品了，但是如果他完全陌生，看不懂你的画，又如何喜欢呢?

邬一名：你提的这个问题很有意思，说到了某种共同性，或者，我把它归结为某种人类的共性，人性相通，我想这种情况肯定是一直存在的，否则我们就没法和外国人沟通了。我们现在普遍使用的是一种转化过的语言，就是国际化……虽然我们自己在互联网上还是都用中文，但是这个中文的结构，它的模式和技术，全世界都是一模一样的，这就是国际化。那么现在，我一方面使用现代设备，互联网，现代交通工具，一方面画一些好像还是传统中国的图像，可是我已经无法进入中国古代传统的那种状态——虽然中国传统确实在精神领域上，有一种非常让人舒服的那个状态。我已经是一个现代人了，我只能用现代人的角度去阐释我们面临的这种互联网时代的交接面。我想作为一个外国人，他肯定也有理解我的作品的交接面，大家互相重叠的感觉。当然，不理解的东西肯定还是有，至于他理解多少不理解多少，这就不是我要负责的事情了。

吴亮：单从你的作品看，能看到中国传统对你的影响，但好像你对中国文化，这样一个很深厚很复杂的大体系，你的态度不是把它当作一种"正典"来继承它肯定它，你不把它作为正典……我不听你言论，我看你的画，你的画里总是有那么一点不和谐，不舒服，有小小的捣乱，有点恶搞，有点涂鸦的意思。你把这些传统中国图像的意境彻底改变了，不能简单地说你的做法就是西方的，这种捣乱，故意把它弄坏，弄脏，黑不溜秋的，有时候来一点嬉皮,你有没有想过自己为什么这么干?

邱一名:这个可能又跟我们的教育体系有关,我们从小接受的教育,其实从五四开始,西方的教育体系,后来的苏联教育体系,都不再是自己传统的了。从小受它们影响,我用一种存疑的眼光来看这个大千世界是很正常的。现在我反过来看我们自己的东方传统,看古代中国,肯定里面就会有一种混合的情绪,你要说是调侃也可以,或者说是质疑,某种比较隐讳的反讽什么的……另一方面,我向来对四平八稳的东西,尤其是所谓标准化的东西很反感,三好学生、劳动模范之类的,很假,也许我是嫉妒,我从来不是三好学生或劳动模范。其实我内心还是追求和谐的,希望东方西方彼此和谐,希望东方艺术西方艺术也能和谐,一会儿打倒孔家店揪出孔老二,一会儿号召全民读儒家经典,这都是他们搞出来的事,我觉得很滑稽。今天的人太圆滑,太假,他们只不过是借题发挥,所以我可能就会恶搞一下,别一说起中国传统就那么一本正经,天下本无事,艺术自扰之嘛!

吴亮:我看你写的字,你的书法,感觉你是有意走偏锋,就是说,你非常强调一种打破平衡的书写,点划字形一撇一捺,总是故意要弄出去,要破一下,为什么呢?在古代中国,比如说温柔敦厚,你的字没有那个味道,说是像老庄的高蹈飘逸,你也不是……你的字和你的画都有点诡异。诡异不是中国传统中主要的部分,但在中国的民间神话和传说里普遍存在,怪力乱神,鬼气森森,老庄里面是没有诡异之气的,你好像有这个。

邬一名：道家是强调道法自然的，自然如此丰富多样，一辈子能把握多少？我只能略知一二，描摹它表面的浮光掠影。我说不清自己和作品的关系，原始人还和神对话呢，这个东西我太难把握了，说我的画诡异那是你的感觉，肯定是一个他者在看我，如果说我今天早晨起床，我要装神弄鬼，扮一个《聊斋》里的什么角色，我想肯定不是因为来自于书本……

吴亮：影像？电影？会不会来自电影的影响？

邬一名：说到电影，血淋淋的鬼怪故事我是非常讨厌的。

吴亮：超现实呢？

邬一名：超现实还可以。鬼怪片子，绝对不喜欢。

吴亮：对艺术家，我一直很好奇，也许批评家有一个本能，就是总想寻找这个艺术家的作品与他内心的一种隐秘关系。当然，有时候批评家是杜撰，强加于人是我们的强项，画家一般自己不愿意说的，他也许没意识到，就像当年弗洛伊德在描述他病人的潜意识的时候，病人说我没有啊，但弗洛伊德很不讲道理，"你自己知道还要找我干吗，我能说出你自己不知道的东西，这就是潜意识"。

邬一名：你是医生，你在给我写病历……

吴亮：把艺术家比喻为病人，也就是这么一说而已。你自己说吧，我还是很好奇，你平时是一个性格明快的人，非常孩子气非常阳光的一个人，可是你作品总是笼罩着一种诡异的气氛，包括你新画的这些黑色荷花。

邱一名：让我想想……打个比方，小时候我妈跟我说，家里最好吃的东西一定是要留给客人的，家里人可以关起门来，吃的东西可以简单一点，差一点，有客人来一定要用最好的食品招待。这个就是我小时候就知道的道理，表面跟现实是有区别的。还有一个穿着，我妈说你到别人家里做客一定要穿得好一点，我们那个时候的经济条件都比较差，穿得好一点，是你对人家尊重……这个，可能就是你前面说到的，我的性格跟画面，某种画面，流露出的可能是我的内心的，可能是某种平时隐讳的东西，就像老话说的，说不清道不明，我希望在我的画里面也有那种状态，说不清道不明。

吴亮：这个故事非常好，你已经说清楚了一部分，当你的母亲这么教育你的时候，让你产生一个不得不执行的行为模式——呈现给朋友，呈现给亲戚的，必须是最好的一面，至于家里内部我们都能够自己克服——但是这种双重教育给你造成一种逆反心理，于是在你的艺术表现当中，你偏偏把你内心的诡异释放出来了，你把正常留给了自己。

邱一名：完全有可能，所以我说你是医生，你现在是在写病历……我的忘性很大，佛教里的一句"心无常住"给我念歪了——我的忘性似乎是自我暗示培养起来的，很多电影看完了很是激动了一下，过两天就忘了。《教父》至少看了六遍以上，这样就没有时间看垃圾电影了。我喜欢《远山的呼唤》和昆汀·塔伦帝诺的电影，不喜欢奶油男主角。有时候，一部电影网上看了十分钟才发觉曾经看过了,这样反而好,经典电影反复看也看不厌,反正记住的也不多。我不喜欢神鬼电影,两个原因:一是从小胆子不大,怕自我折磨;第二个原因是,觉得神鬼电影都缺少想象力,鬼太正常,两眼一鼻双手双足,不超现实。电影本来就是虚构的,为什么不更另类一点?我还是更喜欢那些欧洲不怎么出名的电影,我讨厌完美大结局,世事无常,我觉得结局离奇,无奈,平淡,甚至无所适从反而更亲切,仿佛就是我左邻右舍发生的事,或者是我曾经去过的城市中还来不及看到的风景。

犯点错误是我的理想

裴晶　吴亮

（裴晶，艺术家，现居上海。对话时间：2010年10月）

吴亮：裴晶，你很早就离开北京来上海求学，然后，就一直留在这个上海戏剧学院了，此后就再没有离开过，中间好像你也很少回北京。

裴晶：对，二十世纪七十年代末我就随父母来上海了，读高中，1980年进了上戏。

吴亮：看起来你是非常喜欢上海，那么我呢，因为工作原因常去北京，北京朋友多，对北京人有点了解。一般而言，北京的大老爷们对上海很不以为然，你是一个例外。一个出生在北京的艺术家居然如此喜欢上海，并不是说上海很大气，而是相反，你说上海很庸俗，所以上海很有趣味，那些通常北京大老爷们不喜欢的地方，你偏偏都喜欢……说说其中原因吧！

裴晶：其实喜欢上海，或不喜欢上海，在我十几岁、二十几岁的时候，我并没有一个判断。年纪轻嘛，反正那个时候大家都没有选择，不能说是我选择了上海，我可以选择哪儿哪儿哪儿，对吧？是命运，把你给放在这儿的。后来喜欢，那是因为我年纪大了，开始懂得一些该喜欢的东西，知道什么东西适合自己了，慢慢觉得自己生活的这个环境不错，行啊……其实这个时候，我已经把北京给忘了。

我离开北京已经太久远了，到了今天，你现在来这样问我其中的原因，我可能都算不清楚了，至少有三十五年了，我想。我来上海的时候，上海很小，上海真的很小，当时浦东就是一农村，根本够不上能算上海，对吧。过了中山西路就是菜地，田埂路边满眼都是破炮楼，七十年代的上海在我印象中就是这么一个概念。过了许多年我才喜欢上了上海了，确实是，因为我生活在这儿，习惯它了，熟悉它了，慢慢慢慢，我不知道那是不是叫作融入上海，其实我到今天，可能也没融入上海，要融入一种文化，融入人家的环境当中，对我来说那是不可能的事情。对吧，你一中国人能融入美国吗，不可能吧。

也许等到我老了，有机会我还会回北京的，但那个时候，到了北京，人家一看你已经是一个上海人，人家不认你是北京人，那就再说了，呵呵，那就再说了……只能说这么多年下来，像我这样的生活，哪儿都不像，反而成为自己的一个特色，这倒挺有意思的，只能这么说，呵呵。

吴亮：我们来说说你的画，你大部分的画，都是一些室内景观，户内的画居多，但你的画中偶尔会出现一些标志性建筑，上海的东方明珠，电视塔，老城隍庙，外滩，唯一的北京标志是天安门……它仅仅是个象征符号还是一个记忆？

裴晶：是的，你可以这么说，但我是不需要思考的，就是说我脑子里面，还能回忆起北京的，也就是天安门了，我是不是画北京别的什么，好像还真没想过。

吴亮：四合院呢，胡同呢，你觉得那个老北京对你都无所谓？

裴晶：没法画，我没法画那个东西，一个是画的人太多，还有一个，没有意思啊，你把四合院画到画里面，人家不知道你想干什么，人家就认为那不过就是个房子。你画个故宫，故宫其实就是放大的四合院，对吧，你画了以后不像那么回事。

吴亮：天安门不就是故宫，那个紫禁城的一部分吗？

裴晶：对，天安门，那个谁都认识，里面是故宫，它的外面现在属于天安门广场的一部分了，呵呵……我现在也不画天安门了，那个时代也过去了。那批画还是有点刻意，我觉得现在还硬去画天安门已经没什么意思，被重复得太多了。

吴亮：说说你的画室吧，这儿和其他画家工作室很不同，与其说你这地方是画室，不如说是一个摆满各种小零碎，堆满腐朽小物件的房间，小零杂、小雕塑、小衣服、小挂件，你的作品充满了一种很夸张的趣味，它们和你这个房间的关系特别密切。

裴晶：一个画家风格的形成，它是水到渠成的事，我的画室变成这个德行，我觉得也没什么奇怪的，所有的画家画室都应该这样才对，如果不这样的话我倒奇怪了。我是个写实画家，画室里所有的东西都必须要有一个静物的标准。

吴亮：在这里，我发现了许多出现在你作品中的静物原型，还有图片。

裴晶：对，我的画它们都有出处，你不能瞎蒙，尤其是一些非常具体的东西，比如说你画个小提琴，小提琴是什么样子，你要没有实物，起码是一张照片的话，你就没法画，画得不像就不好玩了。所以说，我会收集很多的小零碎，就是我感兴趣的各种杂件。至于女性形象资料，我大量搜集，我的人物画都是以女性为主，这也没什么可奇怪的。很多画家都画女人，很多男画家都画女人，也有专门画男人的，但我没关注过那些，男的怎么画，我几乎没关注过。

我喜欢画胖女人，胖，在生活当中，我也认为胖就是美的，这可能跟现在这个潮流，跟这个时尚是相反的。我觉得作为一个艺术家，他应该跟这个时尚反着来，应该有一种批判精神，今天的当代艺术都是在反什么什么，反这个，反那个。女人胖了以后肉就多，肉一多呢就会让人误认为色情，含蓄一点说，很情色，我觉得挺好啊！别人怎么认为，这是别人水到渠成的事，我没办法去管，我没办法去堵人家的嘴，这个很正常，人家关注你，用不喜欢的方式来关注你，作为画家应该是一件很高兴的事，说我的画色情也挺好。

吴亮：美术史上的胖女人源远流长，在巴洛克时期、洛可可时期，到处都是肥胖的女人。

裴晶：对，多健康啊。

吴亮：一直到安格尔那儿达到了一个完美的极致。然后呢，现代主义起来以后呢，把女人画得很瘦，很细长，骨感，莫迪里阿尼、毕加索，后来毕加索回到古典时期，又把女人画得很肥胖，很壮硕。

裴晶：也就是吃饱了撑的，老是反来反去。

吴亮：到了德·库宁就更不说了，干脆把女人画成一头瞪着大眼睛的公牛……我觉得你不是反古典，你是反现代，你是重新回到古典去了，滑稽的古典主义。

裴晶：后来我终于发现了我到底在反什么，我发现我什么都反，包括美术史我都反，我教了二十多年的美术史，我几乎把街上所有能看到的美术史都给买回来，开始看书是为了学习，原以为书上说的都是对的。二十多年以后，我才发现这些书全都是在瞎掰——只要前面有一个人是这么说的，那么后面再写美术史的那些人也全跟着这么说，真奇了怪了，他们自己长眼睛长脑子，他们难道就不去好好想一想，这以前的画家，他为什么画这张画，画得怎么样，作为你自己喜欢不喜欢，他们应该见仁见智啊！而不是说，前人给了他一个标准，他就只能跟着说它怎么怎么样。我发现美术史上有很多问题都是强加给我们的，包括这种女人胖瘦什么的，这个咱们今天就不说了吧，呵呵太复杂了。

吴亮：那么在生活当中，你有没有一些行为，趣味，言论，类似你的绘画那样的表现，摆出一种"反"的姿态？

裴晶：艺术跟生活是两回事啊……生活当中，我希望自己做一个正常的人，要正常地去生活，你要不正常的话你就会生病，生病痛苦的是你自己。在平常生活中我很会保养身体，你看我今天喝的，夏天一定要喝这种茶——里面有决明子，有枸杞，有太子参，这是专门在夏天喝的。等过一段时间上海到秋天了，咱们中医说到了秋躁了，我就得改喝秋天的茶，这都是很正常很讲究的。但是这种正常和讲究，如果你要放到你的艺术创作中去，那就没有力量，没必要了嘛。所以说我总是在想，我的艺术怎么能再提高一点点，反着来就是为了提高，而不是为了正常，正常在艺术中就是平庸嘛……

吴亮：是不是艺术给了你一个可以容许你犯错误的点？

裴晶：是的，我这人在生活中太正经了，我一辈子没犯过错误，所以说，犯点错误是我的理想。

吴亮：按你的意思，好的艺术就是错误的艺术？

裴晶：对对，你说得太对了！其实我整天骂这个，骂那个，其实他们之所以进入艺术史也都因为在犯不同的错误，他们这一帮一帮的画家能让我骂，那是他们的荣幸。包括你刚才说的，像毕加索、德·库宁，哪是正经画画的，都是瞎混，对吧？他们那些画都是没法看的。

吴亮：那么，你和他们应该是一路了。

裴晶：应该算是一路，但是我比德·库宁写实，所以又不是一路。

吴亮：把正常生活当中的女人都画成写实这样的，没劲了，毕加索他偏偏把女人画成五官挪了位置，那就是他的艺术，他犯了错误，那你应该喜欢才对啊。你为什么要把女人再画回一个写实的形象呢？

裴晶：我画写实女人呢，其实非常夸张，确实是，我现在是越画越唯美了，因为我喜欢这种类型。在正常生活中很少能见得到我画的女人，她们年龄偏大，形体变形，对吧，然后又非常肉感，她们浑身上下充满了欲望……这个形象太吸引我了，这完全是我创作的一个梦啊，但生活中确实是没有这样的女人，正因为这样我才去画她们的。

吴亮：我可不可以，把你的画描述这样一种状态——我们现在看到各种各样的减肥广告，健身俱乐部广告，护肤品广告或内衣广告，铺天盖地的各种影视巨星，广告明星，通过减肥运动，通过化妆，图像修饰，建立起一个世界性的美人帝国……这些女人，从好莱坞开始出发，占领了几乎所有城市的大街和橱窗，一个关于美女的新乌托邦。可是，假如我要同意你所说的，你的艺术又是另一种唯美，那是不是一种"反乌托邦"的美女世界呢，你画里的美女和那个大街上的广告美女正好相反。

裴晶：没错，我画的美女跟时尚是相反的，跟这个时代的审美是相反的，确实是相反的，我也不想跟他们保持一致，而且没法保持一致，我要跟他们保持一致，那我肯定就完蛋了。

吴亮：在生活当中，你喜欢瘦的，还是喜欢胖的女人？

裴晶：越胖越好，可惜我平时见不到那样胖的。

吴亮：她们还是在你的幻想当中。

裴晶：大部分是幻想，但现实生活里，我确实也能看到胖女孩，我会非常开心，我会非常非常开心，因为太少，我只能收集一些照片了。

吴亮：我想在你们上戏，那些表演系的女学生，没有一个你看得上的。

裴晶：没有，基本上都没有，她们年纪太小，三十岁以下的我基本上都看不上，胖的我也看不上，这就是我的爱好和趣味，没办法。

吴亮：那么除此以外呢，换一个话题——你好像从来不画风景和静物，我指的是创作，不包括你带学生出去画的写生。

裴晶：对。我在戏剧学院，所有的学生老师都会画风景，因为风景是他们的一个基础，不就写生嘛。那我一看大家都会画风景，我就不画了，我再怎么画这个风景跟大家也是一样的，太容易，所以我就不画了。戏剧学院不是美术学院，它训练画舞台布景，它不注重画人……我一看你们都不画人，那我画人吧。这也是我性格中的一个方面，就是跟身边的人一定要相反，拧着来，拧着来就对了。这可能是一个优点，作为艺术家他一定要反着来，他如果什么事情都随大流，岂不就完蛋了。

吴亮：再回到前面，我试图离开这个话题，但我又回来了——我看你的作品，里面的女人体，就是女人。首先她非常强壮，特别夸张，其次她面相呆傻，两者都不符合现在通行的美女衡量标准。作为一般的现代男人，尤其是审美标准都全球化了以来，大家都接受这样一个国际名模的审美模式，这种男权观点（当然男权观点也可能是被女权主义制造出来的），按照女权主义的这种说法，在男权主义眼里，美女她必须是一个绝色尤物，是一个男人可以控制的第二性，一个摆设，或一个美女强人，无论如何，她们都是为男人所设计所消费的。对照你所提供的那一系列女人形象，恰恰相反，她们强壮，她们的力量和她们的欲望，对男人来说都是具有压制性的，她甚至比男人还要强大，在她们面前男人会退缩。

裴晶：这世界没有谁能控制得了谁，假如一定要说谁控制谁的话，我反而觉得女人倒能控制男人，我把女人画得强大，就因为好像我们一直自认为可以控制女人，什么重男轻女男尊女卑，这他妈的都是孔孟之道，都是我非常反感的东西。所以我一定要把女人这个强大给拎起来，也就是反这种潮流。

吴亮：听说，好像女人都不怎么喜欢你这么画女人。

裴晶：对，有不喜欢的，但喜欢我画的也都是女人，我的收藏家，都有不少女的收藏我的画。但是（有些人）写信骂我啊，给报纸投稿骂我，什么什么的，那也多半是女人。很奇怪，我也不知道这究竟是怎么一回事。就因为这个，我现在也退了一步，就是说，以前我画得还要更丑更肥，现在我已经画得不那么胖了。

吴亮：这样就产生一个问题呀，你要把她们画得美，女权主义会说，你是把女人做成一个商品；你要把她们画得很丑，女权主义又很愤怒，说你侮辱女人。

裴晶：对，我只有不理她们。

吴亮：那你究竟该怎么画呢？

裴晶：不管她们，我肯定就这么画下去了，只是每次想到这个问题的时候，还是要根据我画这张画的初衷，根据这张画的选题，如果这张画一定要表现这种丰盈，这种强壮，那我照画不误。如果这张画它也许需要画得美一点，或者像我们通常说的要修长一点，那我可能会把她画得瘦一点。你看，我画里面也会出现外国女人，比如像玛丽莲·梦露，我总得把梦露画得跟她本人像一点，我就不可能画得那么肥，肥了以后人家认不出来了嘛。

吴亮：为什么在你的女人旁边，总是没有男人呢，偶尔有一个男人，他也很中性化。

裴晶：男人在我的画面当中不重要，偶尔也会画一个半个啊，或者说一个背影什么的，画了以后呢，有的时候感觉会不好，我说不出为什么。这个问题我也试图努力过，一直没解决，到现在也没解决，呵呵……不知道为什么，不好玩，那个事情不好玩，对。

吴亮：呵呵。

裴晶：瞧我做的这把紫砂壶，这叫"倒把儿西施"，你看这个把儿是反过来的，"倒把儿西施"，按照以前的一个老样子，然后我设计了样稿，请人给我做成了。

吴亮：在宜兴做的？

裴晶：对，在宜兴做的。那做紫砂的觉得很满意，他做得满意以后就不肯打我的名字，自说自话在壶底打了他自己的名字……我说我要作为我的艺术品卖的，你这么打上你的名字，我就成了替你卖壶的了，跟我有什么关系呢？人家要喜欢这把壶的话，我还得给人解释，人家要买的是我设计的壶，人家又没有要买你做的壶。

比艺术家更强大的是作品

刘建华　吴亮

（刘建华，艺术家，现居上海。对话时间：2010年9月）

吴亮：第一次来你的这个武威路工作室，宽敞，安静，光照充足，世外桃源啊！你以前应该有过各种不一样的工作室，给我说说，我有点好奇。

刘建华：工作室，每个艺术家都有不一样的过程，循序渐进吧……最早，我大学毕业，从江西去了云南，在昆明待了十六年，那个时候没条件有自己的工作室，之所以到学校去，就因为学校有假期，有时间让你去从事自己的创作。

没有工作室就想办法，跟学校交涉，以备课的名义，其实就是在一个很小的教研室，在那儿一待就待到1993年，我的第一批彩塑系列，对我来说应该比较重要的作品吧，就从那儿产生的。从这以后，就慢慢地工作室大了一点，但还是在学校这个范围。2000年，上海双年展，我来上海见一些朋友，那时候上海艺术家们在西苏州河路那儿，好像有一个工作室群体，当时在全国我觉得都应该算很早的了，其实比北京的798还早。

"上海双年展"结束后，我就跟云南的艺术家，叶永青、唐志刚一起商量也搞个这样的工作室，我们在昆明找到了一个老厂房，租下来做工作室，面积不是特别大，一百多平方米吧……我的工作属于一个什么状态，可能跟雕塑装置有关系，比较特殊，地点有点分散。1998年开始我用瓷来进行创作，在昆明、景德镇两边跑，有一部分工作我在景德镇完成。我的工作状态一直到现在，都需要在几个地方同时进行。我在上海的第一个工作室在万航渡路，2004年跟朋友一起合租的，接着在上海大学那边也租了工作室，比较分散，后来为了节约路上的时间，就在学校那儿租了个工作室，每个工作室都是一百平方米多吧，二百不到。2007年我在灵石路找了个地方，把两个工作室合在一起了，最后搬到武威路这儿来，还是因为时间上的不确定性和工作状态决定的——作品不断地出来，积累越来越多，不仅需要足够大的空间来做，还需要存放这些作品，所以就比较大了。

吴亮：景德镇的工作室有照片吗？

刘建华：照片有一些，对。

吴亮：这之前，灵石路工作室的空间比现在这个小？

刘建华：要小一些，大概就四百平方米的样子，当时也是我们几个，杨福东、杨振中、徐震，大家都在一起。

吴亮：当时你做那些瓷盆女人，似人体非人体的瓷塑，工作室一定很小了。

刘建华：非常小，在云南艺术学院，也就是雕塑系的一个小的空间，有时候还动用过教室，毕竟在当老师，比较方便。但我觉得艺术家的状态，跟工作室的大小好像没关系。

吴亮：我有一个感觉，我姑妄言之……你以前的工作室我都没参观过，十多年前我在复兴公园香格纳画廊第一次看到你的作品，当时我就想象，这个艺术家肯定是在一个比较狭小的房间里做作品，典型的户内，作品景观也是户内，两者都是隐秘性的。

刘建华：对，是这样。

吴亮：你现在正进行中的作品，越来越视野开阔，你的视角在城市上空，俯瞰这个城市的角落，做这样一个微缩景观，带有象征性的，日常物品，废弃物甚至干脆就是垃圾，杂乱地堆积在那儿。所以我觉得，工作空间的大小会影响你的思考，你获得了这样一个大空间，这个大空间对你作品还是很有关系的。我临时想起一个问题问你：你现在就开始想象，假如你不在这个城市里，你现在在沙滩上，你获得一个空间，在海滩上给你一个很大的工作室，你想一想，你会希望那里出现什么样的作品？

刘建华：我的第一反应是，那肯定是跟这个环境有密切关系的作品，和所谓的环境有关……我可能就像你刚才说的，以前，其实我是关注一种人的内心的东西，包括自己成长的过程，还有社会对人的成长的压抑过程，到了我的后期，我把人的形象慢慢抽离掉，完全是在关注一种……就是关注某一种事物，但对这种事物，也越来越保持距离地去看待它。

随着社会不断发展，这种状态可能跟你心理的变化是有关系的。以前在昆明那么多年，一到上海我整个人感觉像掉进一个很大的混凝土搅拌机，节奏非常快，很多事不由自主，是推着你走，你不由自主每天会想很多事，去关注很多事，这当然跟环境是有关系的，我把它理解为我生存的一个新的大空间，在这个空间里面我做很多作品……到了近期，因为我们的环境非常嘈杂，不断给你带来这种膨胀的心理压力，我觉得我已经非常疲惫了，不光是我，我想你，或者是其他人，都会有这种感受。我现在就是把作品的一些内容，一些叙事的东西慢慢地清理掉。现在大家会有一个状态，也不叫时髦，就大家都在关注同一个话题，社会的同一个问题，其实是比较现实主义的态度，其实还是用一种西方的语言来说明中国的一个社会问题。这个在艺术功能上，它会产生新闻焦点，它会引起别人的谈论，但是我觉得，这在当代艺术的发展上未必会产生一种新的意义出来。我可能应该说：作为艺术，应该从更高的视觉平台来看这些问题。

吴亮：我还是先把你早期的作品跟现在作品作一个比较……假如说在那个时候做作品你怀有一点隐秘的欲望，窥视，想象，或表达一种遮蔽和打开的双重关系，还是来自个人的内心，我们这么说吧，是一种隐秘生活，不管是想象或者是幻觉，它虽然也是普遍的人性经验，但表现方式却是非常个人的，虽然你事后可以给它许多复杂解释，总还是从一个近距离的私人角度切入的。你的后期作品完全不一样，你进入了另外一个大空间，你越来越大的工作室见证了你的视野越来越广，你慢慢地跟更多领域进行交流，面对了一个更大的世界，你开始思考一些大问题，这些问题已经远远超越你个人的隐秘经验了……但问题是，艺术家个人的隐秘生活依然存在。我在艺术家的工作室里，常会很留意很关注这些艺术家留下什么私人痕迹，比方出现一些流露个人喜好的器物，书籍，一些碎片，一些小杂物，一些抛弃的垃圾，根据这些物证和痕迹，蛛丝马迹，能找出或猜测他的一些踪迹。

刘建华：对对，总有人的痕迹在里面。

吴亮：能不能告诉我，你在你的生活当中，还保持了哪些姿势，保持了哪些癖好，和继续关注的对象，你对它们还非常有兴趣，只是你已经不再试图通过艺术来表现它们了。

刘建华：你说的这些，每个人都回避不了，日常生活的兴趣点，你想关注的东西，还包括你自己的隐秘，这每个人肯定都会有。但作为我来说，我在艺术的呈现过程中经历过好几个阶段，这个不同阶段其实就是我强调的"变化"。每个艺术家不一样，有些艺术家，他可能一辈子就是一个方向，他一直这样走下去，起点很高，他坚持做下去也很好。但我不是，可能别人看我的作品的时候，特别是回头看我作品的时候，他们看到的是一个比较长的线索，在这个线索中我在强调一种变化，这是我一直强调的对艺术的态度。

经过这样不断变化的几个阶段，到今天就会有些人说我越做越抽象了，其实我觉得也不是抽象，可能就是我观察社会所产生和提出的一些问题,所得出的自己所想要的作品内容,是一个比较内在的概念。2008年,我提出"无意义,无内容"这样的一个概念来进行创作,到现在,包括到后面将要做的新作品,可能还会根据这个方向在做,但是在这个过程中,我的个人生活还是要继续,对吧?我就是这个生活态度,我平时生活中的一些爱好,包括感兴趣的东西,这些可能都会伴随着我的创作一起延续下去。

只不过我觉得,创作和生活有一些不一样,所谓不一样就是,在创作上你可能会有一个更长远的方向,站在一个较高的平台,然后去进行一些具体的实验。生活上呢,实际上我个人生活是挺简单的,不像李旭他们。李旭我觉得特典型,我没有他那么广泛的兴趣,对我来说,去书店,去找资料,或者看看书,去购书,去逛街,去购物,对我来说都是一种乐趣,可能是跟现在日常节奏有关。但在工作室我就是工作状态,我是比较分离的,跟其他艺术家也许有点不一样。你接触过上海很多艺术家,有些艺术家你一看就知道他每天在干什么。我呢,工作状态一部分在景德镇一部分在上海,只有一小部分可能在家里做,我的时间是比较破碎的,包括空间也是这样。我觉得最后的还原,只有通过最终呈现的作品,这才是最终还原的状态。你叫我说一些生活细节也算一项重要内容,但我一下子确实还很难想起来。

吴亮:再过三十年你如果要写回忆录,那时候你会记得,你几岁时立志要做艺术家?

刘建华:比较早,谈到这个……我是1962年出生的,六十年代的人跟你们那一代，包括更晚些的，我觉得还是很不一样，我们属于过渡期的一代人，我们没经历过"上山下乡"，但是我们知道"上山下乡"是怎么回事，因为邻居也有许多大哥哥大姐姐上山下乡，我们看到许多残酷现象。那时候我还很小，我是从十岁以后开始不自觉地画画的，邻居家有一个比我大五六岁的男孩，他在画画，我现在也不知道他当时画画是什么目的，但我当时就有一个感觉，你只要有一技之长（画画也算一技之长嘛，那时候我快读初中了），觉得学会画画可能就不会"上山下乡"了，就是这么单纯，很直接的一个简单想法——现在你说一个十一岁的小孩，他绝对不会有这个想法——学画画以后，可能自己对这个还是有一点感觉的，又有自信心，别人也说我画得好。后来我父亲就托他的一个战友，找到一位文化馆的老师教我们几个孩子，教了我们一段时间，在三个小孩里面我觉得我画得最好。后来我父亲那个战友就建议，他说你应该让建华夫他舅舅那儿，我舅舅景德镇陶瓷学院毕业的，是学雕塑的。他说应该到景德镇去跟他舅舅学画画，1975年7月，我一个人搭便车就去景德镇了。景德镇学画那几年，方法不对，大人每天把我关在家里画画，而且只有我一个人画画，没有氛围，我一度没太大兴趣了，成了一个必须完成的任务。但是像你刚才所说的从事艺术的一个方向，那个时候当然还不会看得那么远，但那时候至少心里，确实对这个画画还是很感兴趣，停了一年读书画了一年，1977年我参加工作了，那时我十四岁吧。

吴亮：那时候是1977年，你有没有接触到外面的信息，知道外面发生了什么？

刘建华：1977年前后，周边环境发生了一些变化，我虽然还小，但比较关注时政方面的消息。为什么呢，我父亲原先在部队，后来在政府部门工作，七十年代那会儿他下班吧，经常会带些《参考消息》回来，那时候也没什么娱乐，没其他东西可看，我从小就看《参考消息》，从十一岁就开始看了，直到现在我仍然对时政感兴趣……我1977年工作，整个社会积压了很多有才气的人，工厂企业停了很长时间没招工。1977年恢复高考，陆陆续续地，许多人考到全国各地的学校，也有学美术的。我当时受那个刺激还挺大的，自己的未来是不是就在这里一直待下去，以后怎么办？在工厂你做到最后，做到最好，也就像老艺人一样，在全国工艺美术展览上拿个奖。我这个人骨子面还是有点不太安分，不甘心。

1978年有一本书对我影响比较大，《罗丹论》，它使我对雕塑的感觉跟以前完全不一样了。我在做学徒的时候也学雕塑，但那个雕塑是传统雕塑，罗丹的雕塑在语言上，它和空间以及立体的关系完全不一样了。后来在厂里我也有了机会，他们送我到景德镇陶瓷学院雕塑系去进修，虽然进修只有两个月，跟那些大学生接触。我当时很小，十七八岁，他们特别鼓励我，鼓励我去读大学……景德镇那个地方，不知道你去过没有，它是比较小的一个城镇，交通不是特别方便，肯定不如北京、上海，或者南京，艺术思潮不会来得那么快，相对比较安静。我那个时候从《江苏画刊》、《美术思潮》、《中国美术报》这些杂志了解到很多信息……我考了三年，1985年考上了大学，正好"85新潮"，中间也看了一些书，只是我自己周围没有这个环境，心理上对"85新潮"其实都一直挺关注的。1989年我大学毕业，本想留校，当时我正在恋爱，就是我现在的老婆，她不能留校，她家在昆明，我就跟她去昆明了……但一去昆明呢，就认识了毛旭辉他们，你也知道他们，是吧，西南艺术群体。我一下子就进入那个圈子和环境了，这个环境是我当时特别盼望的，所以我到了昆明以后，很快就进入了一个持续的创作状态。

吴亮：再回到我前面提到的一个词，就是关于"姿势"，它包含两层意思。一个姿势是从你的作品中观察到的，你前期作品里的女人体，旗袍或其他女人衣服的空壳，她们躺着卧着或坐着的姿势，显然你对这样的姿势不仅有观察，而且有强烈兴趣。另外一个姿势是说，你有没有想象过或注意过你自己的姿势？比方说现在你这么坐着，这个姿势你舒服吗？当你在镜子里看到自己，他是一个怎样的姿势和表情？

刘建华：我第一次面对面跟别人交流，有关我的作品，别人都是谈各自的想法，没有具体到你说的那个"姿势"。《旗袍》对我来说是那个时期比较重要的，让大家知道的一个系列。1993年我开始着眼于表现"不协调"、"隐秘"，都是彩塑，把一些衣服的空壳，跟女性的躯干、肢体、手啊腿啊结合起来，里面有一点调侃和荒诞的意思，好像也有一点批判的意味。那个是有"姿势"的，它又是不成型的，完全是自发的一种状态，把头也去掉了，就剩一个衣服的空壳。

但是在衣服空壳里面，还是可以看到人的一个无形的存在，它是内在的。民国以后，只有两个服装符号给世界留下了比较深的印象，一个是女人的旗袍，一个是男人的中山装，它们都是民国时期产生的。在这之前，中山装我也穿过，小时候就穿了。1998年我做了《旗袍》，《旗袍》这个姿势里面既有一些私人因素，也是一种非常公共的符号。我出生在六十年代初，青春期是在七十年代末，那个时候整个中国不像现在，我个人感觉那还是很压抑的一种状态，青春期懵懂，你看不到任何可以产生欲望和想象的东西，也没有任何渠道去发泄，那看什么呢……我记得我小时候，很喜欢看电影里的女特务，她们出现的时候都穿旗袍，特性感，很好看，对这个我有一个情结在里面。所以我后来创作这个作品的时候，这个因素，积累了那么多年的一种压抑，可能就通过那个作品发泄出来。

在"姿势"里面，我选择了隐秘，把它放在公共空间，最后通过展示，让它公开化，"姿势"在这个作品里很重要，它作为一种动作还是非常具体的，我希望每一个动作，都能够引起别人不同生活经历的一种联想，一种想象。所以呢，我之所以把具体的形象剔除掉，比如手啊、头啊，因为这些形象是有干扰的，曾经有也人建议说你应该把头放上去，他说这样作品更完整。但是我所谓的完整并不需要具体的形象，而是要给观众带来一种想象空间，你看作品的时候，既有想象，又有距离，这才是我所需要的。

但是到了我后一个系列《日常易碎》，它就完全抽离掉"姿势"了，还原到事物的常态。实际上，我一直到现在的想法其实就是，把人的形象抽离掉，并不是说人不在里面了，看展览看作品的时候，人还是在里面，我们不一定需要有一个具体的人的形象在作品里呈现，才考虑到人的因素。

关于我个人的日常姿势，我的生活状态，你要说这个姿势要解读的话，确实还有很多话题，我觉得就自然一点。人出现在各种场合，需要各种姿势，你可以看到一个人的紧张，也可以看到一个人的情绪变化，从不同的姿势里面都能体会得到……我在家里的感觉最轻松，无拘无束，没有任何规矩；在外面，我觉得在外面是最累的。

吴亮：你喜欢躺着休息？

刘建华：对，躺着休息，躺在床上是最惬意的时候。

吴亮：我第一次看你作品的时候还不认识你，在画廊里。

刘建华：那是我的第一个个展。

吴亮：我和你打了个招呼……当时，我感觉那些躺着的一个个女人衣服，它们不是在休息，它们是在召唤。我曾经跟另外一个朋友开玩笑说，你们知道杨剑平的那些女裸体脱下来的衣服在哪里吗，我告诉你们，在刘建华那里。

刘建华：呵呵。

吴亮：画一堆女人的衣服，比画裸体女人更有诱惑力。

刘建华：是是是，是有这种感觉……我有强烈的一种感觉，你想去表现诱惑，并不是你使用很大力气才会给别人引导或诱惑，有时候它所传递的一种很暧昧的、模棱两可的信息，可能会给别人产生最大的想象空间，或者冲动。它不需要太具体，具体到像看黄色电影，具体得使你一点儿没有想象，你直接就能看到，没有一个回旋的想象的空间在那儿。

吴亮：假如你以后有这样一本回忆录，在书里，你要给自己画幅自画像，你将会怎么画你自己？

刘建华：可能也就非常简单，把我的一些作品组合起来，呵呵。

吴亮：组合你的肖像。

刘建华：组合的一个自己，不是具体地去描述自己的自画像。

吴亮：作为刘建华不重要，作为艺术家刘建华才重要。

刘建华：我觉得个人不重要，就像这次在张江当代艺术馆我做个展，你知道张江的习惯，每个艺术家做个展他就有一张照片留在那儿，是吧。他们的习惯每个艺术家一定要头像特写。我跟他们商量，我给了他们我的全身像，就在布展现场拍了一张工作照，浦燕给我拍的，有点儿模糊，我说这张可以。我觉得艺术家这种头像大特写放在那儿挺怪的，艺术家的本职就是做作品这一件事，他自己的形象其实不重要，重要的是作品。因为过了一定的时间，你会消失掉的，你这个人会消失掉。

吴亮：但形象不会消失。

刘建华：我觉得形象其实也会消失掉的，所谓的形象不会消失，是因为你的形象通过一些图片，遗留下来给别人看……在不看你这个形象图片的时候，你的艺术家身份，你作品所传播的力量，它给别人的震撼，可能比你的个人图像要强大得多。我觉得重要的还是在作品，人不在了，作品要留下来给别人继续去看，这个更重要。

吴亮：将来如果要给自己写一个墓志铭，你会怎么写？

刘建华：这个确实没想过。

吴亮：拟个文字。

刘建华：就很简单吧，你说得那么直接，我也就直接，"艺术家刘建华"。

我更适合我一个人能够完成的工作

罗永进　吴亮

（罗永进，摄影家，现居上海。对话时间：2010年11月）

吴亮：我是先看你的作品，然后知道你的，九十年代末看到了你拍的《雕楼》。

罗永进：那时我还没来上海。

吴亮：莫尼卡说你和她是同学，罗永进的形象和行踪，对我来说都是作为消息慢慢形成的。最近还知道你爱踢足球。不久前南京朋友说，他们要来上海和上海的艺术家踢一场比赛，他们说上海这边有罗永进参加，我说看不出罗永进还玩这个。昨天我从你的履历上看到你当过兵，怪不得罗永进身板子那么硬朗，踢足球，走路八字步非常神气……你玩摄影是当兵前，还是当兵后的事？

罗永进：我原先学外语，那时就喜欢画画嘛，在洛阳解放军外语学院。毕业后我留在学院的电教中心，工作就是拍照片，拍录像。后来我做当代艺术跟这有关系，当然，我能留校也跟我喜欢画画有关，领导们都知道。所以留校以后的第二年就让我去杭州浙美进修油画。那个期间我看了很多国外摄影——进修生画画只是半天，其他时间我基本都耗在图书馆阅览室，当时浙美搞了个很大的国外图书画册展，展览完了后，这批图书全买下来，做了一个阅览室给老师用来参考，进修生也可以去看——我一看，哇，现代摄影还可以这么搞。

吴亮：你的摄影是不是一开始也就这么搞了？

罗永进：受了非常大的影响，感觉这样的摄影才有意思，回去就想搞自己的创作。当时在浙美进修正好赶上"85新潮"出来，谷文达、张培力、耿建翌，我对他们的作品很钦佩，可是平时进修生学习的还是课堂上那一套……我觉得摄影更适合我的条件，自己也一直在实践，学校又有比较完整的设备。

吴亮：从"85新潮"到九十年代末，这段时间里面你拍了些什么，或者就是在摸索各种各样的方法？

罗永进：更多的是作一些形式上的探索，人家那么拍，我也去试试，主要是尝试各种各样的风格。后来到广州去读研，我报考的是美术史，其实是心里没数，本来想考绘画，但不敢考，仗着自己英语好一点，文字还行，就报考了美术史。在广州期间跟张海儿老师在一块，拍照也受过他的影响，还有杨小彦，杨小彦是我的师兄。我那时候拍的照片都比较纪实，另类的纪实，尝试不同观看形式和表达形式，还是围绕着日常生活这一块。

吴亮：说说我最早看到的你这批作品吧，就是你的《雕楼》，是偶然发现还是怎么样，你怎么会找到这个题材的？

罗永进：最早，我拍的是洛阳的新民居，那年我从广州回解放军外语学院，九十年代初了。洛阳周边的那些农民，也许算是城市居民了，当时有个政策，允许他们盖自己的房子，改革开放十来年他们有点钱了。结果，大片大片以前的老街区，全都被他们改造成你后来从我拍的照片上看到的那种房子，很多很多这样的房子充斥在我的视野里。我那一阵经常走街串巷的，拍个庙会，拍平时的市民活动，农民的社火、赶集，就已经留心到这些变化。这个变化非常快非常迅猛，它们的风格也特别一致，跟传统一点儿关系都没有，就突然出来这么多怪异的房子，我就一直想用一个什么形式把它们拍下来。

吴亮：九十年代那几年，我有几次坐火车去杭州、黄山，铁路两旁的新民居，还有安徽村落的水泥楼，简直就一塌糊涂，从宁波到镇海沿线，一路上的新房子更不忍去看，样子太恶劣了，就那种俗不可耐的感觉。也许他们就喜欢这个，因为周围的人都喜欢这个，农民们相互仿制，统统是一个面孔……我第一次看到你那些照片，就想起我的这个经验，突然就完全没道理的把它看作是一种风格的出现，感觉不再是一种恶俗，而是一种震撼。不知道这是不是因为摄影进行了这种黑白的转换的原因，我以前只是对这些房子的印象非常不好，感叹中国的乡村建筑完蛋了。

罗永进：是，当时我确实被震撼了。火车走了一个多小时，绵延不断的，车窗外全都是这些建筑怪物，最可怕的是——无一例外。后来我背着相机去拍它们的时候，走了几天见不到一个原先的那种院落……眼前尽是这种另类的、莫名其妙的建筑怪物,找不着它们任何的根,我猜想可能是受了迪士尼启发,农民自己幻想出来的。

吴亮:你有没有做过调查,他们这个新风格,最早缘起在哪里?

罗永进:没有,我没作进一步调查,我只是对那个样式反感,对那些人的心态很好奇,想知道始作俑者是谁。我问他们:"谁这么设计的?"工程队说"就是我们",就是盖房子的那些人,他们很自豪地说:"就是我们!"我看见一个村,有几十栋全都一样的房子,外观完全一样,里面的格局有一点小小的差异。他们可能觉得这就是欧式的,其实跟欧洲根本没关系。

吴亮:你拍的这《雕楼》,和中国南方的雕镂也没什么关系吧?

罗永进:是全新的,我估计他们从来没有见过广东的那个雕楼,他们都没见过,我另有一个系列,专门拍广东的雕楼……但是他们这个建筑样式很奇怪,这可能需有一个专题去研究,他们为什么要这么弄。

吴亮:我本来以为你知道它的来龙去脉。

罗永进:没有,我没有去探寻,我更多的仅仅是好奇。

吴亮:这次世博会的中国馆就有点像洛阳的雕楼,上面大下面小,倒置的金字塔。

罗永进:它是人的一种心态的反映,一个特定时期的心态,我忘了哪本书,好像是陈丹青说。村里人穿西装,二十年前穿的西装,其实都是二手的。他们在别的城市,或者在县城里,看见一个人穿西装,他们也仿照穿一个西装,其实隔了好几手,已经面目全非了……我问他们,他们都说这就是洋房,这房子里面多多少少还有一点中国的东西,哪怕一副对联,还有一些别的,或者是柱子,或者是灯笼什么的,结合得非常混乱,想起来哪个就用哪个,也可以说他们用得非常自由。

吴亮:我记得你还有一组照片,拍的是水泥房子,冷冰冰的,好像人去楼空了,不知道它是民居,还是工厂?

罗永进:那个就是洛阳新民居,刚建起来,不是人去楼空,而是人还没入住,正在盖。

吴亮:我感觉特别像一个装置作品,一大片。

罗永进:对。它的那种特征很像中世纪的古堡,很高的墙,窗很少,很小的窗,外墙的面积非常大,房子和房子之间没留下什么公共空间,很挤,一个挨一个,一个挨一个,就像一大片堡垒似的,就考虑以自己有限的钱,尽量占有足够大的空间,外形美观就基本不考虑了。造型全是直线,很简单,跟浙江那个新民居倒是有点明显的反差。

吴亮:浙江的农民别墅外部装饰太多。

罗永进:因为浙江有钱,中国最富有的地方,他们把钱全贴在外面。

吴亮:像厕所一样。

罗永进:浙江人讲究装饰材料,市场上一有什么新材料,马上拿过来堆到他的房子里,贴在房子外面,贴在外面有人看。

吴亮:你的作品特别主观,这个主观不是说你刻意扭曲对象,对象还是很客观地在那边,但一眼就可以看得出你的关注点,你把它们集中排列在一起,视觉上非常强烈,刺激,特别不舒服……不仅你拍的民居很异怪,你还拍了许多政府机关大楼,有一组照片,正面拍的,可能是当地的法院,也可能是一个政府办公楼,很正儿八经的建筑物,空空荡荡一个人都没有,完全没有人的气息……你前面说"新民居"还没有人入住,所以空空荡荡,但那个政府办公楼,法院,检察院,应该有人在里面工作的,为什么在你的镜头中,它们一点都没有人的气息和味道?

罗永进:我尽量抓住这个建筑本身,越强烈越好。要有人进进出出的话,它会使你分神,你肯定会去看这些人了。我尽量避免人物的出现。

吴亮:你是刻意的,找一个恰当的时间,比如一大早,正好没人。

罗永进:往往这种地方白天也没什么人,不像在大街上,政府机关大楼最多有个保安,或公安在门口站岗,一般也没什么人。

吴亮:你当时还没用数码相机,用胶卷。

罗永进:对,都是用胶卷。

吴亮:你做后期处理吗,比如调整它的坚硬度,加大它的反差?

罗永进:反差当然要调,现在出图都是打印,你肯定要调反差,但其他的都不再处理了。我不做删减,就是原图,用合适的反差表现出来。

吴亮:你其实也想表明这种象征权力的建筑的一种,一种非人的特性。

罗永进:对,房子的结构,用材,尽量都得注重细节,把那个原物,尽量毫厘毕露地摆在那儿让你看,这个就是我的目的了,其实就是让你看。

吴亮:好多年来房地产广告一直有这样一句口号——"诗意的栖居",或者"和谐人居"之类,而罗永进的照片却在表达"非人居",我这个感受是不是成立?

罗永进:我觉得是你把握得非常准,就是非人性化。

吴亮:不过你好像也不是在强调批判性,你只是呈现它。

罗永进:我试图让人家感觉它,没有放进自己的观点,就是一个记录。我选择这个,已经有思考在里面了,我无非是把很多同类的东西放在一起,你看到一栋,十栋,一直看到一百栋,那最后的感觉肯定是不一样了。

吴亮:你还有一个系列,拍浦东金茂大厦,或者拍一些不太出名的高层建筑,像威海路的某幢高楼,你把它切割开来,切割成许多小局部,然后再把它拼接组合起来。这些作品会让我想起一地的碎玻璃,在碎玻璃中闪烁的倒影,小时候我们在马路边,在垃圾堆上看到碎玻璃碎镜子,或者雨后路边的水塘,我们很喜欢看水塘里的街道房子的倒影,支离破碎的……你的这组照片非常符合我的口味。

罗永进：这是来上海以后的事……我来了上海，感觉上海周边环境，跟在洛阳的时候不同，跟在北京的时候又完全不一样，那我就在考虑，有没有一种，用另外一种手法来表现上海？这个切割的形式我在北京也用过，但拍的是北京白天，而且是大场面。上海这个城市，它的那些建筑特征，最强烈的一个印象，它既是现实的，又是梦幻的，支离破碎的。这就是我对它的感受，我把它拍下来给观众看，这已经变成了我自己的东西了。

吴亮：那天在你的这组作品面前，我产生了一种错觉，好像看到的是一墙壁镜子当中反射出来的世界，比方说你这一个系列有八幅作品构成，或者有十六幅作品构成，我就感觉是八块镜子，或十六块镜子。图像不过反射在镜子里面，罗永进的作品与我之间隔了一层，也就是说，我和世界当中隔了一个镜子。

罗永进：对，我的那个想法跟你可能有共同的地方，它每一张照片，每一张都是一种单独的观看，然后你又把它们放到一起，这样又形成了完全不一样的总体印象，原来的每一张就变成一个局部了。

吴亮：是通过裁剪，再通过重新拼接处理？

罗永进：不是，拍的时候是一张一张拍的，这每一张用的手法还不太一样。拍的时候就考虑到这个分解，一共大概需要多少份，然后，每一个处理，曝光，速度都不一样。我只强调每一张照片，并不强调整体的重合啊、重叠什么的。最后展览时我把它们放在一起，可能是为了另外一种感觉，就像你说的，玻璃摔碎了……那个组合就是强调不完整的印象，我觉得挺上海的。

吴亮：一个破碎的组合。

罗永进：用在上海的一些大型建筑还是比较贴切的。

吴亮：你还有一组作品，我没有细看你拍摄它们的时间——作品中开始出现了人物，你好像是把它们命名为"异物"。我似乎觉得，你把你在其他系列里被你忽略的一些其他小东西，也全部塞入你这个系列里面了。

罗永进：关注某一类主题久了以后，自然会想到一些原先被自己忽略的，或者原先没有能够做的那部分东西。我最早在九十年代初拍人物，一直拍人物，后来一下子就转到建筑上来了，因为那时我觉得，建筑更能够体现一些我想表达的观念，大量的当代的建筑，现在的建筑，现在正在发生的建筑……其实在拍了很多当代建筑的同时，我也拍了一些无关紧要的，比如那些"异物"，它们跟我的建筑拉开了关系，就是更感性，我还是比较感性的，有些东西看到以后，很想要表现。

吴亮：印象中，从你的作品中不容易看见美，你的很多作品不美，但它能抓住人，让人心里为之一震，你挂在这里的这几幅作品让我感到意外的悦目，通常说"好看"吧，可是这好像不是你所要追求的目标。

罗永进：也算是，心里面自己还是想美的。

吴亮：我想你在日常中，你也许更喜欢这个美的。

罗永进：对，那是。

吴亮：只是作为你的作品，你需要尖锐。

罗永进：是为了提出问题。但是这些作品，是表达了一种感怀。

吴亮：它有一点诗意在里面。

罗永进：我也这么觉得，拍了那些当代建筑以后，我就想有一个对比。

吴亮：很恬静，你显出很温和的一面。

罗永进：古典的，传统的，一样有好的。

吴亮：是的。

罗永进：《异物》这个系列，跟那些大场景不太一样，好像没什么思考，就是撞到了——我在外面走，撞到了我就拍。其实它有积淀，更深层，有一些情绪化，就当时碰到了，好像有点儿感想，跟那个前面我们讲的拍建筑有很大不同，拍建筑是一个计划，想清楚了，就按部就班去做，更多的是完成一个工作计划。而这个呢，就当时的一个感想，撞到了就拍。

吴亮：我有不少摄影家朋友，我发现了一个很有趣的现象，一些人，像你，还有周明，他也是上海人，少年时代在北方生活，很晚才回上海定居。他和一般的上海人不一样，他对上海的感觉有点像局外人，和你类似，不像我们通常认为的一个上海人，能够把上海拍得这样冷冰冰。

还有另一些摄影家，以陆元敏为例，他在上海生活了那么长时间，虽然他不搞历史研究，但他对上海的感觉是具有历史感的，陆元敏不需要有意识的历史性，他的生活就在这里。但是你们不同，你们本来不在上海生活，你们进入上海以后会对上海的表象产生震惊，也许你们对上海的历史没什么兴趣，你们也不需要知道。所以对你们来讲，上海就非常抽象，甚至非常概念，因而对你们来说，反而会觉得一种大都市的惊愕。这种感觉，对一个老上海是不会有的。在你们镜头里，上海常常是冷漠的，或者荒谬的两种面貌……而在他们的作品当中，上海总有一种温情，一种世俗的趣味。

我本人的态度十分暧昧，我对上海若即若离，所以我能同时接受这两个极端。陆元敏是个特例，一般来说我不喜欢太世俗的作品，陆元敏比他的上海同乡高出很多。我不喜欢美得发腻的作品，你问我这次采访了多少艺术家，有六十多个了，我都觉得奇怪，怎么我喜欢的艺术家，或者这么说吧，我感兴趣的艺术家，居然他们的作品都不美！

罗永进：可能你喜欢深刻，要深刻，要有自己的。

吴亮：也不是深刻，我觉得深刻并不好。

罗永进：有自己独特的视角吧。

吴亮：对，一个好的艺术家，我一定要借他的眼睛，让我有种新发现，问题就在这里……那么你呢，你对上海历史有兴趣吗？上海的日常生活，世俗生活，传奇故事，你好像没有什么兴趣吧？

罗永进：我真没有，像刚才我跟你说的，我只是比较感性，其实我的兴趣更多就是日常中我碰到的，我看到的，所有这些东西对我的影响，然后可能会引发我的一些思考，怎么样去表现，我的兴趣更多的是在视觉上，能够跟摄影直接结合的，可能就是比较表面，摄影能够表现的那些层次。至于真正的历史，我虽说也感兴趣，但我没有时间，也没有那个精力，更没有那个胆量去做这事。这研究历史的事一铺开，不得了，如果你真想了解历史的话。

吴亮：还有一个问题，在你刚刚拿起照相机的时候，当时你要做一些艺术品的时候，你会这么去拍。但是它又是日常的一个玩具，比方你和你的家人出去，你和你的孩子，你和你的妻子出去，为你父母拍照的时候，你显然不会用这种方式拍照，是吧？

罗永进：嗯，那当然。

吴亮：那好，你肯定也会很正常地拍照，是不是？你不会把给你家里人拍照也当作一种摄影记录，变成你的艺术作品来做吧？

罗永进：不会，我家人都说我拍出来的照片很难看，呵呵……

吴亮：难道你没有拍两套不同照片的能力，拍出来就是难看？

罗永进：就是难看，基本上算难看，从没有哪个时尚杂志让我去拍美女。

吴亮：那你的太太怎么看？

罗永进：我自认为拍得挺好的，但她觉得我拍得不够漂亮，或者怎么样，不符合她的标准，不符合她的眼光。

吴亮：于是她宁可叫别人去拍。

罗永进：我没有去努力过，关键是我没努力。

吴亮：你从来不把一张照片拍得漂亮作为你的追求目标。

罗永进：我有过想拍得漂亮，但拍出来人家就是不认可。我尝试着去拍，比如我对拍婚纱很好奇，那会儿有婚纱影楼，也凑过去拍，拍出来就不是那么回事。

吴亮：在你的全摄影画廊里，看到美的照片不多。

罗永进：呵呵……

吴亮：但都很有魅力。

罗永进：对，我觉得它更接近生活的原本。

吴亮：使用"魅力"这个词，比使用"美"更好。

罗永进：当然……到这儿来，到画廊里来转的人，就总有人说这个话，我的学生问，他说"难道就非常阴暗的"——就像你说的——"不美的，才是艺术要表现的东西吗？"

吴亮：你怎么回答？

罗永进：当时我没回答……恰恰是很多现实生活，这阴暗，所谓阴暗，可能生活就是这么残酷，这才是真正的切身感受。当你把生活作为一个宏观世界来看的时候，和你看到一件小事，看见了一盘红烧肉的这种喜悦完全不一样，那种感动完全也不一样。那种小的、局部的，和你整个内心，对于生活的感受……人嘛，他面对现实的时候总是有不满，可能有些人更多的表现就是在这方面，如果从理想状态来考虑问题，那更多的是失望，是不满。

吴亮：从"85新潮"到现在，二十多年过去了，你那个时候已经拿起了照相机，在二十多年中，你自身的经历不断在延伸，在不同阶段你做了不同的作品，展览越来越多，你现在回头看自己，在这个过程当中你是否受到哪些外部影响？国内国外的各种图片，大师的展览，别人的作品，哪些重要的摄影家你非常喜欢，甚至为他们所折服？

罗永进：维金，美国人。他那个作品非常震撼。

吴亮：仅仅震撼，还是某些方面影响了你？

罗永进：直接的影响好像作品里看不到，因为我们各自拍的东西，差距很远，不是同一类东西。

吴亮：你喜欢的，不一定会影响你……还有其他人吗？

罗永进：莎拉梦，法国的，那个我很喜欢，一下子就喜欢了……像索德克，我也很喜欢，另外我想想……法国的，斯鲁本，好像在上海美术馆做过展览，年岁也不大，我挺喜欢。

吴亮：影碟呢？九十年代以来影碟进来太多了，你常看吗？

罗永进：常看……我喜欢库斯图里卡，就是拍《黑猫白猫》的那个，前南斯拉夫人，他每部片子我都觉得精彩。

吴亮：你有没有尝试，或想过，去拍一些小型纪录片？

罗永进：过去曾经想过，我拍过电视，干过很多年。但后来觉得那不适合我，那个是一个群体的工作，靠一个人很难完成，必须要跟别人合作、分工。我更适合所有工作我一个人都能完成这么一件事，所以就不考虑那个了。video 我想了很久也迟迟没下手，就因为技术上的难度必须要借助别人，我很怕这个，我怕和别人交往。

吴亮：想象一个罗永进的个展，全黑白的，作品由你自己挑选，我们进来感觉冷，孤寂，疏离，超现实，作品里没有人。这个展览没有前言，没有标题，没有文字解释，但你可以放音乐——你会放什么音乐？

罗永进：哇！

吴亮：观众在音乐中看你的作品。

罗永进：还真没想过，我想想……我可能会选择苦巴巴的那种民歌，或者是改版的民歌。

吴亮：秦腔。

罗永进：但不一定那么激昂，那么高亢。

吴亮：江南的？

罗永进：不一定江南，可能山西的某一类吧，也可能新疆的，或者。

吴亮：你能不能留意去搜集几段给我，以后这个片子放映的时候，只要出现你的作品我就配你的这音乐。

罗永进：那我可以考虑……我听民歌偏多一些。

摄影人就是一个影像的偷窃者

陆元敏　吴亮

（陆元敏，摄影家，现居上海。对话时间：2010年10月）

吴亮：又见面了，我们还是从你的《苏州河》说起，二十世纪末，你反复给苏州河拍照片，拍了几万张，先说说这事。

陆元敏：好像这个也反复说了好几次，没什么新东西了——主要还是工作关系，从宝山文化馆调到普陀文化馆。当时我住襄阳南路，每天上班都骑个自行车从徐汇区到普陀区，必经之路就是苏州河武宁路桥一带。那时正好是九十年代初，我得奖拿到了一只照相机，海鸥300，有一个比较满意的镜头，三十五毫米的，就想用它拍一些照片……我家里有本画册，可能是三四十年代的，外国地理杂志之类的画册，我家里本来不可能有这种画册，这本东西不过是我妈妈用来夹鞋样子的，她给我们小孩做鞋子，先做个样子，剪下来以后就夹在这本图画书里面。这本书里有个很大的栏目，拍欧洲哪一个城市，我感觉这城市的河流和苏州河非常像，我每天上班要经过苏州河，一下子，怎么发现和看到画报里的照片这么相像，手里又现成有一个三十五毫米的镜头，正好试一下这个镜头，随手就拍了几张。

吴亮：就这样很偶然地开始了，你不会想到后来竟然拍了那么多吧！

陆元敏：原来根本没有这样想，我觉得蛮好玩的，就是我在我拍的苏州河看到了类似三四十年代画册中的影像……另外呢，那时候上海的变化已经很大了，但就是这个苏州河两岸几乎没什么变化，一路上还能看到我小时候的一些景象。

吴亮：你现在退休了，但你还是带着一个照相机，我知道你一直随身带个照相机，走到哪儿拍到哪儿，在街上好几次你无声无息突然出现在我面前，照相机拿在手里，你说你正在办事路上或者下班路上。你总是在上下班途中随手拍照。你和很多专业摄影家有很大区别，很多摄影家全世界走，他们接受一个任务，和出版社签一个合同，然后去一个和他全然没有关系的城市，去某一个遥远的地方，那些城市或异国他乡和他的生活全然没有关系，他就是以专业摄影家身份去拍……你不是，你首先是，在你日常生活的沿途将所看到的一切拍下来，假如没有照相机，你也天天看到这些东西，只是没有拍下来而已。我了解你，所以我知道你拍照片非常随意。但是人家会觉得这是一个专题计划，一个庞大的历史记录，会赋予它很多意义和色彩，你刚才说因为得奖拿到一个照相机，你想试一试，这不会是你用过的第一台照相机吧？

陆元敏：我接触照相机特别早，那时候在农村。我1968年到崇明，在崇明农场我做过电影放映员，1976年回上海，被分配到一个研究所。他们觉得这个人也会摄影什么的，就让我做了专门拍摄工程照片的摄影师，这样我就有了拿照相机的机会。但这个照相机只一个工具，和自己后来拍照没有什么关系，而且，这个研究所使我不大舒服的就是，它的照相机我不能自己使用，只能在工作上使用。

吴亮：那你什么时候有一架自己的照相机的？

陆元敏：那是八十年代以后了，这个照相机比较差，当时很贵，一百二十块买了一只120上海海鸥，方镜，那个年代照相机大，要偷拍很难。我想办法把那个包挖了一个洞，把镜头伸在外面，拍起来取景很困难，基本上没有拍到真正的好照片。

吴亮：你为什么说你要偷拍？

陆元敏：为了安全，拍照片这个事情还是应该有一种隐秘性的。

吴亮：是不是担心你不征求人家同意拍照片，会被他们阻挡？

陆元敏：其实我也没有碰到过这种事，就是老感觉自己心理有障碍。

吴亮：你不愿意被人家发现你在拍他。

陆元敏：如果发现了，我很难面对，出去拍照片是很开心的一件事情，如果弄得自己很难堪，就没意思了。

吴亮：你曾经对我说过，你小时候看到一些家里的老照片就很喜欢，好像你还讲过这样的话，这些人当时都活着，现在都死了，他们都是你家里的前辈，你就想，"我有一天也会从照片中消失掉"，然后你就开始怕死了。死谁都怕，但是你当时就有这种想法，你觉得只有照片能够把他留下来，当然这种说法比较哲学了，摄影承担这么重大的任务，把活的东西留下来……你后来拍了无数照片，不可能你拍的每一张照片都是为了保存某个活的东西，那些东西和你没有什么关系。你拍大量的照片，那些对象你都不认识，你也不想认识，你不是记录自己，你是记录别人，记录陌生人，你想过这种动机吗？这种按动快门的快感来自什么地方？

陆元敏：这是一个太偏深奥的问题，一开始不会想这些……实际上，我拍了几十年照片，中间有一段时间我特别迷茫，应该怎么拍？后来有一天我突然明白了，就是照相机一拿到手里，你就要保持一种兴奋。原先我给自己拍，给一些自己很熟悉的朋友拍，给家里人拍，我都很兴奋，我不会浪费一张底片，这种兴奋感我还是要找回来，从此以后我很顺利，就是只拍和自己，完全和自己有关系的人，环境，那些和自己没关系的，好像就……

吴亮：可是你照样大量拍摄那些陌生人，街上的人。

陆元敏：他们还是自己周围的人；这个城市的人，也还是和我的记忆有关系的人，再远一些的我就不会拍了。上海我都觉得不是太安全，到其他城市更没有这种安全感了。摄影让我兴奋的还有一个地方，就是摄影对我是很幸运的一件事，我这个人记性不大好，摄影可以替我把很多事情记下来。

吴亮：很多摄影家就喜欢拍一些陌生地方，异国情调，风情，风俗，破旧的地方，落后的地方，全都能拍出他们认为很精彩的照片。你正好相反，对陌生地方你按不下快门，有一次到北京去，你在胡同里转来转去就只拍了一张照片。

陆元敏：难得一去的地方，这个地方以后对我也没有什么回忆的，好像就不大值得我去拍。

吴亮：你反而要拍那些熟的地方？

陆元敏：越熟越好，我是反反复复不大容易厌倦的一个人。

吴亮：你现在也用数码相机了。几年前你说，陆元敏要是用数码相机是不可思议的。现在你终于用了，你还同时用胶卷拍照吗？

陆元敏：几乎就不用胶卷拍了。

吴亮：周明还坚持用胶卷。

陆元敏：对，他说的，他要坚持到最后。

吴亮：你为什么一下子会接受数码的？

陆元敏：开始就是迫不得已。第一，我原来使用的胶卷没有了嘛，乐凯胶卷，很廉价的，现在市场上还是有，可是价格不再是我过去拍的这种，过去一块多一卷，现在可能几十块了。第二，就是担心这个胶卷以后就完全没有了，我必须找一个数码代替一下，可能以后这个乐凯胶卷还会有……现在看来，你既然走到数码了，习惯了，觉得也一样，而且更直接，拍了就可以马上看到。

吴亮：我发现有一个区别：开始你用廉价的乐凯底片，这个底片可以随便拍。那时一天你拍许多卷，回到家都不冲洗，会过一段时间后一起冲洗，你常常在冲洗的时候发现了意外的影像，因为你在按快门的一瞬间不知道拍下的是什么结果，拍坏了，拍错了，都有可能，但恰恰这样反而会有意外收获。有些朋友说，陆元敏的好照片往往来自被认为是拍坏的照片。拍的时候，你不知道结果，你全留下来了。现在你有了数码相机，我觉得麻烦了。上回我见你拍照，我们都上年纪了，你也老花了，你拍完一张照片以后就要看看屏幕，我问你，假如你觉得拍得不满意你怎么办？你说"我会删掉"，好，你开始没有坏照片了，因为你会在第一时间就把它删掉。

还有一个问题——你可以当下就检验，看看我这五秒钟之前拍的照片是什么样子，期待感没有了。你以前告诉我，在按快门到冲印之间，你有一种期待感。

陆元敏：对，这个数码相机最大的不好，是马上删除，其实等于在销毁自己的罪证一样，拍得不好，很差的水平，马上可以消除掉。但现在数码相机也可以找到这种期待感觉的，我最近用的几个数码相机都是不能回放的，直接就拍。

吴亮：不让自己立刻看。

陆元敏：可以回到家里在电脑上看，这个和胶卷，和冲洗时候的感觉差不多，在电脑上也会很激动，可能会看到一个好的照片。

吴亮：你用乐凯底片那会儿，可能曝光原因，或者底片可能过期，受潮，也许器材的原因，精度不够，不是很精确，很模糊，颗粒粗，甚至于早几年有些同行不太以为然，他们都拥有很好的专业相机。说起陆元敏照片，就说就你吴亮喜欢，他们认为你很不专业。我恰恰觉得这些都是你作品当中非常迷人的部分。但是这些因素在你的目前照片中，现在我不大能看到了，你自己感觉有吗？比如偶然性，适度的损坏。

陆元敏：我自己有这种感觉，我以前有意识用这种最廉价的，这种照相机有一种不可期待的东西，经常会坏……

吴亮：高度精确的照相机，像素特别好，我觉得你不适合。

陆元敏：我觉得，像素越低越好。

吴亮：有点模糊，不确定性。

陆元敏：对。

吴亮：记得前几年你做过一段时间的多次曝光试验，两个影像叠在一起，现在还在做吗？

陆元敏：这还是胶卷时代，现在已经不做了。太费脑子，要计算。

吴亮：计算不是你的长处。

陆元敏：我也是最不喜欢计算的一个人。多次曝光要计算，这次曝光和下一次曝光，这个其实我很不擅长，但我蛮喜欢这种新的方法，我可以玩上半年一年，把时间都打发在里面，也蛮有趣的。

吴亮：回头说说，当年你在崇明，放电影放了几年？

陆元敏：可能要有四五年了。

吴亮：那个时候已经接触照相机？

陆元敏：工作中还没有接触过，但是在生活里已经接触了。我们休假回上海，大家会借台照相机，相互拍照。借照相机，这个印象还是很深的，大家非常迷恋拍照片，在田地里，在床头上，不断地看这几张照片，可以带来很大的乐趣。

吴亮：后来你回城，就因为你有这段放电影的履历，就分配你做摄影？

陆元敏：他们认为我是摄影师，其实我只是个放映师。

吴亮：你为自己拍照片，已经是八十年代后期了？

陆元敏：真正自己拍，刚刚明白这件事，是八十年代末，九十年代初……所以有些人问我，你在1976年到1989年之间在干吗？

吴亮：我也要问这个问题，在干吗？你把罪证毁灭掉了。

陆元敏：毁掉了，拍得不好的都毁掉了。（笑）

吴亮：陆元敏作为一个摄影家，是从九十年代开始的。

陆元敏：九十年代初，年龄已经这么大了……其实我起步很早，真正拍，时间不算长，我很幸运，九十年代初，我抓住了这次机会，老上海将要大规模变化的一个尾巴。

吴亮：我注意到，你的《苏州河》中有许多街头偷拍，公共场所，拍一个人在弄堂口东张西望，你逼近人家的背影，一个人闭着眼睛晒太阳,几个老人在聊天,一个傻瓜趴在窗口,我都有记忆;或者在桥头上,你离有些人很近,你还拍早上穿着睡衣出来倒痰盂的女人……另外一部分,大量的室内照片,都是你的亲人,你亲戚,你的父母你的妻子,你的一些朋友,其中有些我认识,本来不认识,老看老看就认识了,后来我碰到了这些人,这是私人性的照片,它不完全是你的日常记录吧?

陆元敏:不是,当时确实有一个计划……也是因为看家里的照相本嘛,看看有几张我父亲早年的照片,他拍照片的时候还年轻,和我拍照片的年龄差不多。我突然觉得很奇怪,这个年龄,应该是我站在这个照片里面的,现在我看到的是一个和自己长得很像的人在照片里面,所以就想,也拍一下这种照片,就是像拍留念照一样去拍,接下来就找了一些朋友,在自己的家里,就让你坐在一个自己觉得最熟悉最舒服的地方,拍一张照片。

吴亮:把他们请来,并不是日常当中的一个事情,而是特意请来为他拍照。

陆元敏:都是很熟悉的。

吴亮:很熟悉,所以大家都很放松。

陆元敏:对。

吴亮:他们处在一个知道被你拍照片的状态。

陆元敏:知道,当然知道。

吴亮:你在街上拍的照片,所有的照片,都是偷拍?

陆元敏:街上我是偷拍。我是特别注意安全的一个人,一般对方不大会看到我，旁边的路人也不大注意我。

吴亮：我在街上碰到你几次，我看见你在拍照。

陆元敏：因为你认识我。

吴亮：在长乐路碰到你一次，还有一次在复兴路，你手里都拎着照相机，照相机有两包香烟那么大，这么大的照相机你要举起来对人家拍一下，人家不会发现你？你有些照片是离对象很近的。

陆元敏：有时候我可能真是在自己欺骗自己，觉得旁边没有人看，其实吴亮不是看到我了嘛，就是啊，但是只要自己以为没人看到，就可以了。有时候我凑得很近也没事，人家不大会发现，如果我发现这个人对我有点警惕，我就避免拍他，再好的镜头也避免。

吴亮：你拍街上的人，显然是对某些人的形象和动态发生兴趣，走过来的人匆匆忙忙，一个读报的人，小贩，骑自行车的人，发呆，看热闹，莫名其妙的什么人都有。但既然在大街上，这些人的背后总会涉及一些特定的街头背景，这个背景我很关注，很多人也很关注，因为它有一种氛围，一个地形，我们很熟悉的城市气息，有些地方，其实你刚才说的九十年代，上海已经变化很大了，苏州河两岸当时虽然还没开发，还有你的童年少年时代的一些记忆在里面。所以呢，照相机镜头就是这样的一种东西，就是当你无意识地拍摄都市街头行人的时候，他们背后的东西全部装进了镜头，留下了你当时未必需要的历史记忆。

今天我们所称之为历史记录的这些照片，其实当年的拍摄者并没有记录概念，可能就为拍一个人，结果人并没有留下来，他背后这个房屋，我们一看，还在，或者房子也没了，变成另外一个什么了，是吧？那么你在家里给朋友拍，给亲人拍，你就喜欢拍照片留念。时间过了几十年那么长以后，想象一下，比如说这个照片里的人，他们的家已经今非昔比了，这个房间不一样了，这个楼道，这个院子，这个窗子都不一样了，甚至房子不存在了。想象你重看这些照片，你会有什么感觉？

陆元敏：你刚才说的背景特别有意思……背景，我觉得这是无意之中带进来的，拍的时候根本没想过。所以现在有些人，朋友或者记者，常常对那个东西感兴趣，比如一个报社的牌子，或者什么杂志的门口，他们会对我说，陆元敏，你拍过什么什么大楼，拍过什么什么桥。其实我拍的时候完全是无意中把它们带进去的。

吴亮：那肯定是无意。

陆元敏：现在，反而这种无意识拍下来的东西，会在照片里更有意思。

吴亮：但是另外一种，你可能就不是无意识的了。比如说你有几张照片，我曾经问过你所处的位置和角度，你说这是在四川路桥邮政局大楼上，某一个窗口你往下拍，你很清楚地记得这个角度，是吧……或者你在外滩，你有些俯瞰的镜头，外白渡桥，下雪天下雨天什么的。当时你在我的顶层画廊窗口里也拍过，海伦宾馆，九江路，从窗外往下拍。这时你很清楚这个镜头里面是什么，空茫茫的远景，下面一片建筑，一个宏观背景。你像站在山顶往下看，这种照片你也拍了不少吧。

陆元敏：不，不是很多的。几乎这种从高楼向下拍的，都是正好借了一个什么机会，或者一个朋友介绍，他们要拍什么画册，带我一起上去的。

吴亮：你就顺手在窗口拍几张。

陆元敏：比方我们文化馆正好要拍普陀区的建设成就，要拍什么照片，我顺便再拍一些我自己需要的照片。

吴亮：那可能就这些照片，被杂志和画册用得最多，我们重复看到这些照片的概率也多。好，我们不管它……也就是说，你实际上对背景是没有特别兴趣的，你关心的还是在镜头前面活动的人。

陆元敏：对。背景是无意识带进去的，像这种从高往下拍的照片，如果我有意识了，有意识要拍苏州河了，肯定会托熟人找一些比较高的角度来拍。那时候我真是想过找个什么房子很高的这种单位，但是这对我来说是不大容易的一件事情，我觉得很麻烦，要去打交道，跟人家联系，把一件本来蛮好玩的事情，变得没趣了。我还是步行沿着苏州河这样拍，看着行人拍，心情蛮好的。

吴亮：那么外面，包括我本人，无意当中会把你变成一个上海的影像记录者，或者一个历史的记录者，现在看起来这是个错误判断。真相是，陆元敏就是一个瞬间的城市记录者，他无非对这些瞬间感兴趣。

陆元敏：其实只是在玩一种游戏，我觉得。

吴亮：你说什么？是你在玩影像游戏，还是我在玩语言游戏？

陆元敏：我在玩游戏。摄影真是，我觉得真是很奇妙的，可以把一个影像定格下来。有了数码技术，现在太容易看到影像了，摄影发明带来的这种好奇感，我觉得完全减弱了。

吴亮：那你现在还对胶片摄影有好奇感吗？

陆元敏：这种好奇是根深蒂固的。

吴亮：你还是有得拍。

陆元敏：对，我还是有。只要有一个什么照相机拿在手里，我都会蛮兴奋的。这个东西能够记录其他的东西。每个照相机不一样，镜头的不同，焦距的不同，它们还是有不一样的感觉，我对它一直会很有新奇感。

吴亮：我可不可以把你比喻成，你好比是一个对影像的偷盗者，得手以后你都来不及看，你偷了很多，拿到家把这些东西拿出来，慢慢地看，看看我今天偷到了什么，你有这种快感。

陆元敏：摄影人就是一个影像的偷窃者，呵呵。

吴亮：你认为不只是你，所有拍照的人都是这样？

陆元敏：都是这样，都是……我其实很想回复到过去老的照相机的时代，把自己蒙在一个布头罩子里面，一个内心非常胆小的人，就是在这个照相机里找到了安全感，他能看到外面的世界，又能把自己蒙起来。

吴亮：人家看不见你。

陆元敏：以为人家看不见你，就像鸵鸟一样，钻在沙子里，其实人家都看着你。

观念就是偏见,摄影就是沙里淘金

周明　吴亮

(周明,摄影家,现居上海。对话时间:2010年10月)

吴亮:你现在已应答自如了,是不是常常接受采访的结果?

周明:那不是,我是吃开口饭的呀,教师嘛。其实一开始,我1984年进入教师这个行当真的很痛苦,就觉得开口很不适应,从小到大我都喜欢安静,不太善于表达,尤其不喜欢主动开口讲话,站在讲台上我就觉得很痛苦……但二十多年了,应该说我已经适应这个工作了。

吴亮:你似乎仍然和摄影圈同行来往不是很密切,对他们的活动,展览,所谓的潮流,你都是有距离的。

周明:对,这个跟我的性格有关,我偏向于内向,喜欢静……还有跟我拍摄思路也有关,我的摄影跟其他人有所不同,再说,平时大家在一起交流的也不是摄影,实际上就是人际交往。

吴亮:我第一次看你的个展是几年前,在莫干山路罗永进"全摄影"空间。作品不多,黑白的,宽幅,大部分是俯瞰式的,很远的镜头，或中远距离的……让我惊讶的是，你拍的虽然是上海，繁华的大城市，大白天，照片中居然就会没有一个人。当时我就想象你要么用电脑剔除了人，要么等待一个没有人的时间，明明是白天，在什么时间段会这样空空荡荡呢，我很疑惑。另外，不管这个照片最后怎么做出来，周明看到的这个景观，或者说他希望给我们看到的，他所展示的大城市的这一面，冷漠，异化，和人没有情感交流，没有历史内容的大工地——当然以后我们也许可以说出它的历史内容——我现在讲的历史内容，是当下生活细节，哪怕是一件衣服，一堆废弃物，垃圾，你什么都没有，你就是拍出了纯粹的一个物理空间，一堆建筑物，就一个天际之下不断扩张的建筑群轮廓。

周明：你说得很准确。

吴亮：那就和你前面的说法有点类似，你不大愿意和人交流，你不爱拍人，你现在能够流利地说话是因为你做了老师的缘故，是迫不得已，你的本性没有改变。你在无意识中把摄影看成这样一个东西，你试图和你不想交流的对象进行对话。

周明：那倒也不是……当我拿起相机进入到摄影状态的时候，我可以真正回归自我，我用不着给谁一个交代，用不着考虑倾向于谁，迎合谁，外界的影响我可以彻底忘记。

吴亮：你的意思是，当你拿起照相机面对这个大城市，面对你所拍摄的物，在这个时候，你想的是回到你的自我？

周明：其实就是我在城市生活多年的一个心境。刚刚开始进入摄影创作时，我的镜头都是瞄准人的。你看我最早期的照片，你会看到城市里各种各样的人，按照顾铮的说法是不避琐碎，八十年代嘛，有乐观，有幽默，也有一点嘲讽……到现在，应该说已经历了三个阶段，我把它整理成上海崛起的三部曲，第一部曲叫《卸妆》，在地面拍，平视，眺望的，2001年到2006年。然后2006年到今年第二部曲，全部俯瞰。今年开始准备第三部曲，按照平视、俯视的逻辑，那应该要仰视了。

吴亮：你拍世博园不就是仰视了吗？

周明：仰视的镜头比较多，必须要避开人，我要把这个建筑放在空旷的天空这样一个背景下，但是世博园并不在我的这三个系列中，它是游离出来的，是一个应景专题。

吴亮：你拍的世博园有种无中生有感觉，像杭州灵隐的飞来峰。

周明：不是刻意的，世博会的这个专题，我取名叫《海市蜃楼》。我并不是想暗示什么，但是再过十年后，你会发现我的这个应景专题其实非常主观。

吴亮：你的这个三部曲，它的对象不变，都是上海。你认为你是想表现这个城市的一种多维关系呢，还是你对它的感觉变得更多面，所以要各有侧重地呈现它？

周明：两种状况都有。

吴亮：记得三年前，我在莫干山路看你的个展，第一次见你，你打扮非常得体，戴一顶呢帽，戴副入时的眼镜，黑衣服，非常典型的上海人，你用上海话和我打招呼。印象中你很温情，很注重细节，但这个摄影家的作品是比较观念的，好像与上海保持一种距离。你曾经被我认为是一个来自外省的摄影家，在你的履历中，你出生于西安，后来知道这是因为你父母当年支内，所以你才生在那里，你十五岁以前一直在其他省市，在北方，以后又在东北，你不像陆元敏他们，从小在上海长大，对上海很有感情。

周明：我的内心深处有两面性……我十五岁来到上海，到现在我都已经生活了三十多年了，虽然我们这代人年轻时被荒废了，没有受到好的教育，不过你要再说我不是上海人，这肯定也是说不过去的。但在我的精神层面，我觉得我不是一个严格意义上的上海人，也就是说，我拍上海，不会固执地去表现所谓的上海情结，去拍那些世俗的上海味道，比较老派的那个上海，这个在我是没有的，我没有这种主观动机，我感兴趣的是当代，它的现在式，它的进行式……至于摄影观念，我有一个变化过程，在我早期是比较鄙视所谓观念摄影的，我觉得摄影应该更多地记录，你就本本分分记录，老老实实记录，不要玩什么花招，当时我的那些照片确实也是这样。但现在，老实讲，我已经不喜欢我以前的照片了，那些照片就是记录，内涵少，实际上就是缺少观念，立场也少了一点，我现在的摄影是有观念的，尽管这个观念跟当代艺术的那个观念不尽相同……

吴亮：能不能告诉我，你的观念，它的核心是什么？

周明：我所谓的观念，第一，要有自己审视世界的立场，自己的一个看法，如果仅仅认为摄影是记录，拿起相机就可以拍，只要给它戴一个纪实的帽子它就能成立,这样就太肤浅了。第二,就是在拍摄之前就有自己的成见,哪怕是偏见……我现在的这个三部曲,就是有这个成见或偏见的。

吴亮:我前后两次看你照片,我的强烈印象,你所呈现的这个上海,正在诞生一个新的城市景观,它们都来自建筑又不像建筑,我觉得这些建筑都是一些无以名状的怪物。很奇怪,首先这些建筑不在被居住与使用当中,而且呢,好像它们也不可居住与使用,我觉得……说难听一点,它们有点像废弃的监狱或还没有启用的仓库。

周明:这个照片能够让你看出这一点还是蛮欣慰的。我确实想拍出城市中的那种乖张,荒谬,荒诞……还有荒芜的那种感觉。城市在我们的意识形态中,在官方的宣传中,它欣欣向荣,它在飞跃发展,但我注意到了它的另外一面,它可能只是迎合了权力意志,它并不符合普通人的人性。

吴亮:也许有人会向你提出疑问,说你所描述的这样一个城市是不真实的,因为这座城市实际上充满了人,你故意把他们疏漏了。好比你把舞台上的演员全赶下去,然后你对观众说,这是一个空的舞台,这里完全没有活人的气息。

周明:我在拍摄中没有使用任何导演的手段,也没有后期制作,什么剔除呀、添加呀,都没有。我全是实地拍摄,只不过我拍的这些景物被常人所忽视,或者大家平时都视而不见,即便看到了也认为这不代表上海,但我认为这就是上海,而且是最真实最本质的上海。

吴亮：但是你显然是刻意选择一个角度，选择一个时刻。

周明：其实我并不用刻意去选择，我出门拍照带两个相机，分别装上不同的镜头，一个广角，一个普通镜头，背只很小的包就四处转，我没刻意去选择什么时间，为了哪张照片在那里等一两个小时，从来没有。

吴亮：你怎么能够找到那些大白天几乎没有人的地方，现在上海不可能有这种荒无人烟的地方。

周明：有的，事实上是有的，关键在于只要你决定按照你的意向来进行拍照，你想要拍到这样的照片，你就一定能够拍到，即便在南京路、外滩、浦东陆家嘴我也能拍到这样的照片。

吴亮：除非你不拍街面，仰拍。

周明：对对，我的第二部曲是俯瞰，最后就得仰拍了——没有更多选择余地，看见一幢高楼能够上去，上去以后居然还有一个窗口，或者露台，你已经运气很好了，所以别无选择，要得到一张好的照片，刻意选择的机会并不多。我只能大量拍，再沙里淘金。

吴亮：前面你给我做了一个简单描述，我们这年纪的人，进入文化艺术这个行当在八十年代，青少年时代我们基本没有受过这方面的教育。

周明：对，都很匮乏。

吴亮：那么你开始摄影，得看技术方面的书，那时看大师作品不那么容易，起步晚，要走很多弯路，慢慢摸索，和现在的年轻人不一样，他们很早就摸照相机，看得多起点高……我们这代人的特点是绝无仅有的经历与经验感受。尽管如此，八十年代以后，尤其九十年代陆陆续续有那么多摄影大师翻译介绍过来，照片，展览，画册，我很想知道，在这二十多年当中你受到哪些人影响，或者很喜欢哪些人？

周明：确实像你说的，我们当时就是一个饥荒的时代，饥不择食，在饥荒的时代你能够找到一样东西，就会不假思索地接受它……第一个对我产生重大影响的是布列松，我最早期的照片可以说就是在复制布列松的模式，以至于在我最早开始摄影的头五年里，有人甚至就说我是中国的布列松，当时我也沾沾自喜的，哎哟，觉得这个评价蛮高的。很快我过了这个阶段，复制别人，是自己的无奈，虽然它也为我留下了一些有价值的历史记录，但你不能持久的这么模仿下去。

第二个对我产生影响的是罗伯特·费兰克，一个瑞士人，他的摄影方式颠覆了布列松，就是说，不讲究"决定性的瞬间"，画面的营造感觉不是很浓厚，更多的在随意当中，怎么样让这个画面产生一种视觉冲动。还有一个是捷克的约瑟夫·库德卡，他对我的影响不是在摄影的技术层面，精神层面上更多，他流浪，四海为家，到处漂泊。

吴亮：他应该还健在，库德卡的作品非常狠，他有野性。

周明：没错，就是有野性，他不遵守技术规范，但他本身又成为一种技术规范,非常震撼……我是一个杂食动物,没有哪一种东西能够天天出现在我的餐桌上,不太可能。

吴亮:你在大学里教摄影,现在的摄影已经数码化了,传统胶片除了我们这批人还有记忆,还会使用,年轻一代早不用了。我们不能想象现在一个孩子在用胶片拍照片,他的父母在他很小的时候就给他一个数码相机在玩了,你面对这样一些孩子,你还能教他们什么呢?

周明:数码技术的发展确实非常迅猛,到今天,数码摄影在技术层面上来说几乎无可挑剔,我觉得已经没有任何理由再对它说三道四。但是即便在这样的情况下,起码在上海,我是还坚持传统的摄影工艺,用传统胶卷,我就这么一个人。胶卷生产现在量很少,成本就比较高了。现在还是有不少人坚持用胶片拍照,我跟他们不一样,我不光用胶片拍,后期放大我都是手工,在上海能够保持这么纯粹的作业方式是非常少了。

吴亮:原因是什么呢?你喜欢手工,与数码比,你觉得两者不同在什么地方?

周明:原因很复杂……第一,我搞了这么多年,在这个上面积累了一些心得体会,相对来说我这个手艺呀,已经达到了得心应手的地步,这个时候我如果放弃它,实在可惜,我再搞数字那一套,能比年轻一代做得更好吗?我对这点并没有太多自信,这可能是一个原因。第二,传统手艺做出来的照片,视觉效果跟数码照片毕竟是不同的,这种不同只要有技术支撑,有设备支撑,我可以做到显而易见，现在我就是希望能够让这种视觉效果的不同能够做到显而易见。

吴亮：你坚持手工，是不是和你身后这部莱卡放大机有关？

周明：正好相反，我用这些老机器跟我的这种固执有关。现在很多玩照片的人，纷纷把以前的设备处理掉，在这个淘汰过程中我就捡到便宜了，只要看到好的，我就收进。像这台莱卡，当时售价都要十几万了，我现在一万多就买下，反而便宜了。

吴亮：成了收藏品，老古董理应更贵嘛。

周明：没办法收藏，谁家里放这么个笨重东西，对吧？再说这个机器失去使用价值以后，一般拍照的人那种收藏冲动是没有的。你看像这台，意大利的，新买的时候大概要八九万块钱，当时一个朋友放在家里看着碍手碍脚，他说你倒是有用，给你吧！我说我是有用，但是太笨重了，他说便宜一点让给你，我说你能便宜多少呢，最后三千块钱成交……我这里空间其实很有限，但只要看到有这么好品质的机器流离失所的话，我就会有买下来的冲动。前不久我在二手市场上发现一个特别好的，价格又非常诱人，我自己没法买了，就说服我的学生去把它买下来。

吴亮：你对那些被淘汰的机器，不是收藏，你是在收容。

周明：没错，你的这个归纳非常准确，这里面有感情因素。

吴亮：除了收容，心里面不舍，还因为你坚持用手工放照片也有关系，它们是有使用价值的。

周明：对，我现在三个放大机，除了这个莱卡，这个是最常用的，我的放大机需要考虑跟我自己的作品片幅相匹配。因此我的每一台放大机都被我改造过，这个圈子里朋友们佩服我的，就是我的动手能力比较强。

吴亮：就像有些人开车喜欢动手改造……还有个问题顺便问问，讲到收藏，老爷手表，老爷照相机，老爷车，都很经典了，你是一个例外，因为你的放大机还在用。当然，开一部老爷汽车很酷，你这笨重的莱卡放大机也很酷，你可以向你的朋友炫耀，以它为荣，其他呢，你有其他收藏吗？

周明：我没有其他收藏，我觉得拍照实际上就是一个收藏。

吴亮：我看你这两个房间里全是你的照片。

周明：也可以那么说吧，这个架子上就有一百本样片，我的样片都是我一张一张手工放出来……有了数码技术以后，现在影像泛滥，影像取得太轻而易举了。那么，在轻而易举的数码影像这样一个背景下，我觉得坚持使用胶片，手工放大，它才是难能可贵的。其实在许多年前，美术界就一直诟病这个摄影，认为摄影可以轻易复制，无限复制，但是跟现在真正可以无限复制的数码影像相比，传统摄影工艺的这种手工放大制作，不再是无限复制的了，我不能想象我的一张底片居然能够放出一百张照片，这种可能性是没有的。

吴亮：技术上做不到？

周明：不是技术上做不到，而是时间上做不到。我没有这个兴趣，一张底片，我去放它一百张照片，我不说成本的问题，我根本没这个兴趣。好的照片永远在后面,这是个悬念。我怎么可能把以前的几张照片,翻来覆去在那里放大?另外我讲一个很有趣的现象,很多人来我这里以后,会产生两种情况,一种对我说,他以后不奢望弄传统照片了,因为他看到了当中的真相,手工照片太艰辛,太复杂,太费钱了,承受不起,放弃得了。还有一种正好相反,说:"啊呀,我着迷了,看来数码照片这个东西,太没劲啦!"

吴亮:人人都会玩,他就没劲了。

周明:就是说,他见识到了手工技术的这个世界,这个世界非常值得探索,更加有意思。

吴亮:那么会不会以后坚持用手工来拍照,和用胶片放大,会成为一个小的,一小撮的,秘密的一个团体。他们有内部的一种喜悦,外人不能分享。

周明:不是以后,现在就是这样。

吴亮:以后还能保持吗,可能这个人数,要比中国人拿毛笔的人还少?

周明:相对来说,业余玩书法什么的,可能人数更加多些。

吴亮:书法现在已经不是一个日常需要。

周明:冷门。我现在出去跟人交流,更多的是交流摄影,假如要是交流后期制作什么,我能够交流的范围就很少,太少了,没几个人在搞这个,你交流什么呢。

吴亮:作为一个摄影家,你不可能每天翻看个人收藏作品,就像当年菲律宾马科斯夫人,她鞋柜里有六千双鞋子,她不会每天看,但她一定知道这里面全是她的鞋子。你呢?某一天你打开自己的作品夹,你肯定会如数家珍,因为这是你的作品,你对它们很熟悉,这时你会不会被自己的某些作品打动,或者再次吸引?

周明:这个大概可能性很少。

吴亮:假如我让你自己挑出你十幅作品?

周明:我可以试试看……从根本上说,我不是一个自恋的人,即便我有那么多照片,几千上万张照片。经常会有这样的情况,比如要办一个展览了,人家就会问,挑哪几张照片,哪几张是最好的?对这个问题我会非常回避——因为我觉得,你让我挑出最好的,这是一件很为难的事情。

吴亮:意味着别的都不好。

周明:那倒不是……而是说,我拍照的时候有一个统一的构思,就像一个作家,他写了一篇文章,你一定要让他说,这篇文章中哪一句话最好。

吴亮:你十五岁到上海,1960年出生,1975年,七十年代,你家里有照相机吗?

周明:我家里的第一个照相机,我想想是什么时候……我们家,我父母,实际上一直到我喜欢摄影,他们平常也会说,他们在部队,部队工资比地方上还是多很多,说那个时代的战友啊,什么人的家里买了莱卡,或者苏联仿莱卡的那种相机。

吴亮：哈苏。

周明：哈苏还没有，哈苏太专业，普通人是不会用的。就是说，实际上按照他们的收入呢当时买个好一点的照相机还是有可能的，但他们好像从来就没有动过这个脑筋。我真正拿到手，拿到自己家里的一个照相机那是很晚了。应该在1980年，我已经读大学了，我记得很清楚，一个当时的海鸥203。

吴亮：对，当年都用203。

周明：它是一个折叠式的，一打开是一个皮腔。当时这个相机，二十三块钱，它是个处理品，出于什么原因处理我不知道，反正不是你随随便便在商店里能够买到，还是要通过内部，走后门什么的才能弄来。相机买回来后，我就拿在手里摸，我妈妈说："你放下，放下，不要去摸这个东西。"

吴亮：为什么？

周明：她说："你的手，你的手啊！"我的手容易出汗，她说你手汗多，摸了照相机它要生锈的。我特别郁闷，我说你知道吗，照相机是铝做的，怎么会生锈呢？但没办法，我不敢去动它，就放在抽屉里，好好的放在那里。这第一台相机后来在长风公园遗失了，一次班级搞活动，我把照相机放在包里，挂在树上，就这么丢了。

吴亮：后来那些照相机，现在还保留了多少个？

周明：十几台，大概十几台吧。我的个人趣味，都以机械相机为主。

吴亮：样子都蛮好看。

周明：蛮特别，应该说蛮特别。

吴亮：虽然没有恋物癖，但是你还是有恋照相机癖。

周明：没有，我没有恋照相机癖。我有时候，硬要说有什么癖的话，讲得夸张点，有点恋技术癖，拨弄这个手动的相机，其实是一个技术活。

吴亮：就像喜欢手动挡汽车一样，不用全自动照相机。

周明：是这个道理。

吴亮：我想也是，我虽然没摸过枪，我想象中抠扳机的感觉，和按发射按钮的感觉肯定很不一样，抠扳机肯定更爽。

周明：你讲到就是抠扳机和按快门，这个比喻蛮有意思，很好的一个比喻。不过抠扳机呢，它是在消灭一个东西，抠一次扳机，你感觉就好象已经消灭了一个目标，哪怕你脱靶了，没射中。但是按快门，它不是要消灭，而是要制造什么东西，会有这样的区别。

吴亮：或者说，是截获了一个东西。

周明：对呀，就是获取了一个东西，是这样的。

吴亮：你十五岁到上海，与上海建立了若即若离的关系。不管你对上海的日常生活有没有兴趣，你可能比较麻木，迟钝，但是你既然在拍照，你的镜头已经替你在看上海，我想你肯定应该对上海有些不一样的感觉，或者有些不一样的想法，上海人的形象以前曾经出现在你的作品里，现在你又把他们赶走了，为什么？

周明：刚刚来到上海的时候，我内心是对上海人蛮抵触的，我很不喜欢上海人。为什么呢，可能就是，我从北方过来，自己已经是一个北方人了，觉得上海人真的就像现在全国人民看上海人的那种感觉，觉得上海人心胸比较狭窄，比较自我，比较矫情，比较排外，小心眼，比较经济动物。就是这样的一种成见或偏见。随着自己慢慢融入上海，现在我对上海人不讨厌了，喜爱不喜爱，那是另外一回事情，但真的是不讨厌了，这可能是不自觉的，慢慢的我变成上海人了，同化了，就没有这种排斥感了。

吴亮：讲讲世博会吧，你觉得怎样？

周明：为了世博会政府投入了很多精力，对它期望很高……我前后大概去了十四次，我每次去，没有任何激动，没有，只是工作。我用的相机比较笨重，每次去就带十个片夹，二十张片子。我避开上午，上午人太多了，我都是下午去，等到片子拍完我也就离开了。世博会是一个很奇怪的秀场，就是作秀的地方，这也造成了我对它这样的一个强烈观感，最后使我拿起照相机给它用摄影的方式固定下来了。现在出现了一种虚实相间的照片记录，如果要我自己归纳，我这个照片是"虚伪"的，所谓"虚"，是说它只有中心是清晰的，其余全部是虚的，边缘是虚的，非常非常虚。所谓"伪"，它外形是失真的，是主观的，是"假"的。

吴亮：为了表达本质，你把它拍得很空洞，而且都有点变形。

周明：拍出它的那种假模假样的样子，或许是我的偏见，对吧？

没有看到的,并不等于不存在

王秋人　吴亮

(王秋人,艺术家,现居北京。对话时间:2010年12月)

吴亮:就从圆明园开始,你怎么到福缘门落脚,一个人跑到北京来?

王秋人:1992年上半年我在上海外语学院进修外语,7月份结束课程。那年春节伊灵从北京回上海,他说圆明园那边有一些画家在一块画画,我们约好了,等我放假就去看看,玩一玩……夏天,我带了一千块钱就去了。这之前,5月份的《中国青年报》发了一篇文章,说圆明园聚集了十来个艺术家,等我去的时候已经发展到二三十个,《中国青年报》的文章在全国影响很大,很多地方上的艺术家,类似我这种状况的,都往那边去。当时房租也便宜,我就租了一个房子住下了。

吴亮:也就是说,当时的媒体已经在开始报道圆明园了……那后来北京有关部门决定要清理圆明园的艺术家,转折期是在什么时候?

王秋人：很复杂，这中间出现了好几起事件，有各种人物穿插在里面，我估计不是为了一件事，最后可能是综合因素。

吴亮：也许因为治安有问题，以治安为借口，其实是感觉一些作品有政治问题？

王秋人：治安是表象，作品也是表象，还是因为人员复杂……一个可能是老黄翔——你应该知道贵州的那个诗人，跟官方有点对立的那种，他在那里住，引起官方很大注意。还有严正学，原来的一位老画家，出了一个被警察殴打的事件，综合因素加在一起，那儿又是文化区大学区，各种进进出出的人物错综复杂，使官方下定决心要清除这个"圆明园"，我觉得。

吴亮："圆明园"早期的这几十人当中，除了你和伊灵，还有些谁？

王秋人：当时还有方力钧、岳敏君、杨少斌、丁方……来自上海的，就我跟伊灵两个人。当然有时候，上海也有些画家过来玩玩什么的，顺便访问一下，比方你也来过，常住的就我们两个。

吴亮：伊灵我知道，他八十年代就一个人骑自行车到处跑。他让我有一种流浪的，到处跑来跑去四处为家的感觉。但你给我感觉比较文雅，你怎么会到北京看一看就决定住下，一住就二十年。

王秋人：还是为了画画，上海那个环境不行……我当时在外语学院的学习结束了，一个空白期，下一步怎么打算都不知道，上海那时还是信息闭塞，周围环境周围的人，各种压力使你无法在这个地方安安静静画画,可能你首先得谋生,你得从事别的工作,承受你不愿承受的各种各样压力……我到圆明园这个地方,一看,有全国各地跟我类似的人,生活虽然艰难,但是彼此有精神依托,又比较自由自在,生活差一点总能过下得去。当然也有机会,有潜在的市场,这个因素很重要,有一批这样的人在一起,物以类聚嘛。

吴亮:你说你在上海外国语学院进修外语,后来去了北京,就不读了,中断了,你读外语,是不是曾经想到国外去?

王秋人:学外语是一个意外,上海当时有一个在希尔顿酒店开画廊的德国画商,他订了我一批画,约好付钱的时间,我听错了,他说 this night,就是今天晚上,我以为是明天,tomorrow,我第二天去,人家说他下午已经走了,没赶上,这个有点刺激我。虽然后来这个德国画商还是来了,交易也做成了,但我发觉英语挺重要,生活中很有用,反正我闲着没事,家又在外语学院边上,就去读了两年外语。去北京后,"圆明园"早期有老外来,卖画,都是我做翻译。呵呵,做业余翻译。

吴亮:那时候我们建立了最初的联系,我们之间曾经有过一些书信来往啊,你把一些作品照片寄给我……有点像你身后面的这幅画,你当时的作品我还有记忆,像一堵砖墙,你还运用了一个符号,十字架,记得你好像是基督徒。

王秋人:对,对。我是在上海的时候接触基督教,后来画画也跟这个有关,我对西方神学感兴趣,《十字》系列,画了近一百张大大小小的，我到圆明园初期的时候还在画十字系列。1993年左右，我开始变化，把这个思想削弱了，改变了主题，就是你说像砖墙的《窑变》系列。

吴亮：你用中药入画，是在《窑变》系列以后？

王秋人：对，《风水》系列用了中药……我的兴趣比较杂，那时接触中医，就用中药来做作品，也算慢慢回归中国传统。

吴亮：这些用药材做的作品现在保存怎样？我上回到你工作室来，看见有一些局部都被虫蛀了，这样的画再保存会继续衰变吗，甚至彻底变坏？

王秋人：不会，完全风化了，短期内就变到这个程度，药材被虫蛀空，这个虫最后就死了。

吴亮：一切都结束了，它们的尸骸留在里面。

王秋人：是这样，我再把它装到这个有机玻璃盒子里，它就成了一层皮。

吴亮：人们一般讲起圆明园，1989年以后出现了一些作品，代表人物，政治性符号和象征图式，总是和中国八十年代末以来的社会变化、所谓时代性发生联系，这种解释常常被重复……实际上情况复杂得多，有许多例外，你就是其中之一。我没有在你作品当中看到政治性，也没有看到社会针对性。但是你又生活在这样一个很政治的氛围里，圆明园的很多故事你都是目击者，你的作品却和这些现实毫无关系。我想说，圆明园，北京，那个时代，其实对你是有影响的，尽管它没有从你作品中直接呈现出来。

那么我现在的问题是：圆明园和你的作品究竟有多大的内在关系？

王秋人：以我个人角度，圆明园是我生活在那儿的一个地方，只和我发生生活的联系。可能是上海艺术家的缘故，伊灵和我都没有北方艺术家那种对政治的相对敏感。或者，还跟我的艺术理念有关，我一直想画自己的东西，不被外界牵着鼻子走。艺术家必须得非常主观，好坏不说，起码要有一个独立意识。反正我画画，基本上是阶段性地关注某个主题，比如关注基督教的时候，我的画就相应变成了《十字》系列。圆明园是一种外表的生活状况，画画还是按照内心，想怎么做就怎么做。

吴亮：你很少和周围人交流各自的作品，你的变化完全是独立完成的？

王秋人：偶尔我也可以跟他们交流，有时候他们在讨论，一个观念，怎么操作，一群人在计划，我也在场，一起参加讨论。但是我自己的东西不跟他们讨论，也没法讨论。

吴亮：你的圆明园邻居，非常好的朋友，虽然大家的作品不一样，他们看你的画，会怎么来评价你，他们会说什么？

王秋人：很少听到他们对我画的评价。

吴亮：哦……你在北京二十年了，和上海的联系又如何？

王秋人：我很少回上海，和何旸见过几次。一般过年过节也不回去，偶尔去一趟上海，十天半月，需要办一些生活上的琐事，与老朋友基本上若即若离了。

我的生活和我画画分成两部分，我的画完全发自内心。张亮以前一直说我有宗教情结，张亮你知道的，他后来在法国做建筑。小时候我就会问一些奇异的问题，不是那个年龄能解决的问题，时不时冒出来。最初出去写生，在上海周围，江浙一带接触了佛教，但没有真正去了解……后来上师大的一个画画朋友介绍我去国际礼拜堂，就在衡山路我看他们做礼拜，这个仪式很好，我受了洗，那是1990年。来圆明园之后，发现北京没有民间基督教活动，我就停下来了。

吴亮：信仰在你心目中一直犹豫不定……什么时候你又成了佛教徒？

王秋人：1999年我接触藏传佛教，皈依了竹庆寺的一位大喇嘛，红教，宁玛派的，然后去四川一个佛学院，每年去那儿待一个月或两个月，坚持了五六年，每年都去。近几年我有了孩子，各方面干扰多，四川去得少了，但这个信仰没变。

吴亮：你说在你的小时候，总有一些问题使你很困扰，是些什么呢？

王秋人：常常就是……比如早在学龄前我就会想，如果我突然死了，我跟这个世界没关系了，父母还在，妹妹还在，周围的人还在，我一下子跟这个世界脱离关系了，你消失了但世界仍旧存在，这是个很可怕的想法，你得不到答案就过去了。过了一两年，这个问题又会冒出来，一直到初中高中。

吴亮：缠绕你的就是这同一个问题？

王秋人：是，我自己解决不了，就是生死问题，死亡意识，潜意识里很早就有。这个一直困扰我,我想把这个问题搞清楚。

吴亮:后来搞清楚了?

王秋人:佛教把这个问题搞得非常清楚。

吴亮:你能简单告诉我吗,你怎么搞清楚的?

王秋人:青春期的很多人有自杀倾向,我也有过,但不是很强烈。如果人觉得活着是痛苦,死才是解脱,对不对,那就结束了……佛教说这是一个因果,一个因果轮回。接触,判断这个因果,不是肉眼看到,也不是现实告诉你,但你可以体会到,对这个因果的体悟,没有看到的,并不等于不存在。接触了各种人,你每年去那边,接触各种类型的人跟事,读书听讲,历朝历代的,慢慢会到达这样一个阶段,因果跟现实是吻合的。我觉得,佛教是比较可靠的解决。基督教讲爱,奉献,你只要把自己交给上帝,上帝来帮你解决问题。佛教认为你可以自主解决自己的问题,这个跟我的思考有契合点,这就是我后来信佛教的原因。

吴亮:基督教同样说心中的上帝,上帝在我心中,难道不也是把这些问题交给自己吗?

王秋人:那时候国际礼拜堂有读经班,我也读了,有一个老牧师讲《新约》、《旧约》,前后一两年我都去听,创世记,上帝创造了这个世界对吧?我有个疑问,可能是一个幼稚的疑问,既然上帝是万能的,创造了世界,又为什么把人做成次品,为什么不做成一个完善的人。上帝创造了世界,但这个世界善恶交错,为什么?

吴亮：我们现在不深入讨论，《旧约》讲，上帝造了亚当和夏娃，把他们放在伊甸园里，伊甸园本来是一个完美的世界，亚当夏娃受到魔鬼的诱惑吃了智慧果，这世界才产生了善与恶，他们被逐出伊甸园……我们今天不讨论这个，但我获得了一个信息，你习惯于你自己的独立思考，你的思考告诉你基督教没有解决你的疑惑，没有帮你解决那些问题。你的疑问一直存在着，你后来通过对佛教的学习，觉得它传递的这种智慧，实际上就是关于人的问题。现在这个问题佛教帮你解决了，通过智慧，通过洞察力，悟性，就能够自我解决这些疑惑，从你身上，你的目光里，你的表情中，我都能看出你很安静的一种状态，你的话语也让我能够听到这个气息。

回过来，我想起你的早期作品，九十年代的《十字》系列。画面充满一种紧张性，基督教影响下的作品，很多锐角，十分刺目，不和谐，用的材料很粗砺，构图锐利。大量黑色，棕色、白色，非常简洁刺激。但一点没有西方基督教那种神圣，安静，肃穆，却有一种紧张气氛在画面中，后景总会出现一个棱角形，像一座山，中间一个十字架，死亡气息，感觉就是这样。我当时没说，那时候我对基督教没有太多心得，但是我对你的图像有着深刻的印象。看你现在的画，确实如你所说，你心境完全平和了。不过，我几次看你的画都没有看出佛教的味道，倒看出一些道家的味道，是不是你耳闻目染的东西特别多特别杂？

王秋人：佛教包容，体量很大，老子，孔子，佛教跟他们都不冲突，还有接近的地方，但不是重合。可能在我的黑白画里就有道家的这种气息，有可能。我另外还有一些工笔画，就不会有道家气息了。

吴亮：我对佛教似懂非懂，说点外行话。中国传统，大家一直说天人合一，这太笼统，道家当然有这样的意思。我没有讲老庄，我讲道家，道家和老庄不一样。我从你那几幅作品中闻出一股仙气，这种神仙的味道，就是道家的味道。

王秋人：佛教在某些阶段跟神仙是一回事，就是仙人的境界，再往上，进入罗汉，菩萨。罗汉分十个果位，菩萨也分十个果位，最后成佛，仙人是其中的一个层次，一个阶段。

吴亮：你曾送我一本画册，回到家一翻，你有些画面让我想起了《西游记》。这个联想可能有点可笑，如来佛、太上老君、神魔妖怪、东海龙王，当然你没有那么纷繁热闹，你的画很安静很缥缈，但就是让我想起《西游记》。

王秋人：这可能跟中国传统绘画语言有关系。除了宋元山水，我还喜欢敦煌壁画的语言，跟《西游记》有某种接近，有重合。中国画的某些古代绘画场景，跟《西游记》情景有类似，是不是场合有重合。

吴亮：你对隋代造型艺术很感兴趣？

王秋人：隋代雕塑、敦煌壁画，我都挺感兴趣，西藏唐卡我也关注过。可能这些表现语言让你想起了《西游记》。

吴亮：你前面说到了宋元山水，到你这里面，宋人浑然的大山，你把它变成了一个平面的概念。除了线条笔墨，有块面，有结构，有体积感，非常强的平面性。

王秋人：绘画有一个学习过程，受什么绘画教育。中国传统之外，我九十年代初接触过现代艺术，在我画画的过程中接触的信息相当杂，中国画要往前发展，还得有自己独立的语言探索，怎么画中国画，我的考虑也许不成熟，我在摸索。

吴亮：你的山水画让我想起两个古人，范宽、马远。马远险峻，绝壁陡峭，还有范宽的雄浑格局，你比他们多了清丽和妩媚。他们都影响过你？

王秋人：范宽最著名的画在台北"故宫博物院"，《溪山行旅图》，以前临过好几次。马远是宋代的，日本人比较推崇，他们对我都有影响，包括元四家。明还好一点，到了清代，山水画已经很衰落了。

吴亮：从颜色来看，你的好几个阶段黑色都占了很大比例。《十字》系列是油彩，水墨就不用说了。另一面呢，青绿山水，还用了艳丽的红色。我记得上回来你的画的时候，我对你说我联想起了日本画，用色鲜艳。

王秋人：有人也这么认为，跟日本人有点像，日本画受唐朝绘画影响，如果大家都追溯到源头的话，同一个源头嘛，彼此接近也很正常。

吴亮：你的画制作性特别强，细看你的作品，技术非常讲究，不是随便弄几下就弄出来的……你现在是一个迷恋技术的人吗？

王秋人：画画一定要有难度，如果没有难度谁都可以画了……老外看中国画家当场表演，大家画梅兰竹菊，他们看不出区别，好像都差不多，但我们看，齐白石跟吴昌硕的笔墨就完全不一样了。但是说起中国画的笔墨，我还是比较同意吴冠中，它是技术手段，不是终极目的，如果把笔墨作为终极目的，夸大到形而上，那就很糟糕了。谢赫的六法，第一是气韵生动，精神载体是最主要的，你要通过画面传达精神信息。骨法用笔第二，摹写还在后面呢。笔墨第一，玩笔墨，把次要的作为主要的，推崇八大、徐渭，那是文人画。唐宋绘画，包括壁画，内涵都非常丰富，后来到了业余文人画家手上，精神衰落了，才把文人趣味加了进去。

吴亮：文人趣味也是一种时代精神吧，而且不止一代两代……你觉得今天还有画山水的语境吗？

王秋人：现在再做山水画没有这个古人的语境了，生活在都市，现代文明，高速，哪有董其昌那个时代的田园风光，闲情逸致，这是一个矛盾。传统文化肯定一代不如一代，不会再出现唐宋了。现在看，明清比唐宋差，但对我们来说明清已经很难跨越。我们这批人六十年代出生没有读到什么东西，少年失学。古人的私塾科举，他们的文化底子我们永远达不到了。

古人画画，通过画来达到他追求的某个境界，画是一个载体，不是他的终极目的。通过画画成为一个艺术家，这不是古人的理想，古人没有市场，没有成名成家的概念。你看唐宋绘画，没有长篇大论的题款，有的签名就隐藏在颜色底下，被颜色覆盖掉了，就不要露出这个名字。考古学家发现一幅无名氏的画，签名藏在重彩背后，他藏起名字说明他画画不是为了出名。长篇大论题款，是到了明清，绘画能力衰落了，他就要题字作文来填补画面空白，掩盖自己绘画能力的缺陷。

吴亮：这个情况很像现在的当代艺术，需要大量的理论去说它，如果没有那么多理论，这个画都不成立。

王秋人：是啊，长篇大论。文人的书、画、印，违背宋元绘画的主体精神，已经变味了，它已经不行了才这样的。石涛的画跟唐宋的没法比，是四僧里面最差的一个，所以他要题大量的文字。

吴亮：我们现在说古人，怀念古代，其实古人也在说他们以前的古人。孔子就想复古，要恢复周礼，他觉得两千多年之前的那个当下已经不行了，已经礼崩乐坏了。意大利文艺复兴也是要追溯过去，直追古希腊。晚清，民国初期，中国也有过多次复古运动，现在不是又在提倡尊孔读经了吗？这个复古很有意思，它是向后看，朝前走，在一拨一拨的复古运动中，最后产生的还是一个新东西，复古不能简单理解成回到过去，谁都知道回不去，但它会产生一种力量，影响当下。如果我把你王秋人称为复古主义的人物，但是你依然为后世留了当下的作品，最后你的作品还是属于当下的……你认为你的作品当下吗？

王秋人：当下不当下，不关我的事，我觉得不重要。当下这个概念，本身的含义很模糊，它到底是个时间概念还是个价值标准，用得很混乱。

吴亮：它里面有一个时间概念，不是简单的物理时间，有进化论的意思，但又是开放性的，站在这样一个时间态度上，才足够当下。

王秋人：当下就是今天吧……我只能看见昨天，因为昨天发生了，我不能看见明天，因为明天还没有来。

吴亮：那就总结一下昨天？

王秋人：从内心来说，我觉得还没有到那个程度。我在往前走，还没有达到我想要的理想状态，现在总结这个可能有点早。

吴亮：最后一个问题——你前面说，你经常会变一变主题，变一变风格，你也说了，经常变有利有弊。这种情况艺术史上也很多，毕加索一直在变，善变，有些画家就一直不变，性格决定变不变，或者选择决定变不变。每个人情况不同性情不同，你虽然有安静的一面，坚持的一面，但是我确实发现你的关注点在你的作品中经常会发生转移。转移是什么意思呢？你可以说，这是你的多样性，这一个系列差不多了，兴奋点不在这里了，你又产生了新的兴趣和目标。但我也可以解释成，在这个你刚刚离开的地方，你已经做得差不多了，没法再超越自己了，所以必须离开，转移一下位置，是这样吗？

王秋人：九十年代，比如说，从《十字》系列到《窑变》系列，又对风水，中药发生兴趣，做综合材料，可能那个是一直在寻找，遇到困难，最后做不下去了，再寻找另一个东西……但现在我的状况已经不是这样的了，当然，跟你后面说的一种情况有些不同，我自己觉得能走下去，但遇到了限制。比如中药，就有一个材料的限制，客观技术上的原因，保存的困难，都是最后放弃的原因。现在我比较坚定的，是你看到的这个绘画状况，我一定会继续这样走下去。

吴亮：今天的资讯社会，已经不能把它仅仅解释为一个平面世界。积累太多了，每个人都可以找一个点，然后深入进去。好比我们进入图书馆，很多人在做同样的事，坐着看书，当你走近看一眼他打开的书，你发觉他完全沉浸在另外一个世界。所以在这个世界里，不再是简单的二十一世纪人和人都一个样了，不是，而是在许多领域中，人和人之间已经完全无关彼此了。在这样的情境中，我很期待王秋人，能够不再过多地转移方向，你目前是这样吗？

王秋人：对，现在是要坚持做下去，我坚定这个想法。

吴亮：你这里还很安静，一点儿声音都没有，你和外界没什么交往。

王秋人：实际上很琐碎，很忙碌，杂七杂八的事很多。很多东西，表象和实际情况并不一致。人家看我的画说，这个画多静，很静，你这个人肯定也很静。我跟朋友说，我其实比较急躁，画跟人并不统一。

吴亮：你现在每天用在画画上的时间有多少？

王秋人：我希望能达到四五个小时，但还做不到，偶尔能做到，有时杂七杂八，很忙，超乎想象，表面看好像很安静。

吴亮：就完全是日常生活……那么阅读呢，你现在还看些什么书？

王秋人：阅读就是在上床前，书等于催眠剂。

吴亮：读经，还是读艺术？

王秋人：读经我是专门安排时间的，定期的，我说的是看闲书吧。就上床前看一小时、半小时，看累就睡了，想读书也没有专门阅读的时间，找不到，不可能有。虽然你看我这个状况很安静，画的是闲情逸致，实际上生活还是很仓促的。

吴亮：你读经，是为了你的生命之需，而不是为了艺术之需。

王秋人：不是艺术之需，但两者可能有内在联系，不知道，搞不清楚。

吴亮：肯定会影响你的艺术。

王秋人：希望会这样。

我画的所有画就是一幅画

伊灵　吴亮

(伊灵，艺术家，现居北京。对话时间：2010年12月)

吴亮：上午在王秋人那儿，话题也是从圆明园开始的……现在我已经把你当作北京艺术家了，说实在的你跟上海关系不大，偶尔我们还用上海话交谈，我不在意你是上海人还是北方人，说起圆明园和九十年代，我还保存着我们当年的一些信件，你、秋人，还有曹小冬，你们寄我的信封下角都署了"福缘门"三个字。

伊灵：对对，福缘门，有福有缘，非常吉祥的一个名字。

吴亮：吉祥吗，最后也没有保留下来，不断被清理，被驱赶，然后就消失了。

伊灵：嗯，很可惜。

吴亮：福缘门一带曾经聚集了许多"盲流艺术家"，来自五湖四海，现在说起来，很多人可能不知道当年的圆明园村长是你，居然是个上海人。村长，这是经过你们选举的，还是平时大家说着玩随便封的？

伊灵：就随便封的，前后有三个村长呢，可能我被封得比较早。我1994年去欧洲，他们以为我不会回去了，浙江来的严正学，也愿意张罗一些事情，就说，你做代理村长吧。后来有的媒体说既然有村长，肯定就有副村长，结果又把鹿林叫作副村长，这个都是随便说说的。

吴亮：大家都这么叫着，是否你为这个群体张罗了许多事情？

伊灵：那也没有……我来圆明园，跟其他外地艺术家来圆明园的情况有点不一样。八十年代我骑自行车全国旅行，从1983年到1987年整整四年半，最后我骑车到北京，在北京待了两年以后我才搬到那个画家村的……我感觉大家都来自全国各地，五湖四海，很亲切，我去过内地很多地方，所以对大家都比较热情。我们去得比较早，当时就七八个人，来自贵州的，或者新疆的，边远地区的，他们让我有一种亲切感，我在骑车旅行中走的大都是边远地区，既然我从上海出来，我当然要看中国最贫困的地方，或者不太容易去，交通不便的地方。我当时出去没什么钱，现在人们出门旅行要准备一大笔钱。当时谁都没钱，工作了两年，我的全部积蓄也就两百来块钱，算很多的了，旅行途中我走到哪儿吃到哪儿，跟少数民族同吃同住同劳动。

吴亮：我刚看了你那时候拍的照片，在少数民族地区，一把非常茂密的大胡子，我想起我们上海的一个老乡，余纯顺，也是大胡子，九十年代他孤身一人徒步走了很多人迹罕至的地方，很不幸，在1996年出了意外。

伊灵：罗布泊。

吴亮：一个最不应该出现的意外，人就走了，在新闻直播的全程跟踪下成了戏剧性英雄，青史留名了。余纯顺出事之前已经成了明星，我从广播里听到他做报告，好像是在复旦，记得他说，他觉得上海这个城市很压抑，他就希望生活在行走当中，他还引用了泰戈尔的一句诗："天空不留痕迹，鸟儿已经飞过。"你和他不一样，你不是纯粹的旅行者，你对艺术感兴趣，你和他角度不同。

伊灵：我在这四年多的时间里，已经形成这样一个习惯，就是喜欢在流动当中不断地发现新东西。这和你在某一个地方住下来，住很长时间是不一样的。每天都有新的可能性，有新变化，有新困难，每天会接触一些新的人。后来在北京住下来，大家就等于把它作为一个新的家，第二个家乡。在圆明园，大家形成一个比较稳定的关系，那么这个状态，和我在八十年代那个四年半的流动状态是不同的。

吴亮：因为你总算在这里扎根下来了，是吗？

伊灵：后来的事你都知道。1995年，种种原因，圆明园画家村被取缔了，命运不是我们能够掌握的……离开圆明园后，我也换过一些工作室，一直到2005年我才落脚到了现在这个宋庄。我估计这里可能会稳定些，可以扎下根来，能比较完整地画我的系列作品了。

吴亮：说说你的符号故事吧，你父母给你的名字叫郭新平，

多年来你为自己取的名字叫伊灵,"一"和"〇",是这样的意思吗?两个基本又简单的数字符号,这个笔名来自一个偶然的灵感,还是你挖空心思慢慢想出来的?然后,你又怎么把你的作品,那么纷乱复杂的世界,变化莫测的世界,同这个"一"和"〇"组合在一起,你搜集了那么多不同区域的地方资料,不同时期的简报和新闻,那种非常繁杂的物证和图像,这个过程你好像已经持续许多年了。

伊灵:有二十多年了,这个跟我骑自行车全国旅行有关。我在途中养成了一个习惯,我所用过的票据,所看到的任何东西,都要去搜集,火柴盒贴香烟牌子,旅游景点的门票,电影院电影票,车票,食堂饭菜票,我都要搜集,保存至今,作为一个经历的纪念,我到圆明园后就想应该怎么利用这些资料来进行我的创作。我以前学的是油画,西洋方法画那个画藏族题材,沿途的风土人情的,画云南佤族画北京风情,就跟别人太雷同了。怎样总体反映中国现实?不局限于一个民族或者一个区域,整体看待中国,茅屋,少数民族,牛车,马车,现代汽车,奔驰,本田,资本主义,封建主义,共产主义,我看到的中国呈现一种多元化或者说繁杂。八十年代思想解放运动,社会变革,引入市场经济,乱七八糟各种各样信息,古今中外,我干脆都把它们画到画里,充得满满的——中国刺绣,图案,图样,剪纸,石刻,壁画;平面中的中国当代性,既不完全民间的,也不想完全西方的、抽象的,似有似无;老子《道德经》,一生二、二生三、三生万物,道

可道非常道，就是"有"和"没有"，两者之间，就是似是而非，或者说，看上去好像什么都没有，但是仔细看又什么都有。你仔细看，我的画里还隐藏了许多个人化的符号，比如我的身份，我名字，我朋友名字，或者一个公共口号，一句歌词，诗句，报纸上的新闻，以及我个人的回忆……古今中外，都可以隐藏在我的画里。"伊灵"也这个意思，谐音，"一"和"〇"，用最简单的符号表现世界，我们眼睛看到的所有东西都可以还原为一条直线和一个圆圈……还有一个私人因素——我1989年到北京大学西门漏斗桥住的时候，父亲去世了，心情特别不好，人生的低谷吧，女朋友告吹，唯一一套摄影设备被盗，身无分文，等于从零开始，当时国内形势也是这样。

吴亮：你这个"伊灵"，还有重新开始的意思？

伊灵：还有一个故事……1985年我在贵州买了很多木瓢，就是这么粗的大树桩，一劈为二，把它挖成舀水的木头瓢。当时少数民族老乡把砍剩的那个树桩挖出来再把它做成木瓢，作为舀水工具卖。我觉得这东西会越来越少，当时也就一块钱，甚至几毛钱一个，我买回来许多，三百个，后来慢慢坏了，开裂了一百多个。当时我唯一的财产就这一批木瓢。你看木瓢的形状不就是有一个把，加上面一个圆勺嘛！这个东西救了我，我最艰难的时候一分钱没有，就在这上面画点什么，然后用这个画过的瓢跟人家换大米换白菜，春节的时候换一块肉换一瓶二锅头，就这样维持生活，后来这批木瓢卖得最贵的一个，1998年或1999年，卖到一千块钱。

吴亮：你这个木瓢现在还有多少？

伊灵：还有，我不再卖了，剩下不多了。如果有一个朋友过生日，好朋友，特别好的朋友，我就送他一个木瓢做礼物。

吴亮：最早听你解释你自己的作品，你还是形而上谈得多，当时你没有给我讲那么生动的故事。九十年代初，包括在九十年代后期，我几次看到你的画，在展览上或者你的工作室，远远看过去都是混沌一片，不像今天那么色彩斑斓千姿百态，还有一些正在出现的轮廓线，像这幅……

伊灵：对，这幅是我还没有完成的画，你以前看到的我的那些画，一开始也是这样的。就是说，最后我完成的画就是要使原来能清楚辨认的这种形象，越来越看不太清楚，越来越模糊越来越混沌，看起来像抽象画，其实这是用密集写实制造了抽象感觉这样一个过程。

吴亮：刚看你画的时候它们好像更抽象，很难找到具体对应物。你现在说，这个世界基本上由"一"和"〇"两个元素构成，那我们就这么按照你的解释来看你的画，但是呢，我发现了例外——你有不少画一眼就能看出它画了个什么，比方说，也许你的儿子要去澳大利亚了，你画了一张澳大利亚地图。

伊灵：对，上海去澳大利亚的人多，他们一般能够看懂这个图形。

吴亮：但它不是地图，地图的外轮廓线，澳大利亚周围就是海洋，你的作品不是这样，这幅画还是画得很密集，中间如果出现一个物体轮廓，周围却不是背景。为什么呢，因为在你的画里面，往往几个物体共享一条边界，这个形象或符号正好是另外一组形象符号轮廓，它们紧紧地挨在一起让我想起埃舍尔的画。

伊灵：对对，你知道埃舍尔。

吴亮：这些形象完全镶嵌在一起，究竟它是另外一个形象的背景，还是另外一个形象是它的背景，都取决于你怎么看，都相互依存，就像你说的它是一个循环。

伊灵：对。从某个角度看这是一种形象相互镶嵌，然后呢，作品当中有许多符号，你仔细看就看清楚，其实是当下的一些词。我的画里必须有一些时效性内容，就是新闻性，不能停留在回忆过去的这种思维上，也不能完全是意识流的，我有时候会透露，告诉你我已经设定一些形象和文字进去了，有意识地……比如你说的我画澳大利亚，那我肯定要先了解澳大利亚的国情，它的建筑，比如悉尼歌剧院，或者说有一个叫考拉什么的动物之类的，这幅画事先要跟澳大利亚有关，但是接下来发生的就不一定跟澳大利亚有关了，我不再按照这个主题画画了，我会在我的画里隐藏一些我特有的符号或者说记号，跟澳大利亚完全没有关系了。

吴亮：那么你还有别的符号吗，每幅画都出现的符号，不就是一个圈加一条短线吗？你是不是还有其他隐秘的个人记号？

伊灵：一条线和一个零是我名字的代号，这是基本的，当然我画里面还有一些别的符号，你要有兴趣，你看了我的画你会发

现还有一些符号经常出现。

吴亮：这些刻意摆进去的符号你能指出来给我看吗？

伊灵：对，能……但现在不能告诉你，留点秘密比较好。我可以透露一个，有一只小飞机是经常出现的。天上的，每一幅画你都去找找看。

吴亮：有针对性吗，还是只觉得有趣？

伊灵：不一定有针对性，就是保持绘画的这种私密吧，一个秘密，就是说我必须把它放在里面。老栗说我把日常东西进行神秘化处理，我觉得日常生活没什么可以神秘的，我们所能想到的，媒体这么发达信息这么发达，已经没有什么神秘的了。

吴亮：老栗称你的画为神秘化，还有一个词叫陌生化，你使你的一部分形象变得很陌生，我们就会问："这什么意思？"

伊灵：这个也可能。我看过一个作家的书，可能是美国的米勒还是谁，我忘了。他的写作方法跟我的这个画差不多，他写得很具体，很细致，最后，我看完他的这本书我还是不知道他想要说什么，因为他没有中心思想。现在我们的画可以在电脑上复制，他们经常把我的画印倒了，或者印反了……

吴亮：只有你能够发现。

伊灵：是的，我的画本来挂正了看就看不太清楚，你再把它挂倒了就更看不清楚了，这是一。第二，照片复制过程还要损耗，通过网络，印刷去掉一些层次，照片又去掉一些层次。你说你连看原作都看不清楚，还想看照片……嗯，新加坡给我办的个展叫作《隐藏着的事物》，我觉得这就是我想要达到的效果，我希望我的画你们看不清楚，就这样。

吴亮：你自己能看清楚就行了。

伊灵：我过一段时间再去看我以前的画，我也得看半天，得好好找一找我的名字到底签在哪里，你明白我的意思吗？

吴亮：但你的签名隐藏在画里又不一样，因为这种隐藏其实是裸露的，你只要仔细去看，它还是能被发现，它在外面，它没有被遮盖。

伊灵：你只要认认真真用放大镜，总能找到的……比如说画一只酒杯，等它颜色干了又在旁边写一个"电"，再用颜色把这个"电"字和酒杯之间的空隙填满，像剪纸，石刻图章，两个符号彼此镶嵌就像你说的埃舍尔，把它们用不同的颜色分割掉，最后你就很难看出来这是一只杯子还是一个汉字……二十年来我一直这样画，人们觉得你的画怎么老不变，你能不能画点新的样式？我说我唯一的变就是，我可以在整幅画面中，突然出现了很大一块空白——上半部分不画了，你可以把它想象为天空，或者某张地图的外围，旁边就留白了。我以前完全是画满的，现在留白可能是我一个偷懒的办法，当然也是为了让别人轻松一点，一幅画画得一根针都插不进去，很多人透不过气来，那么复杂，有的人眼晕，尤其年纪大的人更烦，这个现实已经够烦了，看你的画还那么累，像读文言文，谁去看那个东西啊？但我还是更喜欢画满，非常过瘾，就像吸鸦片一样，我喜欢那种效果，喜欢走极端。

吴亮：作为偷懒的人，我提一个问题——普通观众不会像你本人那样熟悉自己的画，而且你刚才说你自己都会找不到你隐藏在画里的东西，可见要让我们看清每一个角落那几乎是不可能的。因为不可能看清，就需要画家本人给一点提示，比如给你使用的各种形象和符号分分类，引导我们看。

伊灵：以线条为主，物体轮廓，人体，嗯，人体的局部，一只手，这是讲图形，另外是抽象文字符号，除了一些中文，会用些数字，数学语言，少数民族语言，或者外文，任何一种外文……还有我以前记录下来的纳西族东巴文，汉字象形文字我也用，但用得少，因为很多画家都用，太多了，甲骨文大小篆什么的，我都很少用，我宁可自己去篡改一个汉字，像徐冰那样造字，多一撇，少一撇。

吴亮：你根不根据它的内容，还是随便拿来就用？其他民族其他地区的语言，你不管懂不懂，都直接搬到你的画里？

伊灵：我们在世界上能看懂的东西真不多，大家都这样，没有时间搞清楚，也就无所谓了，比如这个伊斯兰图形挺好看，对着它描上去就完了。不过那个藏文六字箴言，它的意思我是知道的，画那个佛教题材，我必须准确地把这个藏文六字箴言写进去。但最后这个字，一般藏族人可能也看不清楚，它多了一撇，这一笔是重叠的，中国汉字少一点多一横，它可能就变成另外一个字，很多人经常要读错字，一撇、一捺或者一横，被这个结构掩盖，只能看到它一半，我觉得这个比较有意思。

1994年我第一次去欧洲,远东艺术基金会邀请我去做展览,我以前没有条件画大画,所以一到欧洲我就提出我要画一幅大画。对方经济情况可能受到限制,说画大画这个材料挺贵什么的,但他们把我想画大画的这件事一直记在心上。有一次看到报纸新闻,说有一个马斯荷里荷特机场在进行招标,这个机场需要请艺术家画一幅巨大的壁画。他说我带你去机场去看看地理位置,然后量一量尺寸,欧洲人做事很细。他说你要做一个模型,做色彩稿子……我说不用,就用一张宣纸一支圆珠笔画草图,然后写我的构思,第一第二第三第四,题目就叫《天空如此美丽——鸟是飞机的妈妈》。

吴亮:有点儿童乐园的意思,呵呵。

伊灵:我说,我这个壁画远看是一架大飞机,走近看,里面有各种各样符号,除小孩的飞机,还有火车,轮船,汽车,自行车,星星,月亮,欧共体标志,等等,跟欧洲有关的文字,西班牙语荷兰语英语,语言很简单,天空你早,一路平安之类的,机场方面一听,说:"这个好啊!"拍案叫绝,事情就这么定下了,本来有三十六个欧洲艺术家争这个机场壁画,本来想选择荷兰的一个女画家来做的。后来一听我这个想法有意思,就说你来画你来画,画了一个多月他们又问要不要助手,那个脚梯很高啊,爬上爬下很累,我想多挣一点钱,我说我不需要助手,因为我是即兴创作,助手帮不了我。

吴亮:哈哈,为了一个人赚钱,草稿都不打。

伊灵：确实也用不了画稿子，嗯，有小草图。我收集了一堆资料就开始画，画了一个半月，各种颜色才涂了一遍，那个组织者就叫停，机场饭店和机场壁画的组织者说，very nice！ very good！ very beautiful！别再画了，再画下去担心我会把已经漂亮的画弄坏了。

吴亮：我觉得也是，你的画往往画到一半的时候是视觉效果最好的。

伊灵：我说我只画到一半啊，才铺了一个底色怎么就完了……后来他们就搞剪彩仪式，邀请了中国驻荷兰大使。

吴亮：最后你还是画了一半就停了。

伊灵：嗯，画了一半就停了，整个机场壁画看上去很漂亮。

吴亮：这壁画现在原地吗？

伊灵：这是1994年的事，十年以后我去法国，特地叫那个法国人开车带我去荷兰，去马斯荷里荷特机场，我要看看我的那幅机场壁画还在不在，颜色褪了没有，因为壁画是露天的嘛……去了一看，还在，画原封不动，那个机场也没有变化。我想起当时他们带我到颜料厂选择颜料，他们颜料商赞助壁画颜料，一百多种色谱，选好了他们当场做，这颜料闻不出味道，对人体没有任何损害。它还有一个易干的特点，露天画，三分钟就干了，另外还防雨防晒，直接画在墙上，感觉好极了……后来我墙上画满了还不够，还想把周围的门、过道，甚至想把马斯荷里荷特机场的所有建筑，所有空白地方都画满我的符号，他们赶紧说："别别别，别画了！"

吴亮：你这种把一幅画不断画下去的习惯是怎么形成的，你自己想过吗？

伊灵：这个很早就有。1993年你在我上海的家，和王秋人一起看到的我那些画，现在还在呢，过段时间看看颜色不对了，我会再去画一遍。原来是黄调子，后来就画成那个红调子，原来的痕迹还留着，新颜色旧颜色交替在一块儿，这就是敦煌壁画教给我的色彩效果，我一直忘不了敦煌……去敦煌，我第一次只看了一个洞，我都不敢再看，我一下被震住了。过了两年我再去，他们把门打开，我才明白它的色彩为什么那么震撼，一层一层，一层一层，经历几十代人的丰富，旧颜色风化新颜色不断补上去，交错，密密麻麻，黄颜色加那个绿，绿上面再覆盖黑，黑上面再加黄，露一点点底色，里面缝隙透出来四个颜色，你知道吧？这个颜色混合地去看就像印象派。还有，敦煌教给我的，一个很小的佛，弄成十万个，整整一面墙，让你一下子无法去看某个具体细节，你会想他为什么要这么做，数量，量变到质变，我的画也需要一个很单的东西，然后不断地重复重复，它就会产生一种力量。

吴亮：就需要时间？

伊灵：是，需要时间。有没有这种恒心和态度，有没有这种毅力坚持这么画，大部分艺术家会改变自己的方向，他们就不愿意这么去做。上海的丁乙我是非常欣赏的，他就一直坚持这么做，就在他这个看起来很简单的十字符号里面。我不喜欢那个完全是所谓后现代的东西,我不喜欢走那个极端。《蒙德里安在中国》的时候,我,丁乙还有刘野,1998年他们和戴汉志做北京、上海还有广东三地巡回展,当时戴汉志就认为我也是跟着蒙德里安走极端的,他说我走的是另外一个极端,就是"极多的极端",如果说,蒙德里安是"极简的极端"。

吴亮:一开始我看你用扁平的白线条画人啊,记号啊,会想起哈林。

伊灵:在"圆明园"的时候祈志龙就对我说,第一眼看我的画,他说,你很像哈林嘛,我说谁是哈林?我还不知道呢。1994年有一本哈林很小的画册,祈志龙拿给我看了以后我才知道哈林,空心的人啊电视机什么的,拿我和他比较起码有几点不一样,哈林都是美国的性和暴力,发光的东西,而且他快速作画,我是慢速作画。

吴亮:哈林是游击性的,他在地铁里乱涂。

伊灵:他是边画边跑啊,是风格啊,这种画法跟他对现代资本主义这种危机感和人的困惑有关。他最后死于艾滋病,好像很年轻就去世了,跟他这个画的主题很接近,他这个人就是他这个画。

吴亮:有个问题,你前面已经说了,我再拿出来说一说——有些画,在多少年以后你会重新再把它画一遍,把它覆盖掉甚至把它烧掉。前一种我们可以说,你把你的画看得很重要,所以还要重新去画它。但还有一些瞬间,你又觉得画并不重要,烧掉都无所谓。这两个极端,构成你的双重态度,画一方面就是你的世界,是你最看重的,同时呢,一幅画也就是一幅画,不过如此,就像一棵树,一片草地。假如你是园丁,你不断地修剪你的花园,假如说你是油漆匠,你不断地用油漆刷新你的房子,就像永乐宫,莫高窟,历代高人和无名的匠人不断在里面修补覆盖,一层一层地覆盖上去。你的作品中有多重含义,你把它看得很重要,又看得很无所谓,你把它看成一个空间,你布置它画满它,同时你又把它看成一个时间,以后你又返回来修改它,你不知道什么时候才算完成,你可以没有任何草图,可以随意地从这个符号画到那个符号,画的时候你没有草稿,虽然你有资料有依据,你总是强调即兴是最重要的。

伊灵:有的有依据,有的是即兴。

吴亮:你总是在两极当中摇摆,一方面你说这个世界归到最后就是一个"一"一个"○",但又可以用这么简单的短直线和短曲线来构成最复杂的世界。你把什么东西都塞在里面,于是你就获得了一种可能性,在非常有限的平面空间里面涂抹出一个非常丰富的世界。你是个很会享受的人,在饭桌上听你说假如今天有朋友来访你就不画画了,假如今天有酒喝你就不画画了,我不认为你是开玩笑,这很像你。我说假如你天天有酒喝天天有朋友来访,你伊灵岂不是就不再画画了?你回答说正因为你没有那么多朋友,所以你总是在画画……那么好,我最后一个问题,如果你必须待在家里，要待很长很长时间，现在只能让你画一幅画，你会不会真的不知厌倦地永远在画同一幅画呢？你说过了，你的每一幅画都可以永远画下去。

伊灵：是，我现在肯定考虑到时间不够，你只让我画一幅画，其实我一直在画一幅画。

吴亮：我就相信你会这么回答这个问题，那你所有的画就是一幅画。

漫长的瞬间

汤国　吴亮

（汤国，艺术家，现居南京。对话时间：2013年2月）

吴亮：我们的交往是从1990年，在上海图书馆开始的，我想你肯定不会忘记吧——你和徐累、刘鸣还有罗戟的一个展览，《纸的现实》，我和孙良一起来看你们。

汤国：嗯，是在刚刚搬走的上海美术馆，记得我们在楼上的露台面对人民公园喝茶聊天。参展的还有一位奥地利艺术家，一晃这么多年过去了，真快……其实早在八十年代我就读你的文章了，一直想认识你，给你的展览请柬是我亲手写的，你来了我们真的都非常高兴，那次李山也来了，右手包裹着不和我们握手，怪怪的。

吴亮：听你说，刘鸣这个展览结束后就去法国了，那个时期许多艺术家都去了国外，逃亡似的，南京也有不少吧，你有没有动过这个念头？

汤国：说实话，我还真动过出国的念头。刘鸣是第二年走的。

小夏、小凡他们都是八十年代走的，曾年是1989年6月底走的。唉，两个月后他的老父亲在香山老房子里去世，因为阿姨照顾不周，老先生感冒了……他们现在也经常回来，法国中国两边跑，也蛮好，我去巴黎也方便，可以有几个不错的地方落脚。

吴亮：我那个时候心情一直比较压抑，但是我迷上当代艺术恰恰是在这个时期，文学写作停了下来，看朋友们的艺术作品，又有点儿像七十年代私下里读禁书……对了，在你马台街老家，你拿出一本从意大利带回来的日本江户时期的春宫画给我看，至今还记忆犹新。

汤国：哦，很厚的一本，里面那些春宫版画的原作好像藏在大英博物馆，应该比较精品吧。那时候我还有自己复印装订的插图本《金瓶梅》、《肉蒲团》，没给你看过？

吴亮：我只记得有《肉蒲团》。

汤国：有一本借给了徐累，这小子到现在没还给我，哈哈，也无所谓啦。不过年轻人不看这东西就有点缺憾，当年我们借来换去的，就这样的书最勤奋，我是在这些书里才知道什么叫调情，不好意思，明白得很晚啊。

吴亮：彼此彼此大家一样，后来圈子里就传看荒木经惟了。

汤国：高罗佩收藏的那套明代春宫木刻水平非常高，其他东西好像都不怎么好。日本春宫在艺术史上是个高峰，尤其情绪表现，人物衣纹线条刻画，有情绪，有气势，不像我们这里的春宫，大都笨拙，呆滞，像教科书，就是新娘压箱底的嘛。

吴亮：其实我和你早就应该认识了，八十年代我在《钟山》发表过许多文学评论，来来往往，稿子都寄给徐兆淮，居然不知道你就在《钟山》做美编。

汤国：是啊，我刚刚说我早就认识了你嘛，当时都看你的评论文章。我们作协那儿有个老先生叫刘静生，可能你不认识他……

吴亮：认识啊，刘静生不是在《雨花》吗，我们还见过呢，我给他写过几篇文章的。

汤国：他后来在省作协理论组，又是我的邻居。老先生经常对我说，吴亮这个人不得了，有才华啊，今后一定会如何如何，不止一次听见老先生将你挂在嘴上，我跟着就更关注你了。当时各家杂志瞄准的都是国内的所谓先锋作家，实验性很强的作品，文学运动啊，"新写实"什么的。扎西达娃啊，徐晓鹤啊，马原啊，感觉好像文学的春天真的要来了。我记得你后来说过一句话，文学史是一座座先锋文学的墓碑，原话记不清了，好像是这个意思吧？

吴亮：我随口一说，反而被你记住了。

汤国：我们那时也都在争做现代艺术家嘛，杂志的视觉设计都定位在前卫性、实验性上面，组稿、版面设计都希望标新立异，《钟山》发行量还蛮不错的。记得1985年云南四川的毛旭辉、潘德海、张晓刚、侯文怡，还有谁记不清了，他们在南京做《新具象画展》，也不需要什么手续和审查，就这么把画挂出来，通知大家到时候一起来看，展览结束后我们在南京大三元酒家我请他们吃饭,把一冰桶啤酒用蓝边大碗喝得精光。

吴亮:那回我住你家,马台街,1992年、1993年的样子,午饭后下雨了,我们两个人枯坐在房间里很无聊,你叫了一个过路的算命瞎子给我算命?

汤国:记得记得,那天下午雨蛮大的,大家都没有出去玩的心情,两个人在喝一种日本的"玄米茶"。院子外面有叮咚叮咚摇铃声,我一听就知道是那个常来吆喝算命的,问你要不要请他进来,你说好啊,我就开门让他进来,瞎子坐下后你在一旁不说话,用张纸写了你的生辰八字要我念给他听,算命瞎子说,这位远方来的贵客是做文化工作的,当时我强忍住差点要笑喷,他继续说这个客人有脚走四方,有嘴吃四方,有钱大家花,哈哈哈!

吴亮:你信这个吗?对中国乡村里的传统习俗,禁忌什么的,以前叫迷信,你相信吗?

汤国:我不相信鬼神,不过我对这些东西里包含的文化很着迷。生命中无法解脱的苦难,无法改变的现实,人们只能用自己的方式和祖祖辈辈流传的方法来解释又有什么不好呢?生活里有民俗,灶王爷,降魔的符咒,阎罗殿的场景,鬼门关十八层地狱,善报恶报,剥皮抽筋下油锅,各种罪孽在地狱里的各种死法,传统故事版画装饰在家家户户,我相信他们在"迷信"的过程中一定有所禁忌和敬畏,苦难是可以缓解的。糕团面饼,模子造型都寄托了希望,一年四季时令节气的期待……唉,可惜今天只剩下最后一点点皮毛了。

吴亮：有一阵，你的画里面频繁出现飞翔的人，或者是梦境，或者是超现实的幽灵，在房子屋宇上方御风而行。

汤国：可能是羽化登仙的人吧，可能是自由飞翔在自己屋子里外的人，可能是围绕欣赏老祖屋的人，也可能是被拆迁逼出来的幽灵，我不知道。不过有一点是肯定的，这些画的确是在南京老城大拆迁的时候画的，被拆掉的都是一大片一大片漂亮的古老建筑。

吴亮：你哪一年搬到马台街的，以前住南京的哪儿？

汤国：应该是1985年。我搬到这里仅仅五六年时间，这个马台街就拓宽两次，街面反反复复开膛破肚，沟沟坎坎，大拆大建，尽管当时南京城似乎并没有发生根本性改变。民国年间的马台街是一条由南往北的城市主干道，站在湖南路口透过茂密的法国梧桐可以清晰看见紫金山。这之前我住在水佐岗，再之前我的家住鼓楼车站东巷八号，是民国时期留下的花园洋房，和高云岭、傅厚岗这一大片都是民国建筑，一直延伸到鼓楼食品大楼的鸡鸣酒家。今天已经是面目全非了。

吴亮：你对你更小时候看到的南京，还有记忆吗？

汤国：我三岁随父母来南京，就生活在鼓楼车站东巷八号。在印象中，那时候夜晚的天空，每天都是彻夜通红的。

吴亮：那就是1958年了，"大炼钢铁"。

汤国：是啊，到处都是炼钢的小高炉……白天，大人小孩四处敲击脸盆痰盂，赶麻雀一直赶，累到麻雀一群群掉到地上，我兴奋地满地抓麻雀啊。我从我家出了车站东巷就是中山北路,右手边有一个"哑巴厂",隔壁是个殡仪馆,大门里堆放着一摞摞的水泥棺材。每天看见一群群的哑巴打着手语发出"呜呜、哦哦"的声音进出工厂大门,殡仪馆三天两头可以看到披麻戴孝吹吹打打,死者家属躺在地上哭得死去活来的场面。

吴亮:"文化大革命"爆发那年,你应该还在读小学,你的家,你的父母有没有受到冲击?

汤国:这个永远不会忘记。"文化大革命"第二年我读小学五年级。自从《文汇报》头版刊登标题为《演剧九队是国民党反动派的别动队》的文章后,我的父亲就被打倒了,我家周围贴满了"打倒反革命分子汤杨"带红叉的大字报和标语。我不知道怎么面对,整天不想出门。有一天外婆在走廊里大叫:"要死啊!"我出房门一看,外婆刚下好的一锅面条被邻居孩子扔进了一大块煤,当时我是真的急了,抄起菜刀把这邻居孩子家的木门砍得只剩下了门框,这下闯了大祸了!可是想不到晚上等他的革命老子回来,他老子的脖子上也挂上了带红叉叉的牌子……那时我的母亲去了叫石山头的高校农场,之前她学校的红卫兵小将来我们家翻箱倒柜,把笔记本照片都收走了,父亲单位的造反派也来抄家,人心惶惶弄得我们一家根本无法生活!记得"文化大革命"当中南京最惨烈的一次武斗在我家水佐岗旁边的机电学校,真刀真枪啊!那座教学楼的楼梯是木头做的,学生们用桌椅板凳堵住楼梯道,另一派就放火从一层楼梯一直烧到第三层,屋顶浓烟滚滚,学生们都退缩在屋顶为躲避大火,最后无奈从楼上跳下来!满天飞舞的石块,追杀的,封路的,围堵的,救护车消防车呜呜呜叫了整整一天。

吴亮:我们共同认识的那些年龄差不多的画家,"文化大革命"当中开始画画,多与"文化大革命"政治宣传有一点联系。你画画又是怎么开始的,是否从小就喜欢画画?

汤国:我从小就喜欢画画,课堂上经常被老师没收的就是各种各样的涂抹。在中学画过写过无数的什么"无限忠于敬爱红心不怕死万寿无疆万岁万岁万万岁",什么"大海航行舵手太阳永不落金光闪烁天安门",还有什么"永远高举大旗就是好就是好就是好",像做梦一样。我当时画得最多的漫画,是一支蘸水钢笔从刘少奇的太阳穴刺穿过去,笔尖下用鲜艳的红色画一滴血,再在大鼻子上点几个红点……我后来下乡插队时在公社宣传队混过,参加过两届江浦县美术创作班,当时陈丹青也在我们这个学习班,公家提供画画材料,在县委食堂用饭菜票吃饭,不用下田干活,哈哈开心了好一阵子。白天画画,晚上我们没事干就在月光下跨水塘玩。当时陈丹青画了《给毛主席写信》,油画,我画了《晨曲》,是工笔画,这些作品都参加了当年在南京江苏省美术馆举办的"江苏省农民画展",那一年好像是1976年吧,"文化大革命"尾声了。

吴亮:在做知青的几年里你有没有读到或看到革命文艺以外的外国文艺——封资修,比方西洋画册啦,扑克牌啦,旧美术杂志啦?和我们差不多年纪的,当时我们好像都能通过不一样的渠道偷偷地看到一些。

汤国:是的,"文化大革命"中我偶然在邻居家"借"到一本繁体字版的《欧洲美术简史》,认识了梵·高、劳特累克、马蒂斯、籍里柯、米罗、达利,这本书伴随我经历了上山下乡。后来我报考南京艺术学院美术系,因为父亲的"历史问题"政审通不过没有被录取。

吴亮:九十年代初我一有空就往南京跑,住在你家印象最深刻的,数你做的老母鸡汤和红烧肉。

汤国:我大妈妈做的红烧肉是我的最爱,这也是我小时候热衷去上海的原因。大妈妈家里所有家具都是红木的,粉彩碗碟调羹,都落有"大清乾隆年制"的款识,现在想想,应该是民国仿的吧,泛黄的象牙筷子……每次吃饭前我都会认认真真摆放好沉重的凳子,规规矩矩地将这些碗筷提前摆得整整齐齐,为的是能讨得大人们的夸奖,能多吃两块红烧肉。我印象中的上海老公寓,老洋房里的水磨石,地板走廊,壁炉,钢琴,有锈斑的铸铁浴缸,好像亲戚们家家都这样,还有自来水里的那股浓烈的漂白粉味道。

吴亮:我十六岁进工厂做工人,很快就学会抽烟,喝浓茶,我们当时喝的都是非常廉价的茶叶碎末,碎末啊,一泡就很浓……我后来稍微比较讲究一点喝茶,还是九十年代初从你这儿开始的,包括案几茶具,当然主要还是茶叶啦,你可能不太记得了,我最早喝到的正山小种也是从你的马台街开始的。

汤国：我们开始抽烟的时间差不多，十六岁我上高中，"林彪事件"后，学校组织备战拉练，让我们背着很重的行李背包急行军，真疯狂！第一天我脚上全都起了血泡，随便你们怎么鼓励，我反正是死活不走了，无奈之下老师安排我在队伍最后的收容车队里，哈哈，在车上我第一次偷偷摸摸吸了同学给我的烟。下乡插队后那更是可以肆无忌惮地狠狠抽了。你刚刚说的正山小种，我想我们很幸运，九十年代那会儿我们还能喝到真正的正山小种，口感醇厚，浓烈，有一种特别的松枝烟熏味，白色方铁罐上印着咖啡色"正山小种"四个字，那以后我再也没有喝到过这么口感醇正的正山小种了。

吴亮：说说你父亲吧，特别是你们的父子关系，我曾经听你零零碎碎说过。

汤国：我是1996年去台湾后，才从我的台湾表叔那儿知道关于父亲和家庭过去的一些事情。父亲他十八岁就离开上海参加抗日演剧队，后来又加入共产党，对自己的家庭成分他一直填写的是"手工业者"，这当然跟表叔说的有很大的出入，尤其是关于我爷爷的一些事情，在这里就不谈了吧……"文化大革命"中，父亲被下放去了桥头镇"五七干校"，1969年、1970年这两年间，我随父亲在"五七干校"旁边的高资镇中学读书，每个星期天我必须去父亲那里取一小袋米和两角钱作为下一周的生活费。父亲"干校"总部设在一个民国建筑群里面，周围一座座别墅，树木花草的，环境非常优雅，主楼是三层带地下室的建筑，水磨石地面，房间都是木地板，钢门钢窗铜把手都是典型的 art deco 风格。操场边停放着几辆卡车和两辆履带式东方红牌拖拉机，还有一部苏制"嘎斯 69"吉普车。据说这里当年是国民党的特务训练基地。桥头镇是个典型的江南古镇，那时我经常去古建筑里的供销社、邮局，偷偷摸摸帮父亲周围的人寄信代买东西。附近还有个大型的蚕种场，建筑样貌都为了培育蚕种养殖而设计，跟一般建筑很不一样，很特别，但是那时我没有看到养蚕场景。父亲所在的"五七干校"是新盖的简易红砖平房，一排排的将桑田全部占用了。我后来发过一条微博，是七十年代我跟父亲的合影，这是父亲想方设法从"五七干校"请假回南京，他送我到中山码头分手前的留影，也是我们唯一的父子合影。1980 年，中组部有文下来，说父亲的历史问题弄清楚了，他被"解放"了，他是留守在"五七干校"到最后的一批人之一，一直到 1982 年他才回南京，父亲时年六十二岁，他办了离休。

吴亮：你是哪一年去乡下插队的？

汤国：1973 年我插队到江浦县向阳公社东方红大队幸福小队，这个地名好听吧！第一年大队书记在江堤内的池塘抽水抓鱼吃，他们每天都盛气凌人到处转悠"打秋风"，结果导致管涌，江堤倒塌。那天忽然远远听到有人喊：破围啦！破围啦！喊叫声铺天盖地，那天天已黄昏，我刚刚收工，在麻地里看见所有的人都拼命往家里跑，不过二十分钟左右，将近一米高的泥浪就咆哮着过来了，直冲房基下高起的垄。天黑后，水就进屋里了，周围全是"哗啦啦、哗啦啦"一排排房屋倒塌的声音，真是一个漫长的夜……第二天凌晨，水流平缓了一些。天蒙蒙亮了，一片汪洋之中到处漂浮着死猪死牛，草垛和草房顶上，狗、鸡、鸭、蛇、蛤蟆和各种昆虫们互不干扰地簇拥在一起，大大小小满载各种牲口动物的草屋顶，草垛，静静地从我眼前漂过。当时我只有自己救自己，我用化肥袋裹起我唯一值钱的财产——父亲送给我的礼物——一只带短波的半导体收音机，和几件衣服一起放进木盆加入了逃离的行列……途中我在一棵树上躲过一场近两小时的暴风雨，最终游到江堤上时，人已饥饿难耐精疲力尽。我要解释一下，小学四年级时我就通过了长距离游泳的测试，参加过纪念"毛主席畅游长江××周年"的活动，我水性很好……为了这次管涌，排涝大队几十台直径六十毫米的抽水机开足马力抽了一个多星期，水抽干后，我看到土坯草房都倒了，成了一片废墟，到处是动物尸体，发臭的死鱼。这次围区一共有三十二个生产队受灾，上万人家在地上支起了锅煮鱼当饭吃。第二年父亲开着那辆"嘎斯69"吉普车来我们新知青点看我，当时牛逼坏了，我们在江边花五块多钱买了两大蒲包螃蟹，我钻进那辆从未坐过的"嘎斯69"，回南京做短暂的休整。

吴亮：那次事故，你对洪水的亲身经历肯定对你刺激特别大，你后来作品中一直出现水的意象，是否与此有关？

汤国：刺激的确很大，但是我还是很喜欢水，一个人能经历这么大的洪水是很难得的事。人在站、睡、坐的时候身体都有部位和某样外界物体接触,有重力点支撑,只有在水里身体是漂浮悬空的状态,有太空里失重的感觉,婴儿在子宫里的感觉。水让人有如此多的感慨,它温柔平静,狂放暴躁,我享受这样的感觉,我可以漂浮在水面睡上一觉,也可以潜游他五十米。我的水性是从小练就的,在关键的时候能够驾驭它,欣赏它千变万化的情景,水的意象一直贯穿在我的作品中。

吴亮:当时在我印象中,南京的艺术家除了管策与黄峻几个,从材质和图式上看,受西方现代艺术影响的并不十分明显,甚至还比较坚持使用中国传统的语汇,当然你们对西方现代艺术其实非常注意,而且在艺术观念上也已经很受到影响,这是为什么呢?

汤国:嗯,这要说一大堆话了。可能是南京"传统文化"根深蒂固的原因吧,大家不可避免地会受到铁板一块的钳制,同时又不知不觉地从中吸取"营养"。在西方庞大的艺术信息随互联网拥进来时,我们根本没有足够的时间准备,我们本能地钻进以往经验的牛角尖里保持自我,所以我没有时间想入非非了。

吴亮:当时,你算不算是"新文人画"的一员?

汤国:我参加过他们两届展览,不知道算还是不算。这个我无所谓。

吴亮:七十年代末八十年代初,国外有好几个画展来中国,我想你一定不会错过。

汤国:怎么会错过呢,太难忘啦!为了看"法国农村风景画展"、"日本现代艺术展"和"美国印第安土著艺术展",分别三次骑自行车到上海。第一次在1978年,从南京出发,经镇江、常州、无锡、苏州到上海。第二次,南京、宜兴、湖州、杭州、嘉兴、上海。第三次,南京、扬州、泰州、南通、常熟、上海。

吴亮: 一个目的地,三条路线,三十多年过去还倒背如流,可见难忘……我想起来了,你曾说过你早几年常常爬紫金山,先骑自行车到紫金山脚下,然后花一个小时爬到紫金山天文台,俯瞰南京城。

汤国: 有过自行车旅行经历,以后就越发不可收拾。有段时间,我经常骑到紫金山顶,你不能想象山地车在山道里驰骋感受有多么的大。直到近些年,我还参与南京一些自行车俱乐部的活动。我们在皖南山区做过很多地区的骑车旅行,深山里的自然村落,过着"原始"生活的淳朴山民。1999年我在查济买下了一座元末明初的老建筑,我把这座一抖三升式,七架梁五开间的古建筑修复后,在那儿居住,期间有了足够时间把周边方圆近百公里的山道骑了个遍。

吴亮: 九十年代中期,我有次在南京博物馆看你的个展,你用了自己做的土纸,很厚实,草茎纤维毕露,你说这个纸很有韧劲,是你跑到安徽泾县做的。

汤国: 不是博物馆,在省美术馆,是《飞越故园》那个展览,那一次是用我自制纸张做的展览。我曾经热衷于对纸的研究,尤其是宣纸,我试图改变"宣纸"容易破的问题,也想同时解决颜色表现力的诸多其他问题。宣纸的源头在皖南宣城地区泾县小岭，我曾对纸料制作高人张根季老人做过深入的访问，我也是唯一采访过他的人，你看，有照为证，呵呵。当年他已八十高龄，崇山峻岭中，古老的青檀树下，清澈的溪流旁，沉重的老房子里，一百多道工序，自然备料，选料，蒸煮，晾晒，古老工艺，不加任何化学辅料，用古法慢慢地造出高级纸张的现场都已经不存在了，此"宣纸"非彼"宣纸"了。无论什么纸，毕竟只是纸，重要的是你用它来表达什么，这之后，罗森伯格在泾县做的巨大的"纸"，国人都没有看到，恐怕"玩纸"是没有后来人了，那都是二十世纪九十年代的绝唱了。

吴亮：然后因为做纸，你对泾县一带的徽派建筑产生了强烈兴趣。

汤国：是啊，我感觉如果在那个古建筑空间里，能用传统的方法做出自然的纸，该是一件多么有趣、多么高级的事情啊。山水，青檀树，大木构架，石雕砖雕木雕，榫卯结构，晾晒场，溪流石臼，青石板水槽，烘纸的泥墙，草木灰的清香，青砖小瓦，溪流在歌唱，大山植被都快乐起来，一派生机勃勃。

吴亮：我好像在1992年就在一篇写你的评论中，预言了你将会离开城市，居住到乡村去。

汤国：这个还真是被你预言中了……我喜欢在石桥、村落、祠堂之间，在古代遗存之间游历，我对修复利用古建筑有着特别浓厚的兴趣。长期以来我一直有个愿望能拥有一座明代建筑并在里面生活，这个愿望今天实现了。要建立这样的生活是一件不容易的事，要延续老房子里的优雅和精致生活和趣味那是更难，今天似乎越来越难了。我的第二个愿望就是参与一座高规格的皇家建筑的修复项目，居然也实现了——就是北京智珠寺建筑群，这个项目修复历时五年，去年获得联合国教科文组织亚太地区文化遗产保护优秀奖。我还有最后一个愿望，可以暂时保密吗……我不反对在这样的寺庙里穿戴考究地去享受一杯美酒，这和在意大利古庙里一边欣赏古罗马壁画一边享受美食一样。

吴亮：你的书房里画册比文字书更多，也更突出，这也是许多画家书房的共同特征，你们的画册多半购自国外，通常你会带一些什么样的画册回来呢？

汤国：什么都有：春宫、封塔纳、中国怪石、青铜器、陶瓷、园林、莫兰迪、杜尚、波依斯……其实这些东西大家都在看，我也是跟着看看罢了。有了互联网有了微博，有了facebook和网上博物馆，我们就可以看更新的东西，但我原有的阅读习惯不会因网络而改变，在花园里捧一本闲书翻翻还是不错的。

吴亮：你的书房里还有一些你二十多年来收集的陶器，你不愿意说你是在搞收藏，但是收集这些陶器不会是没有理由的，更不会没有故事吧？

汤国：这是一件非常有意思的真事，应该在三十多年前吧——那一年秦淮河河道清淤泥，朝天宫河段水被抽干了，露出了清代的石码头，工程挖了一个星期，一个完整的剖面地层里镶嵌的陶瓷碎片渐渐地展现在我面前,地层颜色界限区别明显,上下一层一层的,从各种陶瓷器皿碎片可以从上到下辨别出,清、明、元、宋、唐、六朝直到汉代的碎瓷片,一个真实的历史地层一目了然。当时我有幸亲历其中,并捡到了"大清雍正年制"的瓶底,"淳化"缺嘴的茶壶,完整的"兔毫盏",半截"抄手砚","鸡头壶"的嘴,青釉"莲花尊"残片,几天下来家里就集了一堆,通过这些古老器皿的造型再对照冯先铭《中国陶瓷》里面的文章,纹样、胎质、釉料、火候、温度,各个朝代的风格、趣味,这一课给自己上得太精彩了。生活一直没有给我什么好礼物,我抓住了这个机会,自己给自己一个最好的礼物。

吴亮:我记得你送过我一本书,现在不知道被我塞到哪里去了,书名我还记得,《水之道与德之端》,一个外国人写的。中国画离不开水,喝茶离不开水,做纸也离不开水……你的观念摄影题目就叫《水口》,谈谈你对"水"的看法怎样?

汤国:中国的江河文明是温文尔雅的文明,好像都这么讲。我拍摄的"水"恰恰是要表现那种缓慢坚韧的气质,其中还有隐隐约约、模棱两可的不确定性,有朦胧、凄凉、高远的意境。1989年我的摄影家朋友曾年去法国,行前将一只带"八妹"镜头的莱卡M3给了我,这促使我在摄影上花了更多精力。你说的那本关于水的书,水的哲学,止水清如鉴,水难领悟,水和万物、与品德、与性情、与自然、与无为等理论,这些都不是我要说的,我只是抓住细微水流的瞬间,或凝结成结晶状,或气势彭湃,茫茫虚幻，我将它们放大到两米以上的尺寸，在里面你可以尽情体会水的机理和变幻无穷的神奇，这是我当时对水作为我的精神支柱和想象源泉的一种寄托。但是今天，中国这个水在现实中已经垮塌了。

吴亮：接下来的一批摄影作品是你的《人境》，全是皖南农村被废弃的农具和日常器物，却没有一个人，人去楼空的"人境"。

汤国：做完《水口》以后我做了《人境》，有点记录和留念的意思吧，都是农耕世界的景观，都是活生生的，但又好像在消亡中，柴房、茅坑、井房、簸箕、箩筐、木勺、陶炉、土灶、菜园、田埂、火桶、水车、风机、锄头、链枷、中药房、榨油作坊、豆腐作坊、篾匠、箍桶匠、铁匠铺、石匠，后院的角落，破败的祠堂，崩塌的大梁，残雪覆盖的废墟，废弃的天井，古老的地砖，花坛野草，斑驳的山墙，苔藓，石礤，残破的水缸、瓦砾，一切陈旧的东西，神秘的空间，萧瑟的场景，褪色的灯笼……它们都在我的老屋周围，就如同落满灰尘的纸上景观，风一吹就都飘散了。

吴亮：停滞的瞬间，也是一个漫长的瞬间……你刚刚给我看的影像作品《墟》，很让我意外。一个形式上非常简洁、同时具有多重象征性的复杂作品，既触目惊心又空茫寥廓，这种无休无止轮回变形把时间拉长了，我的直觉告诉我，这是一个杰作。

汤国：真的吗，很高兴你这么说！《墟》就是源于我无法忘却的亲身经历的那场大水，我身边最亲密的家禽、蛇蝎、昆虫在末日来临的最后一刻，本能地显现出从容和超然。灾难对生命来说可能是一部不坏的书。《墟》里面的人声，"呜呜呜"，"哦哦哦"，像是怨恨又像是思慕，像是哭泣又像是倾诉，我故意留出换气的叹息，停顿的空白后好像有蛟龙翩翩起舞，独坐孤舟的人听落泪了，不知道有没有《前赤壁赋》里的意境……死活的轮回反反复复，无穷尽的挣扎贯穿其中，角力中找到最后那一叶小舟，最终也解体了，慢慢地消失了又重现了……这个影像作品的材料全部取自于自然的植物，枯枝和残叶的组合，用黑白摄影做成定格动画的方式来表达。片子配音是我自己的哼鸣，用"啸歌"的方法来抒发感叹，悲哀、飘逸、任诞、不满、反叛等复杂的感情。"啸歌"在魏晋时期很风行，直抒胸中豪气放声长啸，超越尘俗藐视权贵，有一种旁若无人的气度，我用最简单的没有旋律的长音，取树枝摩擦出水中船舵摇摆，船舱内隆隆的回响声。我的小舟"在天空中驾风遨游，不知船将停留何处；飘然恍惚呀，我们好像独立长空，遗弃尘世，飞天成仙了"，脱胎换骨，风吹散了火熄灭了，是那对"凤凰"涅槃的过程，我安排在靠后的部分，这是我刚刚出炉的新作品，你是第一个观众。

只要汉字存在，中国画就不会消失

萧海春　吴亮

（萧海春，山水画家，现居上海。对话时间：2010年11月）

吴亮：海春啊，我也不年轻了，有时候你的学生在，当他们面，我会跟着他们称呼你大师，平时我们自己见面，我还是愿意对你直呼其名。

萧海春：对对，应该叫名字。

吴亮：今天在路上耽搁了，上海空气污染很厉害，雾霾非常大，车子堵得一塌糊涂。我看着雾蒙蒙的窗外，想起你给你的画室题的这个斋名，"烟云堂"。记得你多年以前"抱雪斋"，这个斋名怎么不用了，什么时候改成烟云堂的？

萧海春：抱雪斋是我八十年代的一个朋友，乐心龙取的名，他后来遇车祸过世了。乐心龙是非常有天赋的书法家，他说你既然喜欢八大，干脆叫"抱雪斋"吧，八大的字就叫"雪个"，我说好。在这之前我的斋名还叫过"二石斋"，一个石涛，一个石溪，反正这三个人都跟和尚连在一起，这三位画家我都非常崇拜。

吴亮：你不愿意说山水，愿意说烟云，你取它一个虚无的意思，在你的山水周围经常看到云雾袅绕，不是三笔两笔的抽象，是非常结实的山。早期你画大西北苍茫的大山，这十多年来你画南边的山多，我还几次跟了你去黄山与雁荡山写生。后来你送了我两套书，一共有八本，石涛，董其昌，记得你特别向我推荐董其昌，说他把山分为三种，可观、可游和可居……

萧海春：从我的山水画来看，好像都是雄健的，比较厚实，像你说的那个烟云缥缈，其实真的很少，但是为什么我心里向往董其昌呢，因为一个人需要互补，生活很实在，我会经常一个人跑到家乐福，或者跑到久光，为小孩子们弄一点吃的。这个生活的每一分钟都非常实际，如果每天都是这样的话呢，一个人就会感觉无所适从，每一样东西都太实，就要出问题了。所以需要有一些虚的东西作为互补，"烟云堂"，是水的别名，董其昌说山水就是烟云供养。

吴亮：你向往自然，绝大部分时间却还是居住在一个水泥壳子里。你深居简出，你生活在书里，你的画室堆满了书，实际上你居住在书里。你经常送书给我，读书这件事，你也可以说书就是烟云，书房就是烟云供养，你打开任何一本书，它就可以把你带到另外一个世界。

萧海春：你这个比喻好，读书也是一件又是实，又是虚的事情……其实作为一个城市人，他既然居住在城市里，本来跟山水是浑身不搭界的。但是这个人呢就很奇怪，他住在现代化城市，这个摩登环境，他有的时候就会不喜欢，就想出去透透气，那么这个山水，就会吸引他，为什么有很多城市里的画家都画山水，就是一个人的自然本性。喜欢什么？喜欢自然。什么是自然？自然就是自然而然。我自己的本性呢，就是不大容易跟人家接触，不主动，这个性格比较适合待在家里画画。但是我也很留意，哪一拨人，或者哪一个人，有意思，我认为我可以跟他交流，我的朋友圈子基本上就停留在这几个人中间。

吴亮：我们是在二十世纪九十年代末相识的，有天中午你请了许多朋友在扬州饭店吃饭，我在你的邀请名单上，你说你刚刚戒了烟。不过我早在九十年代初就知道了你，孙良给了我厚厚一本你的画册，说你是玉雕大师，兴趣却在画画。

萧海春：孙良是我在玉雕厂的徒弟……他们几个都不安心工作，一门心思要搞现代艺术，哈哈！

吴亮：萧老师出身贫寒，兄弟姊妹众多，自小习画，悬梁刺股，与友人煮酒纵论八大、石涛、董其昌都是后话。在不断摸索寻找自己目标的时候，你可以说没有具体的导师，有缺憾，但也有好处，因为你很自由。我知道海春读书涉猎广泛，以前我没有机会问你，今天可以问了——哪些人影响了你，无论今人古人？

萧海春：我小时候的自学实际上是很本能的，这个事一句话很难说清楚。从源头上讲，我真正进入绘画这个世界，对我启发最大的是"小人书"，就是连环画。"文化大革命"之前的五六十年代，那个时候大家都穷嘛，不可能看到什么真正的好东西。

吴亮：这个我们都有记忆，街头看的小人书。

萧海春：就是。小人书教会我两样东西，一个是故事，我喜欢历史就从小人书开始的。因为性格关系，我很难一个人主动地跟人家去交流，通过那个小人书，我知道了许多历史故事和历史人物，还有那种复杂的人与人的关系……我对当代的事情似乎一点不关心，就对历史上的那些故事感兴趣，这是一。另外，它那个小人书是有画面的，我的绘画兴趣呢，实际上也是从小人书里面来的，我最早喜欢的是人物画，小人书不可能直接画山水，人物是最重要的。所以我那条路，跟很多穷人家的孩子后来能够绘画，是一个道理，当时就是这个条件。考美术学院曾经是我的梦想，自己一直是野路子，没有经过契斯恰科夫那个素描训练。我数学很糟糕，文化课又没有接受正宗的教育，没办法进中国美院，我那时候考过的，没考进。

但有一点我感到庆幸，就是我的直觉好，对好东西敏感，对经典敏感。我从事玉雕专业，好像不可能跟黄宾虹，跟石涛他们搭界，但是我心底里喜欢他们。那时候去福州路逛书店，老往那里跑……

吴亮：你讲的那时候，是什么年代？

萧海春："文化大革命"之前，六十年代我在工艺美校……一个往古籍书店跑，看那些古籍，还有一个美术书店，美术书店有画片，没钱就趴在橱窗上看。印象最深的两个人，一个石鲁，他的那种黄土高原，我本能地喜欢，酣畅，质朴，又很强烈，他的山水大写意，颜色和笔触，我特别能接受。还有一个黄宾虹，六十年代，理解这种东西不是靠理智，都凭情绪化。我喜欢厚，喜欢结实，这个或许是天性，当时没人教我应该怎么看画。毕竟我们工艺美校还是以表现传统技法为主，我们也接触到了古代绘画。给我印象最深的是王蒙，王蒙山水比较密。作为山水画，视觉的第一感觉，王蒙里面表现力很强，可以表现很丰富的内容。

我最初有过一个老师，王康乐，他留给我的印象最深的，是在他家里能够看到不少照片和画册，包括原作，有黄宾虹自己的，或由他临摹的王蒙、沈周等大家的摹本，给我开眼界。这老先生注重写生，他把黄宾虹的笔墨跟当代城市建筑结合起来了。我就这一位老师，说起学中国画，王康乐对我起步的影响比较深，他给我一个提示：中国画应该是这样入门的。后来一段时间我还是没有机会接触到当代的那些大画家，比方唐云、程十发，我当时觉得自己身份很低微，而且没有人帮我举荐我。

吴亮："文化大革命"之后呢？

萧海春：那当然多了起来，比如陆俨少……1980年在人民公园，我们搞了一个八人画展，在当时来讲，一个私人形式的、只有八个画家参加的群体展，应该说是很不容易了。那天陆俨少先生来了，当时我非常崇拜他，他说我的人物画好，当时我主要画人物，兼画山水，我的山水学的李可染，跟陆俨少两条路子。不过，我的人物画得比较缥缈，这跟我从事玉雕肯定有关，跟小人书那些故事人物也有关系。陆俨少当时跟我说："我很喜欢你的人物画，是不是可以跟你换一张？"大师要跟我换画，当然很荣光了，对吧，结果我们就交换了一张，1980年嘛。

我自称是他们的私淑弟子，没有正式拜过师，李可染对我影响也很大，陆俨少当然也算一位，还有傅抱石、潘天寿，我都接近过，都重点观摩过。但是促使我直接下决心学习传统，跟80年代初"四王研讨会"有关系。这个"四王"研讨会，是"文化大革命"以后第一次为"四王"恢复了名誉，"五四"时候陈独秀讲要"打倒四王"，"四王"就扫进了历史的垃圾堆。八十年代初能够搞四王画展那是很不容易的。我看了"四王"作品，特别王思敏、王原祁的画，很震撼。以前太任性，就知道我自己，草根嘛，比较自大，觉得自己的大写意很猖狂，也有人称道我，说我人物画不错，我蛮得意的……看了"四王"后才发觉我很本能，就是浅层次。如果要牵涉到文化层面，单单靠宣泄是不行的，草根大家弄弄白相相蛮开心，但是上不了台面。

吴亮：下决心，补文化课、历史课？

萧海春：这里有太多问题要解决，比如开始我喜欢王蒙，画得密，多画了，看画的时候自己觉得很累。董其昌的画启发了我，它离你很远，使你非常轻松，董其昌的画一个是静，一个是玩，董其昌的见解很高，他有五十年的书法功底……

吴亮：那就说说董其昌。

萧海春：董其昌之前，中国画在唐代是很辉煌的。一个用颜色，用现在的话讲，大多数体现在公共艺术，画在墙壁上，很大的寺院，宫殿，颜色艳丽浓厚。而当时真正作为卷轴画的呢，还是很私密，不是很普及。到了宋，宋实际上是文人执政，文人地位很高。据说苏东坡那些大画家有些有地位的人在推，水墨画文人画，本来在原有基础上是可以再向前发展的，就因为金打过来了，政权发生变化，北宋变成南宋，京城迁到南方来了，一个小地方，杭州，临安，格局没有了。杭州是水分比较多的地方，又是小朝廷，偏安，他们的境界就是一只角，北方干燥，北宋这种大山大水，在他们心目中已经很弱了。

到了元，科举中断，文人政治上没地位了，但是文人的心呢，仍旧要表现得心气很高。元代绘画，从特征来讲就是写意，写自己心中的丘壑。一改为写意后，原有的那些真实的、自然的东西就被大大削弱，文人画强调个人主观的部分，主观性就不断上去了。到了明代，商业发达的苏州园林跟北方那个太行山毕竟不一样，所以董其昌一来就肯定会发生变化，北宋以来的赵孟頫那个文化话语权，力推唐宋，元代确立了赵孟頫的地位。董其昌要把赵孟頫这个权威推翻，要构建他自己的一套话语，所以出现了所谓"南北宗"。美术史经过董其昌自己的梳理，跟以前的绘画标准都不一样了，董其昌讲绘画不是讲具体的画法，而是讲究一种韵味，那个图像他把它简化了，提倡文人随意挥洒，不要每一个细节都搞得那样深入。我认为董其昌解放了画画人的思想，可以轻松些了。另外董其昌本人对禅宗的体会相当深，他的画看上去一片银灰，很平淡，非常具有烟云的那种缥缈的气息。

到了清代呢，包括"四王"还有"四僧"，他们是继承了董其昌主张的两个方面，另一个就是把正统的东西再构建起来……董其昌是明末人，他死了没多久李自成打进北京，明朝覆亡了。董其昌生前跟王思敏的父亲私人关系很好，所以他的艺术主张就被继承下来，这些画家都入了宫，慢慢掌握了话语权，成为正统的画家。至于康熙呢，也希望通过对江南知识分子的安抚，扶持他们把汉族文化构建起来，以孔子思想作为先导，这样一来他们就成为正宗了。

明末另外两个高僧，石涛和八大，他们本是皇族后裔，优越生活小时候就没有了，逃到庙里躲起来。他们是龙种，智慧高得不得了，本来有可能做皇帝治国平天下，最后剩下的全是雕虫小技，就是弄弄书画，他们这两个人为什么成就高，跟他们的皇族血脉肯定是有关系的……前面讲到的赵孟頫、董其昌、王原祁、还有石涛、八大，他们对我影响都很深。

吴亮：海春，短短十几分钟你带我走过了将近一千年的时间，从宋到现在，做了一次漫游。你给我画出了三部历史，第一部描写你的个人经历，你成长的社会环境，以及你的家庭，从小人书开始，后来慢慢再不断补课。儿童时期是你的出发点，你的起步，小人书，一个人物，一个历史，你都有兴趣……很快你就进入另外两部历史，一部历史是我提出的问题，什么东西影响你？你开始讲中国绘画史对你的影响，但是你的过程也是倒过来的：先是石鲁、黄宾虹，然后是陆俨少、李可染，最后是迟到的"四王"。

第三部历史,你已经涉及中国一千多年来的文化与政治变迁,从唐宋一直到元,政权更替,异族统治,汉文化士大夫的地位跌落,才产生了文人画那种画内心所见,逃避现实,抒发情感,所谓"心中丘壑",诸如此类的东西,都因为士大夫社会阶层和政权的一个微妙关系。以前的读书人是要"治国平天下"的,现在他不可能了,只好把我的知识用于我自己的享用,仕途被封死的时候,或者寄人篱下当一个没有尊严的官,那么就算了,我们就玩玩吧,我们琴棋书画就放浪形骸就寄情于山色之间吧!

萧海春:对对,运气好,达则兼济天下,不好呢,穷则独善其身。

吴亮:你说了你是怎么成长起来的,我看到你的起点了,完全靠自学,历史环境大家差不多,个人的能动性就特别重要,你在玉雕厂做得很好,熬成了工艺美术大师,突然金盆洗手不做了。这是一个很重要的决断,完全像一次赌博,好比你把你的家产放弃了,扔了,不要了,另开一路,阳关道不走,走独木桥了。

萧海春:这个事呢,有时也有人议论,萧海春好像孤注一掷。确实像赌博,很多人劝,劝不回来了,我自己也不知道为什么,搞不清楚,不合情理……比方说,我1988年就是中国工艺美术大师了,才四十四岁,这个年龄在当时就是"娃娃大师",年纪最轻的一个嘛,真是前程似锦。他们都说你萧海春是当代玉雕泰斗,这个评价我也不知道怎么来的,晕乎乎的,好像我已经做到顶了,如果真的这样,这辈子余下的几十年怎么办?

吴亮：那就吃老本。

萧海春：吃老本不行……最重要的还是改革开放，服务对象没有了，原来我们厂的玉雕都是国家赠送外宾的礼品嘛，另外呢，"85新潮"把自己的心搞得很乱。我本来就喜欢画画，想搞出一点名堂来，就受那一拨"85新潮"的人影响，包括我的徒弟孙良，这家伙就是一只带头羊，后来认识李山又认识你。我认为你们这些人，都很有智慧，很敏锐，不像一般的画家，就是一个画画的工匠。当时李小山说中国画已经穷途末路了，对我刺激很大，我知道体制内的所谓那个美术起点非常低，就是实用主义，功利主义，把美术当作工具，从文化那个角度讲根本没有什么意义，"85新潮"我当时是非常赞成的，重新来，我很赞成搞现代的那些年轻人，他们敢想敢干，至于我是不是适合搞现代艺术，还是一个问题。

吴亮：你最后还是决定搞传统，你脑子向往现代，心里装的还是传统。但是作为现代人已经不住在山里了，你住在城市里，在这烟云堂里，你用中国水墨你能走多远就是一个问题。中国画一千多年，画到今天，今天的人还能做什么？或者就仅仅是向古人去致敬？古人太厉害了，就像今天的老中医，能超过《黄帝内经》时代吗？

萧海春：这个问题你问得很尖锐……我这样想，中国传统作为一个文化，它实际上就是一个陷阱，你不进去呢，你就不知道那个陷阱有多深，里面有多美妙。你如果进去了，还能够走出来，我认为这才是关键，中国山水画理论在六朝已经形成了，一是"悟道"，就是认识道，二是"畅神"，就是画了开心，就这两条。我认为这两条是不会过时的。规则定好了，所有的后来人就要考虑怎么来完善，由于起点已经形成了，所以要不断地观摩古人，不断看书，读万卷书，既要靠近古人又不使自己陷进去。一个"读万卷书"，一个"行万里路"，始终绕在一起。

吴亮：中国画的传统，一个"师造化"，一个"师法"，师法是根本，所以有师法"上中下"之说，这不就是临摹吗？

萧海春：很多人认为中国画靠临摹，画家靠临摹出身，这完全是误解。临摹不是被动的，中国的临摹不像西方写实，画得像真的一样，它的透视、光、明暗、转折面，三面五调，用什么方法把它画成三维空间，除了前面的物体还有一个背景，周围环境跟这个物体之间的关系，跟光线的关系跟颜色的关系，它们都是连在一起的。这个写生好像是科学，其实不是。西方人画对象的时候，他也有取舍，没有取舍他就画不出来，这个方法也是他们的前辈找出来的。

中国传统画家不一样，他一上来，老祖宗就给你规定了，山应该是这样画的，然后你自己怎么去完善。他的完善不是空想，很多画家到山里，住在里面，每天看，有时候身上带一个小袋子，蘸点笔墨作点记录。当然他们各自的记录是不可能一样的，就像一个记者的记录跟一个作家的记录不会是一模一样的，对吧。并不是说反正临摹，反正就是照抄，其实不是这样。当然照抄的也有，但照抄会成为一种反面例子，你去看大师，没有一位大师是相同的，八大跟石涛完全不一样，临摹传统，是学习这个文化脉息，它是一个根，根上面长出来一条枝，根可以滋养枝叶，这个东西就是你接上去的。

吴亮：你现在的状态就这个样子，你的画上接传统，和周围世界没有什么搭界。

萧海春：中国文化发展到最后，会不会变成世界的什么东西，都可以……但是我现在坐在这里跟世界有什么搭界？我认为确实没有什么搭界，我假使要时尚的话，也只跟某一种时尚产品发生联系，不等于跟全世界发生联系。我只要有一点点就够了，自己事情做好，世界上事情太多了。至于我个人，我构建自己的东西，一定要跟传统精神搭界，这个精神很抽象，没法说，你看到了几分就是几分，或深或浅，这是可以的。中国画它有规则，你尊重这个规则，你就能在这个规则里构建自己，讲到个人风格，我肯定跟李可染不一样，肯定跟赵孟頫也不一样。

吴亮：我两次跟你带学生去写生，一次黄山一次雁荡山，刚刚你讲了临摹的重要性，那么写生对中国画的重要性又在哪里呢？

萧海春：实际上，写生突出一个"写"，不是描。"生"呢，就是不断地变化，生就是"一生二，二生三"，不断延伸，如果没有这个写生，没有师造化，你对它的取舍归纳，你对经典图式的修正，就没有话语权。王蒙为什么敢于修正董源？他就是去"减"，不断地减，他要想象，也要"畅神"嘛！而且呢，最后归结到中国的文化,看上去好像原地不动,但是拿出来,唐宋元明清,拿出来都不一样。至于个人,一盆猪头肉半斤高粱,自己吃得很开心就可以了。

吴亮:你这是在讲日常生活。你和其他人没有什么区别,你去久光买神户牛排,去家乐福买可乐,还去季风书园去买书,这些我都知道,一日三餐,吃饭喝茶,这是当下日常……唯独绘画这个空间,虚无缥缈,和这个世界不搭界。有一句话怎么说的,"什么叫同时代人?就是从来不想跟上时代的人",我很喜欢这个说法,凡是紧跟时代的人,倒没有时代性,因为他们与时代没有不适应,没有摩擦,也没有距离。只有两种人,才是这个时代的同时代人,一种是比时代走得快的,一种是比时代走得慢的。

萧海春:我情愿走得比时代慢一点。

吴亮:我曾经讲过,我说你是一个屁股对着时代走向未来的人。

萧海春:你有两句话给我印象特别深,宁可要一只钟摆坏了的钟,也不要一只不准的钟,你只要坚持停在六点钟,或者十二点钟,就行了,这非常智慧。

吴亮:时间总归会回到我所在位置的嘛。

萧海春:另外一个,你说"只要汉字存在,中国画就不会消失",这话也是你跟我说的。我有时候想,我这个画到最后,到底要不要,能不能留得下来?一个人活在这个世界,名利,传世,中国文人很想传世,不然他为什么要出诗集,为什么要写文章,为什么要把画捐给博物馆?

吴亮：为了使自己不朽。

萧海春：这个是肯定的，如果没有这个动力的话……

吴亮：你也想让自己不朽吗？

萧海春：应该是的，但这只是想象而已，现在想，一出烟云堂就不想了，我提着塑料袋帮孩子们买牛排，买生鱼片，有时要步行过去。

我的梦想和憧憬具体而短暂

赵勤　吴亮

（赵勤，艺术家，现居南京。对话时间：2013年5月）

吴亮：好不容易安定了几年，你的工作室又要搬迁了，这些年艺术家总是被赶来赶去，南京、上海当然还有北京，以前是被警察赶，现在是被房东赶……

赵勤：哈哈，被警察赶的事儿没摊上过，让房东轰来轰去到处跑，那是真有好几回了。我2001年出来租工作室画画，从南京河西一间小区里的公寓房套间一直到城北幕府山下的废弃工厂，这十几年间换了三个地方。不过现在已经习惯了这种"大篷车"式的漂泊状态，我们就像吉普赛人，一直帮别人"踩点"、"焐炕"，我们总是在一个安全僻静的地方先去忙乎，等时机一到，就来了一些有钱有势的人，人家不由分说把我们都轰走了事。

吴亮：真是可惜，幕府山依然历历在目，你曾经画了许多幕府山的风景写生，好像预感到你要立刻离开这个地方……哎对了，我一直记得你在你工作室铁门上用油漆涂写了"嚣窖"两个刺目的红色大字,你能告诉我这是什么意思吗?

赵勤:说心里话,从小到大我一直都是个悲催的人,从来都不愿相信会有那种永远不可改变的事情,天上掉下过馅饼来吗?反正我没碰到过。开始选择幕府山下的这个地方,也是因为自己小时候有在工厂生活的经历。2006年10月,我第一次来到这个已经废弃的汽车厂,眼前的景色就让我一下想起了许多七八十年代的往事……当时也没多考虑,我一下子就很冲动地把工作室定在了这里。现在想想,这也很符合我的行事习惯和我的白羊座那个星座的特点。

说起你看到的厂区写生,也是当初为了能适应幕府山的环境,才想起来用的招数。结果在后来就有点收不住了,我在那些年拢共画了一百多张写生,除了在幕府山园区,我还跑到苏北、江西和四川地震灾区画了不少。你看到的这些画产生的悲观感觉,我想一定和作品里所呈现出的气氛有关系,不是那么积极向上,有点挽歌的味道。我们刚去的时候,幕府山下的这个厂子也的确是我画里的样子,停产了许多年,成了野猫野狗和流浪汉的乐园。这边儿的一切都是那么冷清、陈旧和萧条破败,到处都是比人还高的荒草和废弃的管线机器,空气里一股黏稠的机油味儿。

对了,你说的那两个喷在大铁门上的字,是我刚去时给工作室瞎起的名字。从上大学起到现在,我一直都喜欢大音量的重金属摇滚乐,许多东西都会让我产生对声音的联想。再加上工作室周围那种已经败落却仍然浓厚的工厂气氛,它强烈有力却又沉默过时。我在一场热闹的饭局上一下就想到了"嚣窘"二字。哦!这很像一个摇滚乐队的名字!喧嚣、寂寞、激进、退缩、热闹、荒凉、灿烂、灰暗、阳刚、阴柔、彰显、躲藏……我想,看上去矛盾的"嚣窘"特别符合我对那时幕府山下这个地方的感觉。

吴亮:你们这帮南京艺术学院出来的,许多人是不是都有一种抑制不了的表演欲望?模仿秀、异装表演、说段子,据说是八十年代以来的南艺传统?

赵勤:这样的笑闹、胡说、恶作剧、找乐子,我也弄不清是哪个时候传下来的传统了,也许会是刘海粟老爷子留下的。呵呵。他当年敢用女人裸体来做模特儿就真够调皮操蛋的了。我只记得,在八十年代我读书的时候,校园里的这种气氛就已经很浓烈了。模仿伟人、领导、老师以及同学的举止和说话腔调,演话剧、小品、舞蹈,等等。有一回,四个满胸护心毛的学长穿着白裙子跳起了芭蕾舞"四小天鹅";还有一回,一条凶猛的大狼狗被演鬼子队长的哥们儿直接牵上了舞台冲着我们狂吠不止。"男扮女装时装大赛"则肯定是每年晚会上重量级的压轴节目,看着那些打扮得花枝招展的哥们儿在台上发嗲卖骚,我们把胃都笑疼了。

那个年代在我们学校里,好像也只有我们美术系的学生最能疯,这可能和"85新潮"还真有点关系,那时学美术的人心气的确要比别人高一些。还有,平时窝在校园里不自找些乐子也确实难挨贫乏又漫长的时光,不像现在的孩子,手机、网络、游戏……更别说物质极大丰富、五光十色的校外生活了。所以那个时候的校园文化真和现在很不一样，九十年代中期后，教育市场化，疯狂扩招，各种开放的诱惑……这样的东西就自然消失了。

恶搞戏说的状况，的确流行于那时候的南艺校园，拿传统、经典、规则开玩笑，让大家时常笑弯了腰。我突然想到，这肯定还与南京这个地方的那种市民生活氛围有关系。南京话里用低俗的"脏话"作为串联词的字眼非常多，可人们说得极为自然上口，"甩"、"烦不了"、"多大事啊"这些看破红尘似的口头语也是市民们的内心写照。过去的繁盛之地、十朝之都，现在的从属地位和边缘角色，人们真是见惯了兴衰荣辱。在那样的社会和学校气氛里，我很容易地就沾染上了调皮、恶作剧、胡说八道的习气，也很快就摆脱掉了自己身上的脆弱、孤僻、紧张。到了三年级，我和同学搞了一个演唱组合，我已经可以在舞台上肆无忌惮地翻跟头和戏弄观众了。

吴亮：你南艺毕业后的第一份工作？我怎么感觉你似乎从来没有一个体制里的正经工作？

赵勤：我在单位里工作过啊！毕业后分配去了一家区级集体所有制的小装修公司，不过我只在那里待了一年半，就自行下岗了。我们89届的毕业生分配特别困难，尤其像我这样没啥背景的外地学生更是绝望。我蹬着辆破自行车在一年里跑了大概有四十家单位。找工作那段时间经常让我崩溃抓狂，现在想想也还觉得那段时间自己是个非常悲切可怜的人。

大学时把心气养得挺高，画了许多画，参加了不少好展览，觉得自己先锋前卫，怀着一身壮志。可到了社会上才发现根本就不是那么一回事儿，大街上没人会搭理你这个无钱无势的穷小子。所以那时候心里冲突和矛盾就特别大，脸上也全写着怀疑和沮丧。后来，我随单位去青海干工程，在那里因为一点小事和带队领导起了冲突，我还向人家挥出了老拳，一脸要拼命的样子，我知道那纯属发泄长久积在心里的郁闷。事后我寻思，是到了离开这家公司的时候了。1991年春天，我辞了职，自行下岗。唉！用后来我女儿的话说："我爸爸早就退休了。"哈哈。

那以后我又经历了许多工作，不停辞职成了家常便饭，弄得像习惯性流产似的。我真的不清楚如何能在一个体制里好好地混下来，确实没那个经验。直到今天，我与人相处都只能是那种简单而随性的样子。

吴亮：2000年，你们的"散雄"乐队（好像也叫"胡乱发声"乐队）在顶层画廊演出，电吉他，金属鼓，声嘶力竭地嚎叫，你们全剃了光头，后脑梳小辫，两腮嫣红表情夸张，这是一次震耳欲聋的非商业演出，一次对摇滚、红色经典和流行歌曲的破坏性滑稽模仿……说说你和高波、徐弘与刘健的故事如何？

赵勤：哈哈，想起那次在顶层的瞎操蛋演出就开心！我和几个艺术家朋友弄的这个乐队叫"散雄"（拉倒、歇菜的意思，徐州方言），因为我们只会拿着乐器瞎搞，只能胡乱发声。本来也没有想着去对音乐、经典的刻意破坏，手头就那么点活儿，就只能这么干了！我和徐弘把鼓敲得震天响，刘健的吉他永远只弹那几个音，高波感兴趣的不是打贝斯唱歌，而是翻跟头、大劈叉和穿裙子。想想真是好玩儿。那时我们经常与正规的摇滚乐队同台演出，最后能让底下哗然喜欢的往往是我们乱搞的"散雄"，把流行歌曲、经典诗词、故事会、黄段子、易装、话剧、小品串在一起，像杂烩一样炖成一锅，自顾自地在台上放纵表演。

"散雄"的成员徐弘、高波与刘健都是南艺美术系前后几届的校友，彼此性情玩得来，那阵子我们几个就自然成了无话不说的朋友。组在一块儿弄了不少绘画、动画、摄影，参加了一些展览，这个组合的第一个展览就是你在顶层策划的"TOP POP"展。除了"散雄"乐队，我们还开发出了几台话剧，有正规的灯光音响，服化道俱全，那些戏还弄得真挺像样呢！我挺怀念那个时期的，大家都是那么的年轻张扬和放松坦然。别人我不清楚，它至少激发出了我身上的许多能量和想象力，来面对总是让我们难堪无奈的现实生活。

吴亮：最初我看到你的作品都是一些形象滑稽的涂鸦，带有一种胡闹和调侃的意思，或者涂改照片，连你家里的墙上，甚至厕所里都涂满了这样一些没正经的图像……后来在你的客厅的一个不太显眼的位置，我意外地发现一幅你为边霞画的肖像，画得非常写实，我能看出那是八十年代，你们正在恋爱吧？我想知道你在后来为什么要放弃你已经达到的写实造型能力，转向胡涂乱抹？

答：噢！那张我老婆的肖像画，是1992年画的，那段时间我比较空闲，画给她的礼物。在此之前，我有许多年都没像这样画过画。你说的那种写实造型能力，实际上在上高中的时候我就基本达到了。那时我生活在苏北城市，除了为考艺术学院做的那些考前练习，关于外面世界和艺术潮流的认识基本上都还是一张白纸。为了能考上大学，摆脱自己在中学里的窘境，我发疯地画那些苏式的素描人物、石膏像和油画肖像、水粉静物。

可一进南艺，我之前所有对艺术所形成的认识就立刻全被打破了。我是1985年9月上的大学，就正好赶上了10月的"85'江苏青年艺术周"和之后那个热闹非凡的时代。它们都让我这个憋闷了十几年的人一下子就找到了宣泄口。我记得好像是1985年11月，在去北京中国美术馆看了劳申伯格的展览后，我立即抛弃了以前那些对艺术的看法和做法，和激进的同学们一道在画室里"革命"了起来。我们除了眼瞅着西方的艺术史和潮流，也开始嚷嚷起了自己的表达自由和独特个性。到了三年级的时候，就已经能找到一些自己的感觉了，你在我家里看到的满墙胡涂乱抹的根源就是来自那个时期。直到现在，我都不乐意研习人们公认的那些经典，我已经好久不买艺术家的画册，也不喜欢讨论美术史上那些强人们的技艺和逸事。我喜欢远离那些传说和强制性的规则告诫，在自己的胡涂乱抹中找到乐趣和自由。

吴亮：在你八十年代的学生习作与此后的九十年代早期作品中，能看到乔托、提香、毕加索、达达拼贴、彭克甚至哈林涂鸦的图式和意味，后来你放弃了，因为这与你观察到的活生生现实完全是两个世界，后来你的绘画多半具有喜剧风格的故事情境，与时俱进，但所有重大新闻只要进入你的画面，原有题材的庄重意义一定会遭到玩笑式的扭曲，你是有意的吗？

赵勤：你的看法很准！在"85新潮"，你说的这些大师总是绕不过去的大山。从1985年一直到九十年代中期，我的画多少都有点自得其乐的感觉。我顽固地徘徊在自己营造的小世界里，因为只有在那里才能找得到满足和愉悦。可能我这个说法还不算准确，我仔细想一下自己，也许从小我就是这么个德行，我总是在用画里天马行空般的快乐来逃避和抵御外界的纷扰打搅。乔托避世的宗教感和毕加索、巴塞利兹、哈林的自由形式的确让我喜欢。

随着1994年女儿的出生，我也慢慢结束了一个摇滚乐手"波西米亚"式的生活。这之前，1990年到1996年我是"爱国者乐队"的主唱歌手兼节奏吉他，还兼作曲和编曲。为了维持生计我开始与外界打上了交道，从给别人打工到与朋友合作开公司，算是接触上了三教九流的人和正在快速变化中的中国社会。

许多现实遭遇开始不自觉地进入到了我此时的作品中，我也更加主动地观察起这个既熟悉又陌生的世界来。这一看就一发不可收了，悲情连带着嬉笑混杂而来，它们充满戏剧色彩，一下就把我带入到了一个比之前更加广阔的表达领域，我发现了自己过去的苍白、自恋和小农情结。我离开了象牙塔，告别了那种对世间痛苦的简单想象和猜测。当然现实不尽都是残酷的，它同时还为我们提供了欢娱的力量。而当用这种力量来对付丑陋不堪的人和事时，我找到了像小时候那些偷偷写在墙上的"某某是个王八蛋"一样的既过瘾又能会心一笑的乐趣。

吴亮：所以我曾在一篇评论里说，赵勤版的中国九十年代"人间喜剧"为我们所呈现的低俗奇观，笑，不仅颠覆了官方阐释也颠覆了知识分子阐释。

赵勤：我可上不了这个高度啊。哈哈！主流阐释根本用不着我去颠覆，那里面有太多众所周知的谎言废话，它们早被人们在茶余饭后和各种小道消息中消费掉了。而知识分子们有着太多关于这个世界的系统而精妙的阐释叙述，我也不想去冒犯人家苦思冥想出来的杰出成果。我只不过是用了一点点本能的喜剧感来说了说那些生活中的低俗奇观和骗局谎言，它们波澜壮阔如汪洋大海，又岂是我们能颠覆得了的？你为我和刘健的作品集《勇往直前》所写的那篇《猪圈文化和红色幽默》的确点出了我们作品里的实质——虽然无奈，但我们不能不知道自己生活在一个怎样的"动物庄园"里。艺术家朱新建说我们的作品是"起哄"，他说的也很好，是的！在刻意而又夸张的哄闹中，那个唯利是图、暴发庸俗、浮华喧闹的现实生活图景还是清晰了起来。

吴亮：相当长的一个时期，你乐此不疲地画一种卡通连环画风格的油画，红红绿绿，小眼睛娃娃兵，玩具枪炮，屏幕里的战争游戏，惊恐或呆滞的面孔，怪胎一般膨胀的中国城市，卡拉OK、展览厅、饭馆、跳舞场、会议室、医院、游泳池、麦当劳……除了九十年代以来的卡通文化对你的影响，这与你的童年记忆有关吗？比如玩具、图画书上的兵器，显然，你对各种各样兵器情有独钟。

赵勤：从2002年底我把工作室搬到江东村后，我的油画、雕塑、丝网版画等作品里的主角就是你说的那个小眼睛士兵和一位粉艳的姑娘了。我自己给他们起名叫"绿豆眼兵哥哥"和"红艳艳俏妹妹"，真是极其可耻的俗不可耐啊。哈哈！这个以他们为主角的系列创作一直持续到2007年我把工作室迁到幕府山后，才算是告一段落。

我觉得这样的作品可能有这么几个来源：一是1998年后与刘健合作的那些摄影涂改，二是我曾经在一家港资卡通公司工作的经历，三就是"9·11"和后来那场美国对伊拉克的战争。摄影涂改里花哨的颜色和简单的绘制技术，和卡通公司工作中的商业化、游戏化意识的训练，再加上那场美伊战争残酷与荒谬并存的信息，都促成我摆弄出了一个十分滑稽的战争场景。美军精确制导的定点轰炸充满了电子游戏感，萨达姆雕像被拉倒的那天，我看到的不是美国人的胜利和旧秩序的坍塌，而是屏幕上打出的"GAME OVER"。

惨烈的战争离我们很遥远，现实里的无奈恐惧却时刻横在眼前。那段时间，我在江东村新画室里忙乎，"非典"正在全国迅速蔓延着，就连江东村的路口都有戴着红袖章的人日夜值守。"非典"似乎比战争还要来得真切和恐怖，街面上冷冷清清，再也见不到欢宴和喧哗。口罩、消毒水、板蓝根、发热门诊、警笛、抢救、白衣天使、小汤山……真是到了草木皆兵、人人自危的程度。那个春天我过得特别超现实，一方面兴奋于新工作室敞亮安静的环境，一方面牵挂着那些纷乱暴力的消息，"兵哥哥"和"俏妹妹"便不期然而至了，他们俩上天入地，他们俩灯红酒绿，他们俩爱恨情仇，他们俩生离死别……他们和我们一起共同生活在这个既真实可辨又虚幻漂浮的世界上。

另外，你的问题也提醒了我，这样的作品形象也的确和我小时候的记忆有关系。从五十年代到七十年代，全民皆兵、"深挖洞，广积粮"、"备战、备荒、为人民"、"锻炼身体，保卫祖国"、核战教育、学军拉练、抗美援朝、珍宝岛、中越自卫反击战、《地雷战》、《地道战》、《南征北战》、黄继光、邱少云、李向阳、杨子荣、AK47步枪、59式坦克、米格歼击机、父亲的军功章、德国鬼子的制服、越南游击队的竹签陷阱……噢！我们生活在一个半军事化的国家里，我小时候就喜欢画枪画炮画军服，从那里面也确实体会到了一种男性所特有的力量和荣耀。我还模仿军队指挥官的样子组织过与对面院子里小孩儿的"战役"，我们动用了竹竿、棍棒、弹弓枪和弓箭等武器，还使出了埋伏、迂回、包围等战术，与"敌人"们杀了个天昏地暗。几乎每次都有人受伤，我自己的头上、后背、胳膊腿也是经常挂彩。想想，我们这代人还真够野的！顺便透露一把，照一个算命的说法，我其实有点生不逢时，如果把我放在打仗的年代，说不定还真就是个将军了哈哈！

吴亮：你出生在"文化大革命"刚开始不久的1967年，你对

"文化大革命"有没有留下什么难忘的记忆,毕竟你那时年纪还很小,毛泽东去世时你才九岁。

赵勤:噢!记忆太深刻了! 1970年,我父母亲被关在各自工厂的"政治学习班"里强制劳动,当时三岁的我和刚出生的弟弟就跟着母亲也进了"学习班",没有自由地在厂里待了差不多一年的样子。后来,在厂里有一次与我父亲偶遇,我却已经不认识他了。在那期间,弟弟因营养匮乏和无人照料而导致骨骼软化变形(长大后才慢慢康复),我也因为陪父亲挨批斗和常遭别人冷眼而变得孤僻敏感和寡言少语。所以我的记忆可能比其他人要早一些,而且这样的幼时经历会影响自己一辈子。

大多数人的童年记忆里,幸福的往事总还是挺多的,我却不怎么能乐呵起来。小时候我在人多的地方就会感到紧张恐惧,还会莫名其妙地大哭。童年的照片上几乎没有一张是带笑脸的,总是一副苦大仇深的模样。别的小孩儿也不太愿意跟我这个木讷无趣的人一块儿玩,所以我也只能独自一人躲在家里涂涂画画,在那里面找到快乐和自在。我这样孤僻自闭的性格一直到十八岁上大学后才得以改变,在此之前我都是一个内向沉默的孩子,只有玩起打仗来才会充满激情和投入其中。在中小学的校园里,我除了会画画能得到点自尊外,其他方面的表现真是一无是处,绝对是老师不喜欢不待见的那类学生。

三岁看到老,直到现在我身上还是隐含了小时候性格中的基本内容——悲观、警惕、敏感、自我、逃避……我仍然不喜欢咋咋乎乎的人和热闹辉煌的场合，与人交往虽说不上有障碍也谈不上有多主动热情。小时候的照片就是一副老气横秋的样子，很少意气风发。

1976年9月毛泽东去世，我刚好上小学三年级，我的印象太深刻了！三个大人物的逝去加上"四五"天安门事件、唐山大地震和粉碎"四人帮"，真可以说是惊天动地了！白花、黑纱、降半旗、哀乐、追悼会、"反动"诗歌、防震棚、欢庆游行、扭秧歌、祝酒歌……那么多复杂颠倒的信息包围着我，搞得我好像整天都是晕头晕脑的。

吴亮：2007年春天你回了一趟出生地徐州，你在废弃的化工厂画风景，铅灰色的天，厂房、废墟、烟囱，还有夕阳，你说你突然被击中了……返回幕府山工作室你像发了疯一样画画，事后你回忆说，不知道那时候哪来的劲头，在工作室巨大的墙壁上出现了新作品系列《我有一个梦想》，那个变化究竟是怎么回事？

赵勤：我的确被那个场景击中了！在那之前，我已经有将近二十年没再进过那座老工厂。2007年冬天，我回徐州帮家人办事，完了后便鬼使神差地跑到位于北郊的已经废弃的原徐州化工厂，冒着零下四度的低温画了几张油画写生。站在维持了原貌的老礼堂、厂医院、实验室、食堂、澡堂、车间、办公大楼面前，这些我曾经无比熟悉的建筑勾出了我太多的回忆。而这里曾经的欢声笑语和热火朝天现在却变成了一片残垣断壁和萧条肃杀，在北风中静默飘摇。后来才知道，就在我那次画画的两个月后，化工厂被拆迁一空夷为平地！这个消息其实更让我吃惊，它给了我某种强烈的宿命的暗示，竟发现我在转了一大圈后似乎又重新回到了原点，自己并没有摆脱它的掌控，其实一直就生活在那些场景的投影里。如果把这种感觉比喻成"宗教"的话，那么我的祷告和自律从未间断过，那些厂房车间就是我的"教堂"。

回到南京后，因为徐州工厂之行，我明白了自己的落脚之处，也就很快适应了在幕府山下新工作室里的环境，开始画上了大尺幅的画。就像你看到的那样，那阵子，我的工作量和投入都比以前大了许多。在江东村那边顺风顺水轻描淡写的作品感觉，不再能适应幕府山工作室的那种厚重沧桑的环境。《我有一个梦想》是那个阶段系列作品的一个总名字。在那些大尺寸的画里，月球、长江大桥、黄山、苏式纪念建筑、自由女神、战舰、59式坦克……统统被我刻意地搭配在了绚烂的花海、寂静的公园、荒僻的沙漠、颓败的池塘、干枯的河床以及迷雾般的工业废墟中，它们都呈现出了一片与我在徐州写生时同样的荒败气氛。《我有一个梦想》里画的全是我曾经爱好的主题和梦想触碰的物件，只是这个梦并不美好灿烂，它满是沧桑的锈迹和无声的寂寥，并有随时坍塌和毁灭的危险。

吴亮：如果不介意，说说你的父亲母亲吧！

赵勤：不介意的。我父母都是四川人，父亲部队复员进了化工企业，他落在徐州后把还在老家当教师的母亲给接了过来。父亲因为出身不好，在"文化大革命"中吃了不少苦，天天挨斗，工资扣发,还给戴了顶"历史反革命"的帽子。身为教师后代的母亲也没能躲过去,她被荒唐地打上了"刘文彩孙女"的名头接受批判和监督劳动,后来我才知道,全国许多地方都有同样的事例。我母亲唯一与那位新中国成立前四川大邑县的著名地主能扯上关系的就是她也是四川人,并且也姓刘。

父亲中学毕业后就参加了解放军,接着就随部队赴朝参战。他有着极好的理工科天赋,我对父亲的记忆里总是有许多他伏案绘制工程图的场景。作为厂里的总工程师和技术权威,他往往都是冲在一线,经常受不同程度的工伤。我母亲家族中几乎都是教师。她天生有一副好嗓子,直到现在,她仍然活跃在我们社区的各种文艺活动中,是那帮老年人的领袖和著名"歌星"。

我的父亲2007年患肺癌去世了,他的得病和离世促使我做出了许多改变。我切身体会到了生命的无常与传承。我没能从父亲身上遗传到他的谨慎和务实,也没从母亲那里学会她的认真和严格,但他们身上的那些淳朴、善良、热情等特质还是在我身上有所体现。

吴亮:祖籍四川,出生在徐州,南京适合你吗?你扎根南京快三十年了。

赵勤:真是的,一晃我在南京待了快有三十年了。四川虽然我常回去,但那里对于我来说肯定还是陌生的。我在徐州生活了十八年,它包括了我整个的幼儿和少年时期,对我的影响肯定是巨大的。除去我上面说的那些关于工厂对自己的影响,那个苏北城市里的气氛和其他地方也是很不一样的。因是历史上的"兵家必争之地"和四省通衢，那里的民风既大气直爽、彪悍泼辣又世故圆滑、周全细密。刘邦的老家嘛！

1984年，我因考南艺的专业复试而第一次来到了南京。出了火车站就是玄武湖，城里遍植高大密实的梧桐树，我第一眼就喜欢上了这里。1985年来南京读书后一直到现在，我几乎都是在这里生活。作为这个城市的移民，我觉得南京挺适合我的。另外，我的经验还有，可能南京会让众多的外来人都觉得适合，这个在历史上命运多舛的地方，本就是个移民众多的城市，的确"曾经沧海难为水"，市民们多少都有点看破红尘的味道，这里不排外，兼容性非常强。

吴亮：不说你的那个大作品，就说说你自己，你真的有一个梦想吗，能否坦率地告诉我，你的梦想是什么？

赵勤：噢，这个问题算是问倒我了！容我好好想想……可能是我前些年那个系列作品的名字让你想到这个问题的吧。小时候对未来的确有梦想和憧憬，但那仅仅限于一些具体而短暂的目标，比如小学能考上好中学，中学能考上好高中，高中毕业能考上南艺，等等，这些小美梦后来都得以实现了。长大了以后，我真的就更没什么远大的梦想和憧憬了。经历了1976年之前革命的毛时代，1979年"拨乱反正"后的经济狂飙和二十一世纪后剧烈的社会转型……面对这些翻天覆地的变化，像我这样既无体制保障，又没有稳定合同的人，哪还敢畅想什么未来和明天呢……如果硬要想一个未来之梦,我觉得一定要健康地活着,身边还要有不少朋友,到老了还能吃得下肉喝得动酒咽得下蛋糕寿桃,大家伙儿在一起互相挤兑,唠叨些过去几十年的世界风云和家长里短。最好还能弹得动吉他、拉得动胡琴、打得响手鼓,漏风的嘴里一齐哼哼些老掉牙的歌谣,这就算是我的梦想吧!如果这个不算,那我真的就是个无梦之人了。

我喜欢这种漂泊的状态

焦振予　吴亮

（焦振予，艺术家，现居上海。对话时间：2013年8月）

吴亮：我们第一次见面是在南京东路顶层画廊，傍晚了，你突然出现在我眼前，向我推销一种将照片制作到金属材料上的技术……

焦振予：哈，是推销。那是2000年底吧，和朋友一起做一个感光材料项目，不单是在金属上，玻璃、木材、石头什么的，都可以。好像那天你让我帮陆元敏做了几张照片，我还帮罗永进也做了一些。对了，后来还帮张健君做了些布面的。这个项目没有进行下去，量太小，我也没赚到什么钱，不过那不是我们第一次见面，那段时间我在老上钢十厂比翼艺术当"义工"，乐大豆做的，那个意大利人，你知道的。"义工"是玩笑，其实是参与做展览活动记录什么的，就是一起玩。那时一起的还有徐震和一个比利时的女孩叫魏凯玲，杨振中呀……还有好多上海当代艺术圈的人都是那时认识的，我们在活动上见过，你可能没什么印象了。

那时我刚到上海不久。

吴亮：这之前，我对你一无所知，感觉你当时似乎处在一个到处漂泊的状态？

焦振予：我现在也感觉自己在一个漂泊的状态啊，不过我真的很喜欢这种状态。

吴亮：不愿受管束，还是不想负责任，能告诉我为什么吗？

焦振予：最早倒不是，挺想被人管的，你想想，小学、中学、大学、家长什么的，这个不许，那个不能，乖，听话……从小被管被饲养喂大的，哪那么容易断奶呀。其实我毕业后在学校待过，在研究所待过，都是被人管的，而且我还觉得我是特想负责任的那种人，只是1989年以后"人家"不要我负责任，上杆子的都不行。不过后来在深圳和香港工作的时候倒是真的负责任了，那个是你想不负责都不行，否则没人给你"出粮"，没饭吃。

吴亮：过会儿我们再讨论艺术，现在我对你的个人经历非常感兴趣。

焦振予：这个我们以前倒是聊得很少。

吴亮：先从你大学毕业开始……你在哪个大学学的艺术？

焦振予：中央工艺美术学院，现在这个校名不存在了，改叫清华大学美术学院。不过我们还是习惯地说自己是中央工艺毕业的，可能是喜欢校名里"中央"两个字吧！

吴亮：八十年代那个时候，按时间推算，你还不到二十岁，"85新潮"有没有影响你，或留给你什么深刻的记忆？

焦振予：我读书早，1974年读的小学，1988年大学毕业时不到二十一岁，班上的同学最大的大我十多岁，好像是改了年龄才搭上高考的末班车，那时考大学的最高年限是二十五岁。上工艺美术学院学设计并不是我的初衷，从小我们就说是学"画画"的，但当时考大学基本是把对我们省招生的学校都报上，先考专业，哪个学校给文化课复试通知书就报哪个学校的志愿，最后美术学院绘画专业没考上，糊里糊涂就学设计了。

我从小生活在河南开封，小时候外公和母亲都在河南大学工作，是"河大"的子弟，高考前学"画画"也在河大办的美术班，现在回头看，河南的文化形态一直是相对封闭和僵化的，新潮美术是到大学才开始接触。当时由于年龄的原因，最初感到的应该是困惑吧，和以前接受的"画画"训练冲突很大，有些混乱。不过当时学校在教学上也乱，刚入校上素描课，连画结构素描还是继续画苏式的传统素描都有争议。记忆很深的是跟王亚平、渠岩他们去美术馆看"现代美术大展"，现在回想当时应该是混乱的兴奋，原来"画"是可以这么"画"的？那时候没有形成"艺术"这个概念。在学校也尝试着找一些废旧的材料在宿舍做"装置"，和同学扛着铁锹跑到郊外搞所谓的"大地艺术"，到后来都不了了之。倒是饭店招牌和影壁墙画了不少，可以供几个同学时不时下下馆子。不过现在回忆大学生活记忆最深的还是球场、舞会、熄灯后拿着暖水瓶翻墙出去买散装的啤酒和初恋，当然还有毕业前等分配时的"爱恨情仇"和对未来满怀期待的"醉生梦死"……

吴亮：关于这个爱恨情仇醉生梦死，看你现在的神情你好像还很有故事，少年不知愁滋味，说说吧！

焦振予：好多的细节想不起来，时间太长了。入学时我年纪小，多纯洁的心灵呀，后来跟着师兄后面装老练、装深沉，被他们带"坏"了。前些年回老家看到了母亲帮我保留的一些上学时照片，照片中为了显得成熟，我留了很长的胡子还有头发，脚蹬当时特流行的"踢死牛"，就是那种鞋掌后跟都高的黄色皮鞋，下身膝盖开了口的牛仔裤，上身灰色笔挺中山装，目光中"装"满了"深邃"，哈哈……对了，那时穿的"踢死牛"前后都钉了铁掌，跳舞时随着迪斯科的节奏能在水泥地板上摩擦、敲击出很尖利的噪音。舞会当时很流行，各个学校都在跳，把教室的日光灯管贴上彩纸，一台卡带录音机，得嘞，开跳。周末跳，节假日无论是"三八"妇女节还是"六一"儿童节都是跳舞的理由。大二寒假我以学外语为名把家里的一台两喇叭录音机带到了学校，那台录音机曾经备受舞会组织者的青睐，几乎逢舞会必借，赶上几场舞会同时开，那些师兄、师姐们还要软硬兼施、预约排队，直到大三时一台四喇叭录音机的出现。我就是那段时间学会跳三步、四步和迪斯科什么的，那以前我没跳过舞。谈恋爱，嗯，正式谈恋爱是大四以后的事了，那时到火车站接新入校的师弟、师妹已是我们这些"老炮"的特权，当然主要是为了去接师妹。记得当时在火车站指定的位置拉上学校的横幅，摆上桌椅就成了新生接待站，见到漂亮师妹就又是接行李又是倒水的那个殷勤，我后来的女朋友就是那时接到的,看到她的第一眼我转身对几个"老炮"说:"这个是我的,不许抢!"上半学期没结束我们就在一起了,前前后后四年,情书写了几百封,后来她去了日本,后来就再也没见过……那时的确是少年不知愁滋味,很快乐。

吴亮:但是你好像毕业后首先考虑的是谋生,记得你说过,1989年以后你去了深圳,然后是香港,艺术学习对你只是一种手艺……

焦振予:毕业后因为众所周知的原因,我失去了一份"体面"的体制内工作,直到现在我也还是一个没有"组织"的人。

我是1990年初到深圳的,出发时是大年初六,告诉家人去看外地同学。我无意之中选了一个吉利的日子,我们当地有句老话叫:"三六九,出门走。"当然这是我后来给自己讨的口彩。到深圳后找的第一份工作是在万科设计部,那时的万科还在离火车站不远一栋四层的小楼里办公,设计部在三楼,还没有现在这么牛逼。记得当时招我的人也是我后来的上司叫陈宁,无锡轻院毕业的,当时他招我好像并不是因为我的专业对口,他们要的是印刷制版和平面设计,而我学的是工业设计,其实后来他对我的工作并不是很满意。不过,他对我很包容,直到我最后离开。我想我知道这里面的原因……到现在回想起深圳的那段日子我都会想起他。万科出来我在几家动画公司画过动画背景,直到应聘到一家叫作"香港永泰商标设计公司"的设计师职位。后来我知道他们聘用我的原因是他们开给我的薪水比香港本港设计师的要低得多很多。所以那段时间一切都是为了生存,我身边当时有很多因不同原因汇聚到深圳的同类。

吴亮:在香港做设计给你带来什么前所未有的经验?也许,把艺术作为纯粹的目标,那时候根本不具备条件?

焦振予:工作的时间敬业,这是老板一直强调的,当然他自己也是这么做的。刚到香港永泰商标设计公司工作时,我除了设计图案,还要负责制作工厂的调色和对版,公司设计部在二楼,工厂间在三楼、四楼,我发现除了印刷机长,别的工人都没有座位,包括主管在内,当然机长没有座位没法工作。在楼梯间遇到的工人也几乎全是跑着上下楼,工作节奏很快。老板是个当时已经移民到意大利的香港人,他常说:"拜托,我是付钱买你的时间,时间是用来工作的。"原话是用"白话"讲的,基本上是这个意思。不过赶货加班他会来求你,给你加倍的报酬,这点他分得很清楚。至于把艺术作为纯粹的目标,在那时我认为是那些拿着工资画画的人做的事情,比如说是美院的、画院的、文化馆的、部队的,还有宣传部什么的,现在看看也是扯淡。

吴亮:作为艺术家,或者想做一个自由的艺术家,就必须先瞧不起那些拿体制工资的,觉得他们不过是工匠。

焦振予:这个当然不是,当时应该是羡慕那些画画的人才对,觉得可以别的事不用管只画画还有工资拿是很牛逼的事。体制内还是有很多优秀的艺术家,我有很多的艺术家朋友是学校的、画院的和什么剧院电视台的,我很敬重他们。工匠也没关系,能把技法和材料技术做到最好也了不起,只要不仅仅是做"工具"。反过来一个人行为自由了也不代表思想上自由,我在新西兰的那几年行为就很自由,但我也没有觉得自己就是自由艺术家了。

吴亮:新西兰那几年过得怎么样?

焦振予:怎么说呢?当时有句话说新西兰是海比天蓝、羊比人多。九十年代新西兰的华人不像现在这么多,生活的圈子不大,当然这也和我的英语不好有关系。不过那几年是我过得最闲适的时光。

吴亮:你在那儿画画吗,风景画?

焦振予:画,画油画,画了不少风景,尺幅都不是很大,卖了一些,但大多数都送人了。还画了些人体,是对着色情杂志画,没请模特,很贵,生活的环境也不允许。回国的时候剩下的画都丢在那里了。我这个人可能是经常迁居的原因吧,不是很恋物,我有一个大概一百升的双肩背囊,用了十几年,现在还在,每次异地迁居基本上以它为单位,能背多少背多少,很多东西没了就没了,拥有过了,做过了就好。

吴亮:你大学毕业之后的所有重要决定都是你自己做出的吗?

焦振予:是的,大学毕业之后几乎所有的重要决定都是我自己在做,情感、职业、迁居、出国、回来等都是自己决定的。除了父亲为我安排的一次工作,不过最后我还是"跑"了。

吴亮:你父母给你的烙印有多深?

焦振予:应该不是很深吧,尤其在父亲眼里我是一个"叛逆"。

1989年我被学校"限调"。所谓的"限调"就是在限定的时间内自行调离,在当时的政治环境下北京是不可能有任何一家单位接收我的。那时我就决定什么都不要了,和朋友一起去深圳,那是我当时能想到的中国最"自由"的地方,找工作可以不要户口,不要档案关系,还有那里离香港很近。父亲则认为没有一个体制内"正经"工作是绝对不可以的,虽然因为我的事情他已经被迫给"组织"上写过类似于表忠心的什么材料,他还是想办法将我调回了洛阳,安排在洛阳工艺美术研究所,我在那画了几个月唐三彩壁画后,"跑"了。单位是在春节后上班发现我人"没了",最后找到父亲那里,他雷霆大怒。

吴亮:说说你的父亲母亲吧!

焦振予:我父亲吧,年轻的时候我和父亲关系一直……怎么说呢,也不是不好,就是一直有点拧巴。我父亲是一个技术官僚,没有家世背景,十四岁就没了我爷爷,靠业务自己一步一步地奋斗熬出头,哈哈,现在看来很励志!养成了他谨小慎微、喜怒不形于色的性格和处事方式以及我母亲常常挂在嘴边的"小农意识",至少我母亲这么认为。他平时对我们子女比较严苛,记得我上高一那年夏天,父亲和母亲带着小妹去北戴河疗养,临走时叮嘱我好好看家,不要随便带人到家里来,记得给他养的花浇水。呵呵,你想想怎么可能嘛,那时我热足球,常常和同学组队和外校的孩子踢野球,踢完球会把几乎两支球队的人带回家里胡吃海喝,没几次就把家里的米、面、油呀快吃光了,哪还记得给花浇水呀。一天正和一帮同学在家里闹呢,突然父亲提前回来了,看到一片狼藉的家和他那些几乎枯死的花,气爆了,当即给了我一耳光,那是记忆里父亲唯一的一次打我。我心里也委屈呀,去玩你们带妹妹不带我,回来还打我,跑,离家出走!跑出来在好几个同学家厮混了几天后,傻了,发现父亲居然不找我,怎么办呢?可自己回家太没面子了。又耗了两天终于等到母亲回来,让同学的家长假装押我到母亲办公室才算结束了这次的离家出走。后来知道那些天我在谁家吃,谁家住他都清楚,现在想想也是,机关家属区就那么大,谁家的孩子家长都认识,很失败。后来我考美院他也很不赞同,说我又爱听不听的,大一那年放暑假我蓄着长头发长胡子回家,父亲的很多同事都看到了,指指点点还拿我和父亲开玩笑,他脸上有些挂不住就让我剪掉,被我断然拒绝。第二天早晨醒来时我发现枕边有碎头发,手一摸,扎起来的头发没了,原来是晚上睡觉被他剪掉了,气得我和他大吵了一架,跑到山西找同学一起去烧陶,混了个暑假。总之是拧巴。他一直以为他为我安排的人生道路是正确的,可我又偏偏不领情。哈哈……事情来了,为了我1990年的"出走",我父亲曾经"负气"地宣布和我"脱离父子关系",当然我不会认为他是来真的,只是给我施加压力罢了。不过父亲退休后和我闲聊时无意间说的一件事还是让我挺对他另眼相看的。有一次升迁调他到一个单位当书记,被他拒绝了。母亲还是呵护我的,在我最困难的时候不断"偷偷"接济我,其实我说"偷偷"是因为事后说起来我父亲都知道。我敬佩母亲,她做了十几年的幼儿园园长，性格非常爽朗和坚韧，尤其是在"文化大革命"期间父亲被关押"学习班"时，不顾"组织"要她划清界限的训诫坚定地和父亲在一起，并且把工作从开封调到洛阳，照顾我们兄妹三人和奶奶，还有父亲的弟弟、妹妹们。父亲不在已经三年多了，至今我都不愿打开电脑里父亲的相册。

我和他们聚少离多，我爱他们……

吴亮： 还有你的童年和你的少年，三教九流的朋友——前年我们一起去郑州与洛阳，你的老家，太能喝酒了，你的朋友形形色色……

焦振予： 哈哈，中原地区有非常浓郁的地域民俗文化，酒文化是其中之一，劝酒你是领教了吧。关于劝酒，河南有一种很调侃的说法是：河南人实诚好客，早年间灾荒和兵患，河南很穷，招待贵客主人家好不容易筹钱打点酒自己不舍得喝，想方设法劝客人多喝，客人喝大了表示主人招待得好，哈哈。还有我们去河南，你见到我的那些朋友，你观察得很仔细，的确是三教九流、形形色色，这和我少年以及日后的经历有很大的关系。我从少年时期开始就是在不断的转学和迁居中度过的，每到一个新的地方和一个新的学校都会有一些新的朋友，加之学"画画"时美术班的、大学的、工作时期的同事和朋友的朋友、同事的新同事，大家的生活轨迹不同，到现在这个年龄自然是三教九流了。有的现在官居高位，有的腰缠万贯，有的变成阶下囚，还有被枪毙的，大多数朋友还是和我一样过着平常的日子。总之不同时期有不同的朋友,比如你就是我在"漂泊"时结识的朋友,哈哈。

吴亮:但是你的画,就是那个《原代码》系列,和你这些经历毫无关系,它起源于哪一年,有没有发生过类似一个偶然的事,或一个触发点,刺激了的你的灵感……或者相反,这个主题是慢慢酝酿形成的。

焦振予:《原代码》这个作品系列开始于2006年,和你的看法相反,我认为这个系列的产生和我的经历有很大的关系。前面我们讲过,从1990年开始,我基本上是处于一种漂泊的状态,甚至直到现在我依然感觉自己还在漂泊,依然还有对下一站的……怎么说呢?虽然说不上是渴望,至少还有些许期盼。这一路经历了无数的人和事,有得到、有失去,漂泊时行走会有无数的路边风景在我眼前匆匆掠过,无暇细看,这一切当我落脚一个"驿站"小憩时,才会有时间去让自己静下心来思考,会促使我对过往经历的人、事物、景象,以及自己的生存状态有一种掸去浮尘看本质的心理需求。所以在《原代码》系列作品中我选择了人们惯见到几乎麻木的阿拉伯数字作为我的作品视觉符号,图式渐向高度抽象和极简。我相信,不管用于信息时代计算机原始代码还是生物基因排列的数字,在这个所谓"数字时代"的社会里,都是不可或缺的。我把数字看作合成物、工业品、非天然品的最基本表现形式。以乱码和缺失象征基因变异,象征社会道德和法律中可能造成严重后果的缺陷或干扰,象征人际交往中被公然编码的部分,并试图为自己找回那些缺失。所以《原代码》主题系列的创作不是偶发的，也没有所谓天光乍现的"灵感"，它是经过反复认真的思考、深入、再思考，一步一步走过来的，在我的作品系列中你能看到明显的线性轨迹。我从没把自己当成一个"天才"的艺术家，有时我甚至在动手上有些"懒惰"，我始终认为作品图式固化的重复制作要比头脑中的思考来得容易些。

吴亮：你的思考显然与你的阅读有关，哪些书，哪些人的观念影响了你。

焦振予：这倒是的，我喜欢看书。我上学的时候严重偏科，数理化一塌糊涂，倒是语文、历史、地理、政治什么需要背的还行。那时候记忆力好，考试时占了不少便宜。我当时一直觉得自己缺乏逻辑思维能力，呵呵……我看书没有系统，很杂，到手什么能让自己看进去的书就看什么。不过中学的时候倒是有"计划"地看了当时觉得自己"必须"看的书——一个北大读书时被打右派下放到我们中学的老师开的书单，我考上大学后他也走了，后来听说是考了中国社科院的博士。那时中国的看唐诗宋词、元杂剧和所谓四大名著，国外的看雨果、司汤达、歌德，还有大、小仲马什么的，莎士比亚和托尔斯泰的作品也是那个时期看的，现在细节都忘得差不多了，记个故事梗概。大学时为了装深沉看哲学，从什么马克思、黑格尔、萨特，到苏格拉底、弗洛伊德都是这段时间看的，还有尼采，现在也基本忘了。为此父亲还送了我一句：你是个博学者。在我还没有来得及暗自窃喜之前，他加了后面一句：一事无成"博学者"。当即就觉得被"伤害"了。对了,还喜欢看王朔,那个痞了吧唧的味道,觉得有共同的生活场景。前几年读苏联和东欧变革前流亡作家的作品,看过索尔仁尼琴的《莫要靠谎言过日子》、《古拉格群岛》、《伊万·杰尼索维奇的一天》和米兰·昆德拉的《生命中不能承受之轻》、《生活在别处》等,当然专业方面的书和画册看了很多,我把它们当工具书,现在手头上在看的是美国批评家金·格兰特写的《超现实主义与视觉艺术》。如果是说什么书影响我深的话,倒是早些年看的美国"垮掉一代"代言人凯鲁亚克的小说《在路上》,后来巴西导演塞勒斯根据小说改编的电影叫《浪荡时代》,喜欢在他垂死时朋友们拥塞在他的病房里、围绕在病床前狂欢的场景,我看了好多遍。这本书影响了我的行为方式……

吴亮:记得你给我看过你在《原代码》之前画的另外一个系列,画的都是门,各种各样的门……

焦振予:是的,那是到上海以后,很写实,有点超写实主义的味道。尺幅都不大,40×40、60×90,有小几十张吧。这些倒是后来大都卖了,解决生活问题。不过画这些画的素材底片我现在还留着,大概有几百张,用胶片拍的。

吴亮:你有没有意识到,它们可能具有某些象征意义?还是仅仅表达怀旧、乡愁、遥远的诗意?

焦振予:开始时并没有往这里想,那时应该是2006年吧,在上海的生活基本稳定了,想起来好多原本计划去的地方都没去,就走了。先到北京停了一下,本想鼓动几个人一起去,但大家都

"太忙"了，没得逞，哈哈……后来就自己走，内蒙古进宁夏，到青海折回头经甘肃到山西，这批门的图片就是在山西拍的。其实我当时最早是被门饰的视觉符号吸引，拍的多了就开始追考它们包含的寓意及门本身的功能和门的象征性，从平民祈求吉祥、士绅宣誓门第到帝王界定疆域，门、家门、庙门、铺门、祠堂门、衙门门、宫殿门到疆界边关门等，开门迎、闭门拒是它的实用功能，同时开门闭门之间还更多伴有"主人"的主观性。几千年来多少往复轮回，开和不开，始终是个问题！就像当下中国现实社会中的观念冲突，特别是互联网上。你不觉得现实生活中的中国和网络新媒体以及自媒体中的中国不是一个中国，很分裂吗？

吴亮：一个被高度抽象的绘画世界，和一个被高度新闻化的网络世界，你好像对后一个世界更来劲……

焦振予：是吗？好像是吧。做作品对我个人来说就像吃饭、睡觉，是生活常态，不过我的作品本身和我赋予作品图式符号的观念倒是和网络世界有很深的关联，这里有我的思考和我提出的问题。网络世界在有些人看来是虚拟的，但在我看是真实存在的现实社会的另一面，尤其是对应当下中国，我反而认为貌似虚拟的网络世界更真实。参与网络交流探求事物的本源和真相，也算是我作品的另一种行为表现方式。当然网络世界不仅仅有实时新闻，还有娱乐、八卦，狗血淋漓，哈哈，我喜欢。

吴亮：网上讨论，网上争辩，特别是和那些无名者的争辩，是不是给你一种异样的快感——它既是虚拟或游戏的，又是真实而残酷的?

焦振予：首先它们不都是"无名者"，很多"无名者"背后都有一个统一的名字，我想，我不说大家也知道。辩论是能给人快感的，对一个我关注的问题争辩，辩赢了当然会有快感，如果争辩输了它会迫使我对辩论的问题去探究和深入思考。网络是真实而残酷的——对我而言，因为网络，我许多过往的认知被颠覆，原来心目中的神变成了魔鬼，魔鬼被还原成人，许多以前认为理所当然的事情变得模糊不清，当我试图去触摸真相还原事实时又能体会到一股力量把你往相反的方向拉扯。这里的残酷是真实的，有谣言、抹黑，有构陷，更有一些来自"无名者"赤裸的语言暴力攻击，由虚拟空间的争辩升级到现实世界的"约架"在网上也是常见。有些网友是我生活中熟识的朋友，大家在日常相交时原本素无嫌隙，但在网络空间中却对很多事物的观点相左，甚至是水火不容。多数网友是日常生活中素未谋面的陌生人，但长期的互动交流使我们成为"密友"和同盟，从我这来说，如果能在现实生活中见到他们的话，也会把他们当成朋友。还有一些特"讨厌"的家伙，我实名上网，他们知道我是谁，他们匿名上网，我不知道他们的真面目，但在现实生活中的某次聚会，他或她可能就坐在我的身边，有被"偷窥"的"赶脚"，他们是"坏淫"，哈哈……

吴亮：你引用安东尼奥尼，"任何解释都不如神秘有趣"。你的作品需要解释吗，或者神秘吗？你示人的是"作品"，留给自己的又是什么？

焦振予：先说安东尼奥尼，这个外国人的名字是我刚上小学的时候最早听到的，那时正在批判他，因为他拍了一部"恶毒诋毁"中国形象的电影《中国》，人民日报这么说的。真正看到这部片子是前几年的事情。回到问题本身，对专业受众我可能会解释，比如作为批评家你前面问我，我会来对你阐述作品观念的形成和制作的过程，对绝大多数观众我认为不需要，作品完成就是完成了，不需要再为我的作品写一个说明书，我想大多数艺术家都是如此。我始终认为艺术作品不管以什么形式呈现，最终都是一种视觉传达，对于一个具有独立思维能力的观众而言，面对一件作品无论你做怎样的说明，他们大多都愿意用自己的眼睛来看，用自己过往的社会经验和知识沉淀来解读。如果说到"神秘"，我倒是喜欢在作品里设置一些图式陷阱引导观众去"误读"，让这种"误读"成为作品观念信息的再拓展，对我来说这很有意思。我把问题抛给观众，自己去生活。

吴亮：听说你最近在做一批新作品？

焦振予：是，最近在做新的作品，是前面《原代码》作品系列观念的延伸，但图式和材料在尝试较大改变，关注问题视角也会有所不同。在前面《原代码》作品系列中我大多以浮雕肌理和装置来做作品的视觉呈现，材料也多使用塑形材料、砂岩、金属等硬性材料，作品会在视觉上呈现理性的厚重、机械、有序和冰冷。现在我正尝试在新的作品中使用大量的柔性材料，像中国传统的宣纸、纺织物，比如绢、丝绸，在柔性材料可承受的抻拉范围内采用中国传统的拓印和绷撑方式固化展现的图像，图式较之前的作品会显得柔性和随机。试图通过这些中国传统材料和表现手法，以在中国传统文人绘画中提取的图式符号来表达我对当下中国社会形态和文化现象的现实思考。现在这些还都在过程中，等我对新的作品满意了，会专门请你去看看……

吴亮：纸上拓印带来一些什么新的感受？

焦振予：你对拓印很敏锐。是的，拓印在我新的作品中不仅仅是技法，还更多是代表一种中国式的思考方式。当然，很多在制作过程中的技术问题必须要解决，否则无法最终得到我想要的视觉效果，这会让我对新的材料和制作技术产生探究的兴趣和欲望。其实我更想要解决的问题是，在这些新的作品中对中国传统的人文文化和文人绘画重新梳理，当然是以我个人的视角，将以往我并不系统和完整的关于中国传统文化的记忆残片重新拼接、补充、修正和梳理，大家都知道以往我们大多数时间接受的"教育"对于中国文化的传承是被人为肢解和扭曲的，在技术训练方面最初我眼里是列宾、苏里科夫和列维坦，再后来眼睛看往西方，阅读从古希腊到古罗马，从古典主义到印象派再到超现实主义和现代主义几乎所有的大师，从思考的方式到处理的手段大多都是"舶来"的。这几年，可能是年纪的关系，反过头来对中国传统的人文文化倒是有更浓厚的兴趣，更愿意用中国方式来思考和解决自己更多要面对的复杂的现实中国问题。所以我试图在新的作品中以传统文人绘画作为对中国传统人文文化的切入，将文人绘画进行重新解构，从绘画中提取出我作品里需要的视觉符号，从人文精神中领悟人与人，人与社会，人与自然相互存在的意义，以对应现实中国社会中在价值、尊严、人性和道德被扭曲状况下，保持自己独立的艺术气质和精神特质，所谓拙绘养心，以德修身吧。

吴亮：河南的历史文化遗产对你的作品似乎没有一丝影响，到河南，可是你依然建议我一定要去博物馆看看。

焦振予：我不这样认为。从以往作品的形态和图式特征上讲，我的作品似乎和中国的历史遗存没有直接的关联，但过往你常常耳濡目染的东西会在你做的事情里起到潜移默化的作用。前面说过，我出生在开封，祖籍是洛阳。我是快要上小学的时候跟母亲调动到了洛阳，父亲在那里工作。出生到幼儿园在开封，小学在洛阳，初中在开封，高中在洛阳，高考前又回开封，我就是在这两个古老中国历史和文化的废都之间穿梭中长大的。儿时开封的家直径不到一百米距离就是龙庭湖，湖分东湖和西湖，中间一条官道从午朝门直通龙庭。对了，午朝门两边各有一座高约三四米的明代石狮，小时候我常爬上去玩，那时没人管。龙庭是建筑在一座高达十几米的巨大青砖台基上的宫殿，但不是北宋都城时期的，北宋皇城在金人侵占时大部分已经烧掉了，现存的龙庭是清初在北宋皇城的遗址上修建的，有七十二级台阶，台阶中间是雕有云龙图案的石阶，现在已经被围了起来禁止人们踩踏，石阶的柱头有许多造型各异的石狮。读初中的时候我常常早晨从云龙石雕上面爬上去,几乎是没有走过台阶,看下面的行人车辆和家,当时龙庭已经叫中山公园,好像是在冯玉祥在开封驻军的时候。洛阳龙门石窟最早是七几年我就去过,那时是玩,随便爬,只要不怕摔下来,哈哈。后来学画画去龙门石窟写生的时候已经开始要门票了,不过我和同伴们也总是有办法从旁边山上的村子里绕过收票的地方,这些在我的记忆里都留下来很深的印记。当然也不能忘了我那些三教九流的朋友们,大家都知道,应该是说全世界对中国文化感兴趣的人都知道洛阳的地下墓葬文物是极为丰富的,有句古语说:生在苏杭、葬在北邙。北邙就是位于洛阳城北的邙山,从东汉、曹魏、西晋到北魏四朝十几个帝王的陵墓及皇族、大臣的陪葬墓,总数在千座以上。从连霍高速开车过邙山,满眼大大小小的土包,就是历朝历代帝王将相、达官显贵的墓冢。所以盗墓在洛阳有着非常悠远的"传统",天下闻名的文物勘探工具"洛阳铲"据说就是古代的盗墓贼发明的。七十年代末,盗墓又开始活跃起来,那时有一句洛阳人都知道的话:要想富,去挖墓,一夜变成万元户。洛阳当时就有关于"专业"盗墓队和倒卖文物暴富的无数传说。我前面说过一个被枪毙朋友就是因为一起惊天的盗墓案。听其他的朋友后来讲,他和几个同案在春节趁家家户户放鞭炮的时候,用炸药分几次炸开了一个唐代贵妃墓的墓道。据后来枪毙他的法院告示上写,光国家一级文物就有四件,其他的青铜、玉器、三彩几十件。这些东西后来流入香港古董行被发现,从香港倒追线索回洛阳，成了当时的国务委员李铁映批示，公安部挂牌督办的大案，他们东窗事发。东西没追回几件，人倒是在他们盗掘的墓前被执行枪决了。

所以在洛阳除了博物馆能看到的馆藏文物，民间收藏也非常丰富，我还能不时零距离接触到一些博物馆无法触摸的，像青铜器、玉器、三彩什么的，过手东西还是挺多的。所以我做《原代码》系列作品时，中国传统碑刻的凿痕肌理，高古玉古朴的造型，三彩釉色的流淌和青铜器沁色变化无一不在影响着我。现在正在进行的作品更是会对中国传统人文文化发生直接的汲取，这些记忆和沉淀是我的一笔财富。上次到河南，我极力建议你看博物馆，一是你不会经常去，河南博物院和洛阳博物馆有许多值得一看的馆藏，二来我自己也还想再看看，老祖宗留下来的好玩意不多了，有空还是多看看的好。

吴亮：我很喜欢你在芦墟的那栋房子，沿岸而筑，我们坐在那儿喝茶，看风景。

焦振予：芦墟这个地方是江苏的一小块飞地，地属苏州吴江，处于江浙沪的交界点上的一个典型的江南古镇，进入小镇会让人有一种穿越的感觉，恍如回到八九十年代。当然，因为没有被当地政府"开发"的缘故吧。这和我以往的生活居住经验有很大的不同，民俗、民风和文化气息也大相径庭。我从小生活在中原地区，读书在北方，后来的"漂泊"也都是在沿海，到新西兰更是一个大海岛，现在生活的上海虽然地处江南，但它太国际、太都市，几乎被模糊了地域属性。芦墟这里有江南湿漉漉的温婉情调，有河湖时鲜，有吴侬软语，有太多的东西吸引我，值得我以后去慢慢品味。当然这些不是周边朋友提及它的重点，重点是前几年我和孙良在那里买了房子，尤其是孙良，买了一座老的大宅子，很有地主老财的感觉。这几年我和孙良带了不少的朋友到芦墟，对很多去过的朋友来说。芦墟就是孙良的老宅子、我家的餐厅和一个传奇的"丈母娘"。说传奇的"丈母娘"，是因为包括一些没有去过的圈里圈外的朋友见面都会说：老焦，什么时候去芦墟吃"丈母娘"烧的菜。当然，对你来说是"再去"，好吧，我们就约时间"再去"。芦墟对我来说最重要的是，它可以让我"离开"上海，它很生活，很安静。

吴亮：所以你在芦墟度假，在银都路工作室画画。

焦振予：银都路是2006年过去做工作室的。那时我在金汇路靠吴中路的一个小区里画画，后来东西多了觉得地方小，想找新的工作室，朋友介绍银都路有房子和一些艺术家，我去看了看，对那里房子的空间很满意，那是五米多高的框架结构，很适合做工作室，就搬了过去，一晃八年了。我的《原代码》作品系列就是在这个期间形成的，利用那个空间画了很多大幅面的画。在那里还有一个收获，就是八年里陆续结识了许多优秀的艺术家和批评家，很多人到现在都是很好的朋友，经常一起吃饭、喝茶、聊天什么的。前些年还以A4艺术家群体的名义做了不少活动，很热闹，你那时也是常客，真心期望以后也是，当然前提是大家都还在那里。这些年银都路不断有新的艺术家进来,也有因不同原因离开的,有的走得高调轰轰烈烈,有的低调走人悄无声息。对我自己来说只是知道现在我还在那里做作品,以后会怎样?不知道,也许那里也只是我命中注定的又一个驿站。

我的每件作品背后都有原型手稿

虞村　吴亮

（虞村，艺术家，现居苏州。对话时间：2013年10月）

吴亮：虞村，我们初次见面，好像是在朱新建家里吧，你剃个光头，一件大号T恤拖到了你的膝盖。

虞村：对，我记得是夏天，在南京，那天有好多人，还有作家陈村，我们在朱新建当年那个别墅里。老朱安排我们在他的院子里露天用餐，那是我第一次见你。

吴亮：后来我们就来往了，我两次去苏州看你的画。你后面的故事慢慢再讲，先讲讲你的早年生活吧，你的年龄与我差不太多，我们是同时代人，说说你的父母，你的少年时代怎样？

虞村：三岁的时候，我父母离异了，我与爷爷一起生活在上海，就读上海巨鹿路第一小学，这所学校曾经在全国少年乒乓球锦标赛上获得过冠军，说起这个还挺光荣的。

吴亮：是吗？！我母亲"文化大革命"之前在巨鹿路第一小学做老师，教美术。她礼拜天值班，我和姐姐就去那儿打乒乓。

虞村：真的啊！我进巨一小学就"文化大革命"了，老师都忘了……我爷爷很严厉，动不动就体罚。有一天在我住的成都路五十五弄弄堂里玩弹弓，玩疯了，到处乱射，一不留神偏偏射中了一位大爷，这一下，我懵了，吓傻了。这大爷立马去我家找我爷爷讨个说法。爷爷当即给那大爷赔不是，并补偿了大爷。大爷一走，爷爷火了，一只手一把抓起我的两腿悬空着倒立，另一只手拿着一把用毛竹做的尺子朝我满身乱打，出手很重。坐在边上的奶奶有点看不下去，望着我，是劝我以后听话呢，还是劝我爷爷别再打了，还是其他什么意思，我不记得了。这个情景一直在我的记忆里，因为除此之外没有其他人对我有过施暴。不过爷爷是一个好人，一有空就带我去复兴公园晒太阳，吃点心，带我去淮海路妇女用品商店门口坐有轨电车，去南京路逛商店买好玩的，我的童年很温暖。

吴亮：你父母离婚后他们不来看你吗？

虞村：我与我妈分别二十多年后终于联系上了，两人一见面，她就说起我的出生地。我出生在上海延安中路第三妇产科医院，离成都路与巨鹿路不远，我后来每次路过那儿，一定要朝那医院瞧上一眼。我妈说，她和我爸中学就开始同学，在上海陶行知艺术学校，那是在1951年至1954年。那期间，我妈有了第一次情感经历，恋上了她的班主任蒋益民老师，我妈说蒋老师才华横溢，他每次上课一上来就朗诵一首诗，普希金啊什么的。后来我妈考上南师大要去南京了。临行前，蒋老师还特地从医院出来陪着我妈逛上海"大世界",参观了当时正在展出的"印度艺术"。还送了我妈一本俄国作家写的《大学生》。临行前,他们说好了等我妈一毕业就结婚。可是没等到我妈放暑假回上海,那位蒋老师去世了,据说是因为大肠瘤。我妈悲痛极了,她也病了,住了医院。这个时候,我爸借素描课代表之名给我妈补课,日子久了就这么好上了。我妈跟我说,他们是在大热天南师大那个大操场上有了我,在五十年代确实不可思议,太浪漫了!生我的时候,他们还是在校就读的大学生呢。我妈跟我说,当时他们准备打胎弄掉的,可是医生说打胎以后可能会习惯性流产,无奈之下就把我生了。要不然,我们的这个访谈就不存在了。我爸后来也说起那段历史,说想起了刘文西,他也是上海陶行知艺术学校的,比他们早一届,就去了浙江美院,当初要是他们也去浙美,后来命运的走向还真不好说。有一次我去了秦萱夫先生家,他正好在家作画呢,用的是毛笔、水墨、报纸,涂着一个人物的模样。他边涂边聊,说着他留法期间的那些故事,我听着他说,看到满墙挂着秦先生画得乱七八糟的涂鸦,感性极了,比以前看到过的任何秦先生出版的"正式作品"好看多了。后来秦先生说着话看着我,想起了我的爸妈,说我爸太可惜了,学校曾经把他列为留校第一人,因为我,就罚他去了徐州贾旺煤矿子弟学校。

吴亮:你也是南艺出来的,怎么后来跑到苏州去了?

虞村:恢复高考,1978年我考进了南京艺术学院。毕业那会儿,南艺有个搞中国绘画史论的教授温肇桐,他想在他的家乡常熟办一所大学。于是，南艺领导派选了三位应届毕业生一起去了常熟，其中就有我。我在常熟一待就是四年，除了教学，画画，还找了个女朋友，就是现在的夫人。待在常熟的那几年，工作状态特别糟，当时校领导联合温肇桐一起整我，他们背着我，拿着我的画跑去南艺领导那儿告我……后来，南艺当时的领导保彬给我写了一封信，信里头有这么一句话："艺术的真实，不等于生活的真实。"保彬吩咐我把这封信转给当时常熟学校的领导。现在想想保彬老师当时这么做，实际上是对我和对那些指责我的人的一种抚慰。但抚慰改变不了我的处境，在那样的情况下，我怎么能继续待在常熟呀，就想办法要往外跑，去了南京和苏州那边，看看哪儿要我，结果苏州的一所学校首先接受了我，就这样我去了苏州。

吴亮：八十年代的新潮美术，南艺一直非常活跃，你对现代艺术的了解，你的艺术志向是不是在那个时期形成的？

虞村：好像没有那么早，记得1982年德国表现主义作品第一次来中国展出，那时我和南艺的两位同班同学正在福建为毕业创作写生，听到这个消息，我们第一时间赶赴北京……那个展览对我触动很大。在这个展览同时，北京还有一个石油大王哈默的藏品展，我第一次奢侈地看到这么多西方现代艺术家的原作，快活死了，那几天。后来"85新潮"期间，我试着画了一些油画，学着模仿大师作品，像塞尚、毕加索、马蒂斯、达利、马格利特、塔皮埃斯等。只要喜欢就没完没了地照着涂啊画啊的，我那时只是手脚勤快，其实内心挺迷茫，真不明白自己想要个啥？

吴亮：当年大家都看这些大师的画册，基本差不多……不过我不晓得你是不是爱看理论，尤其现代艺术理论，很新鲜，很费解。

虞村：这些书看下来的确费力，我习惯边看边在书里涂涂写写，过程缓慢，似懂非懂。现在想想当初这么吃力啃这些书，那些乱七八糟的理论搅和在一起，对我冲击挺大的，蒙了好一阵子。也苦于找寻可能通往自己心里的那扇门，没完没了地打开一个又一个通道，试着走走，是否里头有一个东西激活我生命的可能。

吴亮：周围有影响你的人吗，毕竟大师和理论是外来的，你认识的艺术家呢，或者你受了什么思潮影响，某些与你本人有关的艺术经历？

虞村：说起影响我的人，必先说朱新建。多年前他已经在中国画坛很牛了，他却没把自己当回事，这个让我肃然起敬。我和他热火起来是在九十年代末，那会儿，他三天两头来苏州，只要他一到苏州就来找我，可能因为我听他说话比较起劲吧。他是个话痨，后来他和我无话不说，或许是因为我看上去比较憨。确实，我不懂的东西太多了，我遇到好多不明白的问题就问老朱，老朱会用一些特别奇怪的角度来说他的看法，好玩极了。我以前对画画这件事很迷茫，他那时经常来看我的画，对我特别坦诚，当面直说毛病，他的锐利让我心服口服。现在再回望过去的那些日子，我还心存感激，朱新建对我真的很好！

2003年冬天贾方舟老师到苏州，机缘巧合来我的画室看了我的一些画，我觉得他看我画的时候，兴趣好像挺大的，就大胆地提到能否到北京办展的事。当时贾老师就简单地说，"可以啊，明年吧"。我当时并没有觉得这是一个板上钉钉的事，加上后来我对自己在2003、2004年的一些尝试不满意，所以贾老师问我准备得怎么样了的时候，我只能说不行。但我那时才知道，这件事贾老师是认真的。我开始感觉到压力，很大的压力。于是我没完没了地画，画出了一大批东西，还怀疑它们是不是我想要的感觉，不过里头偶尔出现了几幅画有一种傻傻的感觉，这个"傻"，正是我所向往的。展期临近了，我着急啊！我当时真被逼急了，整天折腾来折腾去，一直持续了好久，终于有一天我把一幅画真正画傻了——就是这幅画让我看到了柳暗花明。接下来，一大批呆呆傻傻的画出来了。当我的个展2005年6月5日在北京今日美术馆正式开幕的时候，我只想说，我是被贾老师逼出来的。时至今日，只要遇见贾老师，我都会跟他说："没有你，就不会有我今天的进步。"

吴亮：苏州还有一个做雕塑的杨明，也画油画，我很喜欢他的作品，你们平时来往不？感觉你们都在关了门闷头自己做，不怎么往来，你在苏州的艺术家朋友多吗？

虞村：杨明刚来苏州那会儿，我们走动得比较多。我们能够针对彼此的作品直说对方，毫无顾忌，关系挺好的。后来可能因为他的女儿去北京读书了，他也去北京折腾了几年，那段时间我们渐渐来往少了,偶然碰见还是热乎乎的。杨明是一个挺真诚的人,尤其是对待艺术的态度。不过,艺术以外的他,有时看上去怪怪的……在苏州,我还有一些来往三十多年的朋友,比如吕美立、宋安苏。我的艺术家朋友还是挺多的,说起他们我会想到好多人。现在我想到了尚扬,前年开春去北京参加一个活动,接近中午时,我突然想到尚扬,当即就给尚扬打电话,说要去他工作室看看,尚扬在电话那头说要我立即去他那儿并和他们一块儿吃午饭,我说我要带一位开车送我去的朋友。尚扬很实在,说带人去的话,饭就不够了,我说那我们饭后去……一到了那儿,尚扬站在工作室门口等着了。我一看到尚扬靠在工作室墙上的接近完成的大幅近作,激动坏了,就对尚扬说,我想起了青藤居士徐渭,然后我又胡说八道一通,把尚扬给弄激动了,尚扬说:"今天虞村来了,不吃饭了,看画!"我这才知道尚扬还没吃午饭呢。尚扬从仓库搬出了他几乎所有的作品,我们边看边聊,中间谈到了书法,我说书法我特别喜欢良宽的,良宽的"天上大风"我太喜欢了!这一下又把尚扬给弄冲动了,他即刻跑上楼为我找出《尚扬教学篇》一书,翻出刊登在书里的良宽的"天上大风"给我看,我愣住了,我和尚扬都笑起来,两人都好这么一口,不容易啊。

我和朱新建的关系比较特别,有一次我在上海他的个展研讨会上这么说他:"我是经常听朱新建说话,我喜欢他说。今天朱新建不怎么说,这样就给了我说话的机会。我觉得他的整个系统特别庞大,他的言论,他的文字,他的绘画作品,我都喜欢。我对他的整个系统一直在琢磨，有的时候我就想朱新建到底是怎么回事。后来我跟他说了，我觉得他的言论第一，文字第二，绘画第三，他的言论要比他的绘画自由一些，不需要构图，特别自在，自由程度好像更接近于他的内心，这是我的观点。我特别期待他的绘画能够像他的言论那么自由自在。说到自由自在，我就想起良宽的'天上大风'。如果他的绘画能够达到他说话的那个自由度的话，我想差不多朱新建就等于齐白石了，这是我期待的，我衷心期待那一天的到来。"另一次是在北京朱新建个展研讨会上，我又瞎说了一通："其实我崇拜画得特别'差'的人，他就是朱新建。那时候我跟朱新建同时在南艺就读，他是我们学校唯一的一个素描不及格的人。学校为了留他做老师，专门安排了一位老师给他补素描呢！这个太有意思啦。后来我跟朱新建接触多了，我从他身上知道了好多，比如他跟我说有一本特别好的书叫《五灯会元》，我觉得朱新建跟那个《五灯会元》有点差不多的意思，可以往里头学到好多东西，但是往深里去研究又很难。"当然，他的一些生活上的事，更是有血有肉，他特别任性，可以随着性子想做就做的那种，完全生活在心情中，好玩，但不便公开说，想想他那会儿健康的时候……哎，还有一些艺术家朋友就不一一说了，他们都在我的微信里，天天眉来眼去的，彼此牵挂。

吴亮：都说你不善言谈，我觉得你其实非常有自己的主见，只是你不喜欢与人争辩。

虞村：我对那些没感觉的话题，确实说不了什么，言语这个东西一定要有感觉，有了感觉，状态出来了我就能说。还有就是物以类聚，要看跟谁在一起。我对那些不感兴趣，不熟的话题，就聊不起来，也不想说什么。就像我们俩聊天，多半是我听你说，我与你聊天经常是我只听不说，因为我不懂，说不了，只好听了。

吴亮：原来你对我的话题并不感兴趣，哈哈！今天我不说了，就听你说……

虞村：你说文化、历史、政治，我插不上，我喜欢你的那些怪论奇谈，又好像很学术的那种。当然，要是聊原生艺术，精神病人的艺术，或者智障人的艺术，那我就会兴致勃勃。像南京有一个叫郭海平的，他研究原生艺术，这个我有兴趣。有一次去南京我想找他，但我们不认识，没见过，只是彼此知道。那天我联系上了他，给他打电话，没想到他比我还热情。我先对他声明我是路盲，我找他不方便，我要他来我住的地儿聊聊，他就来了。那次我们聊得非常痛快，没完没了，我还时不时抢他的话。

吴亮：朱新建很喜欢你的画，说你"直截了当，下笔生猛"。刘骁纯讲过，朱新建在油画上没做到的，你做到了。

虞村：老朱喜欢我的画，可能是因为我的那个德行在他看起来比较顺眼吧，他几乎把全部精力都投入了水墨画里。我画的油画可能正接近老朱想要的感觉，所以他喜欢。刘骁纯老师夸我是对我的鼓励，谢谢刘老师！其实我至今为止对自己的画依然不满意，我还没有真正的画出朴素，也许接下来的我会画得再朴素一点。

吴亮：许多人看了你的画说"画原来可以这样画"，殷双喜就这么说的。其实画本来就这样画的，瞎画，儿童涂鸦，大人也涂鸦，更不用说精神病人，特别是各种各样的"原生艺术"了。

虞村：我就喜欢儿童涂鸦，喜欢精神病人的艺术，喜欢"原生艺术"。我收集了几大本这一类的作品，太喜欢了！翻看这些作品已经成为我日常生活的一部分。他们特别天性的表达，不装逼、不卖弄、不炫耀。儿童和精神病人的好多作品时常刺激着我的感观，我常常面对那些作品会情不自禁地学他们的涂鸦。对我来说，经常作这种涂鸦训练确实能够及时更换我的视觉系统。我还在努力，希望有朝一日如儿童、精神病人那样朴素，朴素到一看到自己作品就傻了，会有那一天吗？

吴亮：你的学画生涯从什么时候开始的？我刚知道你的父亲母亲也是画画的，并且都曾在南师大当美术老师。

虞村：读初中时我回到父亲身边，那会儿我开始学画。起初从临摹连环画入手，还记得父亲要我临贺友直的《山乡巨变》，还有一些就记不起了。照着葫芦画瓢，他要我画得越像越好，画出来很闷。临近高考我参加了市里绘画兴趣班的写生活动，我画得依然死板但只有这样才能考上。果然，恢复高考那年我顺利考入了南京艺术学院。

我父亲起先是画油画的，后来改画中国画了，他的水墨人物画在七八十年代的江苏挺有名儿的。我高考那年他调入南师大任教，曾教过朱青生、范扬他们。我妈主要画水彩画和油画，她画的没我爸严谨、结实、全面，可是更浪漫。有一次老先生吕斯百当着全班同学的面夸我妈画得有灵气，这事她一直引以为豪。

吴亮：然后，某一天，转机突然来了——看到 Sam Doyle 的作品，一个新的世界展开在面前。

虞村：有一天，我从学校资料室里看到 Sam Doyle 的画册，看到他的作品是画在破铁皮、废弃的胶合板上的。作品里的那种人和物看似顺手拈来、吊儿郎当，画面上画出的人和物却是最神经质的一瞬间。这个太可怕了。我第一次看到他的作品直打哆嗦，他让我直觉到了天性和本质的表达。这不是画出来的，是生命到了极致才有可能触碰到的那个深处的东西被引出来的。我后来复制打印了一批 Sam Doyle 的作品给了朱新建，老朱一看就喜欢得要命，他也同意我对 Sam Doyle 作品的看法。我跟老朱说："我上网试试满世界搜索看看是否有比 Sam Doyle 画得更过瘾的。"老朱对我说："不可能了。"不过 Sam Doyle 的作品确实让老朱也过了一把瘾。我第一眼看到 Sam Doyle 的作品，就意识到了这个就是我想要的，却被 Sam Doyle 画出来了，他无心插柳，却成全了我的觉悟。

吴亮：我翻了翻你的几本画册，评论不少啊，你和批评家们的关系似乎都不错。

虞村：我和批评家们的关系都还挺好的。和贾方舟老师交往已有十多年了，我在北京的两次个展都是由他策划并主持的，研讨会也是他给安排召开的。贾老师为人随和，在艺术圈里口碑特别好，是一位德高望重的人物。每周的世界拳王争霸赛我都会通知他和我一起看，他和我一样是拳击迷，我们经常交流比赛的观后感。当然我们交流更多的还是艺术，我会把一些最新的作品发给他看。刘骁纯老师也是我尊敬的批评家，我和他交流不是特别频繁，可是一旦交流会很深入，他是一个思想深刻的批评家，逻辑性特别强。王林老师和我交往也挺多，他策划的大型展览经常邀请我参加。这次"第55届威尼斯双年展大型平行展"（中国独立艺术展——未曾呈现的声音），也是被他邀请很荣幸地参加了。他是个非常严肃犀利的批评家，和他交流直截了当，他有点认画不认人的味道，这个我喜欢。栗宪庭老师特别感性，他对艺术有自己的评判标准和立场，在我看来他是少数几位具有直觉能力的批评家。老栗很随意，记得有一次在他们家聊天，聊到如何养生太极拳的时候，立马起身亲自给我做示范，我依样画葫芦跟着模仿，其实很表面的，我心里明白。可是老栗鼓励我，我感觉真是这么回事，这是我唯一一次学习太极拳，过程很愉快。水天中老师是一位具有浪漫主义情怀的批评家，在他生病期间还撰写了一篇有关我的评论，为此我一直内心不安。彭德老师是一个冷幽默的批评家，他说我的画是"腌制的现实"，太逗了。殷双喜老师看上去冷冷的，其实他的内心是暖暖的，是学术严肃、日常生活挺随意的批评家。他给我的几次建议虽然不一定适合我，可是特别诚恳，一想到这些我就心存感激。他在我的个展研讨会上说："虞村打开了一扇大门。画画原来可以这样画，可以很本真、很自由、无拘束地画，无功利地画，他这种心态其实是比较接近艺术本质的东西。"在此谢谢殷老师对我的鼓励。我和皮道坚老师最近几年有一些交往，一见如故，不久前在威尼斯双年展的德国馆还相遇过。皮老师的批评直奔主题，他是一个能把最要命的问题拎出来的批评家，每次他的发言我都会特别关注。王小箭老师是性情中人，为人特别低调平和，他重情义陪喝酒，我一直担心他喝多了会伤着身子，老劝他少喝少喝。他对那些学术卖弄的年轻人特别不屑，一旦交锋，那些人都不是他的对手。陶咏白老师和蔼可亲，每次和她交谈都那么温暖。杨卫先生是少数具有艺术家气质的批评家，才华横溢，每次和他喝酒、吃饭、聊天都激情四射，因为他的热情睿智常常会让我有一种梦幻般的快乐。管郁达先生爱吃肉，为人豪爽，模样敦厚，能写一手秀丽的书法，今年夏天我打电话给他，告诉他我即将出画册，要他为我写评论，我说，我用画他的油画交换，老管二话没说，立马答应，这就写。看来我的油画是有价值的，不久他写出了一篇挺有磅头的文章发给我了，可我还没来得及画他呢。吴鸿先生看上去很男人，实际很细腻，他在我的个展研讨会上的发言，声音不大，内容犀利。王端廷先生看上去很规整，有板有眼，在我的个展研讨会上的发言也是，措辞严谨，不过在和我微信交往时，眉来眼去，很幽默。高岭先生半年前，有一次发微信给我，要我画他，说做什么都行。我说："我画你，你写我吧，双方就这么说定了。"他写我的评论完成了。可我还欠他一幅油画。吴亮兄你在2007年为我写的《把人从生活的严肃性中解放出来》太棒了！我一直没告诉你，我当时收到你的这篇文章，边看边颤抖，控制不住了。我后来把你写的这篇文章转发给朱青生看，老朱回复我道："吴亮写得好！谈论超越了评判。"

吴亮：在你作品中，那些形象与面孔可能都有原型，不管是知名人物还是你身边朋友或者顺手捡来的照片，几乎你的每一件作品背后都隐藏着一张"原型图片"。

虞村：对，我是看着照片画的，我的每一件作品背后除了有"原型图片"，还有更多的"原型手稿"。我画的大部分是新闻事件或新闻人物，都是世界的一个一个片段，世界的每一天都很新鲜的，并不断地发生着变化，这变化让你来不及画，而且画不完。画的过程充满着惊奇，所以特别有意思。为此，我几乎三天两头都要上网搜索全世界最有意思的新闻图片，并下载收藏到我绘画备用的文件储备里。当然，图片好，未必就能画出有意思的作品。我的所有油画在实施之前，都要先画手稿的。好多图片起初看上去特别有意思，就下手试试，试试要是有希望，就没完没了地弄下去，画手稿很愉快，也很期盼，好多图片要画上好多稿才会状态慢慢出来，有时也有无心插柳柳成荫的情况，一下就成了。有运气的成分，就像中彩似的，会上瘾。

吴亮：很荣幸，包括本人在内，我熟悉的那些批评家形成了一个"虞村家族"般的群体，你在画朋友的时候又是一种什么样的快感？

虞村：我的确画了许多批评家朋友，起初是出于感激之心，这些批评家朋友包括你都对我特别关爱，唯独能够回报的就只有我的作品。当我一个个画出这些批评家朋友们的时候，发现我把他们的"德行"画出来了，这个让我特别满足，因为仅仅画得像，可能只会满足这些朋友的朋友，却不能满足我和被我画的这些批评家朋友。我喜欢用"糟蹋"这个词来形容我画他们。这些朋友知道我画他们的下场一定是被"糟蹋"。因为只有"糟蹋"他们，才能画出我要的感觉，我的感觉最重要。好在这些批评家朋友乐意接受我如此"对待"他们，这让我心安理得。我还记得我画你的那幅油画，我是觉得我把你的某种气息画出来了，可是你的夫人不满意，她说那幅油画只是"我们家亮亮腰上挂的那个包包画得好"。我很无奈，可是你安慰我说："别听女人的。"

吴亮：那么政治，或者国际政治呢，那些显赫的人物，或正或邪，或历史或新闻，你对他们充满好奇，你的政治态度怎么样？好像你从来不谈论政治的呀！

虞村：其实我对政治还是挺感兴趣的，尽管我特别缺乏政治判断，也缺乏分析能力，我平时不说政治是因为我说不好。我的作品涉及一些政治事件或政治人物或历史或新闻，这些是世界的重要组成部分，我当然感兴趣，感兴趣的就想画出来。我原来想画"中国"，我想把从鸦片战争以来中国的风风雨雨的某些片段画出来，试着画出我眼中的"中国"，后来我放弃了，因为中国的历史情况和中国的政治太复杂，我想起了董希文的油画《开国大典》的前后遭遇，我只好放弃了这个计划，转身面向世界。画我想画的任何国际政治的事件和人物,这样在中国就没有问题了。我本以为可以无忧无虑,可是我画的《世界和平》原本已确定参加威尼斯双年展,却因为涉及以色列和巴勒斯坦的国际问题,中国文化部门审查未通过,不能在现场展出,我很遗憾。

吴亮:还有许许多多明星,电影演员、歌手、运动员、主持人和滑稽艺人,你平时看他们的演出吗,还是浏览他们的八卦、绯闻?

虞村:我只是借那些明星,电影演员、歌手、运动员、主持人和滑稽艺人的各种图片,画我的画,别的并没有兴趣,仅此而已。

吴亮:你现在还在艺术院校任教,你如何教你的学生,你教他们"会画",还是教他们"不会画"?

虞村:你问我如何教我的学生,让他们"会画",还是"不会画",这的确是一个有趣的问题。说实话"会画"这件事情,几乎所有的孩子自从拿起笔涂鸦的那一刻开始,就已经"会画"了。他们自在地涂鸦,看似随意无序,却能够自由地画出自己内心的真实,高兴与不高兴都会老老实实地从他们的笔下流淌。不可能虚伪,是一种天生的"会画"。这个"会画"尽管从其外表看不一定美丽,可是画出了"天性"。有一些学生时常会提出,要求我作示范,那我会欣然接受,不过我作示范也画出的"傻逼画",会被学生们欣然接受,并且模仿我的作画方式试着画,结果他们画得也傻傻的了。我还特别自豪地把我学生的那些作品放在我的微信上,展示给朋友们。刘骁纯老师看到了,立马发话:"学生像老师,危险。虞村没有第二个。"我回复:"刘老师提醒得好,不过当真正天性被激活出来了,一定各有各的不同,我对他们没有任何规定,只是做了一次示范。"刘老师回复:"那就好。要看你后面的本事了。"我又回复刘老师:"可惜他们不是绘画专业的,课程也就一学期 56 小时。只能留下短暂的美好时光。"刘老师再回复:"噢,原来如此,那就另当别论了。"

吴亮:听说你住到太湖长沙岛去了,那里怎样?

虞村:哦,我现在待的地方,是一个四面环水的湖心岛。整个太湖就是一个天然的空气清洁器。经过有关权威部门检测,每立方厘米空气中的负氧离子含量达到六万至八万个,PM2.5 二十四小时平均值小于 55,是一个空气质量优良的天然大氧吧。当然,更重要的就是我现在住房子能生活工作都在一块儿了。只要不上课就不用赶路,基本上能安静地待在岛上,想持续工作就工作,想休息就能立马躺倒,能随心所欲了,这个对于我的作画状态实在是太重要了。

我承认空灵的力量，但还是要继续说话

韩冬　吴亮

（韩冬，艺术家，现居扬州。对话时间：2014年1月）

吴亮：韩冬，你比以前稍微瘦了些，听洪磊说你在前几年成为一个素食主义者，真的是这样吗，看你人高马大红光满面的，应该是食肉动物啊！

韩冬：我现在是吃素食，但没有"主义"，呵呵。也许我以前吃肉食太多，我们从那个年代过来的人，长身体的时候，肉都不容易看见……后来有一次，三年前吧，我偶然看了一部可能是美国人拍的纪实电影——《世界公民》，讲的是人类对动物的虐杀，各种各样的虐杀，还不是一般的虐待动物，也不是屠宰动物，那种血腥的场面你无法想象，就从这一天起，我不再吃肉了。

吴亮：这和信仰有关吗，我想，不会所有看了这部电影的人都会"放下筷子，立地成佛"的……我们之间从来没有讨论过信仰问题，但是我在你的油画中依稀看到与佛教有关的形象，现在顺便问一句，你是否信佛教，或者倾向于佛教？

韩冬：信仰是大话题，不能乱讲，我也说不好。我的性格比较优柔寡断，立场也不坚定，上规矩更不行，但你说得不错，终究我还是信了佛。几年前，藏传佛教的活佛才让华旦从西宁来扬州，我在他那里皈依了，受赐法名仁钦多杰。我理解的佛教本意是教育，到今天成了宗教应该不是释迦牟尼的初衷，他是先师而不是教主。平时我把佛学典籍当作哲学来读，也抄写心经和其他经典，要想达到那境界，想明心见性，要像宁静的汪洋，要安宁心智，我只能老老实实承认，太难了。

吴亮：还是回到食素与杀生这个话题——你和王红都食素，她食素比你更早——我每次来扬州你们非但不对我宣传食素，反而为我准备天下闻名的扬州各种荤素美味，还坐在我旁边看着我吃，鼓励我多吃，这又为什么？

韩冬：其实只要不是你亲手杀，不是别人专门为了你杀，你也没有听闻杀，吃一些肉食也是可以的，这叫"三净肉"，小乘佛法允许吃，大乘佛法则不许。释迦牟尼化缘乞食，如果施主给他肉食，他也是吃的，你当然更可以吃了。是不是素食取决于个人的态度与选择，我不是素食的鼓吹者，没有关于素食的太多说辞，我接受朋友们的本然，每个人都自在，对人及己朴素自然，大家都舒服。

食肉不等于杀生。佛教戒律森严，对照下来我能够做到的也就只有戒杀生，当然还有不偷盗；但不色，不酒，不打妄语还是有些困难，慢慢修吧。

吴亮：上回在你工作室，看到你的油画中有些动物形象，马，还有老虎，你喜欢动物吗，当然画动物未必一定喜欢动物……但是这次你的家里出现了一只猫，你不仅饲养动物，还琢磨动物？

韩冬：对，我以前喜欢狗，小时候养过，但家人反对也就算了。后来我们搬到有院子的地方居住，养个小动物就有了可能，女儿从朋友那里带回一只出生两个月的暹罗猫，通体灰白，小脸和双耳，还有四爪和尾巴都是巧克力色，可怜，可爱。不过很烦，是真烦，打碎器物，抓伤家人和客人，出了血就拿酒精洗呀。扔了它的心都有，但最终还是耐心伺候，一天三顿，一把屎一把尿的。

我在2005到2010年间，画了许多人物画带有飞禽走兽的，有鹿，老虎，兔子还有鹤，那是为了叙事，循着龟兹壁画那些本生故事的线索，按照自己的理解，用油画的方式再讲一遍，与我对动物的喜好无关，借题发挥而已。

吴亮：我第一次见到你的纸上作品，就是在你扬州现在的这个小院，一共六七件，黑白风景，灰蒙蒙的调子，如同我坐在火车上看到窗外掠过的冬季田野，空旷，辽阔，没有人迹，却又有人留下的物品痕迹……

韩冬：是吧，那是刚刚才做皮纸水墨实验，不成熟，也很粗糙，应该是2010年的冬天我陪女儿到北京去考研，来回都是火车，窗外的景色变换很快，我们便拿出相机，无意识地乱拍。照相机使疏远的事物变得亲近，熟悉的事物变得很小，它们抽象、陌生、非常遥远。后来慢慢理解了，那些让我感动的东西并不存在于当时的事物之内，它只是通过另一种事后观看的方式去发现的。我在镜头的背后，留意的是阳光普照的范围，是那些极为普通的事物，想让这个世界里平凡庸常的景物自然地表露出个性和气质，算是我给予的另一种意义。

这个系列作品具有偶然性，在找寻过程中，我遇到一些与自己内心精神气质相吻合的痕迹。千差万别的事物，在我镜头注视之下平等无异，用纸上水墨的方式是想念一种简化的质朴，一草一木，它们亦真亦幻实实虚虚的虚无感，仅仅留下活动的轨迹，说着人在世上的短暂和渺小，在机械与科技时代，表达着温和、淡雅、沧桑、拙朴、自然。

吴亮：一直以为韩冬很内敛，少言寡语，看来这真是一个错觉。今天你说得非常好，你对自己很明白，对自己在做的事情想得很深，而且还那么感性和抒情。

韩冬：啊呀，是吗……其实我平时话的确不多，人前人后的，我总听别人说，现在是因为没办法，我必须说了。

吴亮：继续，继续你前面的那个话题。

韩冬：这个系列利用了现代摄影技术，但是用水墨完成它是一种古老的方式。为表达时间流逝中所蕴含的虚无感，我选择灰色调，让所拍景物的形与性都更接近天真，事物的日常性不至于被时下流行的解构方式刻意否定与消解，反而迫使我们近距离凝视中获得了强化——平平常常的日常性之中凸现出真正的世事无常，只有光影、尘埃、浮冰，它们让人顿见清净自性。车窗外那些被我注视到的景物都宁静地呈现在偶然之间,是关于各自的出处和境遇的暗示,也是对自身命运的观照。那些各得其所的景物,无论是被遗弃长满杂草的车间还是横卧在大地上的立交桥,面对时光它安然坦荡,那才是真正的常态。

吴亮:那些感觉我也有,只是我可能会用另一套语汇去描述,比如现象学……不过你的描述看似"无我",看似"无人之境",其实是有一个"无我之我"的,这个"我"是一个弗洛伊德意义上的"超我",一个超然世外,"我思故我在"的我,比那些过于执着的"无明之我"更大,更"自我中心"!其实我们谁不是"无明之我"呢,就像我们都隐藏有一个"本我"。你坐火车陪女儿去考研是"执着"的也是"拿起"的,你拿起画笔时则是"无执"的也是"放下"的。

韩冬:佛教里讲的"我执",确实是需要放下的,我的努力还很不够。

吴亮:一直记得三年前,我在你的画室,迟到了二十年,看到你九十年代初画的几幅尺幅不算小的油画,平涂,勾线,形象概括,浅浅的棕色,光线淡雅气氛静穆——情景亦简单,一个搬桌子的人,或一个正在打开水龙头的人,只有动作,没有表情,当时我吃惊不小,为那些身姿有点像古希腊式的男人形象——凭我对你的第一感觉,你好像应该离西方传统比较远。所以我很想知道那个时期,韩冬脑子里究竟在想什么,受了什么人和什么书的影响,那个时候你是怎么思考"人"这个命题的?

韩冬：先解释一下，我那个油画上的形象范本，来源应该是古埃及女人，不是希腊男人，我就没画过男人。那时我最爱的艺术是埃及雕塑和壁画，伫立在那儿，没有多余的细节，真正的永恒。而另一方面，我爸是当兵的，部队大院的生活记忆对我日后的创作影响也很大，我小时候最爱看的就是一本叫《欧阳海之歌》的小说，直到现在，自己仍无法除去画面上那种矫饰的英雄主义气息。你说的"九十年代初"，也就是1994到1996年间，对我的创作是紧张而重要的，许多作品，比如《檀香木的室内》、《管道》系列，《搬桌》系列，都在这一时期完成。

当时加缪对我产生重要影响，他在《西西弗斯神话》中说，荒谬产生于人对美好的怀念与世上非理性因素之间的分离，在这荒谬的世界上生活本身就意味着反叛，所以无聊地生活着很重要。我看书很杂，同时我还喜欢古希腊哲学家的均衡思想——面对各种矛盾的对峙，坚持生活，并不要消除矛盾，而是承认矛盾，并且下决心在其中存在。绘画是一种间接方式的表达，你看到的油画"搬桌人"仅仅是一个形式，一个载体，我没有赋予她们更多的意味，只是一种人的存在状态……

吴亮：我忍不住要打断你一会儿，你画的"搬桌人"形象健硕，肩膀宽阔，把"她们"误看作男人不完全是我的错，至少"她们"体态、仪式化动作和雕塑般的凝重表情都不像女人。

韩冬：是的，"她们"比较中性，2000年之后我画了一批"雌雄同体"的形象，可能两者之间有着一种关系吧！

吴亮："雌雄同体"能算"第三性"吗，波伏娃写了一本书叫《第二性》，指的是女人。我听说有些国家的海关发给入境者的表格中，性别一栏有三个选项：一是男人，二是女人，第三个栏目写着"其他"，我想这是为变性人预留的。

韩冬：哈哈……对了，好多人，包括同行，画廊老板，对我后来画的"雌雄同体"感觉不舒服。

吴亮：我打岔了，你继续说你的"搬桌子"，西西弗斯式的无意义的搬桌子。

韩冬：对，她们的形态非常恍惚，在画中一招一式具有置若罔闻、麻木不仁的性质，她们坚决的态度，一定是出于莫名其妙的自我固执。身躯和相关物体的灰颜色并列，某些有意识和潜意识的联想也被涂上了画面。

吴亮：这次我又仔细地看了这几幅画，非常完美，非常细腻，那种灰调子具有古典绘画的光辉，宁静安谧的肉体光辉，让我想起了莫兰迪的气息。

韩冬：啊呀，莫兰迪！不瞒你说，我在九十年代初画过一幅画，就是把莫兰迪的一幅静物画转换为人物画，我非常喜欢他的作品……我当时画画好像很有哲学观念的支配，深思熟虑，但是一幅画无论其创作技巧上如何完美细腻，或久经磨炼，绘制的随机性还是存在的，随机性起着重要作用。每个画家都在梦想创造那一个瞬间，都希望有能力让那一瞬间引导出新的体验和方向。我之所以调动所有的方法都是在希望开辟各种可能性。

吴亮：存在主义二十世纪八十年代传进中国，它在法国其实已经落幕——萨特是1980年去世的，加缪死得更早——你则在九十年代初才对加缪的荒谬哲学感同身受，除去外来影响，你是不是觉得这种荒谬感本质上来自你的处境？

韩冬：八十年代末的那场政治风波一度让我很冲动，后来的结局你都知道，青年人的热情被棒喝之后必然是消沉和颓唐，我回到学校就像陀思妥耶夫斯基那样躲进了地下室，很长一段时间，消极，失望，一蹶不振。面对无法摆脱的精神困境，我只有以温良、宽容和自言自语的说话方式去画画，只有画画可以由我个人支配，画画是私生活，生活还要继续。加缪说："失去了希望，这并不就是绝望，地上的火焰抵得上天上的芬芳。"西西弗斯的幸福在平原上，不在山的顶峰；在他与巨石在一起的时候，而不在巨石停留在山顶的那一刹那间，西西弗斯在沉默中静观他的痛苦。

吴亮：这是一种消极的英雄主义，或者是一种积极的绝望与虚无。你更倾向哪一个？

韩冬：那时的想法，我要画些健康的人，人性一定要给予某种伟大，她们应该兢兢业业地做着根本无意义的工作，脸应该很端正，应具备普遍意义，头发是有结构的，将有秩序、混乱和矛盾，要慎用线条，以及发式的超现实，最终一本正经地成为一个正派的妇女形象，她面对着我们。

习惯的推动，一再重复旧的形式，你却必须要这样做，因为这为了表示强调，这还是我的审美选择，重复使其更具意义、更荒谬和更沉默。

吴亮：还能记得当时的绘画过程吗，你总不能边画画边在想哲学吧？

韩冬：那是当然……当笔触在画面上滑动的时候，最阻碍你思维流动和制止你在女人体上触摸的就是衣饰，为此我将人体上的饰物减少到最少，或索性全部取消，以获得我的清晰意识。画面的重要性，主要是形体的相互关系，形式应简而又简，这样看上去毫不矫饰，也最直接。木炭笔画就的表面特别容易被擦掉或被弄模糊，需要些淡墨或淡彩来固定，当素描被确定下来，我见到的便是修拉源于普桑的那么一种扼杀了生动，最终取得了有序的物质性。通常我的一幅画要画很长时间，经过漫长努力，终于完成了创造，然后又听到加缪在说，"他转瞬就看到那石头朝山下滚去，他要从那里把它重新推到山顶，他又回到平原"。

吴亮：讲点轻松的……如你经常讲的，八十年代你只是一个旁观者，那么到现在已经整整三十年过去了，你这个旁观者就比当年卷入其中的弄潮儿更有发言权，说说你对八十年代的记忆怎样？你在南艺的那几年的经历，见闻，因为你或许可以更客观——听人说，当事人的回忆有时候反而不太可信。

韩冬：1981年我从部队退伍，因为父亲的关系把我分到了南艺人事处，由于在部队是放映员也写字画画搞宣传，我不想干行政，想上学，想画画。就这样，边工作边复习，结果还真考取了南京艺术学院，红校徽变成了白校徽。

上学了,一个当兵的,从兵营到校园,那种精神释放你可以想象吗?画素描,看展览,一个下午都泡在篮球场,和女生谈恋爱,疯啦……四年的学生生活还没来得及思考就结束了,就没干一件有意义的事。

吴亮:画素描看展览,打篮球谈恋爱,生活多美好,多有意义啊,怎么会没意义呢?

韩冬:那是相较于当年南艺的同学们,八十年代那会儿,他们清楚什么是潮流,他们是弄潮儿,他们办的展览和画的画在当时很新鲜很好玩,但我既不喜欢,也不排斥。我喜欢回头看,现在你要我回溯历史,我发现我只是个旁观者。

吴亮:我们先把八十年代搁一搁,干脆把时间再往回提,说说你的童年与少年时代,你的父亲母亲,你的弟兄姐妹,小学中学,六十年代还有七十年代……我对艺术家的童年经历与少年冒险一向充满好奇,读艺术家传记我最注意的就是这个时间段,无论是快乐幸福还是沉重压抑,都会对未来产生影响,明显的或隐秘的影响。

韩冬:我对小时候的记忆,是从搬家啦、转学啦这些事开始的。爸爸是军人,随时会有调动,他到新地方上任以后呢,妈妈就大包小包地收拾家当,带上我和妹妹就去了,好像很方便的样子。现在想想,那是当兵的人家住的房子和所用的家具都是公家的,能带走的只有很少的私人用品,哪像现在的军人搬家,听我的一个战友说他转业的时候用的是集装箱,他也就是一个副团级。

吴亮：这是哪一年的事？

韩冬：1970年吧，我十二岁，父亲从陕西的三原县调到甘肃酒泉地区一个神秘的地方去任职，应该说是外人不知道的地方。清水车站，听说过吗，那儿连县城都不是，可它有十几条铁轨，大部分都通向没有人去的戈壁滩。我爸爸拉家带口上了一辆满是军人的火车，"咣当咣当"五六个小时终于在一个叫"14号"的地方下了车，连个地名都没有。

父亲部队营房里只有小学，我只好到"地方"去上中学，"地方"就是附近农村，我去了鼎新中学，一个公社中学，我父亲部队只有两个孩子在鼎新上学，那个男生比我大几岁，开始还能结个伴儿，壮壮胆，一年后连他也走了。学校有两三百个学生，我们班有三十几个人，好像就三四个女生，西北农村很少让女孩读书，农村孩子都比我大，最大的都有十七八岁了。那个年代学文化不重要，劳动很重要，一个学期要有两个月在野外挖甘草，说是盖校舍要用钱，甘草可以卖钱。我一到劳动的时候就生病，发烧到三十九度也要去干活，怕老师说装病，实在不行了才回宿舍睡觉。大通铺可以睡十几个人，一字排开，一人一小条的位置，到晚上睡觉前同学们开始铺床，黄黄的灯光下，床单抖得一屋子灰尘，呛死人，直到现在我最怕的就是灰尘。西北气候非常干燥，这些农村学生即使一年不洗澡，不洗脚也不觉得难受，就味道太难闻，是身体的臭味，农村学生睡觉不穿衣服，光溜溜的，屋里虽然臭，睡觉还是很美的事。

吴亮：有些什么特别被你记住的？

韩冬：有啊，有一个从兰州分到我们学校的女教师，二十多岁矮矮的，长得也不好看。她做我们的班主任，晚上特别爱查铺，拿着手电筒在我们床上晃来晃去，看什么呀，哦，后来才想明白了，小伙子们都是裸体，露着小鸡鸡呢……

放假了，我要走二十几里的路才能到离学校最近的一个火车站上车回父亲驻地"14号"。回家第一件事，我妈让我站在房子中间命我脱掉所有衣服，短裤也不留，赤条条的，然后扔给我干净衣服换上，也不洗澡，好像家里也没有洗澡设备，她把换下的衣服放在一个大桶里，烧一大锅水熨烫衣服，因为衣服里面长满了虱子。放假在家，很少和同学出去玩，我要给爸爸妈妈做饭，他们下班回家看我饭还没做好会发火的，至今我饭做得不错，是童子功。我不能出去玩就借书看，《金光大道》、《欧阳海之歌》、《苦菜花》。这么着，也算养成了看书的习惯。

开学是我最害怕的，去那个远离父母的学校，要走一段很长的夜路。从"14号"上车到离学校最近的小车站是夜里十二点多，下了车还要走二十几里路才能到学校，西北的晚上太冷了，我背着妈妈做的肉丁咸菜和炒面粉，沿着模模糊糊可以辨认的乡下小路，硬着头皮在村子和村子之间穿行，时不时回头看一下，还是害怕……终于到了学校，摸进混合着尘土和臭味的温暖宿舍，摸着黑拉开自己的被筒睡下来，那真是最最幸福的时刻。

吴亮：我听得入迷，无法再说什么，你在西北度过的少年时光,对你来说还是刻骨铭心的,你以后可以自己写出来。

韩冬:我可能写不了,我觉得我没有这个能力。

吴亮:你从甘肃酒泉的一个叫鼎新的公社中学走出来,去了部队,又去了南艺,你的眼界越来越开阔,你曾经说过"中国一眼就能看到头",是指中国历史还是中国现实?或者是世界一眼就能看到头?

韩冬:应该是指中国的文化传统,它像江河从远方流淌而来,鱼龙混杂泥沙俱下,中国文化是水的文化,水的特点,就是强大的包容性和自洁能力。上大学时我就爱读老庄,读周易,老子把自己描绘为一个愚者,在这个功利世界,他一点用处都没有,他几乎无话可说,但他只是表面上的呆子。

在许多方面,中国人显得黯哑而愚笨,不善于分辨,不善于证明,也没有显示出那么多明白可见的智力,但他们知道各个个体若不把他们自身同无限相关,就不能和谐地在一起工作。智力属于头脑,它的工作较为引人注目,而混沌则在所有表面的动荡之下保持沉默与安静,它的意义从未浮现,让人们得以明确认知。西方传统喜欢语言表现,把语言文字变为血肉,使这个血肉在它的艺术和宗教上变得非常显著,甚至过为浓艳,淫逸。

吴亮:这个话题突然变得很大,大学时代的阅读使你完全变了一个人……你读老子庄子,古人既然那么通透,那么你觉得,他们的说法只是管管东方的中国人,还是放之四海而皆准,可以管全世界?

韩冬：老庄的说辞管不了全世界，现在连中国都管不了了。

吴亮：现在流行讲"普世价值"，有人说我们中国古代贤哲就有对普世价值的陈述，孔子的"己所不欲，勿施于人"不就是普世价值吗？我觉得未必。你韩冬食素，肉食非你所欲，你照样施予我吴某人以肉食；反之，"己之所欲"，难道就可以"强施于人"？譬如有些人认为他们的理想信仰最好最正确，他们就可以强迫我们接受他们的理想信仰？

吴亮：呵呵……对了，你还说"古今中外，我只看个大概"，能否告诉我，你这个"大概"又是指什么？

韩冬：这个"大概"就是我刚刚提到的"混沌"。

吴亮：说得很好，个人不足道，天下太大，而且还混沌，你只感受其中一小部分，一瞬间，你只表现一小部分，一瞬间……绘画的形式太有限，不可能把世界全部装进去——你的画，是"小中见大"，还是"小中见小"？

韩冬：这样说吧，喜马拉雅山可以激起人的庄严敬畏，太平洋波涛可以引起人的无限感，但当一个人的心诗意的、神秘的，或宗教性地敞开，就会觉得在每一片野草的叶子上都有着一种真正超乎所有贪恋和卑下的人类欲望的情感，这个情感将人提升到一个领域，这个领域的光华犹如净界，在这种情况中，是否庞大壮丽与之无关，在微小事物上能够发现伟大，超乎所有数与量的尺度。

吴亮：这个说法类似西方美学里的"崇高"了，不过他们是把"崇高"和"美"分开来讲的，西方人喜欢分类和分析，你韩冬理解的，愿意接受的是体量无差别的、一视同仁的混沌……你的作品就有一种直观上的混沌，你的作品与朦朦胧胧摄影关系密切，朦朦胧胧的景物通过镜像、投影、透视，折射在你的画中，这种若有若无的存在感与虚无感——西方存在主义加东方老庄思想——是不是表达了你对世界的一种认识，或者还隐含了更多其他的歧义？

韩冬：我不拍成画的照片，只拍一张随意的照片，我的工作就是让这个在形象内部的事件存在。我最紧张不安的时刻，是工作已经完成，幻灯机关闭，刚画过的图片隐没在黑暗中，留下纸张"单独"存在。我的工作过程，是把摄影得到的图像投射在皮纸上，进行水墨手绘的转换。作画的过程有助于我更好地看照片，寻找存在的角度。拍摄阶段提供的不仅仅是一个风景记录，还是一种面对现实的新方式，过去时态与现在时态的重叠，不受时间束缚的物象，既熟悉又陌生。

吴亮：这个过程有点像摄影师在暗房中的显影，这样的绘画方式在多大程度给你带来全新的工作感受？

韩冬：摄影的确造就了一些绘画观察及塑造上的惰性，并削弱了我的绘画经验。不过把照片上有意味的细节转变成绘画中的符号，把存在的场景自我化，或虚构化，把真实影像陌生化，带来的视觉感受是新鲜并且愉悦的。那些风景作品的美学构想，源于宋代马远《水图卷》和倪瓒的空旷、缥缈。水墨的渲染与相片的显影极其相似，皮纸水墨通过对摄影形象的影调分离，使得所有形象的层次减少，令画面单纯，层层罩染使完成的形象较之摄影照片更朦胧，也更贴近马远《水图卷》的空灵气息。

吴亮：我想知道一些制作过程中的，技术性的，你不同以往的体验。

韩冬：墨色很单纯，将自然引进画面，立交桥、湖水、土丘，鼓励我贴近观察，专注于与以往迥异的体验。降低所有景物的分辨率，将拍摄出照片的灰度系数调高，远景近景就会处在凝固的状态，那是我单凭有意识的回忆所得不到的。这些画，最初是我根据不符合实情的记忆进行判断的，由于那些被镜头推远的风景，那些被模糊掉的事物，我相信过去某个符合实情的时刻在画面上重现了。

吴亮：我相信你一定很享受这个时刻。

韩冬：是的，那是一种迷人甚或愉悦的虚无主义……我们这个时代的艺术背后全是势利，却到处充斥着渴求空灵的喧嚣声。我承认空灵的力量，但还是要继续说话。当我们发现没有什么可说的时候，就要想方设法说出这一情境。大片的天空隐喻着纯净，不受干扰的视野，那些本质、内敛、审视的目光，简约，非个性化，以反逻辑的手段来创作，试图达到观众无法添加任何东西的理想状态。如果谁真正开始倾听，他就不会有任何想法。

吴亮：你近年接触"净土宗"，不过据你自己说你并没有研读典籍，你念经，抄《心经》，它给了你什么样的身心体会？

韩冬：释迦牟尼濒近寂灭，他最后说的是，"当自求解脱，切勿求助他人"。这便是他的最后遗言,最后的训示。

吴亮:佛教所谓的"众生",在你看来是不是包括动物在内的"世界公民"?

韩冬:众生平等,这是佛学的基本概念,这众生当然是所有的生命。

吴亮:回到你的作品,既是雌雄同体,又是"人兽同体",我想听听你自己对此的解释。

韩冬:九十年代末我画了一组雌雄同体的作品,其中一幅,一个孤单的裸体,右手擎起一扇巨翼,左手托着有着弹性的乳房,希腊雕刻式的阳具有节制地垂吊在两腿之间,脚上的拖鞋则将这陌异的形象推入现实。我画双性人缘于当时正在读福柯,事实上雄雌同体的观念也来自古代认识论,道家哲学是东方唯一有宇宙论深度的哲学,它的"道"既有贵柔尚雌的女性色彩,又同时认为自然由阴阳构成。佛教密宗的中心角色是般若,智慧之母。作为象征仪式,男女交媾由完满地控驭感官达到智慧的修炼,最终把握住"雌雄同体"的奥义。

后来荣格由此提出男性潜倾和女性潜倾概念,"魂"就是女性特征的男性,"魄"就是男性特征的女性。雌雄同体是魂魄相互投射、融渗的结果……这都是为作品找的理论依据,其实中国古人画人体都雌雄不辨,挺好看的。

吴亮:你的女人体,还有雌雄同体,平静,安然,有时候还十分妩媚,妩媚却并不性感,你什么时候去过敦煌?

韩冬：1985年吧，当时敦煌壁画还没有用玻璃罩罩起来……北魏石刻造像对我影响非常大，除了敦煌，天水麦积山石刻，兰州刘家峡丙灵寺。无论壁画还是石刻造像，我极喜欢它们那种流畅圆润的线条……

吴亮：前不久我们去嘉定玩，我问你最近在读什么，你说正在读元曲和福柯，八竿子打不到嘛……同时我又很好奇，因为你刚刚提到了福柯，二十世纪末你画"雌雄同体"的时候就已经受到福柯的影响了，你常常反复阅读某些人的某些书吗？

韩冬：这是习惯，马尔克斯的《百年孤独》和《周易参同契》也是八竿子打不到，我上大学时就同时在看。诗经、汉赋、宋词、元曲是我生长的基本营养，而博尔赫斯、普鲁斯特、乔伊斯、萨特、加缪、尼采、卡夫卡、纳博科夫还有福柯，这几位的书我常看，他们给了我对世界的其他观看方式。中国戏曲决定了我画面的趣味倾向，福柯教会了我怎么画水墨，是一篇关于摄影和绘画的文章，里面讲到一个画家弗莱·芒热将摄影投影画在墙上，启发了我把投影画到纸上。

吴亮：你爱读博尔赫斯的小说？

韩冬：我喜欢博尔赫斯的诗，诗可以跳跃地读，一句句子，一个词都可能刺激我的想象，感觉来了，然后把书一扔，画画去了。小说不一样，小说如果写得吸引人就会陷进去，金庸武侠我也看，看金庸很快一天就被浪费掉了。

吴亮：萨特呢？

韩冬：读过他的《苍蝇》，萨特太悲观，太消极，"他人是地狱"。加缪有理想。我不把哲学当理论看，尼采的《查拉图斯特拉如是说》我是把它当作"励志"书来读的，就像兴奋剂……我偏爱那种可以随时进入，也可以随时离开的书。

吴亮：艺术家多半是这样读书的，望文生义、浅尝辄止、断章取义。

韩冬：中国的顾恺之、马远、朱耷，西方的乔托、佛兰西斯卡、杜尚和古埃及的法老雕像都令我着迷并在自己的画中摘取使用，艺术应无所谓东方与西方，当代与古代，新与旧。博尔赫斯说：既然空间和时间是无限的，我们又处在这时空的任意一点上，那又何必这样在乎写作、绘画、音乐中的所谓时代感和当代意识？普天之下并无古老的事物，一切都是第一次来过，亘古常新。

吴亮：有看无类，不求甚解，悠然见南山，你的养生心得？

韩冬：是，我什么都看，不归类，无逻辑，但要有营养。我很难把一本书从头看到尾，翻开任何一页都可以往下看，由于某一句话的触动就会神志游离，不再清醒，不知想到哪里去了。

吴亮：试试描述一下你最平常的一天，悠闲的与荒谬的，健康的与无意义的，艺术的与日常的，空灵的与具体的……你新的一天，你不断重复的一天，你永不古老的一天。

韩冬：我起床很早，第一件事就是拖地，把堂屋和院子拖得干干净净。然后，点上三炷艾香给观世音菩萨，这是我最近生活中唯一的仪式。"阅读或写作，在能完全进行之前，一种既定的常规是必要的",这话我找不到是谁说的了。从前的文人总说"端坐明窗,桌几洁净",再燃一束香,平静心绪,从而美妙诗句和精彩思绪便会出现。要是能这样做该是怎样清澈啊!我想我能在小院子里阅读或画画该是心安理得。还有,如果一个人不这么做,灵感即会受到限制,或紊乱、愚钝、隐而不出;欲望、兴趣和忧虑是我本人的紊乱,其中忧虑最为强烈。因为目睹现实生活的溃烂,似乎从底层蚕食尽我所做的一切,但我依然扫净地面,有一张洁净的桌子,有明亮的光线,虽没有丝竹之声,仍使我感到安定,并有了《如梦令》这样一个系列,作品题名还是你上次来扬州时所赐。

在学校教书,我真的认为无聊,不过也没什么不好,上课时间正好看看书。由于画画的时间不多,反而会逼得自己作画时精神更集中,这使我不会画得太多,粗制滥造对我来说很危险。我讨厌体制内的束缚,计算机,英语考试,提交论文,做班主任之类,我一概拒绝,上完课就回家。职称评定也与我无关,结果我就成为学校里最老的助教,现在大学还有我这么老的助教吗?除了在学校上课,就是画画,我拿起笔便能松弛我的精神。面对画好的画,我常想把它们全部涂掉,好像没有哪一处色块是贴切的,经得起推敲。画画总让你把握不住,让你不够踏实。我有些吃惊,在过去的十几年里居然画了这么多大大小小的画,现在要回忆是什么驱动我这样去做的,那真是很困难。我想可能由于架上绘画太微不足道,正是在这段时间里,我认为它是值得去做的。人是一种简单的东西，不管他有多么丰富精彩，多么深不可测，他所处情景的循环周期毕竟不久就要终结……

吴亮：说着说着，怎么变得消极起来了。

韩冬：你除了否定以外，也还要一种赞同，思考有可能使行动、美和邪恶平衡。有时候鲜艳的色彩本身就是一种不可救助的邪恶，因此没有任何艺术能够在完全否定之上生存。为了使一幅作品成立，我得否定现实，又赞扬现实的某些部分，这使我大为苦恼。

这个世界实在太老了。几千年来那么多的重要人物已生活过，思考过，现在可找到和可说出的新东西已不多了。我始终在一种伟大的系统——东方的和西方的各类文本——保护之下工作。今天我似乎更加勤奋，无拘无束地工作，没有什么支持你，只有一些过时的语言碎片。至于明天，我想起了歌德评论拜伦的话："作诗就像女人生孩子，她们用不着思考，也不知怎样就生下来了。"

你也许觉得很突兀,我却感到很快乐

韩峰　吴亮

(韩峰,艺术家,现居上海。对话时间:2010年11月)

　　吴亮:你这个新画室很有对比性,背后是一只笨重的老柜子,另一边是细腰长腿的芭比娃娃……我好多年前去过你的另一个画室,它紧靠在苏州河边。

　　韩峰:那是我的老工作室,搬了有几年了。

　　吴亮:噢……记得当时看到一些纸本的裸体女人,工笔画,总是荷花、睡莲这类东西作陪衬,又安静又性感。

　　韩峰:呵呵,是吗。

　　吴亮:美女和花卉,是不是传统我不很清楚,后来在一次群展中,看到你现在的这一批画出现了——芭比娃娃。你当时回答我的疑问,画面背景这些闪闪发光的小金片,女孩子喜欢贴在脸上,还有眉毛、手背和手机上的,你怎么回事?你解释说这东西不是你自己贴的,是你请女孩子们来贴的……当时我觉得肯定有故事,现在可以讲讲这个故事了,也许来自某个概念的,也许是一个偶然?

韩峰：这当然有个过程。在这批作品之前，我画了另一组作品，是同现在一样的芭比娃娃，她们周围是空白的，很大的画面，当中一个很小的芭比娃娃。当初我的主题是"中国制造"，强调的是一个产品概念，这产品背后表达的一些意思。

吴亮：芭比娃娃应该是美国制造吧?

韩峰：这个概念是美国的，制造是在中国呀。表面上看它是一个产品，我把芭比娃娃放在画面当中，跟传统中国绘画，比如跟一个仕女就完全不同了。现代女人很少能看到她们古板的动作，芭比娃娃充满动态，我没有丝毫改变她的动态，买来之后，盒子拆封之前是什么动态，画面上就是什么动态。

吴亮：你的芭比娃娃是中美合作玩偶版的现代仕女?

韩峰：其实我对传统仕女并不怎么感兴趣，你看到的几幅我以前画的工笔仕女，只不过是对线描人物画有兴趣。我还是把芭比娃娃就当作芭比娃娃画的，对流行时尚我一直在关注，对现在文化的大方向的改变也一直在关注。比如以前我们写信，大家都有书信往来，时间很慢，你写一封信寄到外地，路上可能四五天，对方收到信看得也比较认真。那么回信呢，晚上坐下来，安安心心给你写一封回信。这样一来时间就是一种很慢的概念，写信思考都有一个漫长的过程，当年写信的语言方式，还容易有点偏文学性，努力往精英文化那边靠，即便你本来不是一个特别有文化的人，但是你向往有文化，你总想体现出你有文化。现在这种书信往来很少了，大多数人就短信，在网上聊天，这个语句变化，速度，表达方式，跟过去已经天差地别，这个天差地别不仅反映出一种文化改变，比如在 MSN 上面，学生问你一声："你好吗？"那个"吗"，就是一匹马在跑的图形。假如我们年轻时有人这样说话，肯定以为你是个傻瓜。

吴亮：看来韩峰心态还是很年轻，是不是常常和学生们在一起的缘故？

韩峰：平常我倒不觉得自己心态年轻，不过周围朋友有时候说我年轻，我也是很高兴的，呵呵。至于我这批作品，芭比娃娃，不等于我个人的爱好，而是这个时代把一个信号给了你，这个信号就是简单、轻松、快乐，大家享受快乐，炫耀瞬间的那种，跟以前不一样了。

吴亮：那么你个人对这个"简单、轻松、快乐的年轻人文化"抱什么态度呢？

韩峰：我的态度不重要，这里面或许有问题，既然有许许多多年轻人都喜欢，肯定是有原因的。我画它只是为了呈现它，画了一段时间以后，觉得我这作品的味道还不够狠，不那么准确，毕竟我是从传统中国画出来的，还有很多文人气，但是要我把它全部改掉，那也不再是我的作品了。于是我就开始考虑，用年轻人喜欢用的那种方式，你看到我后面作品的这种图形，就是去找那种小孩子玩的贴片，金光闪亮的，一个心，一个五角星，一个圆圈，我把这种亮晶晶的贴片混入我的作品。我直接找年轻人做这件事，让她们来做更贴切，这个东西本来就是属于她们的，他们最有感觉。

吴亮：你是随机找吗？

韩峰：不是，找也是有方向的，我找我们学校画画的女学生，她们不仅具有绘画能力，还要画得好，因为这个需要创造性，我不教你怎么贴，教你就没意思了。还有一个要求，要感觉这个学生很时髦，还不是一个光画得好的学生，一定要时髦，喜欢玩，跟这个时代流行完全融合的学生，让她们来贴——两个年龄层的人的合作，我觉得是我的一个主线，结果非常灵，正是我要的。

吴亮：看你的履历，一个画中国画，画工笔画的，以前的画有点像春宫，像欢喜佛，类似这种古代性感、妩媚、吉祥、喜气，娃娃型大眼睛女人，现在变时髦了，更性感了，背景变成了彩色星星和闪光片了，你把手直接伸到芭比娃娃那里，照你的说法她不是美国的，因为"她已经进来了"，就是你身边的现成东西。你是不是收藏了很多芭比娃娃？

韩峰：作品上每个娃娃都是我买的，不算收藏，都留着，原型都在，送掉过几个，但大多数都在。

吴亮：你让你的学生来做这个事情，是在期待一种不可期待的效果——你在等待，它最后究竟会怎么样你不知道，但它依然在你控制范围之内。

韩峰：我只有一个大框架，具体画面出来怎样我不知道。如同看到小孩子画画，他下一笔画在哪里往往很意外。

吴亮：你一定很有快感，现在你说这个事，表情神采飞扬。

韩峰：这里有故事，就是快乐，你也许觉得很突兀，我却非常快乐——我以前做展览，人家猜想这作品肯定是个女的画的，或者是小姑娘画的，年轻人最后看到竟然是我画的，很惊讶，他们想不通。还有些艺术家朋友，看了我这个作品会觉得非常难受，他会说："你跟这个有什么关系呢？"他觉得你这个方向完全不对。

吴亮：他们说你不对我可以理解，你说说你的解释。

韩峰：原来大家的标准，你一个男的，你的画最好是粗犷的，干脆利落的，有派头的。现在你这个画，给人感觉就是小女孩，"小女孩"作为一种评语，艺术家假如评价你的画像小女孩，就等于贬低，就等于说你画不来。

吴亮：但是现在大家都记住你了，不用管他们讲什么——首先要被识别，这非常重要，然后再解释。

韩峰：我很难解释，大家理解方式不一样，他们没注意我这个作品不是表达我自己，而是我对现在文化的理解。我早期作品可能是我个人精神趣味的追求，有点安静有点遥远，还有点寒冷，这种境界可能是中国文人喜欢的。曾经喜欢我这类作品的朋友现在看到我这个芭比娃娃，再回头看看我，他们就觉得拧巴。

吴亮：我也感觉你的画有点女性味，倒不是因为你用了芭比娃娃。我看你那些边上的小作品，你把这抽屉打开，里面一个个小盒子，打开抽屉，打开盒子，就是女人闺蜜之间的行为，私密性、袖珍性和迷你性,类似女人用的梳妆桌和化妆盒,她们在里面放戒指,放手表,放情书,就是这样的小盒子,很小心地打开。

韩峰:对,很精致,不能够重手重脚,毛手毛脚会有损坏的。

吴亮:体积小,私密,担心被弄脏,担心损坏,一般就觉得比较女性化,这里女性是个褒义词。我们总说男人应该大大咧咧,我觉得很有问题,不是当着你这么说,我在积极的意义上说"女性化",你的作品装在一个盒子中,关闭、打开,再关闭,那种小东西,小物件,我想起我很小的时候,我姐姐,她们总是把一些小零碎,在大人看来不见得多么重要,藏在抽屉里,藏着掖着。可能就是几颗糖,漂亮纽扣,橡皮筋,甚至一些花花绿绿的糖纸都要收集。艺术家常常会有某些女性特质,你在日常生活中有没有这种类似女性的习惯,比如生活中很注意细节,刚才我说了你的杯子很干净。

韩峰:我平时确实比较注意细节,你可能以为是因为我画工笔画,其实起初我不太画工笔,画写意。读书那时候赶上"85新潮",大家都做当代艺术,当代水墨,因为都是墨嘛,后来越做越大,第一眼感觉就是大家太雷同了,毕业以后就不想做了,也不知道我该怎么做。后来看古画,临古画,临工笔,慢慢对中国工笔有了感觉。工笔微妙,空灵,但不小气,也不女人气。许多人对工笔的细,没有好好理解。比如像陈老莲勾的线,简单的几根线,很细,这个细一点都不小气,并不是说只有线条粗,黑黑墨黑,就是大气。多看好的传统工笔,就会觉得真是好透了,好透的微妙，你能体会了，你就也想把这种微妙做出来，后来我在观念思考上虽然有一点偏向当代，但手法上还是保持着原来对中国画的某种迷恋。

吴亮：我对你说的"粗与细"、"大和小"很感兴趣。

韩峰：你知道我现在跟当代艺术家接触比较多，看的新展览也不少——他们大多数都是大画，像我这种小画，在群展览中几乎就不容易抢眼。我就反过来想，你画大的，画抢眼的，你的画要退后几步看；我画工笔，小画，你要走近看，画一大就不好看。比如一根线，几根线，画很多线就啰唆了嘛。画面大，线就要粗，就像壁画了，线条灵性全部没有了。我画小盒子，干脆缩小，就是让别人走近细看你的工笔，作品只有那么小，你视线才会集中，认认真真去看一张画。现在到美术馆，几乎都是大画，有一点像舞台背景，很吓人，一下子知道这是张三李四画的，但你发现有几个人能站在那儿认真看反复看的。我不是说大画不好，大画也难画嘛，现在你要大画画得精到很难，大家都很仓促，费时间的、耐看的大画一直很少。

吴亮：从中国传统绘画来讲，除了壁画，纸上绘画都不太大，都是近距离看的。

韩峰：是啊，我想保留这种小尺幅绘画，但要适合现代的展览空间，古代人不展览，古代人把画拿在手里看。

吴亮：自己把玩，朋友之间传看。

韩峰：对啊，把玩。一长卷，慢慢展开，露出一截看一截，看一半卷一半,都看不到整个的画。有时候可能家里空间小,他们就边卷边看,看几笔,哎哟,叫一声"好好好",大家高兴,不是一下子吓你一跳,是静下来慢慢看。这个展示方式我有兴趣,这个传统现在都遗失了嘛。

吴亮:芭比娃娃除了国际性,也有私密性吗?

韩峰:女孩子一般不会这么思考问题,男人很容易在芭比娃娃身上看到文化入侵,或者什么象征意义,这些女孩子就是喜欢这个芭比娃娃。她并不是因为喝可乐就热爱美国,喜欢日本动漫就喜欢日本。

吴亮:是,不需要她们思考,这是两码事,我问的是你。

韩峰:你刚才特别提到私人性,我观察下来,那些女学生来帮我完成这幅作品,她们应该是带着私人感情进入的。她们很细心,特别注意一些小地方,非常有自己的想法,可能也是她们这代的流行趣味,被她们一弄,往往并没有要达到我事先想象的那个目标,但是恰恰这一点,使这幅画最后变得非常有意思。

吴亮:借用她们的眼睛看。

韩峰:女孩子对小地方本来就敏感,学艺术的更不要说了。

吴亮:我们在展厅里看一幅大画要后退一段距离,旁边就有好多别的画在干扰你。你迫使观众贴近你的画,本来展厅闹哄哄一片,但你走近它,就变安静了。

韩峰:是这个感觉。

吴亮:我还是要回到前面那个问题,我不逼迫你一定要回答。

韩峰：没关系，你问。

吴亮：就从这种"关闭与打开"开始——你说一幅卷轴打开，一个盒子打开，东西欣赏过了，画要收起来，盒子也得赶紧关起来，是吧？他的目标不是公开，看完以后马上收起来意味了什么呢，就表示我这个画不想进入公共社会，不要许多人知道，几个重要人物知道，几个私人朋友知道，行了。

韩峰：这是古代的情况。

吴亮：问题在于，古代的私人性是一种文人艺术家的交往方式，现在的私人性成为当代艺术家要探讨的一个理论命题，一个公开展示的样式，甚至是"以私人为名"的主题。这两者之间，你觉得有什么不一样呢？

韩峰：其实我的画没有什么私人性……

吴亮：哦，我说的私人性当然不是指隐私性。

韩峰：我强调的个人，照你的说法是私人性，就是我内心最有感觉的那个部分，可以用心去体会的。

吴亮：包括你的芭比娃娃吗，尽管她们很小，围绕在她们周围的彩色星星，你能体会到类似工笔画的情趣吗？

韩峰：我两边都欣赏，中国工笔，你好好去体会。当代做的东西好在哪里，你也会去认真琢磨。我现在出来另外一个好像很时髦的作品，可能就是我的将来，我一直没有走得很彻底，别人说我是个不彻底的人，我觉得如果我彻底的话，我就不是我了，彻底的事可以让别人去做。所谓彻底，强调彻底的人，往往没有理解中国传统里面有许多你那么爱的东西,你不知道,你没有那么爱,你当然是彻底了。

吴亮:说得好,我发现你说得非常彻底,只要好东西,无论古今……男性理论家的思考有点出错了,他们断言全球化以后人类都没有个人东西了,都没有差别了,韩峰认为不是,我也认为不是,倒是这些理论家彼此相似。让我看看你那些盒子,我打开,这个不是芭比娃娃,是流行的鞋子嘛,耐克鞋。

韩峰:对。

吴亮:耐克是原型,被你一画,我们会发觉这不再仅仅是耐克,这是韩峰,这是韩峰的鞋子。

韩峰:我要解决的,比如中国制造这个概念,在当代艺术作品里已经很多了,不是你一个艺术家在关注这个问题,很多人都在关注。一个时代,很多人会关注同样的问题,有人早,有人晚,有人想它的本质,有人想它的表面,这都没问题。但是最后的落实表达要有自己的特点,这是很难很难的。作为艺术家,你看到所有人都走了很多路,你每一步都很难跨出去,你最终做出一个东西,看上去真正有个人表达,会是很有意思的。

吴亮:你的这种艰难寻找是从什么时候开始的呢?

韩峰:我的寻找,基于特殊的情况。读美校的时候,我们一个班八个人,各种各样绘画都学,中国画,油画,是混杂在一起学的。八个人中间,就我一个人,陈家泠老师劝我多画一些国画,我答应了,当初我还写书法,一直在练。平时上课大家都一样,回家后我用心用得多的就是中国画了。美校毕业,我坚持画中国画,后来读大学,还是进了国画系。就考学的时候弄了一阵西洋画,后来一直弄中国工笔,再后来我又进了苏州河边这个工作室,周边的人,几乎都是做当代艺术的,其实这个很不传统的环境给了我完全不同的营养,真是很可贵。在这个环境里,你会很明确自己的思考方式,不是简单的对不对,就是周围有不同的思路,多方面的营养,多方面的挤压,你也不能简单模仿谁,我就处在这样一个很特别的位置。

吴亮:前面你讲的内容涉及两个大问题,一个是芭比娃娃,中国制造,大处入手,小处着眼。芭比娃娃是大工业产物,但是你把它小型化,私人化,跟学生一起合作;接着你又在非常小的、袖珍型、迷你型的尺度里,把耐克鞋变成一个私人收藏的小玩具、小摆设。第二个是"大和小",你批评了"吓人一跳"的大与粗,你举陈老莲为例子,你看到了弱小,微妙……你主张"小的美学"?

韩峰:不是,我不主张"小的美学",可能我正好喜欢这个"小","大"的我也喜欢,可惜"大"不合适我去做,应该说我更注重"小"。

吴亮:那些喜欢文化批判的知识分子,按他们的理论,一说起商业,时尚,就要进行批判,如果他们发现你的作品中出现了一些商业符号,尤其是舶来品商业符号,他们就会假定你是一个有自己独立思想的人,期待你持一种批判态度,假如你的态度相反,那你就是向商业与时尚投降,就是媚俗,就是不当代。这个问题你怎么看?

韩峰:我只是呈现这个已经包围我们的文化现象,我的态度就在呈现。如果把它当理论问题,我觉得很复杂,艺术家很难用理论语言思考问题和回答问题。

吴亮:你很暧昧,模棱两可,其实这也是我能意料的。远一点的安迪·沃霍尔,近一点的村上隆、奈良美智,按照那些知识分子的看法就是投降和媚俗;而在我看来,那些人云亦云毫无新意的批判知识分子才是媚俗,一种空洞言论的媚俗。

韩峰:但是我又不是完全接受,我只是承认"它们来了"。

吴亮:所以我说你暧昧嘛,暧昧不是一个贬义词。前面我们谈芭比娃娃和你的女学生的时候,我发觉你眉飞色舞,你有种喜悦,你期待这些孩子们,你不可能对这些迷恋卡通与玩偶的孩子们怀有批判性。

韩峰:那当然。

吴亮:不仅这些孩子很可爱,最起码,你对这些芭比娃娃也是不讨厌的。我想请你说说你对时尚的态度,不需要批评,比如说,为什么它会使你觉得很愉悦。

韩峰:你这个问题很有意思……坦率说,我是喜欢时尚的,就是这个时尚具体很难定义,时尚不是简单地赶时髦。比如穿衣服,这个人的穿着看上去舒服,那个人的穿着看上去不舒服,这个跟时尚的确有一点关系。生活当中你看时尚频道,你就会学到一些东西，也是一门艺术。我不反对时尚，还挺喜欢，好东西嘛，往往就是被推崇的时尚，都是大品牌，大品牌本身没有错。只是从文化概念上，那些知识分子在批判，如果倒过来，落实到某个具体的包，具体的鞋子，大品牌，大概知识分子也会喜欢的。思考，批判，不过是课堂上讲讲的。

吴亮：唔，我们可以一边具体地与富翁交朋友，一边抽象地批判资产阶级。

韩峰：你这个包在你手里，跟中国随便一个加工厂做的破包放在一起，你喜欢哪一个？那肯定是这个好，真的就是好，造型，设计，各方面都好，我们首先要思考的问题不是去批判它，而是我们为什么做不出这样的包。要做自己的好东西，不要老是指责别人不好，你自己做不出，就没有说服力。当然，大家其实都喜欢这个外国品牌，现在中小学生，哪有不穿这些品牌的。你不穿，或许你家里条件不好。并不是说我希望文化往这个方向走，但是现在文化就朝这个方向走，你挡不住，年轻人必然要替代年老的人，一代一代在改变，我们没有资格说人家年轻一代是不对的，只有我们是对的。

吴亮：你的意思，你只是呈现这个文化趋势，可是你个人不见得喜欢那些你在作品中呈现的趣味？

韩峰：我家最近刚装修好，我家里放的，墙上挂的，都不是这类东西。全是中国老家具，传统的明式家具。

吴亮：现在明式家具已经很时尚了。

韩峰：好用啊……以前有一个特殊机遇，认识玩家具的朋友，当时也不是很贵，现在买就吃力了。其实这些老家具不是非常名贵，主要是形状特别好，我不买那个最好的材料，黄花梨、紫檀，那个不碰。

吴亮：你是好东西主义。

韩峰：对，东西要做得好。中国人老强调自己传统好，那你现在做的东西呢，好吗？强调传统画好，你画呀，你画不好，你没有画好，你不能说传统不好。

吴亮：我们一直在谈现在的年轻人文化，说说你的年轻时代怎么样，比如你读大学的八十年代？

韩峰：回想起来，大学生活最有意思了……那时候跟现在不一样，因为我现在还在大学里教书，所以有比较。一个是学校环境不同，校舍很小，朴素，简陋，没什么条件，学校制度也没有现在复杂，现在大学的规模很大了，扩招，人特别挤。八十年代招的学生也多，但比现在少多了。我考进上海大学美术学院那年，全上海就招五个学国画的。还有一个，当年国画系老师，那些大画家，应野平、俞子才、乔木、顾炳鑫、陈家泠，我们有福气呀。

那时候我们上课，都有一个年轻老师，先把老先生接来。星期一上课，老先生不太说话，现在老师侃侃而谈，那时候老先生基本不说话，尤其是画中国画的，他来了就坐下，你们五个人围坐一圈，五个人就看他画画，画了半天，一张画完成，他就走了。那个年轻一点的老师呢，再接下来辅导我们，边上是老先生留下的画，我们几个就临摹。过几天，老先生又来了，一个一个看我们的作业，帮我们改几笔，然后他再画一张。像师傅徒弟，大家坐得距离特别近，这种情感完全不一样。现在教室大了，坐在后面的学生面孔看都看不清，你一下子无法记住每个人的名字。现在什么都大了，老师和学生的距离也远了。

还有呢，大学的日常生活，经济上没什么要求，觉得挺好，没钱，没物质要求。就是想画画，画好了就玩，玩过了就再画画。一个国画系，五个人，其他系也都是五个人，人少，不复杂，关系很好，一个学校所有的人一起玩，都是朋友。当时朋友来往不只是一个学校的，还有上师大、华师大、戏剧学院，到了圣诞节，所有上海画画的，这个年龄的，自费凑一点钱，借个大礼堂，搞活动。

吴亮：现在聚不起来了。

韩峰：现在一个班的五个人都聚不起来……我后来带的一个班，几个人一帮，有好几帮，两个人也是一帮，一男一女，很快就变成一对了，其他的人都不理。最后毕业的时候，有个同学写了张纸条，建议反省他们班级本来应该像一个大家庭，为什么会变成这个样子……当年我们那个热闹情况在今天好像不大会再有了。

学会节制,放慢节奏

陈心懋　吴亮

(陈心懋,艺术家,现居上海。对话时间:2010年11月)

吴亮:心懋,九十年代初我们就认识了,还没有好好聊过。

陈心懋:有二十多年了,其实我最早看到你是在岳阳路画院,应该是1988年,袁顺的画展。

吴亮:想起来了,袁顺的罗汉图,后来我给他写了评论。

陈心懋:1994年我们第二次见面,在华东师大图书馆,当代艺术文献展,四川美院王林策划的。

吴亮:哦,那天人太多了,我当时不再写文学评论,就找画家玩,后来陆续在各种场合看到你的作品,包括去你工作室,印象最深的,是你用稻草、纸浆,拼贴拓片,或者用一些水墨,旧书,现成品,反正都是综合材料……但对你之前做什么我不太清楚,慢慢和你熟了,我们一起出去玩,才有机会知道你以前的事,今天我们就从你的过去开始。

陈心懋:因为你当时关注的点,不在我们中国画这一块,呵呵。

吴亮：在一本你的画册里，我读到你自己谈自己，很奇特，你大我没几岁，你说到你父亲读私塾出身，受家教影响，你从小背古诗，写楷书。

陈心懋：是啊。

吴亮：这个经验，我们这年纪当时不太多，普遍用铅笔钢笔写字了，课本里古文只有一两篇，我对你这一段特别感兴趣，说说你父亲和你吧，"文革"爆发以前，你受的家庭教育是什么样子。

陈心懋：我父亲一直是上海中学的语文老师，从小读私塾，据他说，我们老家应该是河北镇定，父亲上几代就移民到了江苏句容，可能是逃避战乱吧。到了爷爷他们一辈很重视教育，父亲读的私塾，在句容天王寺旁边那个村，读完了私塾考进南京中央大学，学国文。父亲一辈子觉得传统底子非常重要，就像鲁迅幼年时期一样，要我背四书五经，背古诗，写小楷大楷，他反复跟我讲记性小时候最好，背这东西，大了以后会有用。我还在学龄前父亲就每天给我讲古诗了，《诗经》《楚辞》，还有《古文观止》，他稍微讲解一下特别难懂的字，然后就要我背，每天一首，或者每天一段，一直背到小学五年级，那时候学校功课不多，放学回家第一件事情，就是背古诗，写小楷大楷，完成吃饭，最后写作业。

吴亮：压力重吗，一大堆。

陈心懋：没多少，很快就完成了。我下午一定要跑步，在父亲的上海中学操场里面跑一圈，还玩单杠双杠，德智体全面发展。

吴亮：你的情况比较特殊，而且比较幸运，你的小学学业背后是你父亲的传统教育，家庭私塾，赶在"文化大革命"还没有发生之前。

陈心懋：六六年"文革"爆发，那年我刚读初一。

吴亮："文革"爆发后，你还能私下保持对中国传统的兴趣吗？

陈心懋：等到"文革"开始，参加运动当然免不了，每个学生都免不了，但是因为我家庭出身问题，没有资格参加红卫兵，到学校里被红卫兵拦住问，要我自报家庭出身，就非常灰溜溜。

吴亮：为什么？你的父亲不就是一个中学教师吗？

陈心懋：我父亲的出身是地主，当时讲血统论，查三代，不但父亲的地主出身影响了我们全家，我母亲的出身也是地主，为了这个，连街道的造反派都来抄我们家，母亲在"文革"中吃了许多苦头，在里弄监督劳动。

吴亮：明白了。

陈心懋：我在学校因为大家知道我会一点美术，可以画一点宣传画写一点标语，但是大量时间还是躲在家里，因为参加不了这些政治活动……家里还可以待，父亲母亲管不了我们子女几个，自己看书画画，当时就这点事，早上跑步，下午游泳，然后看书画画。

吴亮：这情况和我很相似，最怕填表，一填表，你又不能隐瞒自己的出身，所以就必须避开……我猜想，本来你一定还在偷偷看一些旧东西，但"文革"那个事情来了，"破四旧"，传统文化就隔绝了，断裂了，不能交流了，也就是说，从1966年到1975年，整整十年，你和中国传统的关系也分离了。

陈心懋：对，分离了。在学校里混了三年，之后就到上海郊县曹行公社插队落户了。"文革"当中，包括插队这段时间，这十年我受家庭影响非常大，先是抄家，抄走了很多"四旧"。但还留下一些，解放后出的历史书，现代文学的书，鲁迅最早的版本非常完整的，现在这些书恐怕还在楼上，像《坟》、《且介亭杂文》，单行本，我全部搬到乡下去了，在油灯下看，那时候读鲁迅是没有问题的。还有历史故事，农民要听三国，我就讲给他们三国，农民特别来劲。我接触西方文化，主要是"文革"结束后——1978年我考进上海戏剧学院，非常大的震撼就是来自西方的观念，除了我以前知道的真理，还有别的各种真理，这之前我对西方了解非常非常少。

吴亮：以前的真理是指什么？

陈心懋：比如，艺术只有一个标准，就是"二为"，呵呵，为工农兵服务、为政治服务……后来我又到南京艺术学院读研究生，艺术和个性，艺术和时代，获得这样一些概念是我在南艺最大的收获之一。

吴亮：我最早看你的画，到今天，在你画室，你基本的符号、材质,形式与内容一直在里面重现,不断重现……嗯,你九十年代初的作品,被你命名为"书",你的"书"是不可阅读的,它密封在一个平面上,它只是告诉我,如同一个久远的历史遗骸,它曾经化为无形,但是现在又浮现出来了,你把书和纸浆结合在一起,你刚刚又说你从小背古书,父亲背离时代对你进行的私塾教育,我想你肯定对书啊、纸啊、字啊这些媒介有非常独特的心得。

陈心懋:这个系列与"书"的确有直接接触,小时候写楷书,对笔、墨就有了感觉和记忆,我对传统艺术一直偏爱,在上戏我们几个要好同学一起外出考察,

那次从三峡到四川,看大足石刻,看民间雕刻,在南艺时我花了好多时间到西北考察,看汉碑看魏碑,看宋版明版刻本,同样的文字,不同的时代气息都不一样。这些感觉慢慢地在我的作品里有所表现。那么这个表现呢,最开始,我直接用毛笔画在宣纸上,后来用综合材料,拓碑,纸浆,包括一些文字,以及水墨留在宣纸上的痕迹。

吴亮:我曾经试图去辨读这些字,有个别字我能读出来,但因为你的处理,中间断裂了,不能读成完整的句子……你自己看这些作品的时候,感觉它是一种发声的文字还是一种沉默的符号?

陈心懋:文字对我来讲,主要是一种感受,它呈现的是文化状态,跟阅读它的观众可能会产生一种交流障碍,也可能会产生想象,至于是否能读通,我觉得并不重要。中国文化经历了长时

间的演变，一段文字即便读通了，在每个人那里认识还是不一样。1991年我开始做所谓"史书"，我采用的材料来源于中国丧葬文化，很多典型的用来祭祀的材料，把文字印上去，通常是为了要被烧掉的，烧掉也许就是再生，当时我的观念是断裂，保留局部的完整，我觉得中国传统文化应该是一种新生的东西。

吴亮：后来你在"书"系列里面，你索性把"书"还原成纸浆，纸浆中又还原性的置入各种各样的草，草茎，旧纤维，中药药材，甚至中国茶叶，显然就不仅仅把那些材料作为造纸原料了——茶叶显然不是造纸材料，你喜欢喝茶吗？

陈心懋：也许从小时候读古文，对传统文化的方方面面，比方武术、中药、茶，我都很感兴趣。

吴亮：问一个猜测性的问题——八十年代中后期，当时还不叫当代艺术，我们圈子里叫搞现代的，或者前卫艺术，都受过西方现代主义影响，你能否告诉我哪几个西方艺术家影响过你，比方塔皮埃斯，或者基弗？

陈心懋：是这样的，我完整地经历了1985年和1986年，那时我在南艺读书，很多同行，同学，像搞运动一样兴奋，一大帮人跑到了玄武湖公园，打出旗帜"晒太阳"，每个人都把自己的画拿出来展览，还有人搞行为艺术。回想起来，那个时代的新潮美术受西方哲学西方文学影响比较大，当时普遍举行讨论，办讲座，对我影响最大的，除了哲学文学，八十年代介绍进来的后期印象派和野兽派，包括巴黎画派，可能更直接，你说的塔皮埃斯和基弗要晚一些。

吴亮：那是，我第一次看你的作品就是在九十年代啊。

陈心懋：其实当时我就有反思，西方现代艺术再好，终究不是自己的，像安迪·沃霍，劳申伯，他们更多的是启发，是多样性。民国时期的林风眠、关良，很多前辈做得很好，他们也留学，显然也受到西方那个时代的影响，但是他们的作品一看还是中国的——我对这一点好像更在乎。

吴亮：这二十多年来，你的生活方式好像一点没有受西方影响，这些天我连续找艺术家聊天，到现在为止，他们能够拿出来让我喝的，居然全是中国茶，没有一个人给我煮咖啡。很有趣啊，前卫艺术家生活习惯如此保守……你的生活方式是不是也很保守，坚持中国的这老一套？

陈心懋：记得一本什么时尚杂志有介绍，台湾香港的一些艺术家搞全面复古，从穿着打扮到家庭生活，完全照搬古人，这何必呢。在技术层面上西方已经在生活中改变了我们，汽车飞机电脑手机我们人人在用，但是在生活的文化层面，内涵层面，我很难改变我的中国习惯。

吴亮：你会不会对你的学生说，你们十五岁喝可乐，三十岁喝咖啡，但是到了四十岁以后，你们就应该改喝茶了。

陈心懋：我想这很正常，我的学生二十多岁就能弹古琴唱昆曲了，虽然比例不高……西方文化快，刺激，适合年轻人，中国文化慢，要细品，这需要时间，现在的年轻人全盘接受中国文化，恐怕很罕见。

吴亮：据我个人观察，因为艺术家工作特殊，居家时间多，闲暇多，对生活艺术敏感，相对普通人，他们有更多机会接触中国传统文化。但是现在的年轻一代，从事其他职业的人很难做到这一点。

陈心懋：我经常对学生举佛教的例子，佛教有大智慧，不同年代，佛教有不同的改变。中国传统文化也是这样，需要用现代方式去推广，不可能一直用以前的那一套去说服人。当然这并不是说你拼命宣传茶文化，把它弄得很时髦，别人就愿意喝你的茶，急功近利不行，需要耐心，要一段很长的时间。

吴亮：两个途径，两个成语，一个叫"耳濡目染"，一个叫"水到渠成"。

陈心懋：没错，中国文化是慢慢浸泡出来的，像茶一样，要泡。它不是电影也不是摇滚，马上可以模仿。

吴亮：你觉得在恢复传统教育这个事情上，艺术能够做什么，你给学生上课，课内课外，通过你的学生，课堂教育有效吗？

陈心懋：教书是我的职业，画画是业余，不少画家都是身兼二职，我曾经向往做职业画家，但没弄成……我作为教师，是有可能做这个事的，就是把他所理解的传统中国水墨画，传统在当今应该有的形态，还有他所理解的西方文化，怎么跟中国传统文化结合起来……我教中国画今天应该怎么教，以前主要让学生们临摹，要背，这样的教法现在还合适吗，如果不这样教，又用什么方式来教？把传统文化原封不动拿过来，肯定不行，也没法原封不动拿过来，这个已经被实践否定了，问题不少。

吴亮：那你还有没有信心？

陈心懋：不瞒你说，我也非常悲观，我们学校经常举办各种研讨会和讲座，许多学者都讲中西文化碰撞，起先关着门，他自高自大，后来门被打开了，他又感觉自己的弱小，感叹老祖宗觉曾经辉煌过，现在不再辉煌了，只好用什么方式，在里面取它一点出来，都知道中国传统里面有糟粕，鲁迅那一代强烈批判过，那么精华在哪里呢。日本以前学习中国，后来学习西方文化非常大胆，日语里大量吸收外来语，语汇一直在丰富，但是这样做是不是合适中国呢，我真的很矛盾，很悲观。我作为个体非常弱小，我还是不甘心，相信作为一个历史非常悠久的国家，它的文化前景还是很大，我相信它会有下一次曙光。

吴亮：提倡孩子们写毛笔字，你认为这是中国文化复兴的一个有效方法吗？

陈心懋：中国人喜欢跟风，有些人觉得似乎只有全国人民这样做，从小孩子做起，就是继承传统，其实效果恰恰相反。继承传统首先是正确理解与认识，是由内而外的，不再做表面文章，老百姓跟风仅仅是一种集体模仿，不能当回事的。

吴亮：心懋你其实还是非常关注当代，传统只是你的一个心结，一种个人的少年记忆，中国的文化传统将来究竟怎么样的命运，我们谁也不知道的，王国维早就悲观过了……我换个话题，说说我对你的作品的看法,可能会当面吹捧你几句,今天就我们两个人。

陈心懋:好啊,我还没听过你怎么吹捧我呢!

吴亮:我只针对你的一部分作品,包括今天看到的,你《书》系列之后的那些……你沉醉于重新处理历史文本的痕迹,我看到了隐藏在背后的时间,比如你的拓印、你的篆书书碑刻、字词、毁坏的文献和自然材料,它们在循环之中,文化只是其中的一个阶段,而不是最终完成的东西,你的那些像文物残骸的碎片纸浆可以理解为文明的衰败之后,也可以想象为另一种文明的诞生之前,在你作品里总是能看到或者能辨认出一些中国文字,这些字已经无法读通,但是还是透露出某种历史信息,你很少在你作品中加进当代内容,你不直接处理当下,所以你的当代性是在画面之外的,我会把它理解为你在今天的位置,所有的昨天都过时了,相比漫长的历史,当下不过是一个瞬间即逝的概念,你虽然今天很厉害,明天就过时了,可能连一点点痕迹都留不下来。

陈心懋:没错,是这样。

吴亮:所谓的当代本身,由于它太自以为是,太时髦,它的承载,它的根基就有问题了,所以今天重新来处理这些历史题材的时候,我讲的题材不是讲故事也不是编电视剧,是你的作品,包括其他艺术家一些类似怀旧或者复古的作品,都不约而同地流露出一种很深沉的历史思考,作品呈现于当下,不介入现实,既不是假古董,也不是仿古拟古,它就是今天做的新作品,却只对传统遗骸感兴趣。这是一种顽强的记忆，我认为这样的一种集体无意识有可能为今天这个浅薄的当下文化，注入一种朝后看的时间厚度，也就是说，你把你心目中的历史重新当代化，你没有直接去处理那些很时髦的当下题材，今天我不打算批评当代艺术，因为这是非常复杂的问题，我找各种各样的艺术家聊天，就是想请大家来一起呈现当代艺术的复杂性。

陈心懋：我非常高兴，听你这一番讲，有点碰到知音的感觉，并不是我画了一只可口可乐罐头，或者贴贴弄弄，玩玩政治波普，讲讲政治观点，我就是当下，就是当代艺术了，相反我会很快过时。我在课堂上对学生讲，现在中国画的现状有点像战国时代，说得好听点是群雄竞争，说难听点是沙家浜胡传魁，有七八条枪就是司令。三十年前中国从封闭当中走出来，感觉西方都是好的，要反传统，其实我们并没有接受传统教育，传统被破坏得一塌糊涂，"文革"中"破四旧"，"批林批孔"，批封建糟粕，改革开放三十年过去了，情况还是没有改善，大家对传统文化的了解还是极其浅薄。

吴亮：群雄竞争，现如今中国水墨是一面大旗，到处水墨展，谁是老大？

陈心懋：目前胜负还未定……我有个判断，就中国实验水墨来讲，更缺的是中国传统精华，缺博大精深，缺精神仰望，作品尺度越画越大，追求视觉效果，博眼球，要震撼，就是不打动人。

吴亮：这个问题不止艺术圈有，时代病，文学界电影界也一样,再说下去又要悲观了……假如我们现在可以办一所私立美术学院,很自由地办,大家一致举荐你来做院长,你院长说了算,你将选择什么样的教材,或者将对现有教材做一些什么样的本质改变?

陈心懋:这个就又转回我的职业了,1949年以前学中国画大多是师徒关系,吴昌硕学生,吴昌硕学生的学生。学习方法没别的,就临摹老师东西,背熟,主要讲究传承。后来又讲发展,"用最大的力气打进去,再打出来",打出来了才是大师。很遗憾,能够打出来的寥寥无几,比方像李可染,概率太小。四九年以后的美术院校延续徐悲鸿的套路,把西方美术教学拿过来,中国画教学塞到西方美术教学框架里,变成了绘画各种各样手段之一的某种技术工具,而不再关系到中国人的思维方式和行为方式,把中国画的意义缩小为一种表面的章法。

吴亮:不说徐悲鸿,说你。

陈心懋:如果我有机会做民办大学的校长,我要把中国传统的器物形式和日常行为,纳入我们的教学课程,纳入我们的思维……我跟何赛邦曾经谈过,十年前我就想把何赛邦引进华东师大来,一块搞教学改革,他有两个主张跟我非常一致。第一,造型中国化。我们现在的造型,几乎全是把西方造型拿过来,教学写生也完全是西方概念,现在应该反过来,在造型与写生两个方面,要改革,回过去寻找中国传统的造型之美,寻找它的根源,重新学习它的表达方式。第二,把中国书法运用在我们的作品里,现在大多数画画的人不会写字,我们可以判定一个人的书法基础,他的字写得好不好,但是写一手字的人,未必能会画画,未必会把他的书法用在绘画当中。这几门课,器物,造型,写字,如果我来办中国画的教学,基础就在这里,我的要点大概是这样。

吴亮:那么老师和学生呢?什么标准选择你的老师和学生?

陈心懋:能及格的老师太少,真的很遗憾,学生呢,现在基本上都是应付考试型的,学习不主动,他们并不是自小喜欢艺术,天赋就别说了……我开玩笑讲,他们混到高一、高二了,一看成绩,哇,考理科不行了,文科也够呛,父母亲坐下来商量怎么办。

吴亮:临时转向。

陈心懋:就是,临时转向,听说美术很好考,突击个半年,孩子兴许就能考上了。那么这个半年里,用死记硬背的方式,背程序,石膏像怎么画,苹果怎么画,先上什么颜色,第二步上什么颜色,按部就班,这个苹果最后就画出来了,肖像画也是类似的步骤,反正有一个统一的评判标准,能过关的,都差不多的形状和颜色调调。这个考试肯定不是中国人发明的,中国画的学习基础虽然也是背,但是中国人的毛笔书写没法背。中国画,再题一些字,甚至把字直接作为这幅画的一部分,就不会有我们现在考学的那个僵化模式。我希望我们的中小学,能够多一点传统文化启蒙、练习、实践和熏陶,设置适合中小学学生的课程,包括写毛笔字,是日常习惯的写,不是为了书法比赛也不是为了书法展览才去写。

吴亮：你会不会重新尝试用私塾的方式来教学生？

陈心懋：私塾嘛，大概只适合某些人，所以我讲中国的教学，恢复传统教育，也许应该像西方那样开放，有更多的民间学校，让各种各样的教育模式处于一种自然生态状态，让不同的人来自由选择，经过一段时间尝试，实践，看看我最后适合什么。私塾如果也能放开，有人愿意去，先看效果怎么样，不要一棍子打死。

吴亮：法国十九世纪学美术的，除了正规学院，还有许多私人画室，一个老师教几个学生，和中国的私塾差不多。

陈心懋：是的，印象派那些画家，好几个都是私人画室出来的。不过，中国的私塾教的不只是一门手艺，是教文化基础，我觉得私塾这个形式在今天可能不再适合大多数人了，要探索一种新的方式，找少数孩子，从小学开始，先试试看，用一些有效什么方式，让他们接触、接受、喜欢传统文化，不仅仅写毛笔字。

吴亮：问个轻松的问题，也可能是一个容易引起误解的问题，一个错误的问题——心懋，你觉得你是一个思考型的热衷中国文化的人，还是一个享乐型的热爱中国文化的人？

陈心懋：这两个问题，如果不是熊掌鱼翅的话，我的回答都是肯定的，都很乐意。但是把前面一个思考型套在我头上，显然把我拔高了，那么把后面一个享乐型套在我头上，我当然愿意，可惜目前我还没有真正享乐到……我愿意思考，只是我的思考很不够，我也愿意享乐，把中国文化作为一种自然身心的，日常生活的行为方式，吴亮：我前面说，假如你做了一个民办美术学院的院长，我会要求你思考这个中国传统文化怎么纳入你的教学计划，并且怎么做；现在假定你一下子赋闲回家了，退出江湖了，你想做什么就做什么，你脱离了一切外在的责任，不做院长也不做老师了，所有时间都属于你自己支配，你会怎么享受生活呢？比如说，你又有了一块地，如果你想把它盖成一个安度晚年的房子，你还会盖成这样一个完全工作化的牢笼吗，给我描绘一下吧，你理想中的享受生活，是个什么状态？

陈心懋：还是古人的那句话，"行万里路，读万卷书"，像徐悲鸿、齐白石那样，当年他们周游全国，也许我还想周游世界，花点时间慢慢走，走走看看……现在大家的旅行，基本上是走马观花，速度太快，没有时间细细品味，没有时间一路交友，这样你即便到了一个新地方，到了一个陌生地方，你对它肯定还是完全不了解的。退休以后，如果我要到世界各地去，那么会朋友一定是主要的。其他呢，我可能去考察，希望把中国的许多地方好好仔细走一走，包括北京。我对北京很感兴趣，全国很多艺术家到北京，做北漂，向往能够找到机会，在北京开垦出他的一块土地，这个过程肯定非常有意思……其实旅行就是一个过程，路上可以碰到很多新老朋友，这个是我向往的，它的结果不重要，这个过程很重要。

吴亮：我对旅行很怀疑，我觉得旅行没有什么价值，特别是跟着旅行团，导游带你旅行，一个人出门可能好一点……你回忆中哪次旅行是最快乐的?

陈心懋：八十年代我在南艺读书，我曾经走过一次，就完全一个人，事先设定一条路线。我同意你的看法，旅行不能两个人，许多人一起旅行更麻烦，旅行只能一个人……旅行实际上就是你一个人面对世界，表面看是你接触一个陌生地方，其实是跟自己的灵魂对话，平时我们在学校里，在城市里是没有这个机会的，人那么多，只要两个人一对话，立刻回到世俗里去了。

吴亮：这个感觉好，出门是为了一个人独自面对自己。

陈心懋：对，就你一个人，坐在火车上也好，在走野地里也好，只好自己跟自己对话，这是完全不同的感觉，这是第一。第二，旅行过程里，除了跟自己对话，一定要有意识跟当地有见识的人交流，古人就这样，他的年代速度慢，一般步行，也许坐牛车，或者骑毛驴，每到一个地方，就住个一月半载的，寻访当地的名流绅士，高僧啊隐士啊，谈谈禅说说鬼，写写字，兴致来了就写写字赋赋诗……现在我们可以拍拍照，呵呵，当然我还是会写生的。

吴亮：你想象你某一天，你旅行回来待在家里，你也不想画画，你在家待着，就你一个人，你会做些什么事，这一天你会怎么安排?

陈心懋：这个嘛……我可能什么都不做，就看看院子墙角的花，看看水塘里的鱼，养鱼非常重要，看鱼，安知鱼之乐，就像庄子那样。

吴亮：你不喜欢喝咖啡，不喜欢坐在咖啡馆里看马路风景。

陈心懋：咖啡我也喝，但还是喝茶更舒服，孟子说"吾善养吾浩然之气"，精气神，气是要养的，中国的这个"气"，另有一套很讲究的说头，但愿我每天都能养气。现在空气不好，养气比较难，目前我仍然处于快节奏，我在学校里担任了很多课，还兼了一些行政职务，"养浩然之气"只有等退休了……现在只要能挤出一点点时间，我会健身，时间也许不长，我有一套自己编的操，非常简单，我觉得很有效。

吴亮：是的，你从小就健身、游泳，游泳回来晚上再写字。

当灰尘厚厚地落满了桌面

秦一峰　吴亮

(秦一峰，艺术家，现居上海。对话时间：2010年11月)

吴亮：今天到你家，说什么我事先没准备，干脆就从现场找一个起点。我们从我进入你房间后看到的画开始怎样，就墙上的那一幅，你最近画的？

秦一峰：这幅画是以前画的。

吴亮：哦，我第一次看到，嗯，线非常直，非常细……许多年前我看你的作品线条比较粗，画在木条上面，更多是油画布，垂直的宽阔线条，穿插了松弛的曲线，我感觉像个织物，经纬线嘛，手绘痕迹很清楚，初次印象就是手绘……不知道你的早期作品也有硬边的使用，这对我来说是一个新的发现。

秦一峰：那里还有一幅，更简单，只有三条线，一道直线，两条曲线。

吴亮：我期待着呢，然后你向我介绍你收藏的明式家具，直线，两者的关联，我需要找到这个关联，不是一定要把它们对应起来，一个喜欢用曲线的艺术家也可以喜欢明式家具，这里本来没有什么逻辑关系，但是因为你刚才讲到一个词，就那只明式条几，你说它有个微妙的弧线，你特意指出这个问题，我也很敏感，所以我们今天的话题就从线条开始——这个明式家具形式中的直线，还有你抽象画里的直线——故事可能会很长，你慢慢说。

秦一峰：我接触艺术是从小学五年级开始的，写大楷，我父亲让我学习中国书法，那个时候不叫书法，叫写毛笔字……我很小就离开父母，跟我祖母在上海生活，父亲在青海一家制药厂工作，每年回家一次，他就会检查我的毛笔字，父亲不是书法家，他只是喜欢写字，他的钢笔字写得很端正。

吴亮：陈心懋的故事也是这样开头的，"文革"之前爸爸就要儿子写毛笔字。

秦一峰：心懋年纪要比我大许多，我五年级写毛笔字就是听我父亲话，那时候是七十年代初，不像现在有很多东西可以玩，白天祖母去上班，我就一个人在家里写写画画……后来我进考工艺美校，学设计专业，我始终没有中断毛笔字练习，学校星期六、星期天，大家都回去了，我一个人待在宿舍里，会写一天字，就这样到一直到大学没中断过，我没有固定的老师，就是自学，什么帖都写。

吴亮：都临过哪些人的帖呢？

秦一峰：小学开始写柳公权跟欧阳询，到了工艺美校是颜真卿、王羲之，还有吴昌硕石鼓文，那么到了大学，有段时间就喜欢现代的王遽常的章草了。

吴亮：书法学习对你可能就是一个走向抽象线条的起点，潜移默化的，后来怎么会有你的第一幅抽象画的呢，回想得起来吗？

秦一峰：应该是1992年吧，也没有什么契机，或者什么机遇，很难说，好像都没有。当时我不是有意用线来画画，而是在画立方体，有一天我突然发现所谓立方体都是用线组成的，最后就把立方体拿掉，索性用线来表达，当时的题目是"四十二个立方体"，大概1994年前后，我才把我的这个系列叫作"线场"。

吴亮："线场"这个命名你用了很长时间，字面上一点看不出它与中国书法的内在关系，你的个人书法历史被这个命名掩盖了。

秦一峰：当时大家都讲现代呀……其实"线场"是借用了物理的概念，磁场嘛，它有两极，我的作品选择了直线与曲线，我理解它们是一种对应，不能说它不协调，反而异性相吸，同性相斥。另外，单纯的线条跟生活离得很远，在生活中，把这个纯粹的线条孤立地拿出来，只有几何学，用铅笔和直尺把它们画出来，我对这种抽象的形式很感兴趣。

吴亮：你这个时期的思考，有些摆脱中国传统了。

秦一峰：还是没有摆脱，烙印太深了……小时候写毛笔字，其实字帖上的文字大多数不太懂，很多字不认识，但并没有阻碍我去练中国字的线条，写久了，慢慢对这个线条就有了喜欢，是什么原因我也不知道。

吴亮：熏陶吧。

秦一峰：更重要的是，选择这个线条的理由，是自由。小时候老师教我们写字画画，一张白纸一支笔，一开始，不是画个点，也不是画个面，基本都是画一条线，它最简单，最容易，也最自由。这么多年来我一直没有放弃这个线条，就因为它的自由度非常大。

吴亮：自由，所以你乐此不疲。

秦一峰：许多人不理解，曾经有人问我，这么多年老盯着这根线画，也不换换，不觉得单调吗……我说我没感到单调啊。

吴亮：抽象画家经常遇到这个问题，人们觉得重复，千篇一律，所有的画就是一幅画。哎，除了你前面讲的物理学和自由，关于这个"线场"，做出过你自己的理论解释？

秦一峰：有过。当时我提出两个概念，一个"控制"，一个"随机"，两个要素，因为人家追问我，我才这么总结的，事先我没有明确的意识。

吴亮：你讲得非常朴素，简单的描述，这个线条的来源，它慢慢形成，你童年的记忆，写字经验，毛笔字的控制，物理学，自由，抽象，脉络很清晰……我觉得已经解决了我的这个问题了，至于艺术家是否会厌倦，重复，这个问题不仅针对你，对很多艺术家都适用，重复，重复产生力量嘛……但是作为你自己，你知道你的每一笔是不一样的，不过问题是，一般人怎么可能像艺术家本人一样看你作品呢，那很难，只有你自己才最知道。

秦一峰：每片叶子都不一样

吴亮：在同一个系列中，每一幅画，这一笔和那一笔都不同。

秦一峰：手在画布上面移动，偶然性实在太多，时时刻刻有偶然性。

吴亮：你的作品有音乐性，井然有序，甚至从图形上来说，有点像乐谱，一张竖起来的乐谱。

秦一峰：你这样形容，我很开心。

吴亮：那么你的这个空间，你收藏家具，不完全是为了收藏，为了被欣赏，你使用它们，桌子椅子，明式家具最好的位置就应该处在一个被使用的位置，摆在这里的每把椅子，都可以坐。

秦一峰：这个嘛，其实也很偶然，1995年之前，我还不知道有明式家具这个概念，我自己作为中国人，也算美院的一个老师吧，居然对这个东西的存在不太清楚。接触久了，才知道所谓明式家具是个庞大系统，种类非常多，这么多年来越来越多的人关心它、收藏它，不过我真正关心的是其中的两个大内容，一个方，一个圆。雕龙雕凤我一概不感兴趣，凡是带有复杂装饰的明式家具我基本不碰。每次去老古董店，老家具店，那个环境都有一种旧气，一种非常陈腐的感觉，离我很远，我并不喜欢这种气场。

吴亮：是的，这种地方有种有死亡的气息。

秦一峰：对，不舒服，很迂腐，很多人会在陷在里面拔不出来，我不喜欢这种状态。我只是对明式家具这个"方"和"圆"情有独钟，跟我们今天讲的方圆不同。我很奇怪，古代中国人怎么会有这种感觉，既很理性，又不是纯粹理性，无法用图纸描写出来，每次差不多做完后，古代的工匠都得反复看，哪里感觉不对，还得修修改改，跟我们现在画画、做雕塑很像。

吴亮：现代西方的这种方和圆，基本都从包豪斯那个路子过来，因为工业革命，有了机器，为提高效率，它这个方是方，圆是圆，都可以量化，一个设计出来的新产品不可能只做一个，必须大量生产，普通人都可以使用。

秦一峰：包豪斯几何式的方圆不像明式家具这种方圆，明式家具的材料来源是木材，完全是自然属性，千变万化，一棵树做一个家具，换一棵树做，外表一样，那个纹理不一样，收缩程度、肌理、味道都不一样。

吴亮：对，无法克隆。

秦一峰：苏州有很多园林，几百年了，我有空常去看。明清文人，退休官僚还是很会享受的，比现在还讲究还过分。他们设计的园林有一个理想，"把自然搬到家里来"，但是空间有限，就必须改变一下自然，尺度缩小，把精粹集中在一起，中国园林你说是纯自然的吗，不是，太做了，全都是人为造出来的。不过呢，你绝对不能小视它，只要你走进去，你肯定会被它笼罩，一个小世界，那个氛围很厉害，它不是力量型的，但你跑不掉。那么明式家具呢，恰恰是这个园林里的一部分，今天我们在博物馆或古董店看到的这些老家具，是从历史里面抽离出来的，跟当年居住环境脱离。

吴亮：这是没有办法的事，物是人非，时代变了。

秦一峰：我们现在买电视机，流水线生产的，如果有一条小裂缝，肯定不要了，处理品，起码打对折。明式家具有个小裂缝，老货，老木料，那根本不是问题。肯定会有裂缝，木材嘛，那么多年下来如果没有裂缝，不可能啊，纹理在风化，肌理，质感，行话叫"皮壳"。

吴亮：几百年的风化，长期使用，无数人抚摸，"皮壳"就是一个时间概念。

秦一峰：所以呀，这个明式家具，我太迷它了，离不开了。本来你家里就需要家具，我很幸运，以我的收入，居然能享受几百年前的老家具，要在别的国家，恐怕不可能了，这是历史原因造成的，"文革"破四旧，传统断裂，等等，想想几十年前，这些脏兮兮木器放在马路上，估计一个小时内都不会有人拿走。

吴亮：那也不见得吧，"文革"当中大量红木家具堆在"淮国旧"，虽然不值钱，懂行的人还是有，只不过人们口袋里钱太少，扔在马路上肯定有人捡。

秦一峰：只有在圈子里才知道，现在一般人到我家来，他们还会觉得你家怎么都是那种坏家具呵，在他们眼里就是破旧的坏家具……他们肯定更喜欢大商场里的品牌家具，比如意大利进口的，或者丹麦进口的。

吴亮：未必他们不懂，可能是趣味不同吧。

秦一峰：这些旧家具是我生活、工作的一部分，它对我画画影响特别大，尤其最近几年，我的画颜色越来越少，现在我极喜欢亚麻布颜色，白的。

吴亮：所谓的本色。

秦一峰：你看那个"皮壳"，就像你说的，它里面有时间。但我的画做不到这种感觉，"皮壳"无法画出来，它需要木料里的浆水慢慢渗出来，外面空气对它进行氧化，一进一出，最后形成了这个"皮壳"。

吴亮：你常常去博物馆看老家具吗？

秦一峰：我特别不喜欢在博物馆看一件东西，很难受。前两年我去看倪瓒的画，在上海博物馆，隔着那个玻璃，光线又很暗，看不清楚。如果我收藏古画，我一定要用手摸它，中国人的画很有意思，它跟生活很贴近，你看手卷，打开，要摸。

吴亮：你的手可以接触，要小心，手上有汗，会污染、泛黄。

秦一峰：宣纸泛黄不是问题，发霉都很正常，中国人不怕摸，生活就是接触，喜欢生活热爱生活，这些东西都跟人亲密接触，慢慢慢慢，给了我许多体验性的教育，在课堂学不到的。

吴亮：那些古董店老板？

秦一峰：我认识几个做明式家具生意的老板，他们懂行，我跟他们经常交流，互相学习，他们就是在器物造型上，尺度比例上可能跟我的看法不一样，他们从商业角度，我是从纯粹观看的角度。

吴亮：一个老掉牙的问题——艺术和生活，那个更重要？

秦一峰：这十多年来，我已经很难分清哪个更重要了。

吴亮：明白了。

秦一峰：我虽然跟你认识很久了，两个人几乎没有深入交流过，比如价值观念，一个人活着，究竟为了什么呢？

吴亮：我不知道。

秦一峰：真正的交流很难得，人应该有这种要求。你刚才看我的画，神情非常专注认真，这个认真太重要了，没有这个认真，很多事情就没有什么意思了。

吴亮：认真看是必须的，我的习惯啊……有一句话说，音乐是为那些有准备的耳朵准备的。一幅画也是，它在等待有准备的眼睛。但是假如不了解秦一峰，仅仅看画本身，仅仅相信纯视觉与直觉，我就来谈论你的作品，肯定会有所缺失的，所以我还需要听你说。我们聊到现在，内容超出我的想象，一开始我是茫然的，不过我相信只要两个人坐下来，一定会有意外出现……再讲讲你想讲的，我洗耳恭听。

秦一峰：嗯，还是你继续问吧！

吴亮：有一个鉴定的问题，你认识许多做老家具的老板，做这门生意，甄别真假，或者甄别新旧，是千万不能马虎大意的……还有，甄别元青花跟甄别明青花，可以有博物馆大量实物比对，图录也出得非常多了，而且现在还可以用高科技手段去鉴定，那么作为木器的老家具，几百年下来，你怎么分辨，怎么确定它的年代，还有在形式风格上怎么描述它们前后左右的传承关系？

秦一峰：这个问题有点像考古，文物界鉴定有个原则，要"以物为证"，我不太相信文字记载，尤其家具……比如明式家具，它的差异就在一毫米到两毫米，所以你要完全相信图谱里面的那个家具线描，我总觉得太不靠谱。文字记录可以追溯到元代南北宋，甚至唐，可是我们几乎没有看到过那个年代的家具实物。当然，我也经常听到有些所谓的行家，拍胸脯说这个东西是明的，那个是元的，如何如何。

吴亮：只是他们敢说，一己之说，猜想而已。

秦一峰：说穿了，其实就是仿冒的，他自己想出来这么一个造型，硬说元代应该是如此。你没有物证，出土文物几乎看不到。

吴亮：木器不可能完好出土，木器极少用来陪葬，除了棺椁。

秦一峰：是的，好像我都没看到过，或许可能有过出土的文物，木器的，都腐烂了，你很难去判断了，而且它不再是一个完整的，处在使用状态的，跟环境是怎么搭配的东西了。现在我们到拙政园去看，空空荡荡的，没有一件当年留下了的家具。博物馆留下的古代家具最多追溯到明代，历代散失很多，不知道什么原因。

吴亮：我们不刨根问底了。

秦一峰：如果说具体一点，是不是可以通过直线跟曲线，去寻找明式家具的源头，那就更难了——因为它很偏，和你刚才那个问题一样，我也回答不了——这个明式家具的形制，我想，肯定是很多年积累的结果，不会到明代，突然就冒出来。家具工艺到清代是最好的，但是，明代家具在整体上最讲究，清代有点偏了，太重表面的装饰，注重繁复的工艺，很难做，很花费时间，代价是，自由度没有了。清代的人可能普遍有一种奴性，为了孝敬长辈，官僚豪门，不惜花很好的料很多的工，为了浮华奢靡，总之要花很多的钱，工匠做的过程一定会很缓慢。明代不一样，明代文人跟木工是一起工作的，我想，光是木工，他不会有这样细致的要求，这只有使用者才想得出来。比方说家具的纹理，进入到木头内部的纹理，好像很简单，其实就是自然，纹理就是时间。刚才我们讲的"皮壳"，包浆，都是讲自然跟时间。明代人新做的家具怎么会有"皮壳"呢，我估计，他们肯定在玩宋元的家具，他们不需要"做旧"。当时他们非常简单，观察每一棵树不同部位的木纹，根据那个家具的样式，考虑怎么拼法，最后呈现出来的纹理都不一样，黄花梨家具为什么那么贵？黄花梨家具还有一个温雅的说法，叫"文木"，既然读书人叫"文人"，读书人喜欢的黄花梨就跟着叫"文木"了。后来我想，许多东西都是这样，包括你刚才说的音乐，比如弹钢琴，大家弹同一首曲子，好跟坏，其实就差这么一点点，但他要苦练很多年，追求的就这么一点点。

吴亮：你说，明代家具和士大夫，匠人和文人士大夫的关系，有证据吗？

秦一峰：有，我举个例子。《长物志》里文震亨说过，家具有两种，一种是给自己欣赏的，还有一种，不是为自己，是"以悦俗眼"，取悦的"悦"，俗气的"俗"。就是说，有一类家具造型，做出来是给俗人用的，咱们自己用的是另外一个比较雅致简洁的东西。

吴亮：简洁是明式家具的最主要特征吗？

秦一峰：说到这个简洁，现在很多人说，明式家具的线条简洁、流畅，有现代感，如果单单这么讲我就不同意。中国明式家具的核心概念，讲的应该是一个朴素的"素"，而不是一个简单的"简"。一棵树变成木料，它作为有机生命死了，但是作为自然材料没有死，它慢慢变干，它在慢慢风化，它还在按照木头的逻辑往未来的时间走，我们的古人很尊重这个次序，他让它归位复原，一棵树锯下来，他早就想好了，哪个部位，它的纹理被怎样对应使用，用现在的话说，就是要做一个方案。或者不一定画在图纸上，他们做得多了，心里有数，看到哪棵树，就知道应该怎样拼接。

吴亮：自然浑成，原汁原味。

秦一峰：是啊，所以你看，今天如果一张桌子坏了一条腿，当然可以换一根新木料接上去，但是纹理断了，原来那个自然次序没有了，假如这是一件老家具，价格就会大打折扣了。你这样用"素"的概念去感觉一个木器，你的感觉会非常丰富，"素"这个概念，只可意会不可言传。

吴亮：你说过明式家具疏朗、大气、质朴……清代家具工艺繁复，不舒服，很脏，有一种死亡气息。

秦一峰：腐朽之气，弄不干净。

吴亮：明代家具气息清爽，脏了，有灰尘了，用抹布轻轻一擦就干净了。

秦一峰：放在家里使用它，你不会有不舒服的感觉。

吴亮：除了从小学五年级写毛笔字，九十年代偶然迷恋上了明式家具，其实你对中国文化传统的了解并不系统，你说你临帖的时候，都常常不明白文字中的意思，有些字你还不认识，是这样吗？

秦一峰：这有个过程，你这样说其实也是有依据的，我们这一代人对中国传统知道太少，"文革"过来的嘛，从小没有好好受到好的教育，现在我一直在补课……嗯，1995年的补课就是从迷上明式家具开始的，虽然我画画，是老师，但之前对中国这个了不起的造型形式，根本就很无知，中国传统里面的内容实在太丰富了。中国的那些文字经典，以前我一有空就想补一补，东看西看，结果发现许多文字的东西很不靠谱，老子《道德经》，居然有很多种解释，究竟听谁的？我不知道怎么办才好。我曾经请教搞哲学的朋友，他们都回答不了。

吴亮：那干脆放弃，条条大路通罗马。

秦一峰：就是，我还是要看实物，回到实物。马未都说得挺对，"以物为证"，我只有相信这个"物"，看得见摸得着。我凭直觉，相信自己的眼睛，文字方面我比较弱，我知道文字的力量很厉害，它的容量、深度、广度，都远远超越视觉领域。我没有受到好的古文基础教育，像我们这个年纪的，跟民国时期的知识分子差别太大。前一阵我翻阅胡适、陈寅恪、王国维和梁启超这些人写的东西，稍微还能看懂，至于先秦的，我根本就没办法直接读了，我得看注解，要上有三个人的注解，三个人又各不相同。

吴亮：中国文字太奥妙，还多义，它要让你悟，不说唯一的解答。解释的人又太多，一人一套，我都没耐心，别说你了。

秦一峰：很茫然，本来很想通过文字来了解中国历史，不看不踏实，现在慢慢看一本书，时间太奢侈了……我前段时间肋骨摔断，床上躺了三个月，看了很多书，很享受，现在又没时间看书了，如果一天能够看两三小时的书，就太好了。

吴亮：这么说，你还是想看书的。

秦一峰：心有余，时间不足。

吴亮：我们继续说线条。

秦一峰：我开始画直线，用尺，尽可能画得直，后来慢慢放弃用尺，徒手把一根直线控制住，再画一个随意的曲线，控制和放松，这个关系就成立了……线条的好坏在中国书法中，结构最关键，抓住结构，怎么写，这个字都能认得出来，有程序，有格式……但是我不想按照这个路数走下去，我不希望我的线条抽象跟中国书法的价值观一模一样。

吴亮：那你对什么感兴趣？

秦一峰：对微弱的手工感兴趣，或者讲，对不正式的线条感兴趣。无意中看到墙上有一根线条，很精彩，我画线条，没有追求最好的线条，基本都随便画，其实谁都可以这么画，没什么难度。我长期学书法，一直在练那个中锋的工，可是我画抽象画，完全抛弃了中锋这个概念。如果你问我这个微弱的手工指的是什么？我想大概就是一种心静的状态……弘一法师的字让我特感动，一般我们很少说弘一法师是书法家，不会的。有一次，我在杭州潘天寿纪念馆，看到了弘一真迹大为震撼，字可以写到这个程度，绝不是专业的问题，是心的问题。

吴亮：那是他做了和尚，变成弘一以后写的字，不是原来那个李叔同了。

秦一峰：这个我不太清楚，反正是弘一的书法，他的墨迹。反正我永远达不到了他那个境界，他把所有的东西都放下了。

吴亮：也不是放下了，字就能写成这样，和尚千千万万，弘一只有一个。

秦一峰：是啊，所以我放弃书法，另开一条路往前走，因为书法的最后境界是放弃，我做不到。还有一个人的字厉害，毛泽东，也没有人说毛泽东是书法家，他的书法现在的人也很难达到，这两个极端我都看到了。

吴亮：你走中庸之道。

秦一峰：还是中国文化，逃不掉……我发现一幅画其实画不坏，画画可以慢慢调整它，不断形成一个新的关系。我最近的作品，就想把它当作灰尘一样，灰尘很有力量，我不太喜欢冲撞式的力量，当桌面厚厚地落满了一层灰尘，通过很漫长时间，积起了一层厚厚的灰尘，降落在画布上，我觉得非常有意味……比如我，本来今天在这里一个人画画，画得非常享受，突然你电话来了，说要找我，那我就立即停下来，不画了，没有什么呀！不会说，哎哟，你打断我工作了，我没这种感觉。

吴亮：哦，随时放下，就像灰尘落下。

秦一峰：对，特别自然，这就我最想要的那种感觉。

每天面对苍天下跪五分钟

郭海平　吴亮

（郭海平，艺术家，现居南京。对话时间：2014年1月）

吴亮：海平今天气色非常好，满脸红光。

郭海平：这是因为你来了，我高兴，又见老朋友了嘛。

吴亮：认识快二十年了，我们第一次见面，在青岛路半坡村酒吧，你还记得吗？汤国说有个朋友在青岛路开了一间酒吧，我就跟他过来了，那天你的太太也在。

郭海平：当然记得……汤国是大哥，他给了我很多帮助，"半坡村"开张是1996年，那天你给我的第一印象，像个随时准备战斗的战士。

吴亮：哎，我突然发现你的牙齿变白了，唇红齿白。

郭海平：是呀，丈母娘最后通牒要我一定得搞一搞装修，呵呵。

吴亮：那些年都坚持下来了，不修边幅，邋里邋遢，多自由！

郭海平：还是怀念上个世纪末啊……那几年我在"半坡村"结识了许多南来北往的艺术家，当时《东方文化周刊》把半坡村比喻成"南京的文化堡垒",日夜颠倒,我负责接待,我太太帮我打理日常事务,一晃二十年了。

吴亮:我后来知道你在"半坡村"之前,做过一段时间的心理咨询,一直很奇怪——平时看你神神叨叨,思维逻辑挺跳跃的,还真不敢信这个事——你在哪个学校学的心理学?

郭海平:我从小厌学,功课很差,你可能没想到。

吴亮:一点不奇怪,中国艺术家大多数小时候读书不好。

郭海平:我根本就没有上过大学,乱七八糟读了许多书全是在八十年代自学的,看弗洛伊德看荣格……我后来搞心理咨询,完全是意外,纯属巧合。

吴亮:不会是忽悠吧?

郭海平:那倒不敢。1989年南京团市委书记徐传德去香港,发现当地心理咨询很受公众欢迎,回南京后他也想开展这项工作,但他在南京找不到做这项工作的人,最后通过《南京日报》,调我过去了——当时我在南京塑料印刷厂做包装设计。

吴亮:这个《南京日报》同你有什么关系?

郭海平:当时我在《南京日报》上经常发表文章,1988年有一篇文章提到我正计划成立"南京市青年心理情结艺术解析中心",当时媒体少,《南京日报》社会影响很大。徐传德知道了我,就要我先做起来。原计划借调去试一个月,没想到心理咨询电话刚刚向社会公布就成了爆炸新闻,那时大家都不知道什么是心理咨询,电话被打爆,社会反响非常大,我就被调去团市委做专职心理咨询工作，很快又成立了南京青少年心理咨询中心，设立了"艺术分析部"。

吴亮：就凭你看过的几本弗洛伊德？

郭海平：开始我关注最多的是悲剧理论，尼采告诉我那种危险可以体现为一种崇高精神，一种升华，我常想到哈姆雷特那句"是生存还是毁灭"。小时候我一直很自卑，许多经历我过会儿说，我没走向毁灭，我不得不承受各种活下来的耻辱，这是一种刻骨的折磨……大概在我二十三四岁时，我在路边书摊上偶然看到一本内部出版的《医护心理学》，关于心理疾病的知识教材，才第一次知道在精神分裂症之外，还有各种各样的叫神经症的心理疾病——之前我只知道完全失控的精神分裂症——我八岁那年，大我十岁的哥哥患了精神分裂症，从此家里的一切都改变了。

吴亮：看到这本《医护心理学》之后，你怎么样？

郭海平：我开始专研人的变态心理，过去我只从美学角度去认识人的各种危险精神，就像现在，还有很多人会从道德角度来评判人的很多异常的精神表现……我以前想用艺术来分析人的心理是迫不得已，因为没人能解决我的精神问题，我只能自救和自学。

吴亮：唔，带着问题学，为了解决问题学。

郭海平：我从小叛逆，不是我想做的事，我绝不会去做，这种性格的后果你不难想象。我的成长过程就是不断与环境发生冲突，常常头破血流，没办法，我不想这样，但无法控制自己。我上幼儿园,每天被父母强制送进幼儿园,从小学到中学再到工厂一路冲突不断,你想象不到我中学没毕业,就提前进了一家工厂做工人,还是怎么都不适应……多亏了后来慢慢认识了一帮艺术家,否则我的结局不是进监狱就是进精神病院。

吴亮:做艺术家其实也是挺危险的,它也可能让你有一种接近崩溃的感觉……你哪一年接触到了弗洛伊德的精神分析?

郭海平:这个我记不清了,应该是八十年代初吧,当时弗洛伊德的书很流行。那段时间,我的精神状态非常糟糕,迫切想把自己积压的苦闷释放出来,除了画画我还写诗,油印了一本诗集《私生集》,其中有首诗名字叫《沉重的翅膀》,为什么想到这个名字,因为当时渴望,想飞翔,现实障碍太多,精神沉重,有翅膀也飞不起来。我自知我的文化基础差,那时南京大学办夜大,我报名读了汉语言文学专业。但对于我来说学习大学课程还是很吃力,白天上班晚上上课,基础本来就很差,精神紧张,我的视力在那段时间急剧下降,右眼视力下降到 0.1。

吴亮:你从小不肯上学,长期让父母头疼,到了什么状况?

郭海平:是相互头疼,我让他们头疼,他们也让我头疼,其实应该用"伤心"来形容,比"头疼"更准确。我记得,读小学的时候我为了阻止班主任家访,在学校到我家的路上写了许多"打倒李传珍"的大字,这是班主任的名字。进工厂不到两年,我又闹辞职去做流浪艺术家,父母和单位都不同意,于是我就离家出走试图偷渡到香港,结果没有成功……依照南京方言,我那时就是一个"活闹鬼"。但我的命真的不错,不到一年,新上任的厂长没有歧视,认为我是一个有理想的青年,他送我出去学习包装设计六个月,回来后我从印刷车间调到了设计室。

吴亮:好极了,你还有出走的故事,能说说怎么偷渡未遂的吗?

郭海平:近两年我一直想做个展览,主题就叫"偷渡"……上个世纪八十年代初,我计划偷渡到香港,最后徒步到边境终于被发现了。我觉得我今天的所作所为与当年的偷渡有相似之处,小心谨慎提心吊胆,今天面对的不再是边防警察,是人们头脑中的思维和观念——相比之下,穿越人们头脑中那些根深蒂固的思想观念,远比穿越地理上的边境线更加困难,因为人们头脑中的那道边境线是无形、抽象和变幻莫测的。

吴亮:你说得很抽象,情节忘记了?

郭海平:这个不太好说。

吴亮:唔,我们换个话题……你应该有好几个兄弟姐妹吧,母亲父亲,他们的职业?

郭海平:兄弟姐妹六个,我最小,两个姐姐三个哥哥,都是上个世纪四五十年代出生的人,现在都退休了,那个年代出生的人经历了各种"运动",没有什么自由和个人主动权。我母亲是印刷厂工人,父亲是南京大学工程师,他们都是基督徒。父亲对我心理成长影响比较大,他是一个可怜的暴君,如果他还活着,应该有一百岁了。像我父亲这样的中国男人很多,我一直想写一篇《可怜的暴君》,因为怕太残忍,下不了笔。

吴亮：父亲是暴君，两兄弟脑子有问题，家里够乱的。

郭海平：是的，我的青春期就是在极其混乱中读过的。一位医生朋友对我说"你那时的精神肯定是有病的"，用中国现在医学的标准来判断，我当时的精神不仅有病，而且还病得不轻，正因为如此，我对各种精神病都充满同情，我写的《我病故我在》就是对自己，对和同类同情的产物。

吴亮：当年南京团市委尝试用心理咨询，替代政治思想工作。

郭海平：哈哈，他们是否想用心理咨询替代政治思想工作我不太清楚，但四年心理咨询实践对我产生了很大影响。中国人，认识人的视角普遍单一了，这种情况不改变麻烦会越来越大……现在我超越心理学了，心理学只能是一种辅助手段，它解决不了人的信仰问题。

吴亮：是吗，卡夫卡对心理学也非常鄙视……九十年代头几年我常来南京，根本不知道你这个人，你那个阶段与南京当代艺术家不怎么来往？

郭海平：86、87两年，我参与策划过三次"晒太阳"艺术活动，后来我就专注于研究人的精神异常了，那几年我与艺术圈联系很少。

吴亮：在青岛路半坡村，画家不算，我认识了韩东、鲁羊、朱文、刘立杆……通常你都不在，你当时都在忙些什么？

郭海平：我记不清了，韩东他们的确是半坡村的常客，但不知为什么，我和诗人、作家的交流不多，我跟韩东、刘立杆比较熟一些，如果没有几个艺术家在场，我一般不介入他们的聊天，如果你与艺术家们在半坡，一定会有人叫我的，你经常来南京看画家。你给我的印象最深，跟你在一起聊天很开心，好像南京艺术家都挺喜欢你的，这说明你跟南京的缘分很深。现在你来南京好像不那么频繁，可能是南京越来越没有文化了。

吴亮：第一次"晒太阳"是什么时候？有些谁参加？

郭海平：你参加的"晒太阳"是2002年，已经是第四次了。第一次1986年，第二次和第三次都是1987年。前几次是我、于小雨、张江山、黄药共同策划的。2002年这次，赵勤、孙伟民也参与了策划，参加的人很多，全国各地加一起，至少有几百名艺术家吧，参与的观众就更多了。

吴亮：听说你被评为"南京好人"，想不到。

郭海平：是"南京好市民"，还有"感动南京年度人物"。今年又当选上了"中国好人"。

吴亮：现在你是"中国好人"了，你还称自己是"中国病人"吗？几年前你在上海浦东做了个展览，你做了许多T恤，印了个"病"字。

郭海平：你可以说我是"中国好人"中的"中国病人"，也可以说我是"中国病人"中的"中国好人"，两个名称都有助于推进中国精神病人艺术事业的发展。但也有人不承认我是病人，也不承认我是好人，我认为也挺好。

吴亮：2007年深秋，在北京798你的一个展览，哪个画廊已经想不起来，出了一本书《癫狂的艺术》，我看到温普林、汪民安来捧场，你说你在祖堂山，和精神病人一起住了三个月。

郭海平：《癫狂的艺术》画展是在零工厂艺术空间，还在那里举办了一场研讨会，你和温普林、汪民安、王干、朱其都在场，还有北京安定医院的一位副院长和南京祖堂山精神病院病区主任……那天大部分人的发言都让我感到意外，尤其是那位副院长，他对精神病人创作的原生艺术一点都不了解，胡说八道了一通。北京安定医院是中国精神病院中最权威的医院，怎么对精神病人如此重要的精神表现形式如此无知……

吴亮：于是你决定让自己成为医生？

郭海平：哪位医生会像我这样迷恋他所关注的那个疾病呢？我和汪民安讨论过，开始他也认为我是在用艺术治疗精神疾病，我跟他解释我不是用艺术去治疗这些精神疾病，而是用艺术让他们的精神潜能得到更多的呈现。大家过去之所以对精神病有太多误解和偏见，都是因为不了解，当然也包括中国医院的精神科医生。等他们见到了这些作品，大家的观念改变了，开始学会尊重和理解他们的病人了。

吴亮：你什么时候离开"半坡村"的？

郭海平：2002年，转让给南京另一位艺术家罗隶，几年后他又转让给了一位艺术收藏家，现在由一位台湾朋友经营。这位台湾朋友告诉我说，现在还有不少客人是慕当年之名而来的，她还说要保护好"半坡村"这个历史品牌。一晃十八年了，也许有一天我会把它收回来,把老朋友都请回来一起喝酒。

吴亮:你觉得你自己具备不具备做生意的头脑?

郭海平:我不知道。如果说生意头脑就是赚钱,我肯定不擅长。我从来没管过钱,对数字特别迟钝,我老婆经常说我要是没有她,我早就饿死了,我父亲去世之前也这么说。

吴亮:离开半坡村,你弄了一间工作室,画过一批"手指画"。古人画水墨也有以指代笔的,你用手指画油画,感觉有何不同?

郭海平:徐累的评论写得很清楚,他说我不是用手指代笔去画画,而是表现手指本身,或者说是"身心本身"。那篇评论文章题目就叫"欲望手指"。我记得,你在十年前将我的画与高波的一幅画进行比较,你说高波的那张画的是"年轻人的性",我画的是"成年人的性"。这批作品主题是"无限的色",其中的"色"字,翻译成英文遇到一些挑战,等找到一位中国通的美国人才解决问题。用什么材料我没有事先设定,最后发现,还是用油画颜料和画布更能反映我手指的身心属性。

吴亮:据你观察,精神障碍者的画,与正常人的画有哪些本质上的不一样?

郭海平:八年来,我关注精神障碍者的艺术,主要是那些从未受过任何艺术专业训练的精神障碍者自发创作的作品,这些从未受过任何艺术专业训练画出来的画,能让我们看到更多人的精神真相——如果不注意这一点,我们就很难区分作品中哪些是属于一个人内在的精神，哪些是外人和社会强加给他们的，这个对于中国人了解精神世界非常重要。我们过去看到的几乎所有艺术作品，都是作者根据社会要求创作的，结果我们无法分辨哪些作品的形式属于社会，哪些属于一个人的真实生命、情欲和灵魂。分辨不了的后果，就为那些隐藏复杂动机的世俗势力提供了可乘之机，结果观赏者因为看不到人生命中的精神真相，就很难获得属于自己的判断，结果不得不受别人摆布。精神障碍者的画与正常人的本质区别就在于精神障碍者的更真诚、自然，也更内心化，而正常人的画会更社会，更功利。当然，这是指在中国的状况，现代西方就不一定是这样了。

吴亮：海平现在讲话很逻辑很理论了嘛……再一个问题，为精神障碍患者治疗，还是向精神障碍患者学习，你说过此类意思的话吗？

郭海平：我确实说过"向精神障碍病人学习"，但我还说"那是一个可望不可即的世界"，德勒兹说"精神分裂者是我们欲望的英雄"，福柯说"疯狂的人，是人们通向了解真正的人的必由之路"，不过要让中国读者正确认识这些观点，绝不是一件容易的事。

吴亮：好，所以我们现在尽量不说这些观点，避免不必要的误会和冲突……你好像反对精神障碍治疗的"专业"，你认为这是制造人与人的分裂。

郭海平：我反对"专业"是针对现实中的大多数专业已经背

离了它们成立的初衷，比如医学的初衷是救死扶伤，艺术的初衷是为了维护人的精神世界，科学的初衷是追寻真理。但在今天这些专业不但没有坚守住他们的初衷，却离他们的初衷越来越远，都异化变质了，结果我们面对的专业门类越多，受到的束缚就会越多，受到的伤害也越大。今天我们的精神越来越脆弱和分裂，与这些异化变质的专业都有直接的关系。

吴亮：据说在全球化时代，现代文明就是一种大一统文化。

郭海平：表面是大一统的文化，其实是分裂成无数碎片的文化，"大"和"碎"的混乱，已经超过一个人的承受能力。今天的人，知道了许多他不该知道的，而许多该知道的又都不知道。前几天在澡堂洗澡，那天天气有点热，大家说到了这个天气，一位六十来岁的老师傅说两天后一定会下雨，我问他怎么知道的？他笑了笑，说下过雨之后，天气就会一天比一天凉。他的自信忽然让我意识到他不是城里人，我就问"你种过田吗"，他一愣，然后会心地笑着告诉我，他就是一个农民。果然，两天后南京下了一场不大不小的雨，再过两天，南京的气温开始下降了。城里人依赖气象台天气预报，本该有的知觉都退化了，那位种田的农民也许并不知道我们社会有多么复杂，对自然却还是了如指掌。

吴亮：你好像从来不提宗教两个字。

郭海平：对宗教我始终是戒备的，一切被视为宗教的宗教，都是人为设计的封闭文化系统，所以我与所有的宗教都保持距离。但是作为一种由相似价值观组成的社会团体，我认为还是有必要的。

吴亮：从你向我推荐的画册或图片看，你应该对萨满感兴趣，各种原始宗教？

郭海平：在现有的文化中，萨满离我的心灵诉求比较近，它能为我寻找精神出路提供很多有意义的线索，每次看这类资料时我都会努力让自己返回到那个与自然融为一体的环境里。

吴亮：目前中国现有的精神疾病患者有多少，国家有靠谱的统计数字和登记制度吗？

郭海平：中国疾病控制中心在五六年前公布的数据显示，中国精神障碍患者人数过亿，精神病患者一千六百万。对于这个数据有学者提出质疑，"过亿"是什么概念，过多少，是过一个亿，还是接近两亿？官方资料同时也显示有大量精神障碍患者和精神病患者并未做登记，所以没办法获得准确数据……我看到非政府机构统计的数据显示，中国成年人的精神障碍患者人数至少在百分之二十。

吴亮：这是按照西方人的标准的吧，他们的统计数字怎样？

郭海平：西方发达国家精神障碍患者数字惊人，在欧洲人口比例中占百分之二十左右，美国百分之三十的人接受过心理治疗，世界卫生组织公布的数据显示百分之二十人口存在心理卫生问题。有一种观点在今天很流行——进入二十一世纪后，人类开始从传染病时代、躯体疾病时代过渡到精神疾病的时代。

吴亮：经过八年的经验积累和理论阅读，你认为作为普通人能在精神疾患者的绘画中学到什么，你自己又看到了什么？

郭海平：我正在推广精神障碍患者创作的原生艺术实践，称为"艺术互助项目"，所谓"互助"，就是通过艺术让他们重返社会……现在大多数人没有自己的灵魂生活，完全被世俗世界操控，看上去大家都在奔忙，独自静下心来呢，都会发现自己的内心一天比一天孤独、空虚，为了不再空虚孤独，只有让自己变本加厉奔忙，这就是我们看到的普遍浮躁。如何解决灵魂问题，我们向文化源头，向五千年前的祖先求救，但在今天再去找五千年前祖先的智慧很不容易，它们的活体在哪里呢……我找了二十年，终于在精神病院里找到了，这让我非常吃惊和意外。这些答案，都在精神病人自发创作的原生艺术作品中，你也许会问精神病人创作的原生艺术中怎么会有这个答案呢？

吴亮：我想你应该提到荣格了。

郭海平：是啊，荣格的"原型"理论可以对这个现象做出解释，怎样解释精神病人的艺术天赋，我常引用"原型"理论和"精神返祖"概念，人类的疯癫史记载过人们对疯癫者的崇拜，我以为对疯癫者的崇拜，应该是祖先崇拜的一部分。我很少观察精神病人的日常行为和日常生活，主要精力集中放在观察他们静态的纸上绘画。

吴亮：我看过不多，印象里，他们的色彩感异于常人，非理性的变形，偏执，妄想，特别是有一种个人的神秘符号？

郭海平：精神病人的色彩、线条、造型，都是内心世界的直接投射，他们更忠实于自己的内心世界，不受外在现实干扰，洁净、明确、纯粹，没有杂质，尤其是精神分裂者自发创作的画，常常有平常不大看得到的灵性，他们的画直指人心。你说的神秘符号，的确不好解释，现在医学一般用"幻觉"来解释，其实过于简单，即使它是幻觉，也应该追问这幻觉怎么形成的——我问过很多病人是怎么想到画这些图形的，他们大多数都说不知道，他们就是将在自己脑子里出现的图像如实画了出来，古希腊哲学家的解释是"替神代言"。

吴亮：你现在视野非常开阔，几年前一说起疯狂必定要提福柯，今天你讲古希腊了。

郭海平：呵呵……你说的那些秘密符号其实一定是作者的神秘体验，西方现在有"通灵艺术"这一类别，不少人在研究，这里几句话说不清。我目前虽然没有具体的宗教信仰，但对某些宗教信仰仪式很感兴趣。我甚至设想过，如果每一个人，每天都面对苍天下跪五分钟，什么也不要说，什么也不要想，更不要任何形式的主持人，这世界一定会变得美好起来。

吴亮：你后来又画了一个新系列，《旋》，哪来的灵感？

郭海平：《旋》系列之前，我在2009年被医院误诊为肺癌……

吴亮：啊，我怎么从来没听你说过？

郭海平：那年去北京与人洽谈合作创办精神疾病艺术疗养院，不顺利，那段时间本来就很疲倦，再一折腾便支撑不住，胸口突然剧痛，回南京江苏省人民医院一检查，当时就确诊为肺癌，医生让我立刻住院，准备开胸手术，由于连续出现了三次意想不到的插曲，我的手术一再被推迟，中间有两个星期时间在等待，因为不知道手术的后果，我就不再想以后的任何事，也就是说，那段时间是没有"明天"和"将来"，脑子一片空白，空白久了，脑子里不时会出现一种旋转的螺旋图像，时隐时现。

吴亮：看到另外一个世界边缘了。

郭海平：就在我即将手术前一天下午，又遇到了一个意外，发现确诊我为肺癌的主要依据消失了，也就是说，我之前的肺癌诊断是错误的，为此我逃过了一劫……出院那两天，旋转的螺旋图像偶尔还会出现，对这个特殊体验，我觉得很有必要把它画出来，这就是《旋》。

吴亮：虚惊一场。

郭海平：画出来的几幅作品，很快参加了在上海的"反应"展，我把展览画册带到北京给苍鑫和孟沛欣看，他们对《旋》的图像系列第一反应就是"这是曼陀罗"，当时我还不太清楚什么是"曼陀罗"。

吴亮：一种迷幻植物。

郭海平：是，听了他们介绍，我回南京专门找到了有关"曼陀罗"的资料，才对这个螺旋图像的含义有了一些了解。有一天，我忽然想起 2006 年我在精神病院也画过七八张彩色螺旋纹，回想当时画这些螺旋纹的精神状态，一个答案变得越来越明确——当人绝望到极点时，才会出现这种旋转的图像——螺旋纹在世界不同民族的原始文化中都出现过，还当作图腾崇拜，梵高和蒙克在精神分裂时也画过螺旋图像，中国人熟知的"太极图"其实也是一种螺旋纹。考古学者们普遍认为螺旋纹就是自然宇宙运动的形态，正如今天天文望远镜拍摄到的宇宙中的黑洞照片就是清晰的螺旋图像。再回想我大脑中出现螺旋纹的时候，一切世俗杂念和文化都被抛弃了，这时，我才回到真正属于自然的世界。现在，螺旋纹成了人类艺术中心的标识，它时刻提醒我，人类是属于自然的，我向他人的解释《旋》将我们带回自然的运动形式，有时也会解释说，这是人类在天地之间来往的精神通道。

吴亮：近几年，你去了许多发达国家做交流，那里的精神疾患治疗、康复机构情况如何？

郭海平：欧美发达国家嘛，上世纪六七十年代就开始逐渐改变对精神病人的封闭式隔离管理模式，将主要医疗资源分配到社区，用各种文化艺术手段帮助病人康复和融入社会已经非常普及——其中关键一点，抛弃生物医疗模式，采用更加注重心理、社会文化的"后生物医学模式"。

吴亮：据说西方国家将精神障碍者的绘画作为一种特殊艺术去展示，收藏和研究是否也很有规模了？

郭海平：精神障碍者的自发创作的绘画，在欧美国家已经受到了普遍关注。在西方，这类艺术有的叫"原生艺术"，还有的叫"边缘艺术"。去年九月我参观了法国、瑞士一些相关机构和展览，2011年我去墨尔本参观了这座城市的多家社区艺术工作室与以收藏、研究、展览为主的达克斯艺术中心，这几年关注这一群体艺术的程度在迅速提升,有专门的艺术节、博览会、双年展、画廊和定期刊物。在理论研究上,弗洛伊德、荣格、雅斯贝尔斯、布列东、拉康、福柯他们早就为这一领域的研究打下了很好的理论基础。

吴亮:你现在差不多就是一个专家了,我请教个概念区分问题,"原生艺术"和儿童画、素人画、原始绘画的异同在哪里?

郭海平:你说的"素人画"指的是"原生艺术"中的民间艺术。需要说明的是,"原生艺术"中的民间艺术不是中国人平时说的民俗艺术,中国人习惯说的民间艺术,是有传统延续的,是跟师傅学的;"原生艺术"中的民间艺术是指民间正常人"未受外界影响自发自学创作的作品"。你说的这几类绘画,共同特点是率真、朴素,充满强烈个性色彩,不同在于精神障碍患者的创作更执着,更彻底,更极致,尤其精神分裂者的作品,它是原生艺术中的最高境界,它穿越时空,与天地神灵互动。

吴亮:"原生艺术"这个概念是谁提出来,它的权威定义?

郭海平:"原生艺术"概念是由法国艺术家杜布菲在1945年提出来的,他对"原生艺术"概念的阐释是"原生艺术包括由默默无名的人、疯子创作的素描、油画等所有艺术作品。它们源于自发的冲动,受到幻想、甚至精神错乱的驱使,远离常规的传统艺术。原生艺术与人们在博物馆、沙龙和画廊看到的艺术模仿完全无关(或者说尽可能地少);相反,它们呼唤着人性的本源和最自然、最个性的表达;原生艺术家从不考虑规则和主流,完全从他自己的本能和灵感中获得创作的能量(表达方式)"。但在杜布菲提出"原生艺术"概念之前的1921年,瑞士籍的精神科医生莫根塔勒著写的《一个精神病艺术家作品选》和1922年德国艺术史和精神医学博士普林茨霍恩著写的《精神病人的艺术表现》已对杜布菲和欧洲前卫艺术界产生了一定的影响。

吴亮:中国要做到"精神病人回社区",路途有多远?

郭海平:很难。虽然2012年颁布了首部《精神卫生法》,但落实的挑战很大。让精神病人回社区有几大具体障碍:一是社区缺乏为这个群体提供服务的基础设施;二是社区没有精神疾病治疗和康复方面的专业队伍;三是资金严重匮缺;四是公众对他们的误解非常深,拒绝、排斥、歧视的现象很严重。解决这些问题首先需要政府重视,我认为这个问题不解决,《精神卫生法》的严肃性就会遇到不小的挑战。欧洲很多国家已经没有封闭式的精神病院,国家对公共精神卫生领域的投入已经转向社区。今天五月,南京市建邺区政府支持我在一个社区建立艺术工作室,政府提供房子和一部分资金,同时告诉我只扶持三年,三年后要自己养活自己。即使这样,已经是一个飞越式发展了。

吴亮:还去祖堂山吗?

郭海平:祖堂山精神病院与南京青龙山精神病院合并了,住院病人有一千多人。院长还是原来祖堂山精神病院的院长,这位院长现在特别希望我在他们医院建立艺术工作室,房子设施都准备好了,可是医院太偏远,社区工作室事情比较多,我很难分身。

我没有什么对象需要反抗

黄渊青　吴亮

（黄渊青，艺术家，现居上海。对话时间：2010年9月）

吴亮：我先改变一下开场白，问题从每天早晨开始——你睡懒觉吗，还是起床很早，就像古人说的那样闻鸡起舞？

黄渊青：很羡慕睡懒觉的人，但我不会，无法准确说，我大概六点半就起来了。一般我晚上十二点左右上床睡觉，有时半夜醒，会看看书，吃吃茶。

吴亮：我也一样，半夜爬起来读书……你这么早起来干吗，晨练吗？

黄渊青：我比较懒惰，没有晨练的习惯，但是现在每天做一百个俯卧撑，分三次做，做俯卧撑的缘由是，我抽烟多，运动可以透透气，还是不想太花时间，俯卧撑随时随地都可以。

吴亮：抽烟有害处，马路上跑步晨练害处更大，然后呢，你就去学校了？

黄渊青：不必，一周去一次，影视学院嘛，艺术课类似体育课，不需要太多。我坐地铁和出租车去学校，有时候公交，沿路看市井风景。

吴亮：太舒服了，留给自己支配的时间一大把。

黄渊青：是，一周可以有五天待在工作室，慢悠悠的。

吴亮：每天漫长的上午，你怎么打发？

黄渊青：早上在家翻翻书，烧水吃茶。如果安静，会写字。九点、十点之间出发去画室。

吴亮：他们说你在学校上课，同时讲西方现代艺术，又讲中国传统艺术，你怎么向学生们描述它们两个系统之间，有许多非常重大或非常具体的差别、同时又具备可沟通性的这个矛盾。

黄渊青：西方艺术和中国艺术分别是两门课，不是一门课，它们不是连在一起上的……总的来说，这两个东西我看是不能比较的，它们差别非常大，完全是两种思路。文化根基不同，还有习惯，表达手法，也完全不同，两者要放在一起比较，总归不大对。但是深入细心看下去呢，会感叹彼此的有些好作品，它们之间好像有一个什么共同的东西，比方说我前两年看到的莫兰迪，与八大山人倒是有某一些联系。不过硬要把它们放在一起比较，反而就牵强了。

吴亮：我设想，你在课堂上给学生介绍、解释中国艺术，你会不得不大量使用西方概念和西方的方法论，不可能用纯粹的中国传统语言讲课了……因为你是画家，同时你会尽量避开枯燥的理论，多讲讲艺术家故事。

黄渊青：是这样，我尽量少用概念，不过有一些艺术史上的重要概念还是需要说清楚的，比方一个运动，一个浪潮。我讲课没有什么方法论，就是发散思维，跳来跳去的风格，我自己读大学的时候就很厌烦那种迂腐教条的老师和教材，所以我现在讲中国古代艺术史，肯定会尽量生动活泼，也肯定会运用许多西方概念，用学习来的某些角度来看中国传统。到了我现在的年纪，越来越知道古代中国的某种很本质的好，可能和世界其他文明的好，其实可以混杂在一起的。

吴亮：现在回到你的画，你的画室，在你背后的这些作品，我看到汉字书法的笔触，一种胡涂乱抹的趣味，类似狂草的彩色线条，或者酒神精神，或者一些无意识，你的画有点像小孩子涂鸦，随便乱涂，但是因为被刻意安置在专业的油画布上面，人们就认为这是一幅抽象画了……你看这个，一组一组的图形，形成一个有意识的构成，不同于小孩子捣乱性的乱写，在墙上写同学绰号，骂人或者咒人的话，我们小时候都干过，谁谁是乌龟，谁谁是王八蛋。

黄渊青：对对，我们小时候都是这样过来的。

吴亮：还有另外一种涂鸦，彻底是破坏性的，乱涂乱画，我记得小时候"文革"那会儿夜里荡马路，大街两边墙上商店橱窗上贴满大字报，大字报上覆盖大字报，都破破烂烂了，看看附近没有人，啪，啪啪，顺手撕掉几张，然后拿一支木炭笔，朝那个一长溜的大字报沿路划过去。

黄渊青：很刺激啊……其实我的画就是一种书写，书法这个说法，不能完全涵盖我的这个状态，比方我前些年在德国做了一个个展，虽然德国人不知道什么叫中国书法，但他们觉得很有意思，他们从抽象表现主义角度去看，因为抽象表现主义已经变成西方现代艺术的一个传统，他们可能觉得两者有些相似，当然还有许多地方不一样，各自的控制很不一样。

吴亮：物质工具、材料肌理都很不一样。

黄渊青：西方现代的抽象线条也很好，但中国传统书写非常注重线条本身的质地，就像中国古琴，不是旋律很多，它只有五个音，但从这个音出发，一条线延伸的变化和讲究，是非常多变的。不过我并不认为中国传统一切都好，尽管我从小练习毛笔字，谁要是对我大讲传统书法，我绝对反感。

吴亮：哦，那为什么？

黄渊青：我对传统书法，只喜欢其中一种类型，不是主流的。

吴亮：喜欢一小撮，呵呵我非常感兴趣，能说说是谁吗？

黄渊青：杨维桢，明代的，是我最喜欢的书法家，而不是王羲之。唐代张旭，也是我喜欢的，可惜他的真迹留下很少，有些被认为是真迹，肯定不对。我不喜欢董其昌，就是不喜欢，还有赵孟頫，这都是皇帝喜欢的，里面很少有人性的东西，容易让官方认可……你说的涂鸦，只有通过长期努力以后，我才能希望达到一种自由，像小孩子一样瞎画，有一次我把画室里面的画拿出来，搬到弄堂里拍照片，走过来一个老奶奶说，"你这个画和我孩子画得差不多嘛"，我听了一点都没有生气。

吴亮：看样子，你心态很放松，你自己就是你的尺度。

黄渊青：开始我还是在乎人家怎么看我的，后来就不管别人了。

吴亮：你的血型？

黄渊青：O型。

吴亮：你不会有忧郁症吧？

黄渊青：有过，你大概想不到……那是十几年前，起先也不知道，后来才晓得是忧郁症，所以我现在遇到某些朋友有这种倾向，就会同他交流。

吴亮：什么状况？

黄渊青：那年去黄山，2000年左右，白天爬山黄昏游泳，晚上又喝了许多酒，心脏跳得厉害，回上海找心脏病专家，吃药，心跳是慢下来了，失眠开始了。那时候正在秋冬交替，我的注意力不能集中，害怕见人，害怕电话铃响，就蜷缩在一个角落里，这种状况持续了一个月，连续三年，一到秋冬之际这个症状就出现了。现在看那个时期我的照片，眼神就是忧郁症的眼神。

吴亮：没有再复发？

黄渊青：其实很简单，睡眠正常了，忧郁症的症状就没有了。

吴亮：好，我们转回来说说涂鸦……作为现代艺术的一种，西方涂鸦已经进入历史了，大家都知道。实际上涂鸦是个现代城市现象，它每天在我们周围冒出来，在世界任何一个角落，不管是闹市还是废墟，尤其没有人管的地方，人流杂乱，就可以涂鸦，都不知道是什么人弄的，小孩子、过路人、流浪汉，或者也有一些艺术学院的学生。

黄渊青：中国城市脏乱差，涂鸦的艺术含量比较低，市容龌龊是致命的，原生的涂鸦在中国缺乏基础，现在苏州河马路边的涂鸦艺术是作为一种装饰，时尚，给年轻人拍拍婚纱照做背景，很假。

吴亮：不留名字的涂鸦从来就没有绝迹过，任何一个有人群的地方，总会有人在乱涂乱画，它的本来目的不是为了表达美，也不是为了创造一种形式，可能仅仅为了发泄，为了攻击，随手写的一种私人暗号，或者一种捣乱、冒犯、破坏，后来涂鸦被艺术批评家发现了其中的价值，把它变成一种文化予以研究之后，尤其是那些涂鸦艺术家成名之后，人们才开始欣赏涂鸦提供的自由形式了。

黄渊青：外国人画册里我们看到的各种各样涂鸦，里面的层次很丰富，级别不一样，美国涂鸦基本是发泄，就像纽约街头的街舞也是一种发泄，没有观众他照样要跳舞，街舞的动作可能是错的，没有受过正规训练，但是有几个动作特别好，就像涂鸦本来是乱画，他是无意识，结果我们倒发现了自己正在找那个东西就在这里。

吴亮：莫干山路那些被高度形式化的装饰性涂鸦，和这座城市一点点关系都没有，我的感觉几乎是厌恶，根本上就是一种很坏的趣味嘛！

黄渊青：是这样，就像我对传统书法的反感……九零年我开始做现代书法，还有乐心龙几个，那时候我们是有点破坏性的，就是对传统质疑。一段时间以后，我觉得应该结束了，不能再做了，我转到绘画上去，但是我这个绘画对社会没有什么反抗，也没有什么诉求，统统没有的，我没有什么对象需要反抗——我就考虑怎样能够把一个作品做得更加深入，能够达到一种我喜欢的艺术家那样的程度。比如说莫兰迪、巴塞利茨，这是我心里相对恒定的目标。别人可以说你和社会、和政治关系不大，当代艺术好像不应该这样，我就这样，我就是这样做。

吴亮：你一根接一根抽烟，你喝酒吗？

黄渊青：喝酒。

吴亮：你是不是经常在喝了酒以后才画画？

黄渊青：没有，我喝酒的时候不画画，画画的时候也不喝酒。我烟瘾很大，一天至少两包。

吴亮：你任何时间都可以画画吗？

黄渊青：不行，现在我画画很疙瘩，经常是，到了画室先要坐半天，抽烟，喝茶，情绪好了才能画……因为过去我一直觉得时间紧迫，其实完全没有必要，现在看上去好像很松散，很自由，我内在的控制反而蛮大的。

吴亮：什么时候画画，你在等一个最佳状态。

黄渊青：对，我必须要这样，不然不行。

吴亮：几次看你的画，有这样一个发现——你会在某一个时期里，总有些类似的形式要素，会反复地集中地出现，比如一组一组的小图形，就像那个，一团一团棉线，连续地纠缠一起，有时候它构成几个不规则的圆，有时候它是一堆堆的颜色，在紊乱当中排出了一个秩序，或者一种节奏。它们有时候是朝上的，有时候挤在一起，有时候分散，有时候对称，有时候是不对称。我看到一种隐藏的理性组织，一种碰巧的安排，可能，你每一笔都是偶然的，但最后，当我们把它们摆在一起的时候，发觉它们之间产生了一种差不多的共同旋律，共同的音符，在里面重复出现。

黄渊青：你这个看得很对，这个结构概念不完全来自中国传统，西方绘画讲究结构，早期的教堂里面的油画，雕塑，如果它没有这个绝对的结构意识，画的力量和教堂空间之间，就不能形成抗衡——但是中国的绘画不大讲这个东西。

吴亮：你是说，相对于西方绘画的力量硬度，中国绘画质地比较软。

黄渊青：比较松，比较随意，特别是书法的训练……对我来说，怎样才算是达到了一种非常深的程度，就看你是不是在你最随意的状态，要做得好，这个还需要巧合，中国艺术，它先是有一种修炼，而且你必须长期修炼，最后你的手和脑子，让你的手与脑一起进入自由状态，你完全自由了，你想怎么样就可以怎么样……结构是和随意同时出来的，如果你根本没有某种结构，这个画肯定非常散乱。所以近几年我的修炼一直固定在形式结构上，不停地进行符号重复，在重复中寻找里面的千变万化。

吴亮：这有点神秘主义了，哎，我听人说你对西方星相学和中国命理学都有一些心得，过去我们把它称之为迷信，现在好听了，叫神秘主义知识……你的看法呢，这两套知识应该都有自己的结构和自己的逻辑吧？

黄渊青：算命高手不完全是讲逻辑，但是规律是一定有的，八卦就是一种规律，但是讲的人要凭自己的直觉，西方人看星相也不是可以随便瞎讲的。

吴亮：你有没有给自己算过命？

黄渊青：我蛮相信命的，不过我自己不算命，我从来不给朋友算八字，人家给我算，我总归婉言谢绝。碰到很厉害的高手，我就说，你就讲到这里为止，不要再算了，命好不好，让它去！

吴亮：我不相信命，我只相信两个东西决定人的命运——一个是偶然性，另一个是自由意志。

黄渊青：我看过不少杂七杂八的书，只不过对人有兴趣，对人好奇。我对八字、面相学、姓名学、西方星相、血型，都有过一阵子兴趣，都觉得蛮有道理……

吴亮：照你的说法，这些关于"人的知识"里面的结构与逻辑，那种思考和想象，那种表达形式，和你对画画的认识，两者有关系吗？

黄渊青：直接的关系不一定，间接关系可能会有的。我年轻时候很反感中国这一类文化糟粕，到后来，慢慢觉得老祖宗有些东西非常有意思，比方说像命理，我不是研究者，有时候在艺家圈子里，大家凑一块说了玩玩，起源就是一个好奇，就为解释一个问题——人和人为什么很不一样？还有像姓名学，开始不相信，后来我把我周围朋友的名字全研究过一遍，准确的概率达到百分之九十。

吴亮：如果你对我的名字也研究过，不要告诉我。

黄渊青：我知道，当你碰到高手，就真的不要去算。知道了结果，等于看见前面有一个陷阱。我宁肯不知道有一个陷阱，到时候下去再下去。

吴亮：说说你这些年来的工作室历史吧，这是你们每一个艺术家的必答题。

黄渊青：1993年我决定必须做一个画家，这之前我还算好，那时候做老师，我想在家里画画没法办到，我要一本正经的做画家——1993年我借了第一个画室，妈妈说，你要租画室，我就给你钱。这个画室在浦东乡下，门口有一个粪坑。我记得，每天我画画会有很多人来看，非常小的画室，但是好像已经很好了。到今天为止，我先后大概换了七八个画室，至少有八个，很不稳定，房东找个理由不租了，就得搬走。

吴亮：第二个画室？

黄渊青：第二个画室也在浦东，新建的公寓，一半房东用，另一半借给我。房东缺钱，那个时候东西便宜，钱也值钱，房租只有一百五十块。后来嘛，画室一点一点变大，最后搬到了这个"半岛1919"，以前的国棉八厂。但是我最喜欢的，还是我上一次租的画室，霍山路犹太人过去的一个社区，老房子——我觉得老房子和现在的公寓不一样，老房子里的空气和光线是不一样的，有一种特别的安静，我们小时候上海的这种安静，现在不大看得到了，我很喜欢那个地方。本来说租十年，后来三年就结束了。上海找好一点的工作室很不容易，跟人家签七年，过了两三年，人家说没办法，卖掉了，你就只好再搬家。每次搬都很可怕，最后落脚在这里，据说可以有十五年时间，希望这个地方以后就一直不动了。这里空间非常宽敞，搬来的时候，我和潘微两个人，用了七部五吨加长卡车，再加两部车，真的很可怕，东西实在太多了。

吴亮：你初次写毛笔字是什么年纪，又是家里大人叫你学习书法的？

黄渊青：开始是自己学，后来到少年宫去，我爸爸有个朋友，叫洪丕谟，你可能认识他的。我到他家去，他并不教我书法，就跟我说，这个好，那个不好。那时候我小，不是太懂。后来洪丕谟又给我介绍了另一个朋友吴全良，刻章、书法都好，洪丕谟让我跟他学，每一两个星期拿一点作业给吴全良看，他说，我听，一点一点接触，他们可以讲是我的启蒙老师。

吴亮：每个人的开蒙老师都是一个模模糊糊的故事，洪丕谟我认得……你的大学专业是什么，前面听你说"决定做画家"，好像你大学不是学艺术的？

黄渊青：微波理论与技术。

吴亮：毕业后，没有以这个专业寻找一份工作？

黄渊青：没有，我大学毕业，那时正好有个机缘，学校让我到师大再进修两年，回来做了艺术老师。本科读的东西，有一次搬家，把当年的专业课本拿出来一看，我已经一点都看不懂了。

吴亮：你刚才说，你发愿要成为一个真正的画家，是1993年。

黄渊青：我的理想，我很小的时候，就觉得我将来要做艺术家的，我别的事情都做不好。

吴亮：大概几岁？

黄渊青：反正很小，大家一起写书法，我感觉我比人家好，比人家多一点什么，总归觉得自己和别人不一样……当然每个艺术家都是这样想的，而且，做这件事情，心里真的很快乐。

吴亮：是不是从小，你周围的大人们，都觉得这个孩子将来会搞艺术？

黄渊青：可能是吧！当初我大学刚毕业，我隔壁邻居周洪林——他是复旦老师，教法律的，很有学问，对我阅读影响很大，我初中的时候他就给我看《郁达夫日记》——听我讲要做个艺术家，他跟我妈妈说，这事情不能做啊，艺术家成功的可能性太小啦！

吴亮：你喜欢写作？

黄渊青：不，我不写作，我写文章不行。

吴亮：你就光阅读。

黄渊青：对，我就阅读，读得很多，我不写，我没有写的冲动,最多和朋友说说。写作和画画一样,你要有才能你才会想去弄,我觉得我没有写作才能。

吴亮:你曾经对我说,你起先画的是写实画。

黄渊青:一般学画画都是从写实起步的。

吴亮:这个起步阶段大概有多少久?

黄渊青:1987到1989到上海师大进修,学的都是写实。有个叫陈平的老师教我素描,陈平老师要求很高,认为我画得很好。后来师大毕业了,我坚持画了一段时间不行了,意识到自己不可能在这个方面做得更好了。

吴亮:于是中断了?

黄渊青:中断了,或者讲方向改变了。

吴亮:当你在学习写实绘画的同时,有没有流露出一种涂鸦的倾向?

黄渊青:同时还写字,实际上书法就像涂鸦。

吴亮:是啊,只是用这种书写方式来画抽象风格的油画,你还没有尝试过?

黄渊青:没有画过。

吴亮:那就是说,你的顺序是这样的——从小接触书法,八十年代开始学习中国式写实系统的绘画,一度很正规,最后,到了九十年代初,你决定放弃写实绘画了。

黄渊青:对,决定放弃写实,走另外一条线路,和乐心龙一起做现代书法,接触到东西非常多,我现在的绘画,可以说是我的现代书法的延续。

吴亮：转了一大圈，回来了，还是和书法有关，是否有久违的感慨？

黄渊青：这倒没有，我一直没有离开毛笔，画油画的几年我还是喜欢书法，现在两个东西接上了，现代书法，变成了抽象书法。

吴亮：你用这种方式创作的第一幅画，还在吗？

黄渊青：还在，纸本作品，后来印在画册上了，1990年画的，我觉得还不错。

吴亮：先回到纸本，然后呢？

黄渊青：我开始的抽象作品全画在纸上，之前我画油画太多，对油画这个材料已经没有感觉了，重新使用中国毛笔，毛笔和宣纸的接触，摩擦，跟西方这个油画刷子同亚麻布的接触，完全是不一样的感觉，好像是一种很轻的抚摸。

吴亮：抚摸，这个比喻好。

黄渊青：西方抽象绘画，像德库宁，力量是拳击型的，不可能像太极拳，它是直接冲上去的。画布有阻力，它非常硬，我觉得画布是一种没有趣味的材料，宣纸和毛笔充满呼吸，有生命力。在纸上画画，书写，你不能太重，力量稍微重一点，就弄坏了……我开始画第一张抽象画的时候，算是在宣纸上做试验，我一下笔，就预感有某种东西要出现了。

吴亮：用水墨，还是用油画颜料？

黄渊青：油彩、丙烯、水彩，各种各样颜料混合在一起，就是试验嘛。

吴亮：那么后来，你什么情况下转向油画布，觉得能够抚摸油画布了？

黄渊青：抚摸油画布，大概是2004年以后，感觉完全不一样。

吴亮：是吧，你说说看。

黄渊青：油画布的感觉嘛，你和它的关系是对抗性的，是一种外在的物质关系，你要把颜料堆积上去，而且你真的必须有力量，从书法线条，转换为油画布的油彩线条很不容易的，这个经历让我知道，这是外柔内刚的太极拳力量，俗话讲，就是"粘"，也就是古人讲春蚕吐丝的意思，书法理论有这种比喻。你如果要用一支毛笔在油画布上这样做，一点都没反应的。

吴亮：你讲的这一点特别好，非常具体，现在艺术家讲抽象艺术，通常只讲符号、讲表现、讲图式讲材质，但是着重讲身体体验的，几乎没有——你讲身体体验，你手拿一支笔，通过这个笔的传导到你的身上，你细腻地感觉到了这种颜料，和承受到了不同颜料材质的反作用力。一个是油彩或者丙烯，还有其他综合材料取代了墨，水墨；另一个是亚麻布取代了宣纸，这种奇妙感受给你一种全新的心身体验，我建议你写篇文章专门描述一下。

黄渊青：不行，写要你写，我写不了。我对这个确实体会很深，宣纸的性能我太熟悉了，还有毛笔的性能，我自认为我的笔力很强，但是再怎么强的笔力，在油画布上根本没反应……我看德库宁有一张工作照片，拿着油漆刷子像狮子一样对着画布一样冲上去，我们中国人觉得他好像很做作，其实是气质不同，东方人的气质比较温和、比较高雅、比较弱。

吴亮：你现在画这种画很消耗体力吗？

黄渊青：不能算消耗体力，起码消耗我的感觉，就是我做得不大不满意、不大不舒服的时候，很纠结很难受，会感觉体力蛮消耗的。

吴亮：心理作用。

黄渊青：有时候很得意，觉得自己好得不得了，浑身轻松。

吴亮：立刻放点音乐，吸支烟。

黄渊青：可放可不放，画画的时候不放唱片我也可以……你来之前就没有放，机器坏了，让它去，过几天换个好一点的机器。

吴亮：音乐不是必须的。

黄渊青：不太重要。

吴亮：边画画，边开着音响也可以。

黄渊青：对，也行。

吴亮：通常你爱听的是些什么唱片？

黄渊青：如果讲纯音乐，我平常听得比较杂，单单讲经常听的古典音乐，我特别喜欢巴赫和勃拉姆斯，其他嘛，像布鲁斯，爵士那种，力量型的……完全反方向的，就是一点点力量也没有，软绵绵的我也喜欢，反正蛮杂的。

吴亮：这种音乐偏爱，或者另一个极端，力量大的和软绵绵的，会分别影响你正在进行的作品表达吗？

黄渊青：潜移默化，我想听多了肯定会有影响。

吴亮：我说的是你正在放唱片，会不会影响你此时此刻正在画的这幅画？

黄渊青：这个我不知道，通常一个色调定下来，第一笔上去，这张画的未来走向就基本定了，我就跟着画面的变化走。

吴亮：抽象画里的颜色，不依赖具象画中的物质属性，你认为它们具有音乐性吗，就像康定斯基，他把黄色看成是一支嘹亮的小号。

黄渊青：康定斯基说得对。西方对色彩的研究，是我们中国古代从来没有的，这个很明显，中国古代对色彩理论的描述非常少。欧洲人这方面研究很早，歌德写过一本《色彩论》，现代艺术以后，西方对色彩的研究非常了不起，颜色这个东西，虽然不能完全用理性去表达它给我们的感觉，但是可以做成色卡、色谱，这个颜色和那个颜色，对立的、互补的、相邻的，它们之间的关系会怎样，加进去一个又会怎么样，做得非常深入。当你这样比较以后，不得不承认他们在这方面真是很厉害。

吴亮：中国人不懂色彩？

黄渊青：中国城市实在难看，就因为色彩不对……我想象中大概只有古代，像宋代那个时期的城市，一千年之前，宋瓷的这种色调，气息，我希望它曾经是中国真正有过的颜色，可惜，现在没有了。

吴亮：传统书法是你的开端，在里面浸泡了那么多年，有没有尝试过黑白调？

黄渊青：试过，许多油画，画在纸上的，开始都是黑白的。

吴亮：为什么不再画黑白的了？

黄渊青：主要是白颜色，白颜色画得太多，有点无聊，有点单调，现在需要有点颜色了，而且色彩斑斓……我早期的画，颜色很少。

吴亮：你觉得黑白显得效果不够丰富？

黄渊青：黑白一样可以做得很丰富，我的意思是，你进入绘画这样一个系统以后，你做了一段时间，就可能增加一点什么，减少一点什么，或者偏重一点什么，你对这个改变有一点好奇，结果你就会期待这样的改变。

吴亮：艺术有用吗？

黄渊青：我不知道，它只是一个机缘。

吴亮：我问的是，除了谋生和名利——因为几乎所有的行业都为了谋生，涉及名利——艺术还有什么用？

黄渊青：我不回避艺术跟名利的关系。

吴亮：好啊！

黄渊青：艺术这件事，年轻时候觉得很了不起，很牛的，也算是"名"吧，慢慢整个人都陷在里面，着迷了，就不管出名不出名了。

吴亮：利呢？

黄渊青：谋生当然需要钱，不过对这个利，我好像不太在意。

吴亮：那么，除了名利，艺术还有什么用途？

黄渊青：嗯……艺术就是在没意思当中找一点意思。

吴亮：有人认为当代艺术就是一种对时代的介入，就是一种质疑、批判和反抗，你怎么看？

黄渊青：我没有想过我有什么对象需要反抗。

吴亮：一个像拳击一样重的问题，被你太极拳化解了。

黄渊青：平时我不大想这类问题的。

吴亮：现在还玩蟋蟀吗？

黄渊青：玩的，小时候没有玩够，长大了就要补偿。

吴亮：中午想吃什么？

黄渊青：日本料理怎么样，长寿路的九井不错，你去了就知道了，我们再叫上薛松。

我需要自由地工作才更加自在

曲丰国　吴亮

（曲丰国，艺术家，现居上海。对话时间：2010年10月）

吴亮：90年代初我有一篇评论叫《画室中的画家》，里面第一次提到你、薛松和裴晶，今天我们的话题还是从画室开始吧，你开始有了自己的画室，到现在，这么多年了，你在不同的画室里经历了几次风格的转变……

曲丰国：差不多大概换了五个到六个画室，读书时期不算，做学生的时候大家挤在教室里一起画，没有个人空间。毕业后呢，戏剧学院有一个几乎闲置的教研室，平时那里不大有人来，李山、裴晶，我们几个一起，等于公用的一个画室了，那时我住学校，比较方便。后来搬了大概至少五六个地方吧，一直就在迁移，带着这些作品，一个地方一个地方的，像游牧一样不停搬家。

吴亮：九十年代初我看你的几幅作品，当时你还没形成比较固定的风格。

曲丰国：对，那时一直在寻找……我早期的作品《手迹》系列,是对中国传统水墨绘画的一种眷恋吧,中国书法和山水都是传统人文精神的最高境界,后人很难再突破。我的那批画,只好感受这种"气韵生动"的意境,《手迹》系列最终没有延续下去,可能是因为太注重技术美了,它不能满足我对普遍世界的关注,它太具有明显的地域文化属性了。

吴亮:就像你刚刚讲的,假如我把你的"手迹系列"称之为你的第一个寻找阶段,一个偶然性的阶段,你可能会随手拿点题材做你的作品。我记忆比较深刻的,就是你的黑色时期,宽宽的线条,黑和白,丙烯啊,墨啊,黑碳粉啊。当然,中间也间或会出现一些彩色,但是主调一直是黑色。2000年之后你进入"荧光色时期",彩色,比彩色更绚丽的荧光色,突然有个截然相反的转变。我们知道有相当一部分画家,他们每一步的那种风格变化,多多少少能看得出他的经验和生活的延展,影响了他的作品,你呢?

曲丰国:对,你指的就是后来的《世界》系列。

吴亮:嗯,《世界》,还有《四季》,这两个系列是同时出现的吗?

曲丰国:《世界》稍微早一点,应该是2005年,第二年第一幅《四季》也出来了……你问我这段时间有没有什么事情影响了我,这很难具体讲,这一年我的工作室搬到莫干山路去了,许多情况都不一样了。

吴亮:首先是工作环境和工作条件的改变。

曲丰国:是的,在工作室,我把颜料融水后让它们在画布上自然流淌，晕染，浸润，按照水的物理属性来完成某种状态，一直到固定成形。在这个过程中我是参与者也是旁观者，水的这种属性是最自由和最自在的，它构成了地球上许多自然风貌，山河、湖泊、海洋。它构成了空间的自然性，我非常喜欢它无法掌控的自然属性。但是在我的画面上，颜料的凝固会最终呈现并记录了它的形成过程，也可以说，它具有了广义时间上的历史感。

吴亮：你在《手迹》里经常使用的水平线还是被保存下来了。

曲丰国：水平线条是人类能够观察到，能够掌握的最简单形象，朴素，很具理性意味。早期的中国文字，老子所谓"一生二，二生三，三生万物"，你看这几根横线就是水平线，用来表达这种玄机。这种简单线条孕育了无限复杂的勃勃生机和智慧。"一"，天地合一的初始状态，一切都没有开明；"二"，天地分离形成巨大的空间，世界显现了；"三"，天地之间出现了生灵，万物繁衍，生机无限。

吴亮：解老子解得好，图文并茂。

曲丰国：当然这只是中国道家的朴素世界观，对此我深深地被古代人伟大的智慧和想象力震撼……对于人类来讲，其实水平的直线好像一直是表达时间的方式之一，包括流失的河水，瞬间划过的流星轨迹，编织经纬织物，等等。自然界里水平直线象征了理性，至今只有人类掌握了这种形象与理性的关系。据说所谓"曲线"就是上帝的图形，或者说是自然形成的，直线才出自人类之手。其实在流淌的颜料上不断覆盖线条，就是人和自然在建立交流的一种过程，这个过程可以体会到自由和控制、固定和流失、时间和空间以及瞬间和永恒奇妙的矛盾和协调的过程。

吴亮：嗯，古希腊的毕达哥拉斯也认为"一"是世界之母，不过毕达哥拉斯认为世界就是几何的，当然包括圆和直线……我们现在不追究古人怎么讲，讲讲自己的经验如何，艺术家呢，往往是内部状态发生变化，影响了他的艺术有了外在变化，生活归生活，他的艺术思考实践是另外一条脉络；还有一种，对艺术的持续思考，你属于第二种，你刚才讲得那么理论，我看出来了。

曲丰国：呵呵，是嘛。

吴亮：我们就从你的黑色系列到荧光色系列看，当中找不出你个人情绪的痕迹和线索，你的生活，你的对现实态度，外人不容易看清楚。我们只能从这里看到图式与符号的变化，只能猜想你对艺术的思考起了变化，这个过程不清楚。

曲丰国：这个嘛，其实变化还真是蛮大的，很多朋友观察我，有时候他们会发现，突然间，我怎么会有一个新的形象出现了，其实我也很奇怪……艺术家是非常困难的，自己应该怎样去调整这种突然要改变的感觉，因为你会很警惕，就是说，平时你的工作很稳定，尤其是我，不可能反反复复变，每个系列的延展性应该比较强……

吴亮：然后呢？

曲丰国：我当时画的那批画呢，的的确确，就因为那个时期非常自由，非常愉快，跟你的身体，包括你的青春期经验很一致。

就是说它突然变了，把以前放弃了，就突然间这种符号……我感觉，它慢慢会形成一种技术性，中国文化的这种形象太突出了，我的工作不是为了说，一定要找个传统的中国形象，或者在这方面有什么新发现，我还是想找一个共同话题，完全可以选择色彩，很绚烂的色彩，为什么一定只有"黑白"才是中国呀，我后面要做的工作，可能会更接近当下的中国，它们更一致。

吴亮：刚刚看你的以前的画，温故知新，你打开后面的仓库，我熟悉的作品都在，你告诉我，你早期作品基本都留在你手上。

曲丰国：对啊，长期没有出售，那批作品基本没有进入市场运作，当时我也不懂怎么找人合作，应该和谁合作。

吴亮：那么现在你的这批新系列呢，倒是反过来，不断有人收藏了？

曲丰国：有，也不多。

吴亮：有些艺术家，他们以前的画，早期作品全部卖空了；有些正好相反，早期作品保存得好，你就是这种相反的情况。那么，假定你早期作品现仍然没有知名度，能看懂的人少，就像当年我们搞艺术，就为了让朋友们相互看看，画画是为朋友，为同道，你们都不是职业艺术家一定要靠卖画养活自己，毕竟你们都有一份工作。现在因为市场化了，当代艺术通过市场被更多人了解与认可，通过拍卖行拍卖，各种各样的展览，有更多展示机会了，一个画家的作品被艺术圈以外的人所认知，能识别，已经不是一件多么困难的事情，只要你在圈内有一定的知名度，圈外的人也都会知道你。一个画家，他不同阶段的作品，和不同时段的观众发生交流，对很多画家来说都是同样的。但是有一个现象发生了变化——以前办个展览，总是一些老朋友来看，永远是这些人在相互看；现在不是了，现在展览太多了，可能老朋友倒不一定会来。大家都很忙是吧，各有各的展览，或者跑到国外办个展了，或者有其他应酬，况且常常几个画展同一天开；另外呢，你的展览上出现了许多新面孔，艺术媒体的，什么艺术机构的，还有收藏家，画廊，新冒出来的买家，或者别的对新艺术有好奇的人——我的问题是，喜欢你现在作品的是些谁，而喜欢你过去作品的又是谁，他们的区别在什么地方？

曲丰国：怎么说呢，我感觉是这样的——喜欢我新的这批画的，也分好几种，比如《四季》，色彩比较强烈耀眼，这个好像西方人很喜欢，可能他从中能够感觉到他的那种生存环境经验，和那种情绪力量。那么《世界》这个部分，比较理性安静，很奇怪，东方人特别喜欢，尤其是亚洲人，包括日本的一些收藏家，他们会非常非常喜欢。这两个感觉还特别对立，喜欢这个的人非常坚决，喜欢那个的人也非常坚决。我个人是这样想的，就是找一个两者兼顾的工作状态，不是要为了讨好任何哪一方，我想同时工作——我大概设置了这样的工作思路，比如《四季》，这个部分是关于时间的，所谓季节性的感受，这个我每年都会做，春夏秋冬，一年就画四张，不多，我一年一年不断地延续这个系列，完成四个作品，这一年就不画了。但是《世界》这一部分呢，这个主题和空间探索有关，这是一直在我心里疑惑的一个东西。《四季》是时间，《世界》是空间，有没有可能在一个平面里，把"世界"放到一个平面中去感受，去表达。这个系列的构图和东方的某种精神比较接近，可能更容易看出来，被感受到……至于我原来的老作品，其实只是我很个人化的一个经历，那批作品，我挺幸运的，当时市场不好，几乎没卖过几张，倒是一个万幸的事，都保存在这儿。今天回过头看这些画，真正喜欢它们的往往是与我比较亲近的朋友，包括一些共同成长的艺术家，他们能感受，这个历史他们经历过，他们见证过的这个历史，当时的那个出发点……《手迹》那批画画得黑乎乎的，实际上我当时想用一个古典的方式，类似素描这种古典方式，也算是我的"古典时期"吧。

吴亮：你那个早期作品，你称为《手迹》的那个阶段，强调材料痕迹的，假如我把它定义为"向内"的绘画语言，一种自我指射，它指向自身，它并不指向外部世界，并不想通过绘画来描写世界的某个方面——就是针对那个颜料，材质，还有一些你特有的符号，笔触，痕迹，它们和画布接触，产生了某种效果，你对它这个画面的过程有一种体会，这种特有语言和符号，表现的是另外一种世界概括，或者是一种情绪……

曲丰国：对，《手迹》的构图风格是清晰的，但它的指向却很难说清楚。

吴亮：刚刚你说，你后来的《四季》和《世界》被一些人读懂了，那些观众，来自西方的或者来自日本的，他们通过你的画看到了另外一个景象。

曲丰国：嗯，是一个景象——《四季》系列里的线条是主角，我放弃了笔刷，放弃现成绘画工具，直接把颜料从锡管里挤出来，把颜料直接挤压到布面上，形成线条；再把线条刮掉或抹掉，形成色彩相互融合的效果，然后又覆盖新的线条，就这样重复堆砌，直到画面最终完成，这往往需要几遍、甚至十几遍的覆盖和刮抹的过程。我认为这个反复的过程，其实就是对时间流失的焦虑感和对时间的纪念，"四季"是时间交替流失的印记，包含了对生命和自然的情感。从技术上说，《四季》系列是一种覆盖编制过的风景，一个景象，但是观众可以联想到大自然。

吴亮：所以它变得可以亲近了。

曲丰国：是的。在工作过程中最让我开心的，是这个过程我虽然熟知，却又不能完全掌控。我的绘画过程事先不做设计，不固定在某种程序上，我喜欢随机和偶然的出现……比如，颜料在刮抹过程中是无法预知最后结果的，充满未知和偶然性，颜料在流动的时候也会出现意想不到的现象，这都会让我欣喜或悲伤，正是这些偶然性是我最收益的经验，它似乎是人类命运的某种对应，不可控制，自然属性说了算。

吴亮：既不是静物，也不是物理性的具象观念，你这个系列和人类的一种经验有关，《四季》是人为划分的，它在人类的文化经验之内，你早期作品只跟自身发生关系。

曲丰国：对对，现代主义最伟大的贡献之一，就是发现抽象绘画，康定斯基、蒙德里安、马列维奇，抽象主义绘画出现后，我们对自然之外的描绘才真的有了形象。这种形而上的绘画方式，直接表述内心的、自省的精神世界。

吴亮：你们戏剧学院出来的，画具象的多，画抽象的不多。

曲丰国：具象好比在通过某种故事来看世界，抽象艺术则是内心精神的直接反映，这种绘画在解读上比较复杂、困难，所以抽象艺术在艺术史和艺术市场上始终是小众的。

吴亮：我想起一个问题，你怎么会对黑白厌烦了呢，是突然有一个新的彩色世界打开了，很偶然的事件吗，类似牛顿看到苹果掉下来，发现什么了？

曲丰国：那倒没有，没那么清晰……就是原来那个黑白点，像书法一样，我不断在感受它，你前面说得没错，就是那种内省，有一些内心感觉。通过这个黑白点的反复摩擦，重复，实际上野心很大，希望能直接看到世界大师、最伟大艺术家的作品，他们太松弛了，希望自己也能进入这个松弛状态。当时画画也简单，从没考虑这个画卖给谁，这个画将来可能或落在谁手里，画完了，这就是我的作品，就这样一个感觉。

吴亮：憋着一股劲。

曲丰国：真正的改变，是在工作室搬到莫干山路之后，看到苏州河的水，这种有水的城市感觉，它一直在那里流，或许感受到这种时间，时间的延展，年龄稍微大了，对时间的这种延展特别敏感，从我站的这个点，慢慢看过去它变成一条线，不断延展，感觉人真是一个很无效的东西，不断地重复，像苏州河的水，一波一波的……

吴亮：子在川上曰，逝者如斯夫。

曲丰国：于是我在想，原先我的画讲个人的技巧性，内心感觉，那种个人痕迹，能不能变成一种具有共性的、大家都能感觉到的东西……后来回顾自己，我感觉这个工作方向的转换还是对的，慢慢地从个人走向一个共同的感觉，比如时间不可逆转，比如空间和时间呈现在一个平面，虽然困难重重，但还是有可能表达的。这些工作，也都是在找一个很边缘的话语，可能很多人看了以后，他们好像能够感受到对生命、对时间的无奈，甚至是一种悲剧性。

吴亮：悲剧性吗，你现在的画很亮丽啊！

曲丰国：有时候色彩亮丽，可能会让人暂时忘了生命，但是不断往前走，一年四季，一直在重复，人都希望不断获得新的生命，时间流逝还是无奈的。尽管很多人在抗拒这种时间悲剧性的延展，但是所有人都必须承认，这是没有办法阻止的……其实我的《世界》就在表达这种感觉，有段时间我把每一幅作品的时间都记录下来，什么时候开始，什么时候结束，当然这个时间不一定准确，重要的是一个概念，把时间定格。

吴亮：看你的画，我必须走近了看，时间，签名，笔迹，一些当时留下的非常微妙的局部，过了许多年都保存下来了。

曲丰国：对对，绘画是不会死亡的，绘画的独特性，是最直接最古老的，除了文字语言和声音，最有感召力的就是绘画。其他艺术形式和今天的新媒体可以表达的意义，在绘画里都一样能够表达。

吴亮：我看抽象画，常常比看具象画更费时间，我会像小时候蹲下来琢磨一片落叶，或研究一个树根这种感觉。看多了，等我离开了森林，或者离开了你们的画室，再想起了某一座森林，想起了某一个画家的画室，我脑子里会产生一种即具体又很混沌的回忆……你的画也一样，过一会儿，当我离开你的画室之后，我可能会用一些概念去描绘它，脑子里已经不是一个树根，也不是一片落叶了。

曲丰国：你是语言抽象，我的抽象其实还是一种图像。

吴亮：批评家的概括总是有问题的，我只能使用这个概念来说话——你现在的画，从这个《世界》和《四季》开始，从内心转过身，面向世界了。

曲丰国：对。

吴亮：当然不是说，《世界》跟《四季》不是你的内心，它们依然是你内心的一个折射，像一个光谱，大千世界通过光谱的分析，像三棱镜一样，画面上出现了彩虹，这个三棱镜是你曲丰国的。

曲丰国：你的比喻是宏观的，我对颜料的感觉是非常微观的，颜料几乎是绘画里最重要的材料，《四季》系列，我差不多全部改变了它的原来性质，直接就挤出来用……而在《世界》里我把水和丙烯颜料调和到饱和状态，易于流淌才可以使用，在我作品中，具有决定性的因素是：不用现成的笔刷做绘画工具——这样就摆脱了绘画的传统程序和通常画面效果，摆脱了约束，使得我的绘画更自由，同时也变得更艰难，这个矛盾，恰恰是我喜欢和期待的。

吴亮：你这个荧光色本身，现在如此华丽，象征什么呢？

曲丰国：它就是都市。

吴亮：变幻莫测，尤其是时尚世界，同步性，它那种节奏，它不断地覆盖，不断地流动，流光溢彩，车水马龙，不夜之城，永恒的，也是稍纵即逝的，但是呢，它今天还确实存在着。

曲丰国：对。

吴亮：你早期的作品，从学校刚刚毕业，你的《手迹》就有了一种内省性，沉重感，现在你的《世界》跟《四季》虽然五彩斑斓，仍然带有这个基因，很奇怪，你那么年轻作品就有点儿悲剧性了。

曲丰国：是啊，真的有好多人以为《手迹》是老人画的……

吴亮：年龄和时间都很骗人的。

曲丰国：对，时间流逝，记忆从不确定到确定的过程，其实就解释了绘画中的美学意味，可能是你先看到的美妙颜色，慢慢地，感到时间消失了，这就是悲剧性的美学意味，人无法找到稳定不变的时空，没有永恒固定的生命。在我的画面中，分割的彩色线条是命运的结束和开端……

吴亮：你现在好像进入了一种迷幻状态，我不能说你进入一种世俗，不是。前面你好像是回到了现实，但是你慢慢进入想象的境界，你打开你的胸怀，面对这样一个想象中的抽象世界，你在对我描述，时间的流逝跟世界的无常。

曲丰国：我经常能够感觉自己的状态，我是一个有规划的人。这个规划，可能有的时候会走得快，有时候会走得慢一些……如果这个问题解决了，我会换一个问题。

吴亮：下一个，可能是什么问题？

曲丰国：可能是《人间》，从《世界》这个"空"的概念，回到"人"。

吴亮：那么我们现在赶紧回到"人间"，回到生活……我知道，你在戏剧学院学的专业与化妆有关。

曲丰国：学的是舞台美术，还有人物造型。

吴亮：人物造型，对，我想起来了。所以啊，我记得好多年前，我和你开玩笑说，一个经常和演员、和漂亮女孩在一起的艺术家，看惯了美丽，日常环境全是这个，你当时的绘画却正好相反，不画美丽。

曲丰国：对，对……我不合适那个世界，我需要自由地工作才更加自在。当然，演艺界确实是一个美丽的世界。

吴亮：你总在生活中，对那些时尚，你并不隔膜。

曲丰国：是的。我喜欢时尚，漂亮的生活，只是我没空去这么做。

吴亮：我看你早期作品，似乎对时尚有点儿隔膜。

曲丰国：对，表面是这样。我那时候，还是有比较大的反差，那时候。我也并非完全明白自己为什么要取消色彩，偏信黑白两色最单纯，其实色彩才更单纯。

吴亮：你自己喜欢时尚吗，衣着，电影，音乐？

曲丰国：工作之外，我从来没脱离过对时尚的感受，对，我喜欢时尚。我觉得生活必须是这样，必须，你必须面对你的种种可能。

吴亮：说具体点。

曲丰国：我喜欢阅读时尚杂志，喜欢漂亮的事物。

吴亮：你经常去国外，看博物馆，逛街，哪个更多？

曲丰国：两个差不多，差不多。有时候，生活本身比那个博物馆还好看，站在街边，拿一杯咖啡，体会这个世界的时尚变化。

我不想做生活的旁观者

计文于　吴亮

（计文于，艺术家，现居上海。对话时间：2010 年 11 月）

吴亮：还记得吗好些年前，几乎每次在什么场合碰到你，我会跟你开同样的玩笑，算是打招呼，一见面就问："老计，你还没有融化吗？"

计文于：呵呵，记得记得，是 1997 年 7 月 2 日，香港回归第二天。我到医院去例行检查，这事我很当真，我父亲 1995 年查出肝癌，五十天后就走了，很快！我的表面抗原也是阳性，我怕有家族基因上问题，所以我就每年要到医院去查一查身体。这天我去查了一下，吓得我半死，B 超说我肝上有一个三厘米左右大的肿块，怀疑是 Ca。医生觉得发现了重大案件，要我明天一定再去医院深入地继续查下去。我当时想我以前怎么陪我父亲一个接一个的检查，现在轮到我了，一连串的检查，直到 CT 出来，都说我是癌。我当时的心情啊！也不是怕，像行尸走肉一般，反正被击中了，哦，当时我检查的医院是长征医院，从医院出来就路过新华电影院，新华电影院在造新楼，我想可能这楼还没盖好，我就不在了，速度太快，就像从门店里买了一块新鲜的冰淇淋直接放到太阳底下去晒，这种迅速融化的感觉啊。

吴亮：你最后很幸运没有融化，怎么回事，是误诊？

计文于：这个，到现在医生也说不清。

吴亮：那么大的肿块，说没有就没有了？也没吃药？

计文于：吃药的，吃的是中药，但西医是不承认的。那天给我检查的是一个七十几岁的B超专家，就他说我不是癌，可能是血管瘤，后来我体内没有这个东西了，他不相信会消失。我当时也到中山医院去复查了，一个国际有名的肝癌专家建议我马上开刀，说："这东西在体内不是什么好东西！"

吴亮：这个玩笑开大了，现代医学给你开了一个很大的玩笑。

计文于：对对。

吴亮：在另一些地方，你曾经多次讲，你说油画就是一个笑话！

计文于：不，这个一开始不是我说的，是一个法国艺评人，后来又当了世博会法国馆的馆长，弗兰克·赛里诺（Franck Serrano），他给我写了一篇文章，是他首先说出来的："如果整个艺术就是一个笑话……但是什么也不能和计文于的作品相比。"我这样说，可能有些断章取义。

吴亮：这个话，听起来又有一种开玩笑的意思。

计文于：我没有想要开玩笑，我都是从骨子里说出来的大实话，有人说幽默什么的，我真没想到。我当时关注的都是我周围发生的事情，有人说我是政治波普，我不是很同意，我画里也没有几张是关于政治的，可能生活中透出了些许政治吧，应该说我还是考虑生活的方方面面多一些，当时主要是改革开放以后，西方的东西涌进来，和我们原来的观念上的碰撞，有些不适应，但又很崇拜，相当矛盾。我们经常可以看到这样的场面，在婚礼上，我们穿上了洋装和婚纱却没有去教堂，而是围绕着我们最传统的大圆桌吃得胀破肚皮和闹得不可开交，喝酒、点烟捉弄新郎新娘，就这样，其实我在一种很"杂交"的状态。

吴亮：我在要做这个节目之前给你打个电话，我问过你，我说你以前画入你这些作品的零零碎碎，你还有没有留下一些，你说没有了，因为你不喜欢……我在别的文章里发现你还这么说，你所画的那些东西，你其实都不喜欢。

计文于：是的，我画的很多东西我并不喜欢，其实都很市民。我关注它们，是因为这些年，人们对西方的某些东西，从不接受到接受，或者从崇拜到正常这个过程，作为艺术家，我关心生活中的变化，在意的是这个迅速变化的世界，人们心态上的变化，这就是我的出发点。现在人们把房子车子看得很重，我对这些看得比较淡，不是很喜欢，但我对人们对这种东西的反应更感兴趣！

吴亮：你刚刚告诉我，以前你把这个地方作为你的日常居所，现在你把它变成一个工作室了，现在我不仅能看到你完成的作品，还有将要做入你作品的这些物件,包括这些原材料,布啊,线啊,小衣服啊,到处都是……在你其他不工作的地方,周围会有这一类东西吗?

计文于:不会,就按原来状态吧。

吴亮:哦,居家只为日常生活需要……这里就乱七八糟挂满你作品。

计文于:还没有,那面墙上还没有挂画,以后吧!

吴亮:这么多作品的手稿,就是草图,现在都在身边?

计文于:香格纳画廊搞过一个手稿展,其实我画画基本上是不打草稿的,我常常想到哪里画到哪里。我一直认为,作品概念是在做作品的过程中和作品一起成长起来,一起完成的。有时候我会有一些小想法、一个闪念,我就记录下来,画在随手拿来的旧纸、旧信封上,香格纳画廊的手稿展就展出这些个小草稿,就是几根线,没有很完整的。

吴亮:你没有专门为你的作品画草稿,但你会随手涂点东西。

计文于:是的,随手涂点东西,有时候,我作品做到一半,再画一些新的想法,把小稿子的内容加进在正在画的作品中去。有时我也会受到一些类似超市寄到我的邮箱里的垃圾邮件的启发,发展出一些后来的作品,比如我画的《百货均有价》。你看,这种垃圾邮件我这里还有厚厚的一叠。

吴亮:你虽然画画没有什么草稿,但是你有计划吗?

计文于:计划是有的,不过常常等到作品完成后,发现和原来的方案不一样，感觉两者有差异。我是顺着一个思路走，作品也跟着走，结果就不一样了。

吴亮：你的计划是用文字写的吗？

计文于：用文字写的，我有一些笔记，但是也有在脑子里的。主要还是作品怎么表现，我努力用最直接的语言，让人家能看懂的方式来做作品，尽量不阐释，我把要说的话，甚至包括题目都放到画面上来。我想，很多艺术作品因为你对作者不是很了解，没有读过文字文本，就不容易看懂，有些评论看了还会更加的云里雾里……毛泽东语言很简单，农民也能看懂，影响力遍及整个中国，我想这样创作最直接的方式。有人批评太直接，说太俗。我不同意，我还是这样做下去。

吴亮：你前面说现在婚礼的形式，一会儿长袍马褂一会儿西装婚纱，觉得非常有意思，又非常不适应，所以你的画里就出现了一种混合风格？

计文于：1998年，我就画了挂在你背后的这个《毕加索作品和中国民间艺术》了，照我想，中国以后可能就这样，中国文化被杂交了，很多东西都变样了，最后既不像西方也不像传统的中国，就变成了这样一个奇怪的东西。所以后来，我就慢慢把这个主题的画停下来了，这几年我就没画过画，我觉得我再画画的理由没有了。当然以后我可能还会画画，但必须有了新的想法，新的感受，必须整出一个新的可能性之后再画。

吴亮：你再画画没有理由？说说你的理由。

计文于：开始是从里面看到一种杂交的，充满了一种中国式的令人讨厌、又令人可爱的复杂反应，其实就是那些非常滑稽的东西让我感兴趣……但是现在这种滑稽好像没有了，大家都讲中国现在经济上是世界第二了，有一种暴发户似的自豪感了，对此我完全没有准备，我还没有把住这个脉，现在中国人的这种膨胀，我还没有能力把握，我不知道怎么表达它。

吴亮：说得好极了。那么，你现在做用布和其他现成材料做的那些软装置，是不是表示你已经把住了这个中国人暴发户自豪感的脉搏了？

计文于：也不是说已经完全把住了这个脉，比如这个作品，这是加拿大人林白丽在OV画廊策划的一个《向文人学习》展览，我们准备做个大瀑布，下面礁石上坐着一个文人，正在欣赏这飞流直下的感觉，我们在瀑布口上做了一个大水坝、一个水电站，题目是《人类壮举》。这个作品很中国、很传统文人式的，又很现代。同时我们用卷轴方式做这个三维作品，展览布置和运输都方便，作品也轻便。

吴亮：我注意到你三次提到"我们"，还有谁？

计文于：哦，这个阶段的作品，是我和我太太朱卫兵合作在做，"我们"是一个组合，她以前做服装设计，后来她越来越不喜欢时尚，女装没有真正意义上的设计，没前途，同时她对布这个材料有感情。她想把这用到当代艺术的语言表达上来。那么我呢，一、我那时已经不是很想画画了，二、我觉得布这材料有挑战性。

一块布裹上了棉，圆不圆、方不方的形，布难于塑造，不可能有精确的再现，它不由你来编排，它随着自己的个性。布温柔，骨子里又很倔强，它经常给我们带来意外。布需要艺术的敏感来把握，在缺陷中显出它的特点，给我们带来了太多新的可能性，尽管刚刚开始在做布作品的时候，由于材料变化太大，只能一个接一个地解决具体遇到的问题，好像是退步了，但我觉得发展空间变大了。

吴亮：记得在香格纳，看到你有一个作品叫《小巴拉子开会了》。这让我想起我们的小时候，我们那个年代的儿童游戏，我们差不多年纪，你对小时候有什么有趣的记忆，甚至这些记忆影响到你后来的创作？

计文于：小时候，第一记忆就是大家不上课，一天到晚玩，调皮捣蛋，家里的家具给我弄得一塌糊涂，镜子、玻璃都给我们小孩在打闹中打碎了，孩子们在弄堂里玩、在家里玩、在房顶上玩，总体感觉，比现在的孩子开心，父母每天晚上回家很晚，大人下班后还经常要开会学习毛选……我们这个《小巴拉子开会》就是想表达开会，领导在台上不知疲倦地发言。

吴亮：你小时候非常捣乱，还有呢？

计文于：还有画画。我从小就喜欢画画，记得在上幼儿园的时候，画画得了个奖，奖了一只苹果，我带回家作为一种荣誉，我就不让家里人碰，供在那里，最后供着的"奖品"烂掉了。我画画得到父母的鼓励，他们觉得小孩子在家里画画，就不会出去闯祸。

吴亮：另外一件作品你也解释一下，就是那个一男一女，坐在沙发里面好像很舒服，通过电视前面在看那个屏幕中的火山爆发新闻，你的题目很像对它的概括，意思是"所有的灾难，对电视观众来说都是一个节目"。

计文于：不，不完全是这样！这个作品是给2006年上海美术馆双年展提交的方案，当时张晴要我们出方案，题目是"超设计"。我们当时想，火山爆发是一种灾难性的事件吧，人们都会远远地逃离，现在由于科技进步，我们可以坐在家里安静地把这种灾难当成一种宏伟的美景来欣赏了，这是超设计的一种力量，我拿出了这个方案被他们否定了，结果用别的了……我觉得这方案很有意思，还是把作品做出来了。

吴亮：你那个时期收集的广告废纸还保存着吗？

计文于：是的，有那么厚的一叠，基本上都是些产品广告什么的。

吴亮：所有一切，都能标上价钱，这就是超市广告给你的印象。

计文于：广告的确是会吸引人们去对这些产品产生兴趣的，很多化妆品，很多廉价的，我相信女人会被引诱，然后去追求，我以前画了一批这样的画，画里的女人在化妆，或者画了一圈各种化妆品牌，中间女人们在"造"着美丽、隆着胸什么的，我觉得这种化妆和装扮都是女人的真心态，我从广告里看到了真实。

吴亮：现在很多知识人士，把广告作为一个应该被批判对象来对待。我觉得你倒是相反,你只要为了解人,你通过广告间接地了解到许多人的人性需要。

计文于:对对,这个是人性需求,就像艺术家需要不断炒作自己。

吴亮:那么,你觉得这些需求,是人本来就有的,还是被广告制造的?

计文于:相当一部分是被广告制造的。

吴亮:剩下的一部分呢?

计文于:这个剩下部分是本能需求,我觉得。

吴亮:天生的。

计文于:对对。

吴亮:比方说隆胸。女人隆胸的需求,是完全被广告塑造出来的呢,还是女人本能确实是想隆胸?

计文于:女人有虚荣心,她们需要美,为此她们可以受痛苦,她们可以牺牲很多,女人要别人关注她,因为这个社会还是男性的社会。

吴亮:再问你一个问题,假如所有的广告都说女人平胸最好看……

计文于:有可能,很多女人会去手术把胸弄平!

吴亮:会不会就去割掉乳房呢?

计文于:有可能,我觉得她们会付这个代价。

吴亮:你的观点是说,一切都是广告的造就。

计文于：不能说一切吧，呵呵。

吴亮：在你的早期作品中，我看到一些传统中国年画，或连环画形象，二郎神、秦叔宝、关公，你从什么地方获得这些图像的？

计文于：年画。

吴亮：是为了画画，回头重新去看，还是从小就接触？

计文于：这个还是能看到的，一些旧书，"文革"没有彻底毁掉的，后来也重印了，很多旧书都重印了，其实我对这些老东西并不尊重，我对它们的背景也一知半解，我并不很了解它们，但我可以用，为现在服务。

吴亮：关于这些中国民间传统的故事人物，你小时候就知道了？

计文于：不是，不太知道。

吴亮："文革"爆发我十一岁，破四旧，这些东西被消灭得差不多了。

计文于：是被消灭得差不多了，有时候还会碰到，到了农村，看到一个门神，模模糊糊，刻在门上的，就问这是什么？人家说这是门神，这个知道，但是对它门神起的作用……

吴亮：你不是很清楚？

计文于：不是很清楚，大概意思知道的。所以我把中国门神和美国万宝路画在一起，守门的，和打开门的关系。

吴亮：假如你在家里的门上贴一个对联，你会写什么？

计文于：在自己家，对联，这个选择比较多，当然不会简单地写个"福"。

吴亮：看来你还要想一想。

计文于：这个门嘛……

吴亮：那么在你书房，书房墙上面，请一个书法家写几个字。

计文于：这个，我一下子倒是蛮难的。

吴亮：因为你不需要。

计文于：我没想过，很雅的这个东西，我弄得不多。

吴亮：你平时日常中，使用得最多的是什么东西？

计文于：这个，什么意思？

吴亮：我做个心理测试。

计文于：你还是拿几样实物来，给我选择。

吴亮：以我为例子，早晨起床，首先伸手摸自己的眼镜，现在眼镜不戴了，我留意的东西是钥匙，这个钥匙包最重要，还有打火机、香烟，你是什么？

计文于：我想，应该是我的手机不能忘，就是这样，尽管手机有时候来电话也不是很多，但我觉得这个手机好像是我和外界沟通的一样重要东西，不能忘。还有嘛，来到工作室了以后，打开电脑看邮件。

吴亮：出门除了手机必带，第二个必须要带的是什么？

计文于：拿个相机吧，也不是每一次都带，有时候看展览什么的，我会带。

吴亮：你常常会忘记带钱包？

计文于：我不用钱包，我的钱就塞在口袋里。

吴亮：这是我临时想出来的测试……老计你首先把和世界通讯放在首位，你要告诉你的朋友你在哪里，你也必须知道别人在哪里，这是第一。第二，你还是把艺术看得很重要，甚至超过你的日常生活，带钱包的人都是比较注重日常生活的，你把记录图像看得比钱包还重要，生活在你这里，是第三位的。

计文于：我生活的确简单，有时候我的生活……我都有点不知道怎么说，我觉得，物质生活只要基本上满足我，就可以了，我没什么特别大的要求，比如我不喜欢车，我到现在也没买车子。

吴亮：啊，这些作品只做到一半。

计文于：是做到一半……这个就是我原来那件作品的观念，上面有个水坝，对人类对那种人定胜天的反思，现在再想做一个，主要还是形式上的考虑，我想让它成为一对，下面穿着西装的人在欣赏，像古人。

吴亮：怎么听上去，都有点像开玩笑。

计文于：呵呵。

吴亮：背景还要上色吗？

计文于：不上了。

吴亮：就这么解决了？

计文于：对，就这么解决了，我现在颜色尽量少用，和以前的画不一样。

吴亮：穿西装的这个人，他应该会有颜色吧。

计文于：穿西装的人很简单，黑西装。

吴亮：你用中国水墨的黑白两色来弄？

计文于：我没有想到中国，我觉得以前我的画颜色很浓烈，现在要单纯……接下来我想做一条街，一条小街，里面有凳子，边上种了树，还有假草假山什么的，准备用这样的黑白颜色做，把其他颜色都抒掉。

吴亮：类似一个微缩景观。

计文于：嗯，但是很单纯。我想让它像，像很多人喜欢拍的黑白照片。

吴亮：那会是一条很长的街吗？

计文于：不会很长，休闲街，能坐，可以散步的一条街。

吴亮：取它的中间一截？

计文于：一段小局部。

吴亮：开始了？

计文于：还没开始。

吴亮：这个作品，你应该有草图吧？

计文于：没有，也是想到哪里是哪里，你看这个，甚至这个盆子，我也没草图……这个呢，是苏格兰约翰尊尼的一个威士忌，他们要找十二个艺术家，代表耶稣十二个门徒，让我们做十二件艺术品，然后搞个发布。

吴亮：这瓶威士忌能喝吗？

计文于：可以喝的，如果你当天买的话……我觉得做成这个样子，可能会像工艺品，很粗糙，我现在喜欢单纯，当时这样做是很有问题的。后来就用了一些假山黏上去，边上有四五个喝得半醉的，盼望酒的状态，边上加有一点花。

吴亮：这样一个酒瓶，我会猜想里面的酒，好像是不能喝的。

计文于：呵呵，它是用来做约翰尊尼的发布专用的，酒瓶是它的一部分，一定要把这个酒放进去，而且不能改变它的形状。

吴亮：你刚才说你要做一条街，而且你不打草稿，那么它就很可能成为会一条没有经过规划的街。

计文于：不会，还是一条比较规范的街，我要在这个街上做成一个什么样的氛围，这是必须要考虑的，街还是一条普通的街。

吴亮：你是不是只想你的作品，所以才关注生活，其实你个人对生活兴趣不是怎么强烈，不那么兴致勃勃，你对日常琐事没有什么反应，所以我问到你的生活问题，你明显表现出很难回答的表情，你好像是一个生活的观察家。

计文于：对，我需要了解人家关心什么……

吴亮：你想做一个生活的旁观者？

计文于：那倒不是，我不想做生活的旁观者，我常常参与进去，对有些事情，不能说完全像隔岸观火那样，不是。我在看别人的一些生活，有觉得好笑的，也有觉得令人感动的，这个我是知道的。

吴亮：你有没有把你自己的生活，作为观察对象，进入你的作品？

计文于：还没有。

吴亮：从来没有过吗？

计文于：没有，应该说没有，我以前给人画了一张画，人家结婚了，后来我老婆就对我说，你也给我们家画一张吧，大人孩子什么的……我说这个还不能画，我对自己没有想这么多，你要画自己，得想得深一点，可是我现在不行。

吴亮：你还是热衷观察周围的世界，观察他人，你回避观察自己。

计文于：我不想把我自己的一些零零碎碎的东西，不断去告诉人家，是这样，其实自己对自己当然有感受，不能说完全没有。但是我最最关心的是——人们对一样东西感兴趣的背后原因，是什么让他们这样兴致勃勃。

整个空间里都是你的痕迹

陈墙　吴亮

（陈墙，艺术家，现居上海。对话时间：2010年9月）

吴亮：这个访谈的画家名单越来越长了，难免问的问题会有重复，不过你可能还觉得是第一次……我们就从你的第一幅抽象画开始。

陈墙：第一幅抽象画，当然记得，大学快毕业的期间画的，不是很完整。

吴亮：给我用语言描绘一下，画面上出现了什么？

陈墙：画面带着……嗯，带着保罗·克利的影响，明显有他的影子，当时我在纸上画了一批这样的，尺寸不大，打印纸，卡纸，钢笔铅笔毛笔，那时候用铅笔最多。1989年快毕业了，十几个同学，大家都在搞毕业创作，我们把两个教室分割了许多块，每人一个独立空间，这应该是我的第一个画室。然后呢，1995年李旭在美术馆给我做个展，记得你也来了，我的抽象画第一次正式亮相。

吴亮：你一连说了你的三个"第一次"，第一幅抽象画现在还在吗？

陈墙：还在。

吴亮：第一个画室有没有留下照片？

陈墙：有，我坐在照片里面，手拿着一个喝红葡萄酒的杯子。

吴亮：等会儿我们把它找出来。

陈墙：还有，我第一个个展肯定有照片，应该找得到，有的。

吴亮：我们总算找到一个新的开头，"第一次"。

陈墙：证据都留着，呵呵。

吴亮：再往前追溯，你的中学课程是在贵州完成的。

陈墙：之前一直在贵阳，初中毕业后我没读高中，去了技校学汽车修理，当了几年钳工和宣传干事，后来再复习，考大学。

吴亮：考到华师大美术系以后，就接触现代艺术了？

陈墙：对，大学还没毕业，就尝试抽象画……

吴亮：以后再也没回去，一直到现在？我指的"回去"，不是回你贵州老家，是说从此以后，你再也没有回过去重新画具象画。

陈墙：早些时候还有些群体展览，展览方的要求还是具象……就是说，曾经有一小段时间，自己私下创作是抽象的，仍有一小部分在延续具象。记得在1992年，为参加一个北京的展览我又画过一张具象画，最后一张，当时就告诫自己，这是最后一幅，写实画从此告别了。

吴亮：你有没有这样的前后比较——搁在二十多年前，你刚刚涉足现代艺术，画抽象画，或者从事前卫艺术，不管你怎么称呼，反正你画了一些周围的人看不懂的画，没有具体形象的抽象画，于是他们就会奇怪，包括你的家人，兄弟姐妹父母长辈都会问你："这画的什么呀，你想表达什么？"很多年过去了，这些问题现在是不是早已不再存在了，展览不断，拍卖行图录上有你的作品，我猜想不大再会有人再问你那个多余的问题："陈墙你告诉我，你想表达什么？"

陈墙：还有啊，问这一类问题的人还是有。

吴亮：是这样吗，那你怎么回答他们？

陈墙：碰到很多次，就反复问我："你画的是什么？你想表现什么？"我的回答很简单——你不要去读它，你去看就行了。

吴亮：于是，他们就立即表示理解了，就停止追问了？

陈墙：大部分人还是不理解，不满意……没有办法，因为，如果我很耐心对他解释，即便花了很长很长时间，也未必能用文字语言把这个画面上的图像究竟"是什么"说出来。

吴亮：听潘微说，他的抽象画在日本，不是时髦的年轻人喜欢，反而是老年人喜欢，是这样吗？

陈墙：潘微作品的收藏圈，的确大部分是老人，而且都是日本老人。至于日本老人为什么会喜欢他的画，我完全能理解——日本人和德国人在某些地方非常相似，他们思维严谨，理性，退休了他们还一直在学习，中国人不太容易理解他们。至于说到对抽象画懂不懂，这是需要学习的。

吴亮：艺术教育和自我教育的差别是一个大背景。

陈墙：任何新鲜事物陌生事物，摆在面前，要大家立即一起去读，去认知，而不是去感知。如果是一个感知，再上升到理论，让它变成一个大家都能理解的共识，大家共同接受的统一答案，共同价值观，许多人就是这样的。

吴亮：你的意思，中国人在看画的时候，寻找的是共同认知，他于是求助读，而不是求助观看。但是，为什么"看"不是集体的，必定是个人的呢？

陈墙：我的抽象绘画首先"回避读"，因为你读了，或者一件作品"可读"，那它一定有它的叙述性——我的抽象绘画呈现的是纯视觉，是纯形式，它第一个要解决的问题，就是要把叙述表现抽空，把描述性全部屏蔽掉，这点如果做不到，抽象形式感就出不来。

吴亮：我们把讨论范围打开……现在不仅中国，整个世界范围里，当代艺术风起云涌，某种程度上，它已经被理解成了一个时尚，甚至达到了一种超级时尚的状态。今天对当代艺术有各种各样解释，其中有这样的一路，似乎成为主流，就是把当代艺术重新政治化，强调它必须重新介入现实，要对当下的各种问题发言。另外一路，仍然偏重形式，如果不针对历史，至少也是针对美术史的，抽象艺术已经被归纳进历史范畴，我们好像很难回避它，仅仅讲个人的感受，这套关于抽象艺术的解释系统差不多教材化，在学院里成为普遍认知了，你在乎这个知识系统吗？

陈墙：不在乎。

吴亮：为什么？

陈墙：我觉得，一个艺术家首先要关注他的绘画，有没有达到他的内心，走进内心。如果你对自己的这种自我认可都没有，一门心思地往外看，你的价值观都跟着人家走，标准永远是趋向外部世界，考虑大众的共同价值观到底在哪里，然后自己的绘画怎样要和他们价值观进行对应，这首先就排除了你自己。

吴亮：批评家们有一套解释系统，都说现代艺术史这一页西方已经翻过去了，而抽象画是属于现代艺术的，常常听到这样一种声音，认为抽象艺术过期了，从塞尚、罗杰·弗莱开始到格林伯格为止，这个现代主义终结了。

陈墙：这都是你们评论家的看法，不关我的事。

吴亮：哈哈，我是例外……国内有些评论家爱说这个，某某艺术过时了，某某时代终结了，其实这些结论都是外国人讲的，没有什么新意，每隔二十年宣布一次，老一套了。

陈墙：不就是在几个概念里兜圈子吗，现代主义，后现代主义，当代艺术，各种各样的定义。

吴亮：你热衷抽象艺术，却不在乎批评家用抽象概念讨论抽象艺术。

陈墙：没有，我不反对批评家用抽象语言讨论抽象艺术，但是我对某些只在概念圈子里兜来兜去的东西不在乎。

吴亮：我知道，你反对读，因为读导致趋同；你强调看，不管别人说什么，你只管自己的看，用自己的看激发别人的看。

陈墙：对，你说的这个很重要……作品首先要跟艺术家内心有一个共鸣，然后再走出来，跟社会跟历史跟世界有一个碰撞点，也很关键。了解一个时代过去了，曾经是怎么样的过程，我当然知道，西方抽象绘画可能是过去了，但是在我们国家没有这个经历，跳过了现代主义，缺了这一课，很多东西不太清楚，就人类发展的一个过程，每一个有意思过程，我觉得肯定是经历一下更好。

吴亮：类似补课。

陈墙：差不多意思吧，有一次有几个朋友聊抽象绘画，大家都觉得中国没有这个东西，某种意义上没有，因为中国几乎没有现代主义这个部分，很短的一个瞬间，引进一点点印象派野兽派，还没有轮到抽象绘画就匆匆结束了，民国初引进的现代西方艺术很不完善。

吴亮：在你看，西方人的抽象艺术背后，有没有他们自己传统的原因？

陈墙：真的是有，抽象绘画不仅仅表达理想和秩序，还表达了他们的个人情感和个人意志，真是很完善。他们一个普通大众，为什么都能看懂一幅抽象画，都能喜欢，就算这个群体里的一个个体，他的主观意志也比较完善；而我们国家的群体中，大多数个人的意志都不够完善，从他们看不懂抽象画这件事也可以明显反映出来。

吴亮：康定斯基在他《艺术的精神》里举了个简单例子，说一块白布上出现第一个点，我们眼睛只看到这一点，它就是一个引人注目的中心，等你再画上第二点，于是这两个点就形成了一种关系，然后是第三个点，第四个，直到形成一个结构，一个面，好几个面。

陈墙：是这样的。

吴亮：我从你的画里也在找这个关系，第一个点，一个最小的也是最初的元素，它开始繁殖、衍生、对位、排列，不断扩张不断膨胀，无限的膨胀……

陈墙：一幅画的空间总是有限的，再怎么大，总有四条边。

吴亮：假如给你一个更大的空间……嗯，这是你的第几个画室了？

陈墙：那已经不太记得了，它是我迄今为止最大的工作室。

吴亮：让我们想象，假如你有足够长的手臂，工作室足够大……你目前作品的最大尺度，是由你在工作台两边最大限度伸出手臂加上一支笔的长度乘以二决定的？

陈墙：对啊，这样一幅画的半径就是我手臂的长度。

吴亮：假如你有更长的手臂，你尽情想象，甚至机械手，或用别的什么控制方法，随心所欲地把你的意念伸展出去，有点像阿基米德，他说："你只要给我一个支点和一根足够长的杠杆，我就能撬起地球……"

陈墙：你是问我，我想画多大的一幅画？

吴亮：就是啊，如果给你足够长的手和笔，你能画，或梦想画多大的画？

陈墙：其实很简单，我没有太大的空间野心，人作为一种生命，哪怕不画画，只要你活着，只要活在无论怎样的空间里，我希望整个空间里都是你的痕迹……我想，在生命之初的时候，可能一张白纸放在你面前，你都会很害怕这种空白，但是慢慢地，你肯定会想方设法把它填满。

吴亮：你是不是潜意识里有一种控制不住的、一种扩张的欲望，就像一个森林，只要有可能，它就往外蔓延。

陈墙：某种程度上大概有，或许我潜意识里面有这个……如果你是作为绘画语言，一个形式，作品大小不是主要的，而是你的宗旨更重要，你要判断。

吴亮：你这些画的物理空间限度，是你手臂决定的吗？

陈墙：尺幅大小，应该是一个充分伸出去的手臂的范围。

吴亮：你自己看，大的作品与小的作品，感觉各有什么不同？

陈墙：大作品，视觉的满足感更强。小的嘛，感觉是小品，是个实验品吧。

吴亮：这么说，尺度对你来说还是很重要，你渴望大体量。

陈墙：目前来说是这样，大作品比较过瘾，因为年岁不饶人，如果我再画十年，慢慢就画不动了，所以说，近两年确实有这个欲望……以前没有这么迫切，以前我特别着迷小作品。

吴亮：你现在的空间非常宽敞了，以前我去你的画室空间比较小，而且里面很凌乱，画好的作品都摞起来，靠墙堆着，作品的尺度也就一两米之间……你这幅画，应该有三米高了吧。

陈墙：三米六。

吴亮：你现在这样一个陈列自己作品的方式，让我感觉，你似乎有一种野心，兴致勃勃地在扩大你的私人疆域。

陈墙：也是一种，一种生命体验，其实画画，有时候就是你留下的痕迹。

吴亮：你的前面讲，人们满足于认知世界，看到一个物，就希望"读"出它是什么，然后才算"看"到了它。

陈墙：对。

吴亮：当你读不出它，就算没看到，是这个意思吗？

陈墙：所以我强调"看"，而不是满足于"读"。

吴亮：但是我们知道，"读"实际上是人的语言发展的必然结果，人有这样的要求，你如果看到一个东西，你却不能给它命名，或叫不出它的名称，你就会茫然，你等于没看见，当然这是哲学家的说法……画家可以不顾这个名称，不过人们还是忍不住要问，你画的是什么，他们认为这个世界的所有东西都已经被命名了，没有不被命名的事物，你看不见的事物也被命名，因为有人看见了……

陈墙：对，但是作为一个人，他能读懂的东西很少，他看到的比读到的要多许多。比方一个文盲，他看懂了但是写不出来。

吴亮：所以读懂的人，就要向读不懂的人解释，如果你不告诉他，一开始可能会很茫然，也许他看了好几次你的画，以后他能辨认了，再看到你的画，就会说"这是陈墙的画"。"陈墙的世界"，你同意这也算是一种命名吗？

陈墙：我同意……还有一个情况，就是你不告诉他，他好像很茫然，我觉得一个人不应该害怕茫然，你只有在茫然的氛围里，你的感受你的想象力才不会受到局限。艺术本来就是探索未知的领域，绘画首先跟感觉有关，就在于你有没有感觉。如果你没有感觉，你是没办法画画的。感觉世界是无穷的，我们的文字语言所介入的这个范围，其实非常有限，物质的，技术的，日常生活，内心生活，人类社会越来越发展，感觉的这种微妙性、丰富性也在无限扩大，一到这个时候，它们就来挑战我们的语言了。有时候，我们突然有一个很微妙的感觉，很奇特，想用一个词、一个句子去说出它，我们搜索所有的语言，想通过一个关键词把它说出来，后来你发现一旦说出来了，离你心里的那种感觉还是有距离，这个文字还是有限，而人的那个未知的、说不清的那种微妙感觉，还在那里等待我们去表达，去开拓，对，我觉得艺术家应该是感觉的开拓者，这个非常重要。

吴亮：我明白了。

陈墙：如果你只停留在大众的一般语言的认知系统，艺术家也只停留在这个现成的认知系统，他的路肯定是很狭窄的。

吴亮：陈墙，你平时说话不多，是一个比较安静的人，其实你的语言表达很清晰，也很逻辑，你的温文尔雅不会是与生俱来的吧！你从大西南贵州出来，年轻的时候你是一个什么状态？

陈墙：当然也有青春期躁动的，但不经常。在大学里，群架也打过……

吴亮：旷课、捣乱？

陈墙：都有过，但跟其他同学相比，这种不好的记录我还是比较少，我比较安静，小时候，我的性格就比较内向。听母亲说，我很小的时候她带我去看电影，六十年代有很多忆苦思甜阶级教育的电影，我坐在母亲的腿上，抓住她的手臂，周围观众哭成一片，母亲感觉到我抓住她的手，抓得很紧，她侧过身来看我，发现我屏着呼吸没有哭。

吴亮：你没哭，是恐惧？

陈墙：我忘记了，反正我没哭，所有人都在哭，我没哭，就两眼盯着银幕。

吴亮：当时的感觉，你已经想不起来了。

陈墙：我已经没有这个记忆了。根据母亲的形容，我自小就有这种对感情的控制能力。

吴亮：让我想象，一个非常安静的男孩子，话不多，你阅读吗，你用什么东西来消遣你的多余时光？

陈墙：也读，当然都是一些当时大家差不多看到的书。

吴亮：所以读的东西，留给你的印象不深刻，因为和你一个人安安静静想的东西完全不一样。

陈墙：对，我自己倒没有分析过。

吴亮：说一两件你记忆深刻的事，小时候的。

陈墙：有的……"文革"期间，那时候真是很混乱，父亲跑到北京告状，回来以后就被"文攻武卫"关起来拿鞭子抽。母亲带我去送饭，整个细节我都记得，我看见父亲从他的衣服里面掏出毛泽东像章，他当时算是"有罪"的人，不可以佩戴这个毛主席像章，那个时候大家都很渴望得到这个东西，他给了我两个，这个场景我印象非常深……因为外面太乱，大人把我关在家里差不多有一年，印象最深的，是我自己跟自己玩，搭积木，搭两个军舰，我打你，你打我，一会儿跑过去变成你，一会儿就跑回来变成我自己……到了下午，我会根据那个门缝外面照进来的光线，拿一个小旗帜放在那儿，等到光线走到某个位置，我的母亲就回来了。

吴亮：做艺术家，曾经是你的梦想吗？

陈墙：小时候是很懵懂的，偶尔有一次，我画了一幅画画，被我父亲大加赞赏，于是产生了这样一个爱好。

吴亮：你画了什么？

陈墙：其实很好笑，"文革"那个时候，母亲在单位做黑板报搞宣传，家里有几本大批判资料，其中有漫画，把"牛鬼蛇神"踩在脚底下，我把它临摹下来了。

吴亮：你的模仿能力被发现了。

陈墙：对，我父亲回来一看，他问是谁画的，画得好。

吴亮：你那时候几岁？

陈墙：八九岁吧。

吴亮：你的绘画生涯就开始了。

陈墙：开始临摹，临摹连环画，小人书……后来读初中了，跟一个同班同学关系很好，下课后经常跑到后山草地上，两个人躺着，幻想将来自己要做什么，要当兵，要做医生什么的。

吴亮：你什么时候开始，明确自己将来要搞艺术？

陈墙：十二岁，跟我这个同班同学讲的，因为画画很有趣，那时候没有娱乐活动，没有电视。

吴亮：1972年，已经明确自己的未来志向了。

陈墙：只是爱好，还很模糊。后来当工人期间，听说高考制度要恢复，画画也能考大学，这样就明确自己目标是什么了。

吴亮：在工厂有几年工龄？

陈墙：技校毕业十七岁，工作八年，这八年期间我为考大学花了四年。

吴亮：录取是哪一年？

陈墙：1985年。

吴亮：二十五岁考进华师大，1989年毕业。迄今为止，一直在学校当老师，教美术，没有变化？

陈墙：对，我的履历很简单。

吴亮：现在课多不多？

陈墙：不多。

吴亮：你教学生们画抽象画吗？

陈墙：当然不会教，怎么可能？我们国家的美术教育大纲，近几年可能有了某种程度的改革，现在好一点，像我，教的基本上还是基础美术，跟老师个人的创作没有关系。

吴亮：你现在学校里具体教什么课程？

陈墙：素描和色彩。

吴亮：教你二十多年以前学过的内容。

陈墙：对，也是我现在创作不再需要的东西。

吴亮：你觉得这些内容还有用吗？

陈墙：至少对他们还是有用的。

吴亮：既然对他们还有用，为什么会对你没用呢，你那么厌恶？

陈墙：学生也这样问我过，其实我不厌恶……我对学生说，我教你们这个素描和色彩，跟你们看我的画，是两件事情。学校学习是一个过程，我年轻时候也像你们现在这样画画，这就像走楼梯，踏上第一个台阶，需要解决什么问题，然后第二个台阶，第三个台阶，经历了许多个台阶以后，慢慢就可能要选择自己的这个台阶了。它们都是一个过程，作为基础，踏上第一个台阶还是有必要的。

写实绘画在当代语境中的三重焦虑

（吴亮在龙美术馆《味象》油画藏品展研讨会的发言，2013年）

表面上看，这虽然只是一个有关绘画的学术议题，"写实在当代的可能性"，其实今天大家基本上是在讨论一个焦虑问题，或者是带有焦虑的问题。我觉得，对写实可能性的焦虑看起来有三重意思——第一个是存在性焦虑，写实还有必要存在吗？还有存在的可能吗？类似康德，我们的知识如何成为可能，认识世界如何成为可能？这里就转换为所谓"写实绘画还有存在的意义吗"这样一种存在性焦虑。第二个是时间性焦虑，就是说，写实绘画已经过时甚至早就过时了。第三，最后一个焦虑，就是认同的焦虑，如果写实还继续存在，还没有过时，那就一定要想方设法挤进当代艺术中去。

作为写实的存在性起源，古希腊的求真是一个重要概念，还有一个模仿不能不提，亚里士多德的模仿说并非只是将模仿作为一种手段与风格。现在我们知道模仿并不是仅仅属于人类早期的行为，而是人类有史以来直到今天，在未来还要延续下去的智能动物性行为，不仅艺术是模仿，科技发明也在模仿比如仿生学，只要人类拥有模仿就会产生各种方法，产生某种结果，并发展出一种特殊的技能，其中包括写实性绘画。我认为摄影的发明对于写实绘画的负面冲击作用是被夸大了的，摄影不仅没有使绘画因此衰落，反而使十九世纪下半叶与二十世纪的绘画包括写实绘画变得更多样、更丰富和更不可限量。像前面提到的本雅明，我以为本雅明至少有两个预言是被后来的历史进程证明为是错的。本雅明说在机械复制时代，手工性艺术将衰退；电影出现以后，文字小说，文学说故事将要过时，文字讲故事完全被电影讲故事所替代。但是这两种情况没有发生，手工艺术依然存在，而电影与文学齐头并进，诺贝尔文学奖的设立和电影的发明差多不都是十九世纪最后十年的事情，一百多年来，文学发展得非常厉害，其成就远远超过了十九世纪。

所以从这样一个角度说，只要亿万年演化出来的人性还在，它不可能在一两百年中发生根本改变，那么作为人类行为的一种方式，模仿的本能、能力与需求也必然会继续存在。我们今天看到的各种电视里的模仿秀，生活里的互相模仿，拍电影，演戏，脱口秀，装扮模拟化装成另一个人统统都是模仿，在人类的群体文化中，模仿的诱惑实在太大了。我写过很多对艺术家的评论，可是我几乎没有写过画写实画的画家，当然这只是一种意外。但是今天我要为写实绘画辩护，因为在我们的日常生活当中享受了太多写实绘画，我们从写实绘画中受益，已经到了司空见惯的地步。尽管我评论当代艺术，但我还是要对当代艺术的所谓"观念优越论"提出质疑：凭什么你的观念就是重要的观念？你的观念真的很重要吗？你们中哪一位观念艺术家的观念，牛逼到可以和哲学家的观念放在一起？

接下来，就是时间性焦虑了。现在人们都害怕过时，我们都生活在一个迅速过时的时代中。究竟什么东西最容易过时？我的答案是：凡是被称为时尚的东西最容易过时，时尚的敌人不是陈旧与落后，而是更新的时尚。所以，最时髦的观念恰恰是最容易过时的观念。现在我们全体生活在一个被放大了的世界空间当中，我们拥有的时间就是一个小小的现在，所有的人挤在一个空间里，不管是中国还是全世界，大家都有这样一个同样的心态，就是对空间的渴望，现在的时间都是假的时间，当代艺术就是当下主义，只有此刻，只有瞬间，所以如此匆忙。我坚信写实绘画不会过时，就像这个世界的外表不会过时，至于你觉得这幅写实画画得好不好，就像这个世界的表象你喜欢不喜欢，那是另一个问题。

第三，认同的焦虑。很奇怪，当代艺术有什么特别理由很重要，为什么一定要被"他们"认同？"他们"是谁？有些时候，"他们"这个词可能也很模糊。关于这个展览的展品，我前面听了贾方舟先生的介绍，似乎有很多作品是另一个主题展的遗留物，或者被筛选的结果，类似一个落选沙龙，它们没有进入观念世界，就回到了一个写实的世界。我们也不妨说，某个当代艺术展同样可以是这个展览的遗留物，为什么我们现在不可以说，当代艺术就是马上就要过时的那些东西？

我愿意把赌注压在这里。

消受青山一卷书

（吴亮在上海美术馆萧海春《烟云自在》个展研讨会的发言，2011年）

萧海春二十多年前对于我来说仅仅是一个传说中的人，当时是孙良介绍，他把他的师傅介绍给我，送给我一本萧海春的画册……后来我和萧海春第一次在扬州饭店见面吃饭，已经过去了七年，九十年代末我们正式认识，成了非常好的朋友，应该是莫逆之交了。

2002年到2007年我成为萧海春的邻居，那时候我们见面很频繁，我经常和他聊天，都有百十来次了。我一般上午去萧海春家，直接进入他的画室，也就是他的书房，萧海春正在吃早餐，非常简单，总是一碗面一个荷包蛋，然后他说，给你的茶泡好了，通常是猴魁，他把茶杯放在一叠书上面，他差不多每次都会送我一些书，我对海春说"我家里的书没有你家的多，你的书实在太多了"。海春真是非常厉害，他经常跑书店买书，他一看封面就能判断哪本书吴亮肯定是要看的，眼光太专业了，他通过平时和我聊天知道吴亮需要什么。我很惭愧，我从来没有买过一本书送给你呢。（萧海春插话：你已经送我两本书了。）不好意思，那是我自己写的书……我刚刚出的《夭折的记忆》，里面用回忆纪实的方式写到了萧海春，也写到了李山和孙良，还有很多作家艺术家，我现在还准备继续这样写下去，像讲故事那样，萧海春也许更加喜欢友人雅集。今天环顾四周，这次研讨会上至少有一半是海春的朋友，在海春家里见过。王羲之当年的兰亭雅集如果也是一个研讨会，或许他就写不出那篇千古美文了，一个严肃的研讨会是很难被写成《兰亭序》的，不知道以后会不会有人像《兰亭序》那样子记录今天的雅集，我对叙事有兴趣。

我还是用我的方式来谈，海春的这几本画册我草草翻了一下，已经有大量的评论了……我对海春一直怀有歉疚，和他聊了很多，他讲了很多故事给我听，我知道他很多事。但是知道越多越难以动笔，就像孙良那样，我非常熟，但是很遗憾，几篇评论都写得很短。后来我对我自己有一个解释，帕索里尼去了美国，有一个美国记者问他："你对纽约有什么样的印象？"他说不出来，他解释说一个人如果要在美国待了十天，回去就能写一本很厚的书，但是假如在美国待了太久，他就不知道怎么写了。更多的纽约人，一辈子住在纽约的人是不会写纽约的。

我和海春太熟，很多话反而不知道该怎么说。早上出来之前我很认真，写了一个发言提纲，其中每一个提示都能够写一篇文章，难道我今天要说一天吗，那肯定不可能，所以我必须把提纲收起来。海春原来住翡翠园的时候房间里有一块匾，刻了四个字，"烟云供养"，后来这块匾挂在西班牙名园了，海春躲进小楼成一统，丘壑在他心中，上海哪里还有"烟云供养"啊，现在只有污染。海春带我去过很多地方，我跟着他蹭饭，黄山、雁荡山，有我们非常美好的记忆。

两年前我和海春有过一个录音聊天，后来我听录音才发现，你花了很多时间讲述你的少年时代。海春的少年时代，传统文化是被严重破坏的，极度贫瘠的，对中国传统的认知我们作为同代人差不多，海春大我十一岁。他最早知道的中国传统来自连环画《水浒传》，我则是连环画《西游记》，我们对抗日战争的知识开始于连环画《铁道游击队》，连环画影响下的童年记忆。我们要到后来，才知道中国有这么多的文化遗产，到中年以后才慢慢知道，我们从小生存在一个沙漠般的环境中，"文化大革命"当中我们看到太多的书籍古董字画被抄走，被焚烧，多少建筑被摧毁，我们的文化传承，中间是有一个巨大断裂的。

所以萧海春的情况一点不奇怪。他早年在玉雕厂，做玉雕，工匠式的工作，据他说，那个年头领导认为你埋头画画是不对的："你不想做工人了吗？你想要做艺术家吗？"想做艺术家就是"白专"道路。所以海春当年画画，都是偷偷的、秘密进行的。前两天我和海春见面时对他透露，我可能在今天的会上说一个"秘密的萧海春"，我讲的秘密不是八卦。长期以来，海春的画都是私下的、秘密的，从他还在做玉雕工人的时候他就在偷偷地画画了。

直到现在,还是有很多人几乎一点都不知道他。现在看起来情况开始发生了变化,上海美术馆都开个展了,他的作品越来越广为人知,在江湖广为流传,我似乎又听到了第二个传说中的萧海春,李小山说到你,很多很多人说到你,我在想,这是同一个萧海春吗?难道那个和我私下喝茶聊天的人,那个邻居,居然在艺术史上享有如此的地位,他真是我平时一直看到的那个人吗?

当然我乐观其成,希望海春名声越来越大,画越来越昂贵。尽管如此,我依然很缅怀私下往来,我们一直在说传统,古代出了那么多伟大艺术家,他们的时代可没有什么博览会、美术馆,没有很大的市场,更没有拍卖行,但是不可企及的伟大作品却在那些个时代产生了。当然,古代历史传统的时间跨度很大,需要多少时间厚度的积累才出现这些杰作。今天在这么一个薄薄的几十年里,你就要呼唤出现大师,出现伟大作品,是不是心太急了?艺术机构容易大量产生,好艺术家不容易产生,现在出一个画家出一批作品就会有个展有研讨会,就会有很多报刊来采访你,对你进行传播。这当然很好,但说穿了不过是表面文章,是浮云……坚持做传统艺术的朋友一般都总觉得好东西全在以前,为什么?就是因为古人画画从来不会想到进美术馆,进博物馆,进拍卖行,所以他们能够画得如此不可超越。画画就是一种极度的个人喜欢,一种朋友之间的欣赏,这就需要保持一定的画画私密性,保持知心、知音朋友的私密交往。

有句话,孙良也会同意,虽然孙良经常会反对我的看法,但这两句话他肯定会同意："究竟你是为自己画，还是为谁画？"为朋友画，为几个人画，甚至只为自己画。杜甫有句话，"文章千古事，得失寸心知"，人也一样……再说一个私人话题……我初识海春是在扬州饭店，海春说他不喝酒了，他说他肝不好，戒酒了，但是当时他还抽一点烟，最后，连烟也戒了，他告诉我说他以前好酒量。我很感慨，作为一个兄弟我仍然烟酒无度，我本想看看海春在饭桌上吞云吐雾，而不只是在纸上心有丘壑胸有成竹。于是我稍有一点遗憾地给这篇文章写了一个题目，叫作"瓮头美酒三百斗，消受青山一卷书"。因为，海春不喝酒了，他送我书，我看到海春在画室中坐拥书城，我们经常谈书，也谈画……前两天海春对我说了，吴亮你要来的话，我一定会陪你喝一杯，那么现在，我把这句话反过来，再送给海春，"消受青山万卷书，瓮头美酒只一杯"。

对前卫的失望或对传统的失望

（吴亮在喜马拉雅美术馆《墨测高深》当代艺术展研讨会的发言，2012年）

因为前面广曜的发言，我改变了原来的开场白，本来我没有打算也像你这样发言的。请给我一张纸……广曜讲到了"删拔大要"，我也以"删拔大要"的方式让大家看看这个字，看看大家是不是认识这个字……这个字，就是甲骨文中的巫术的"巫"，也就是说，删拔大要之后，巫就剩下一个乌龟壳，所以我们可以从文字符号上说，当年殷商的巫术是通过占卜来做的，而不是通过专业的巫师。那么"巫师"这个职业是什么时候出现的呢？是战国，在秦国的时候，"巫"字就变化了，变成了今天这样一个字：中间只隔了一个幕布，两边各有一个人，开始变成了人和人的关系，隔了墙壁我能知道你，我有穿墙术，我成了心理医生，你是个病人，一个教徒，一个信徒，我对你产生了催眠，这时候呢，广曜所说的图像世界已经被人和人的世界替代了，而不再单纯是人与物的世界……所以，我今天讲的主题是人和人，要涉及心理学，但张平杰只给我五分钟，我已经用掉半分钟了，我时间有限，我只能把我的大约的想法先提供出来，大家可以进一步地思考。待会儿吃晚饭的时候，假如有时间大家再进行交流。

这个人和人，我们可以把它解释成古人和今人，东方人和西方人，中国人和外国人，当代艺术家和传统艺术家，当代的和非当代的，诸如此类……申凡刚才讲的很有意思，他说"作品后面的那个人很重要"，这是什么意思呢？因为在这样一个短的时间，越来越少的时间，我们不足以了解作品背后的艺术家，又怎么能够谈论那前面的作品呢？我一直在倒计时，评一个作品我没有能力，评一个画家当然也没有能力，评一个展览更没有能力了。但是这两年来中国此类的当代艺术展览非常之多，似乎在这后面有一股强大的力量，似乎大家都不约而同地想回到传统去，回应中国的地方性，中国的地域性挑战……也有一些说法稍有不同，比如说亚洲啊东方啊，但是你不能说你就代表亚洲，更不能代表东方，土耳其也说它是东方，在柯布西埃看来，保加利亚和土耳其才是东方，中国属于远东。东南亚算不算呢，印度就不谈了……那么好，我们说古代中国，古代中国你准备说哪一段呢，明还是清？汉还是秦？还是元？当年都不一定是中国人统治，即便说要回到传统当中去，你要给我讲明确，你要回到中国的哪一段去，现在看来大家基本是大杂烩，随便拿，你直接拿先秦，拿到卦象，有人拿宋，拿明，都是九牛一毛……西方有很多人研究明清，他们的博物馆里有大量明清的作品，台北"故宫"他们也很方便去，所以根据他们眼睛所见来作研究，都是只做一小块，但是这个切片式的古代中国还在吗？在博物馆里，在书本里面，和我们已经完全无关了，这个古代世界不存在了……讲到中国传统水墨，水墨的民间基础如今还在吗？水墨，笔墨，它作为书写工具，作为日常的书写工具，写信，记账，练字，给皇帝写奏折，科举考试全部都是用毛笔，二十多年前我去浙江乌镇看丰子恺故居、茅盾故居，里面还放着他们两位在"文化大革命"当中用毛笔写的检讨。但是到了1949年以后巴金都写钢笔字了，现在的年轻人，包括本人，要是我们的作品进博物馆的话，我们没有手写的文字可以给博物馆了，因为我们已经不用笔写作了，我们用电脑，我们只要一个手指在苹果屏幕上抚摸，就可以抚摸出千奇百怪的符号与文字，就这么划几划就行了，我们还书写吗？我们还拿笔吗？以前说硬笔代替了毛笔，现在连硬笔都不用了，我的小女儿能认识两三千个汉字，但是她会写的字不超过八百个，她能辨认也能阅读，但是许多字她就是写不出来，因为她平时没有时间抄写那么多字。于是水墨这个事，就成了一小撮艺术家弄的事情，水墨仅仅是一种艺术家使用的艺术材质，和中国一般人的日常生活没关系……假如说，现在水墨是一种复古的运动，我会很赞成，但是我会问：这个运动的社会基础是什么，有这个社会基础吗？今天的中国，在国外已经有一百多个孔子学院，可是它只是教中文，假如说，西方人在中国搞一个教希腊文的学校，它能叫"苏格拉底学院"，能叫"雅典学院"吗？只有中国敢这么叫。

水墨作为一种日常生活的书写，已经完全没有社会基础了，日常生活和艺术家的工作材质完全分离了……但在我们的记忆中，中国近现代历史当中有一次最大的水墨大爆发，"文化大革命"那个时候，墨汁的生产绝对是空前的，书写大字报，大字报的黑色就证明了批判的力量——否定。还有一个颜色，红色，当时中国对红色的使用是空前绝后的，红色广告颜色，宣判死刑打红叉叉，写最高指示也用红色，在当时，红色代表了革命。此后，中国再不会有墨汁在民众中如此被广泛使用的社会基础了，当年大家都用毛笔写字，我那时还小，对那些毛笔字写得好的人我佩服极了，后来我发现凡是写大字报的人都擅于写魏碑体，魏碑体有棱有角比较有力量，写别的字帖都不能用在宣传上，到"文化大革命"后期，上海只有一个书法家——任政，满街商店招牌都是他的字。

对我们来讲，了解过去是后于了解当代中国的，古代中国都是后来被我们知道的……我们出生下来，我们所面临的当代中国是毛泽东的中国。许多年后才发现，在毛泽东以前的民国、古代中国，已经有过那么多的好东西在里面，真是非常可惜，有太多原因，技术的原因，传播的原因，政治的原因，传统被打得一塌糊涂。在这样一个情况下，今天的艺术家们想找回到哪里去，我就觉得很奇怪，这巫字两边的两个人可能就是一个人吧……我回想在三十年前，上海，北京，还有其他各个城市，基本上就是很鄙视传统啊，就都是那种搞前卫艺术，搞现代艺术，大家都有一种新鲜的感觉，现在转了一圈回过来看中国传统这样一种力量居然还是非常之强大，大吃一惊。什么原因呢，不得其解……美国有一个社会学家叫赫希曼，他有一本书很有意思，书名叫《转变参与：私人利益与公共行动》，这本书讲什么问题呢？赫希曼说，为什么同样的一些人，或一个时代，他本来是非常个人的，世俗主义的；但是突然，他就参与公共事件了，参加革命运动，参加游行示威参加罢工，有一种政治理想了。反过来，有时候人们普遍都很关心政治，突然就集体对政治厌倦了，他们又重新回家，只关心自己了。赫希曼发觉，这些参与社会政治的人，当他对自己的目标产生失望的时候，他常常会退出原来的目标转向另外一个目标，然后赫希曼给出这样一个假设，就是说，人类在他们的许多活动当中突然发生转向，肯定是有"失望"在其中发生作用……是不是今天的中国当代艺术家，对当代艺术也已经失望了呢，我想可能会有这样的问题，于是他们要找一个东西，他们未必一定知道中国传统是什么，因为中国传统太深邃，太莫测高深了，随便哪一块都是中国传统，中国传统都有自我矛盾的东西在里面……毛泽东很中国吗？他当然很中国文化了，但他发动的"文化大革命"又使得中国的文化遭到了极大破坏，所以在中国文化里边，我觉得我们已经不可能再拿出些新东西出来，今天假如说一定要让我来谈谈这个展览的第一印象的话，我就要回到广曜的作品，就像你的名字又宽广又耀眼……但如何把水墨换成黑白，变为一个黑白的概念，这又是另一个话题了。谢谢大家。

观看的维度

（吴亮在上海大学美术学院《视觉的维度》年度展研讨会的发言，2013年）

上午韩峰开车来接我，雾霾非常严重，我们一路上很悲观，心情很沮丧。门口遇到陈默，我们一起抬头看天空昏暗的太阳，他说是引用贾方舟先生早上讲的话，"当年莫奈的《日出·印象》可能就诞生在巴黎的雾霾中"，可见艺术家总是能够发现美。今天的话题是，当代艺术走进学院，还是学院走进当代，我开玩笑说这不就是"一碗豆腐，豆腐一碗"嘛。以前是当代艺术对学院破门而入，现在是学院将当代艺术"引狼入室"，两者之间开始媾和。吴鸿问，究竟什么是当代，什么叫学院，我们应该先搞搞清楚。学院是什么，我永远都搞不清楚。本人和学院没有丝毫关系，我既没有在大学里读过书，也没有在大学里当过老师，先存而不论，且不论。那么，什么叫当代艺术呢？

三十多年来，我陆续认识很多艺术家，开始认识他们的时候，只知道他们是画画的，九十年代我们的一般说法是前卫艺术家，八十年代叫新潮艺术家，我只知道他们各自的名字，直呼其名。然后，不知道从哪一天起，他们的作品被命名为当代艺术了，我不知道这个词是从哪天开始被正式使用的。假如此刻一定要让我给它下一个定义，我觉得，当代艺术不完全是专指"创造性的艺术"，因为，哪个时代的艺术是没有创造性的呢？博物馆里陈列的许许多多的以往作品都是有创造性的。当代艺术在今天，我认可的一个定义是"艺术终结以后的艺术"，这个定义当然来自丹托。丹托在写他的这本书时，明显受到黑格尔历史哲学的影响，即艺术史不过是一个分若干阶段的线性发展过程。但是同时，我还一直记得弗洛伊德说的一句话，他说，人类在每一次新的文明状态当中所做的许多行为，总是会表现出一些他们最早期的行为特征，也就是人类童年时代的原始痕迹，这个幽灵永远会反复出现，人类是不可能完全被文明禁锢住的。所以，按照这样的说法，当代艺术呈现为两条线，两个向度，一个是不断地幽灵重现，传统的幽灵和本能的幽灵，另一个是所谓不断地新发现，对未来的新开拓，当代艺术就是这样一个复合概念。

我想，今天的学院艺术不可能在一个已经开放世界里，关起门来做你自己的事情，和外边完全没关系，这是很困难的。一方面，学院永远不能阻止当代艺术从学院内部脱颖而出，因为你无法解释，你为什么总会遇到一些——虽然数量不多，学院里总是有那么一些叛逆者呢？另外，当代艺术它已经成为一种超级时尚、超级时髦，已经成为一门显学的时候，你要当今的艺术学院将它拒之门外，那肯定是不明智的。

从教育上来说呢，十八世纪英国的教育就是强调通识教育，培养那些男人成为拥有常识的绅士。但到十九世纪，德国的洪堡提出大学除了教学以外，还应该承担研究任务。现在看起来，世界上比较重要的学院都走这样的综合路线，除教学以外，肯定还要有研究。王端廷先生说的那种意大利只强调继承传统手艺的做法，可能因为意大利人很清楚他们以前的东西太强大，他就是传承。我觉得，中国或许也可以办一些这样的学校，就是完全不需要关心创新开拓，你的历史太长，你要留住一些老传统。但对有些国家是不太可能的，比如美国两百多年，它有什么艺术传统呢？所以也不能一概而论。

回到今天这个展览——我一向对类似这样比较中大型的群展，只能走马观花。我只把它作为一个我能看到的展览，而不是我所希望看到的展览。我期望什么？我没有期望，因为每天你遭遇的生活都是你不可预料的。顾丞峰对这个展览有些建议，我则把这个展览看成是李晓峰的一个作品，策展人时代已经到来，我比较欣赏晓峰这样无所作为的无为状态。当然，你前前后后做了好多工作，但是你没有提出艺术主张，你把几十位艺术家不一样的东西呈现出来了。其实每个艺术家都是有自己想法的，你只是把他们的作品拿过来，摆在同一个空间中。让一个策展人来掌控五十八个艺术家，这是几乎不可能的事情，也是不必要的事情。当然你可以出题目，现在流行策展人出题目，这就出问题了，策展人出题目有点像"文化大革命"当中的"三结合":领导出思想,人民出生活,艺术家出作品。现在是策展人出主题,时代出素材,艺术家出作品。一个大型展览通常就是某个策展人的展览,每一次群展基本上都像一场春晚,我导演,只要你做一小部分,看中你哪个作品我就拿过来,你的作品不符合我的主题,我就不要。

今天这个展览显然不是这样,简单印象呢,我已经和晓峰讲过,都是一些小作品。小作品多,客观原因是场地有限,大家谁也不要抢谁的戏。其中有些艺术家我熟悉,他们也做体量较大的作品,但大部分都比较小。我很同意贾先生说的,就是整个展览的完成度,作品精致,想法精妙,非常认真的态度,这些都一目了然。对小作品我一直喜欢,现在当代艺术崇尚大作品,顶天立地铺天盖地,这是违反我们人类进化了几万年之后形成的视觉经验的——我们眼睛的视力就那么远,视野就这么宽,但是现在很大的作品出现在广场上,或者在空间宽敞的展览当中,不知道是哪个国家开始这样做的,也许是美国,或者一些空间比奢侈的国家。自从当代艺术展览不再放在老式美术馆展示,而是在很大的仓库、车库展示,大家好像习惯了,是不是和美国大屏幕电影,和高速公路两边的广告大荧幕有关,人们普遍接受了大视野的视觉。但我还是喜欢近距离看作品,大作品是拒绝我们走近的,大作品让你必须退到一定远的距离才能看见它的全貌。但我的偏好是,喜欢小作品,走近看,近距离看。这个看小作品的经验来自我的童年,就像弗洛伊德说的,童年经验总会重现。

本雅明有一本小册子——《驼背小人》，写于1932年，这本书写他1900年前后他柏林的童年，写他自己的生活。现在好多人都喜欢引用本雅明，本雅明是具有全球性影响带有寓言家色彩的批评家，他已经成了一个神话，但他自己写出来的个人经验却是非常的细小，大家可能都看过这本书，非常精彩。他说"我要写这本书是因为我可能将会向柏林告别，也许我永久告别"，暗示了他在提前写遗书，当然最后他还是自杀了。阿伦特说本雅明写作，总是能够把他一些非常小的经验，哪怕一个非常具体的地名，概念，进行神话处理，成为一种永久性的存在。你们现在看这本书的时候，会发觉本雅明在里面基本没有谈大师，谈名画，谈非常神圣的大事物，全是小东西。他写上学迟到，他说我迟到了，走进学校后非常惊慌，穿过学校走廊，所有人都不知道我，大家都已经点过名，我走进教室，老师和学生似乎都不知道，为什么？老师已点过名，我已经不存在了，所以在这一天老师没有叫我回答问题，因为我的名字被老师勾掉了，他就讲这件小事。还有一个，《驼背小人》是怎么来的呢？本雅明小时候走路的时候，常会看到路边有些栅栏，下面是楼房地下室的气窗，小孩子矮，总喜欢看有没有什么人躲在里面，藏了什么东西。有一次他终于睡在里面了，做了个梦，来了一个精灵，后来他妈妈说，你遇到了驼背小人。驼背小人在德国童话里意味什么呢？你只要碰到驼背小人你就倒霉了，会非常不走运，你要烧牛奶，牛奶打翻了，你走路就绊跤，全是因为碰到了倒霉的驼背小人。这个驼背小人的意象伴随了本雅明一生，他一直非常倒霉，到最后他在西班牙边境自杀，因为他错过了一天，早一天他就过境了，晚一天也过境了，偏偏这一天他没过去，他就选择了死亡。

像本雅明这样一个影响了很多人的人，我们的才华我们的眼光远远不及的人，在他的收藏中没有名画，他父亲是一个古董收藏家，本雅明收藏什么呢？收藏玩过的旧的玩具，他喜欢明信片，喜欢旧图书。他有篇文章讲，自从我们班里边可以借图书后，我们开始把一本小人书传过我们每个人的头顶，我们都有经验，如同考卷往后传递，有一天终于传到我手里，这本书已经翻旧了。本雅明的记忆非常细腻，他在图书的装订之间摸到了高低起伏，由于书已经翻了太多时间，小人书的页边已经变成斜坡，像阶梯，抚摸一本书，说它像阶梯，这么细的观察，而书的封面像一个平台。他说当我在读这个书的时候，喜欢把我耳朵掩起来，掩起耳朵之后，我聆听书中的故事，巴格达，阿拉斯加，这些地方坐落在我的心中，尽管童年本雅明从未去过那些地方，以后也没有去过……我的话说完了。

时代的遗产与照片的光芒

（吴亮在马勒别墅陆元敏《繁花》摄影展研讨会的发言，2013 年）

陆元敏是一个不大善于说话的人，在他面前要是滔滔不绝，他会更讨厌。我前几年和三十多个艺术家进行访谈，我对陆元敏的访谈似乎是比较失败的，因为我话太多，好像对他有压力，他就不怎么肯说，两个人太熟了，要是两个人陌生，我就会盯着他问。今天问题不大，可以让陆元敏在旁边坐着听……认识陆元敏有二十年了，我第一眼看他，就觉得他是一个不得了的人。我们现在看那些艺术家传记，两百年前，或者几十年前的，尤其是摄影普及和写作能力已经被很多人掌握的时代，这样回忆录或传记越来越多了。你们会发现有很多现在被公认，经过时间的淘洗成为大师、成为杰出艺术家的人，当年都是不起眼的，他们后来被追认为大师或杰出艺术家，具有了重要地位。好多年以来，我在这样一个文化环境里面工作，总是听到有人抱怨上海的文学、电影，或者音乐和戏剧，为什么没有出现划时代的人物和作品？我常常说，说不定天才就在我们身边，只是我们没有发现而已。但是要发现天才，天才先要有作品。我想今天是时候了，我们年纪都不轻了，再不说就没有时间了——今天在我们旁边就坐着两位将来必定会被追认为大师的，一个摄影家一个小说家，两位《繁花》的作者，趁我们现在还一息尚存，必须把这个话说出来。天才，或者成大师的人，他们并不是十全十美，他们并不是没有问题。陆元敏好像不怎么自信，老金也曾经不自信，天才往往是不自信的。相反，倒是一些很牛逼的人，我不妨直呼其名地点出来，像余秋雨，像范曾，这个那个，以为天下他最牛，舍我其谁，其实他们基本是过路客，作品空洞哗众取宠，他们会被迅速忘记的，这毫无疑问。历史上另有一些人，好像很不自信，很羞怯，其实非常厉害，作品会留下来，老金也曾经对自己的作品拿不准，现在他很有点自信了。陆元敏始终不自信，假设陆元敏自信，他就不拍照了。我问过他："你为什么拍照？"陆元敏说我不敢看人，我只能用照相机在马路上把他们拍下来，然后带回家晚上在暗房里看。还有一次他这样回答，他说他有一天看他父亲的影集，突然发觉爸爸那时候比他还年轻。爸爸当时才二十来岁，他陆元敏却已经三十岁了，他就想，现在爸爸已经那么老了，终有一天，我会比现在的爸爸还要老，爸爸也曾经年轻过，于是陆元敏他就想到了死亡，然后翻看家里的照相本，一些长辈去世了，谁谁谁不在了，他那时候已经有这样的感觉，只有照片能够把生命留下来，把影像留下来，就是这样朴素，却非常哲学的观点。罗兰·巴特所谓的"此曾在"、"不在的在"讲得很哲学,其实和陆元敏是一个意思。用上海话讲这话就俗了一点,不像警句格言,但现在有了老金的小说,我们完全可以用上海话讨论所有这些东西了。

陆元敏的照片我极为喜欢,它总是笼罩一种微微的,不是很强的光芒。拍照片需要光,人们可以说你这个话是废话,照片总是有光芒的,但我还是要重点说说陆元敏摄影作品中的光。陆元敏几乎没有在任何地方说起摄影的技术方面的内容,他从来不谈这个;那么我呢,也常在圈里圈外闲聊,艺术家总有被别人背后议论的时候,我听到过不少,以后我有时间会把这些背后议论写一本书,很八卦,也有很严肃的议论,坏话好话都有,都非常有意思。因为他们知道吴亮很喜欢陆元敏,就旁敲侧击说,好像我们不觉得陆元敏有那么好,他不专业,他的照相机也很差,器材也很不专业。我不反驳他,心里想,给你好机器,你打不中目标,又有什么用呢?陆元敏能打中目标,打中Ⅰ环,就挑出来了,当然脱靶的没拿出来。陆元敏说光苏州河就拍了几万张,可能还有一些东西现在还没有拿出来。当时还没有数码相机,他用乐凯,很便宜的电影胶片,买回来自己剪,价格非常便宜。幸好那时候还没有数码技术的普及,也幸好那时候有廉价的乐凯,使陆元敏有那么多照片可以留下来。我对暗房很好奇,去过几个玩照片的朋友的工作室,小时候我的隔壁邻居,很喜欢在暗房中站在旁边看,拍摄是 次曝光,暗房是第二次曝光,暗房里的感觉有点像侦探片,真相慢慢呈现出来。这种期待的快乐,现在很多人许多人，包括陆元敏，可能就没有了。现在陆元敏拍照片也用数码了，就有很大遗憾，为什么呢？以前拍照片，比如今天拍了一两百张，也许中间只有十几张是满意的，但他必须一起带回来冲洗，好的坏的都留着，说不定现在觉得不好，以后会觉得很珍贵。现在不是了，拍完几张，陆元敏就戴上老花镜看看，觉得不满意，立刻就删掉，太急啦。陆元敏以前的这种期待十分必要，虽然按了快门，最后结果怎么样完全不知道，今天偷拍了几个美女，拍老头晒太阳，拍傻瓜，几个老太太聊天，街坊吵架，一个女人穿睡衣倒痰盂，他就全部带回去看，有一个时间的等待。现在拍完一张他就这么看，我在旁边说你不要删啊……陆元敏到底是一个普通人，最终随大流，大家用数码他也用数码了，我想这里面可能失去很多东西，至少对陆元敏是这样。

幸好陆元敏在二十世纪末到二十一世纪初给我们留下大量的照片，是一个非常重要的历史文件，见证，时代的遗产，曾经有过的很多东西不存在了，只有照片是见证。陆元敏从来没有为某个突发事件吸引，他对新闻现场是害怕的，对面房子失火了，他肯定会逃跑。银行里有强盗，被武警包围了，他会走得远远的，陆元敏必须在安全的地方拍照。大师有各式各样的性格，有些大师喜欢战场，贝鲁特、阿富汗，离生命危险只有咫尺之遥，这种地方我们的陆元敏不会去的。陆元敏跑到北京都不想拍照片，北京胡同他一点感觉都没有。他对异国风情缺乏冲动，我没有看到他有什么外国照片，他在里昂拍的照片羞于拿出来给我们看，可能他很难对陌生城市有新发现。针对他这种胆怯，姜纬提出陆元敏是一个个案，就是说他要走熟悉的路线，拍熟悉的东西，躲在人群当中，才感觉安全，才有一点放松自如。一旦到陌生地方，他特别害怕显眼，陆元敏喜欢偷拍，周围别人最好不要注意到我，不然很难解释，又不善言辞，怕人家误会，还是太平一点，所以陆元敏许多照片的视点都在腰部，拎只小照相机凭直觉抓拍，或仰拍，很少直对着对象近距离拍。

  陆元敏这种习惯不是偶然的，靠直觉来吧……光线这个事情呢，我再说几句。弗洛伊德有一本书——《摩西与一神教》，讲在摩西把以色列人带出埃及之前，摩西其实不是犹太人，而是埃及当地一个非常有影响力的祭司，弗洛伊德是根据考古历史资料，这么推论的，他说那时候埃及第十八朝法老时代，是多神教国家，各个城邦信各种图腾，信各种动物图腾或自然图腾，公牛啊山羊啊老鹰啊雷电啊。当时由于埃及军事扩张，跨过国界跑到亚洲去，就会把你的宗教带过去，同时又会把亚洲某些原始宗教带过来，到了摩西时代埃及开始出现了"一神教"，从"太阳教"中发展出来，几经反复，到了摩西手里就变成了崇拜耶和华的摩西教也就是最早的犹太教，《旧约》第三句，上帝说要有光，于是就有了光，把太阳崇拜变成了对光的崇拜。这个"光"，这个转变很不得了，什么意思呢？这是人类信仰的一个大飞跃，从图腾发展到了抽象思维，不再讲具体的太阳，太阳本来象征能量，象征全部生命的来源，当然还象征光明，现在世界从光开始，是开始之前的开始,然后上帝开始用七天时间来创世,太阳月亮星辰都是在光之后创造的,光几乎是与上帝一起出现的,这样发生在三千三百年之前人类对世界起源的想象就达到了高度的抽象,一个原点——这个原点想得非常好,小孩子降生睁开眼睛看到世界的光,死亡则意味进入黑暗,用光来解释所有东西的根源,取得了非常大的力量,所以《圣经·旧约》才会这样写。从这样出发点来看,当然我不会说仅仅摄影才是光,但是光的确对摄影是最直接的,尽管不同的摄影家在使用光方面每个人效果不一样。陆元敏的光,我觉得,不是一种惊心动魄的光,也不是抓住一瞬间的光,我曾经在一篇为陆元敏写的短评里讲过,我说他的摄影从来不是布列松"决定性的一瞬",不是的,他也不拍突发事件,他就是拍身边世界,随手抓到的,可以是任何一种东西,就把它抓在手里,到晚上在暗房展示出来。此外,陆元敏作品给我一个感受,可能很多人认为仅仅是技术的原因,或者材质上的原因,出来的照片是灰蒙蒙的,但我特别喜欢它那种灰色调。影像清晰的照片,在陆元敏那边并不是太多。它们多半都是含混的,不确定的,灰蒙蒙的调子,朦朦胧胧的,特别是拍黄昏和早晨。陆元敏拍雨中街景是最好的,在正午的阳光下,不是他特别有代表性的风格,这是陆元敏给我的非常强烈的印象。就是灰调子,就是一种黄昏的光,这个光不仅仅照亮物体,这个光起了一种弥漫的作用,把所有东西都弥漫在其中,它是一种氛围,而不仅仅是照亮一个事物。这一点特别重要,我永远不会忘记陆元敏作品留给我的印象。如今我在马路上走的时候也会顺手拍点什么,现在我们都有苹果手机,这里面有一些功能。我很讨厌彩色照片,我就把我随手拍的照片转成黑白,苹果手机的黑白还分成三四种,供我们调节。通常我调到陆元敏的程度我就满意了,陆元敏在哪里?就在我心里,陆元敏的灰调子就成了我心目中好照片的尺度。

金宇澄的小说和陆元敏的摄影有一点同步性,都是一个意外。陆元敏摄影分户内与户外,我姑且这样分。他的户外作品,不用说,大多弄堂口,马路上,或在高楼上面俯瞰,全景的照片,陆元敏中全景的不多,近景比较多,抓拍行人,身边的街景,一瞬间的东西抓拍下来。还有一部分,就是"洋房里的人",基本是熟人,都是陆元敏的朋友,或者邻居,他能够进入他们的房间,但是这种进入私人空间的机会,对陆元敏不多,毕竟有限。陆元敏拍照事先没有预设专题,专题是事后才加上去的。所以在有限的一些朋友亲戚当中,我们可以看到这批人,有职员家庭,或者破落的,或者曾经是有钱人家,慢慢有点衰败,关键是什么呢?你们看这个时间点,是在九十年代,"文化大革命"早结束了,房子都破旧了,但是家里的出身,老的架子还在,老上海腔调还在,环境、服装、家具……还没有住进新房子,都还在老房子里面,很拥挤很凌乱,那个架子还撑着,气质还在,房间里的物件,杂物,衣饰……有些人干脆穿睡衣,躺着。照片中人的眉眼,慵懒,随意,有些人还非常雍容,非常放松,大家都十分放松。如果我们以它作为切入点来切入,把这样一个群体作为研究对象也是非常有意思的，关于上海这个城市的人类社会学研究，这样一个群落在九十年代的状态。

现在人手一机，所有的人都会拍快照，所有事情都可能被记录在案，我们拍照片的时间有，看照片的时间没有，或者连删照片都没有时间——因为删照片就得要选择，就要花大量时间。今天这样一种照片的"内爆"，已经成了苹果时代的一个普遍现象，不仅存在于大城市里面。最近我去福建福鼎，我们去了一个很不起眼的小镇磻溪，它并不富裕，我们河边吃了一碗面，看见当地年轻人一边吃面，一边各自玩各自的苹果手机，和乡镇的现代程度完全不相称，非常小的一个地方，手机居然流通到这种程度。

陆元敏的这批作品，是在苹果时代来临之前，以影像为媒介为上海做了一个关于城市人类学研究的见证。金宇澄《繁花》描绘的，从六十年代开始写上海，1949 年以前的上海结束了。这之前上海的商业，交往，贸易，生活方式，井然有序，可能会按照通常一个大城市的行进路线走，但由于政权易手，转向了另外一个方向——工商改造，公私合营，生活朴素化，计划供应，阶级斗争。老金写"文化大革命"前期上海的马路，陆元敏拍的九十年代上海马路，更是一种停滞的气息，这是一段非常奇怪的时间，非常恍惚，沉闷，停滞，这段时间非常特殊，有点伤感有点怀旧，大家都在期待些什么。上海整个城市重新启动，是 1992 年、1993 年，开发浦东，淮海路开挖地铁一号线，浦东和市中心摩天大楼一幢一幢不断地竖起来，八九十年代上海还是一副老面孔，华山路乌鲁木齐路，希尔顿上海宾馆这种建筑很少，还是三十年代的规划，还不是今天这种巨型的垂直型的格局。现在扑面而来的是一个峡谷版的城市，不再是以前留下的欧洲式的亚洲城市，基本是平面展开的，有纵深，现在似乎只有高度，只有容量了。这种发展的模式和状况只有在中国才会发生，这种进程完全改变了上海。

莫奈与他的时代及对二十世纪的影响

（吴亮在上海思南公馆的讲座，2014年3月22日）

我平时不戴墨镜，今天例外。今天天气很好，阳光刺眼，是非常适合印象派的光，我觉得今天这个讲座应该放在户外，很遗憾我们只能在室内讲外光派艺术和莫奈。今天大家为这个题目，为了这个人来，我相信多半你们已经看过这个展览了。闭展要到6月15号，我至今还没去过。十几年前我在大都会看过莫奈的巨幅《睡莲》，还有一些他的小幅风景，更早是八十年代，通过印刷比较粗糙的画册。但是印刷技术比较差的画册反而给我们一个想象空间。记得以前有一次陈丹青跟我讲，见了大师原作他就不敢画画了。二十世纪七十年代、八十年代初，看到油画印刷品还能画画，因为他有想象余地与发挥空间，相信自己可能比杂志上的彩色图片画得好。但是到了纽约巴黎，在博物馆看到大师原作，他说他傻了，不敢画了。假如在座有人想做画家，千万不要轻易看大师原作，你会没有信心的。但莫奈是不是会使你丧失信心，我觉得未必。莫奈说过这样一句话,"我多么希望我天生是个盲人,突然睁开眼睛,看到世界这个光"。意思是说,我们的眼睛被各种教育和规则所限定,他多么希望从来没见过世界,就像瞎子复明一样,一下子对世界的色彩欣喜若狂。我此刻脱下眼镜,看到了大家的脸……莫奈用这样一个比喻,表明除了光以外,他什么都不画,他是那么极端的人,所以今天我们的主题也会围绕着光。

我们先集中看看十九世纪六十年代以后,法国发生了什么,那些印象派画家在做什么。普法战争,拿破仑第三倒台,1871年巴黎公社失败,1874年由莫奈提议办一次几个印象画派画家的展览,当时他们的名义是"无名艺术家,油画家、雕塑家和版画家联展"。印象派是后来流传开来的。来由是因为莫奈有一幅画叫《日出·印象》,巴黎有个跑艺术圈的记者说,这是一个非常糟糕的展览,居然把草草了事的印象画拿出来。当时在法兰西学院艺术的专业语境中,印象差不多等于是草稿的意思,画没画好,讽刺他们是"印象派"。法国这样一个绘画大国,把草稿拿出来展览是很不严肃的,草率,未完成。这个叫勒鲁瓦的记者当然是懂艺术的,写了一篇评论发在杂志上面,这家杂志名字很有意思,叫《喧哗》,七嘴八舌的意思。结果莫奈他们干脆就把"印象派"拿了过去,约定以后每两年搞一次印象派联展,从1874年到1886年,中间又加了一届,前后搞了八届。

但是莫奈并没有一直贯穿始终每届印象派联展都参加,莫奈之所以和"印象派"三个字联系在一起,就因为《日出·印象》

这幅画。实际上，印象派这帮人的精神核心应该是毕沙罗。毕沙罗和莫奈两个都是在1870年普法战争时离开法国避难，在伦敦认识的。这两位以前都画得非常写实，伦敦之行是他们的转折点。他们迟到地发现两个已故英国画家作品，为之开辟了一片新的视觉天地。一个康斯太勃，画油画风景也画水彩，后来因为身体不好，就长期改画水彩了；另外一个透纳，画海，画蒸汽，也已去世多年了，所以我说他们是被迟到的法国人发现的伟大画家。

在莫奈、毕沙罗这两个画家之前，早些的法国绘画，好比德拉克洛瓦、柯罗等人都受到了康斯太勃与透纳这两位的影响，例如对天空的描绘、对远景的描绘、对蒸汽的描绘。只不过是莫奈、毕沙罗把这个新发现和新感受带到法国以后，才掀起了印象派运动——艺术史多半是这么描绘的。在赞扬法国艺术的伟大时，我们千万不要忘记英国，英国太了不起了。十八世纪末十九世纪初英国提供了康斯太勃和透纳，影响了法国印象派，到了二十世纪五十年代，英国画家汉密尔顿又最早做波普艺术，启发了美国安迪·沃霍尔，由于美国宣传机器强大，安迪·沃霍尔差不多等于波普艺术的教父了——其实早在1952年，大西洋彼岸的汉密尔顿就做了一幅拼贴画，题目是《为什么今天生活如此幸福如此有魅力》，非常搞笑的一个长句子。但是英国人似乎并不当一回事，不跟美国人争究竟谁是原创，英国是很保守的国家，结果这个波普艺术十年之后在美国成为一个新潮流，风靡了全世界，至今还余音不绝。与英国不同，我们都知道法国是很开放的国家，法国的开放源于 1789 年的法国大革命，共和以后，一系列的无法无天，法国十八世纪、十九世纪几乎就可以用无法无天来形容，法国人比较躁狂。"二战"后英国一直低调，甘居老二。除了绘画，二十世纪还有两个英国艺人风靡全世界，他们的事业和名望都在美国达到了巅峰：一个默片电影的卓别林，《摩登时代》；还有一个列侬，披头士，英国利物浦人，在英国出道，披头士后来风靡世界是因为他们去了美国。我们现在讲流行文化，电影和音乐美国是大佬，其实好多源头来自英国。现在讲二十世纪文化，人们的印象似乎总是爱说，美国文化比较粗鄙，在法国受抵制，法国人自以为自己的文化最高雅。文化帝国主义一般讲的就是美国，其实法国的历史也不干净，当年拿破仑横扫欧洲，欧洲其他王室的无数名画珍宝被他弄进了卢浮宫，当然法国人也善于虚心学习，反正都是拿来主义。

回到十九世纪七十年代，看看普法战争结束，第三共和国继承了怎样的遗产？拿破仑第三时代的巴黎，伟大的巴黎重建计划就在他执政的二十年完成，马克思的重要文章《路易·波拿巴的雾月十八日》大家一定听说过，1848 年革命失败，两年后拿破仑的侄子路易·波拿巴上台，又政变加冕称帝，雨果称他是"小丑"变成"英雄"。但恰恰是这个"小丑"在他的执政期间，1850 年到 1870 年，用了整整二十年，法国大致上完成了工业革命。

今天你们所看到的那么美丽的新巴黎，就是在拿破仑第三的统治下建成的。奥斯曼巴黎改造计划，一个伟大的工程，基本都是在路易·波拿巴时期建成,城市道路,公共卫生系统,包括法国的 GDP、工业生产总值、现代商业和改变了的日常生活。那个时期之前,我们后来通过法国小说描写了解的 1830 年到 1850 年之间,巴尔扎克写作最疯狂的二十年,他笔下的法国的社交、市井生活、工业规模,还有各种各样的金融投机,从菲利普时代到拿破仑第三时代的开始,还没有完成这样的工业化革命和城市化革命。只有到了十九世纪六七十年代,产生印象派绘画的社会条件才逐渐成熟,包括有我们看到的某些印象派画家热衷描绘的丰饶生活,闲暇,物质享受,私人花园,时髦的衣着,当然不是所有的印象派画家都沉湎于这种城市资产阶级生活景观的,他们中也有画下层人物和城市边缘人的,比如稍后的德加和劳特累克表现的舞女、妓女、酒鬼。至于莫奈,早期他不怎么富裕,年纪大了以后有了一点钱,他就搬离巴黎去了诺曼底,在塞纳河旁边建起后来全世界闻名的维吉尔花园,终生隐居在那里画画。

为什么今天一讲印象派,莫奈地位就那么高?除了"印象派"这个命名和他的一幅画联系在一起,还要注意莫奈的长寿——历史上,凡是最后成为巨匠或者大师的都必须长寿。米开朗琪罗、米罗、罗丹、莫奈都八十多岁,达·芬奇近八十,毕加索九十二。罗丹和莫奈同年生,莫奈比罗丹小两天。罗丹是雕塑家,作为年岁相同的同代人,他与莫奈走了相反路线,最后他们都活到八十多岁。他们跨越好几个时代,每个时期不管世界发生什么,他们都有自己的作品记录,由于人生漫长,在世的时候就获得名望,于是他们就成为巨匠。还有一种艺术家，我们称他们叫天才，通常"天才"这个美誉一般都是送给短命的艺术家，梵·高三十七岁，拉斐尔三十七岁，莫扎特三十七岁，横空出世，三十七岁就去世，天妒英才，人们称这样的艺术家为天才，就像天上的流星一闪而过，非常灿烂。但巨匠不同，巨匠需要时间，需要积累，需要长寿。今天我们这个题目拖了一个尾巴，"莫奈对二十世纪的影响"，也因为莫奈长寿，他在二十世纪还活了四分之一世纪，1926年才去世。莫奈是很少的、很幸运地在他有生之年看到自己作品被送进卢浮宫的画家。莫奈年轻时曾到卢浮宫写生，自从法国大革命后，1793年国民议会开会，决议说卢浮宫这个地方应该还给法国人民，所有的人都可以进去了。过了没几年拿破仑称帝把卢浮宫占为己有，一直到拿破仑侵略俄国失败，卢浮宫重新回到法国人民手中。卢浮宫是最早向一个国家的全体公民开放的国家博物馆，艺术史上的许多有名画家都去过卢浮宫，不仅观摩，还被允许在里面对着原作临摹。

外光派艺术，我在其他场合也曾提及。当我们讨论艺术史上某些影响艺术潮流、推动艺术变革以及催生艺术风格发生变化的其他因素时，我们的艺术史教材常常会从一种风格到另一种风格的时代风尚变迁，对大师的传承或反叛之类的思路，来对这个问题进行艺术内部的思考，却忽略了其他一些似乎很次要的物质因素，包括技术发明。我们现在所熟悉的欧洲传统油画，它的形制，材料构成，大约十五世纪已经基本定型了，使用亚麻布，调颜料转用核桃油或亚麻油，但是这些技术程序非常复杂，而且必须在室内进行——在室外画油画没有可能，露天光线变化多端不去说，在露天情况下调制颜料，很容易把昂贵的颜料弄脏，被风中的落叶与尘土弄脏。画油画在当时是一个非常专业非常耗时间的技术活，必须在画室里缓慢地进行，作品全部都在画室里完成，户外，露天，速写什么的，只能算是画一点草稿，它们都是为最后的油画做准备的。那么为什么康斯太勃他可以在户外画画呢？因为他画的是水彩，水彩画可以在户外进行。我们八十年代初看电影《简·爱》，简·爱带着罗切斯特的女儿在花园里画水彩，觉得很稀奇，英国十八世纪、十九世纪，就像传统中国文人舞文弄墨，贵族家庭有教养的女孩子都会画一点水彩。水彩颜色烘焙成可以融化的颜料块，像饼干那样整齐地排列在盒子里，赤橙黄绿青蓝紫，用水彩笔蘸些儿水，往颜料块上抹一抹，就能在现场画水彩画了。油画如果想在户外进行，必须事先把颜料做成油膏，但怎么能够把它带到野外去，就成了一个问题，因为油状颜料也是会凝固的。到了十八世纪，欧洲画家有画写生的需要，有些颜料制造商很有办法，当时欧洲的皮革业已经很发达，他们用皮革的加工方法把某些动物的膀胱，比如狗膀胱，进行化学处理，然后把调制好的油画颜料灌进那只皮袋子里去，这样就能够携带了。等到画家需要这个颜色了，用针扎一个孔把颜色挤出来。受这个启发，后来的颜料制造商尝试用比较软的金属材料做颜料管，开始用铅，但是铅有毒，又换成了锡。十九世纪下半叶，铅或锡做颜料管就慢慢普及，从此以后，那些喜欢面对风景直接用色彩进行写生的画家就非常方便了。另一个，直接调色法，不同的颜色不在调色板上调和，画家所要的色彩效果在画面上形成，几种颜色直接挤到画面上，再用画笔在画面上作调整，调到画家满意为止。难怪我们今天看各大博物馆的印象派作品，一百多年了，颜色还保持了那么鲜艳的透明度，原来颜色是从颜料管中直接挤到画布上去的啊！这么大胆潇洒的创新，提供基础支持的就是技术的发明和新材料的运用。现在我们使用的颜料管材料都被铝替代了，铝在莫奈、毕沙罗他们那个时代昂贵得要命。

要了解莫奈的时代条件，除了技术，还有宗教背景。法国十九世纪政治、文化和文艺，二十世纪以来中国翻译介绍得非常多，有些名著名作我们都耳熟能详了。比如米勒的作品《晚祷》、《拾穗的女人》，有一种非常宁静肃穆的宗教感，这不奇怪，米勒自己就是一个天主教徒。和米勒不同，印象派这批画家的传记中，几乎都没有关于他们家庭宗教背景和个人宗教信仰的内容，我想这不应该是传记作家们的一种共同疏忽。

十七至十八世纪法国的启蒙运动是舆论准备，伏尔泰、狄德罗、卢梭之后，1789年发生法国大革命，一颠覆王权，二颠覆教权，对文人艺术家来说这场革命对天主教是摧毁性的和解放性的。以后的几乎整个一百年，反反复复地复辟反复辟、革命反革命，法国的文人艺术家要么积极投入政治介入政治，要么不问政治或者超离政治。像拉马丁和司汤达、雨果和左拉都是前一种，雷诺阿、莫奈就属于后一种,基本没有任何政治主张。当然也有热衷政治的艺术家,比如像库尔贝,担任过巴黎公社委员,还有巴齐耶,他是莫奈的朋友,普法战争爆发,莫奈逃避兵役去了伦敦,巴齐耶出于爱国热情上了前线,结果三十岁就死在战场上。那个时代法国文人艺术家倒向保皇党的不多,他们多数倾向共和派。大革命之后天主教的影响力受到重创,我们从传记中可以发现,十九世纪的很多文人艺术家往往有明确的政治立场,比如社会主义或无政府主义,却没有明确的宗教信仰,无神论、自然神论、人道主义、怀疑主义是这个精英圈子的信仰主流。印象派绘画中难以看到政治也难以看到宗教,能看到人本主义,看到自然,情感,感官,看到世俗享乐,纯粹的愉悦,形式与色彩,即看到艺术本身。1874年开始,以印象派命名的这一批画家,把目光投向花园、郊外、喝酒、跳舞,像莫奈、雷诺阿、德加和劳特累克。作为画家,他们也画一些穷苦的人,普通人,未必就有自觉的阶级意识,雷诺阿画过一些农夫,但他更多的是画华丽的有闲阶级生活,花园里的午餐,阳光下的舞会,这倒不是为资产阶级服务,雷诺阿出生在一个穷裁缝家庭,他在画面上最关注的是女模特的"皮肤上不要有反光",其实他并不喜欢画涂脂抹粉的资产阶级女人,这不是因为阶级偏见,而是因为"涂脂抹粉"不仅"不健康"并且妨碍表达。还有的人,像莫奈,只对色彩感兴趣,只对变幻莫测的光充满兴趣,完全沉溺其中难以自拔,他对别的似乎都没有兴趣。还有修拉,更极端,通过解析自然光谱的点彩方式,另辟蹊径，构成了他作品独一无二的风格……有这样一个超离政治意识形态与宗教的特殊背景，这些艺术家的时代精神氛围、趣味转向、技术条件的成熟，都是我们得以理解印象派的必要知识条件，包括舶来品图像传入法国，比如像日本的浮世绘。

印象派诞生前，莫奈他们有过一个松散的团体，那时普法战争还没有爆发，莫奈、雷诺阿、巴齐耶和西斯莱，四个人非常要好。战争结束，除了阵亡的巴齐耶，莫奈、雷诺阿和西斯莱在巴黎聚在一起了——加上莫奈在伦敦认识的毕沙罗，他是从头到尾参加全部八次印象派展览的唯一一个。据说毕沙罗在艺术史上有点被低估，我也认为毕沙罗非常重要，并不觉得莫奈有多么好。今天大家聚集在这里是为了莫奈，不是因为他当年无名，而是因为他现在太有名了，所以你们才来看他。假如莫奈始终寂寂无名，你们今天会来吗？当然不会。慕名而来很正常，不过应该了解一下名气不如莫奈的毕沙罗，毕沙罗的重要不是我随便说的，我要抬出两个大师，一个塞尚一个高更。毕沙罗去世的前一年，隐居塔希提的高更就说"毕沙罗是我的老师"。英雄所见略同，毕沙罗去世三年后，塞尚又在自己的展出目录签下了这样的署名"塞尚，毕沙罗的学生"。

莫奈那么有名，你一定就喜欢吗？就一定必须喜欢吗？天下当然没有这个道理。我觉得，你们应该相信自己，这才符合法国人十九世纪以后的文化习惯。法国第三次赢得共和以后，他们就重申一个口号，也就是所谓"共和的定义"，叫作"信仰自由是政治结合的唯一基础",每个公民应当自己学习思考,"共和"并不意味把好东西强加给你。信仰自由,广义的信仰自由,包括宗教、生活方式、艺术趣味、价值观,只有大家自由选择,才是彼此得以生活在一起的共和条件,这是不可动摇的基础。基于这样一个前提,你可以喜欢莫奈,你也可以不喜欢莫奈。法国那个嘲笑莫奈的勒鲁瓦,有人说他是报纸记者,其实是一个非常内行的艺术批评家。他批评莫奈并非没有理由,在他看来,莫奈的《日出·印象》不过就是一个草稿,在当时的学院艺术语境中,印象的意思就相当于草稿。

当然不是所有被归在印象派当中的画家,他们的作品都是印象式的草稿,没有素描没有造型没有写实,像雷诺阿、德加,还有后来的劳德累克,他们反对仅仅画色彩,尤其德加。但是为了说问题方便,艺术史笼统说他们是外光派,强调颜色,不必太计较。不过印象派作品确实有一个特点——不再刻画轮廓线。线条,特别是表达空间透视的线条,在欧洲古典风景绘画中起了决定性作用。透视法则在十五世纪被意大利人发现,德国的丢勒最早写了一本书,详细解释了几何学和透视学如何在绘画中运用。举例说,一个球体,我们只看到一个圆弧面,它消失的地方,就是一根弧线,当然这根弧线作为实体并不存在,它取决于观察者相对的位置和距离。同样道理,所谓地平线,这个地平线也是不存在的。我站在这个位置向前看,最后天地消失成一条线,你如果继续往前走,这个线开始与你的速度一样向前延伸,你永远到达不了它，我们把它画下来，就是个切面。那么轮廓线是什么呢？轮廓线就是一个三维物体的转折面，你看到的部分与看不到部分的分割线。欧洲古典绘画不仅讲究轮廓线所表达的透视关系，还讲究素描和色彩的明暗关系，这就相应牵扯到对线条的重视，牵扯到对光线的重视，这两个在平面空间制造三维空间幻象的重要手段，到了十九世纪六十年代之后，在印象派那里一个被抽离了，一个被独立出来了。

现实主义这个概念起源于法国，现在不怎么讲了。法国人所谓的现实主义，有时指绘画，有时指文学，两者有点区别。绘画的写实或者不写实，并不只是说你画的那个东西看上去像不像"原型"，真实不真实。真实这个概念，按照古希腊哲学传统，柏拉图的说法，我们所看到世界表象都是不真实的，真正存在的是表象背后的理念。塞尚画一个苹果画得那么僵硬，但是他画的是苹果的观念存在，而不是一只易烂的日常苹果。作为被描绘的具体苹果会腐烂，它不永恒，所以新鲜的苹果并不真实，真实是一个本质概念，这就是柏拉图的传统，理念才是一切。年轻姑娘会衰老，绿叶会枯萎，她们稍纵即逝，这的确很残酷。当然这并不是古希腊哲学的全部，亚里士多德的"唯名论"就与柏拉图的"唯实论"唱反调。但是在欧洲，人们对什么是写实主义、现实主义以及什么是真实，与我们的习惯理解很不一样，因为这些概念的背后有一个哲学争论的历史，真实归在本质的范畴中。后来的现象学反对这个本质，对表象、现象、现实作了新解释，无非颠倒了各自的位置。

莫奈不读哲学,但是哲学可以解释莫奈。莫奈不画本质,只画表象,他把明暗变成不同的色彩,阳光下面不再有阴影,背阴处都是彩色的,很亮,所有地方都是明晃晃的。但是这种情况并没有发生在所有印象派画家身上,特别是"后印象派"。塞尚、梵·高、高更,他们三人的作品中线条重新出现了,并且得到刻意强调。梵·高的画几乎全都由线条构成,弧形的短线,梵·高的塑造能力非常强,素描一流,但是我们永远不会忘记的是他呼之欲出的短线条。高更在塔希提画的人物,勾轮廓线,平涂,填颜色。还有塞尚,画白桌布都要勾黑线,苹果红颜色,也用黑线勾一下轮廓,线条变成一种主观强调,一种肯定性的力量。

艺术没有定规,这些大师的风格也不是定律。我爱怎么画就怎么画,艺术终于自由了。1889年巴黎世界博览会,埃菲尔铁塔落成揭幕,法国大革命一百年,保尔·曼斯说:"艺术永远解放了!"这个时候,莫奈的印象派已经被承认。理论上,艺术就是自由,你想怎么画就怎么画,不过天才依然会被埋没——1890年,梵·高自杀了,他的画今天价值亿万,当时居然无人问津。

让我们把时间再往回倒溯——莫奈出生于1840年,看到这个数字我们可能会想起鸦片战争,这一年有几个重要的法国人出生,除了前面提到的雕塑家罗丹,还有作家左拉。印象派主要画家都出生在1840年前后,差不多同龄,西斯莱1839年生,雷诺阿1841年生,只有巴齐耶1830年生人。我们今天经常用"80后"

或"90 后"这类概念,去定义作家,识别某一个人群的"代际",这样大家就比较清晰了。我把这个方法移过来,印象派是相对于 19 世纪巴黎的"40 后艺术家",当然他们的主要作品是在"70 后"、"80 后"问世的,经过十几年的运动,随着几个代表人物的功成名就和寿终正寝,印象派基本就自然消失了。剩下的,不过是艺术批评和艺术史反复讨论他们的遗产而已。

十九世纪不仅是发现的世纪,也是一个发明的世纪,非常了不得。以至于十九世纪末,报纸杂志邀请科学家们预言二十世纪科技发展前景的时候,他们乐观地说,留给下一代科学家的工作基本上不剩下什么了,都完成了,什么都发明了。你们看,在"40 后"印象派出生前二十年,两个法国人发明了照相术;"40 后"年过五十后,1895 年卢米埃兄弟发明了电影,又是两个法国人……这两项与图像密切相关、至今越来越影响我们生活、甚至越来越主宰我们生活的伟大发明,为什么都出现在作为绘画大国的法兰西,我想这一定是上帝的安排吧!就在莫奈他们连续为印象派开展览的那些年,爱迪生在美国研制出了电灯泡。1889 年埃菲尔铁塔落成,爱迪生公司免费提供大量电灯泡装点埃菲尔铁塔。我记得在哪本画册里看到一幅某个印象派画家画的夜幕下的埃菲尔铁塔,远远望去,整座铁塔斑斑驳驳点缀着璀璨的灯光。这是对印象派另一种有趣的阅读,画得好不好,我已经不怎么在意了。电灯泡发明以前,法国画城市风景的,好像没有画夜晚大都市街景的作品。早一些的巴比松画派,柯罗画阳光下的枫丹白露,外光派画的也是太阳光,都不是人造光。那时候巴黎马路上只有英国人发明的煤气灯,十九世纪中叶,伦敦巴黎,到了晚上街道点的是煤气灯,稀稀拉拉,光照不会很亮。据说老派欧洲人相信上帝创造了乡村,魔鬼创造了城市,因此你们可能会以为,艺术家比较乌托邦比较田园,只看到乡村风景或城市郊外风景才是美的,城市欲望横流是罪恶的渊源,所以他们不太愿意画城市。其实只不过是黑夜中的城市街景无法用色彩描绘,煤气灯下的城市夜生活用黑白两色的版画完全可以表达,像杜米埃的素描和漫画。当然用文字表达巴黎十九世纪中叶的夜生活完全没有问题,比如在波德莱尔诗中,巴黎的忧郁,完全是内心而不是外在。二十世纪本雅明重新塑造巴黎的时候,他把公共空间的煤气灯提到了很高的位置,但他注意的主要对象是波德莱尔,似乎也没有提到画家。波德莱尔出道早,印象派画家出来的时候波德莱尔已经去世。油画中的巴黎夜景必须得等到爱迪生电灯泡制造成功,印象派赶上了电灯的出现,梵·高晚年画过夜晚的咖啡馆,那种金黄的色调应该就是电灯,十九世纪八十年代是很有意思的一个分界线,艺术家们画的身边生活环境离我们今天越来越近了。

　　印象派画家们生活在这样一个物质条件技术条件迅速变化的时代中,迷恋漂亮的颜色,注重感官视觉,在他们笔下法国好像是一个享乐主义孤岛,其实这是错觉,是你们的错觉。艺术家各有各的家庭出身,个人小世界,生活很具体,当时法国阶级斗争很激烈,社会矛盾很多,但不等于每个艺术家都要对此表态。

莫奈是否逃避兵役，我没有查到详细资料。巴齐耶出身显赫，普法战争爆发他入伍上前线，我估计他是自愿的，巴齐耶对国家有担当，也算为国捐躯了。莫奈出身比较卑微，国家兴亡匹夫无责，家里开了个小杂货铺，他又不肯接父亲的班，莫奈的志向不是当老板，是当艺术家。他小时候功课不好，只有画画还可以。莫奈从小有靠手艺吃饭的脑子，十五岁他就给自己的作品标价，一幅木炭画开价十五法郎。莫奈的趣味谈不上是什么中产阶级，当时也没有这个中产阶级定义。现在有些莫名其妙的说法，印象派和中产阶级有什么关系啊？这是他们想象出来的，当年法国学院派排斥印象派，小资产阶级的趣味也有一个变化过程，这个人与那个人不一样，报刊记者、艺术批评家属于哪个阶级？最早收藏印象派作品和收藏后来的现代艺术作品的，多半是欧洲的犹太人，但是你们根本不能用中产阶级去定义那些虽然富有却没有国家的犹太人，这是一个非常复杂的历史现象。你们现在看到的莫奈作品，包括其他印象派，今天哪里只配中产阶级胃口，它们是配亿万富翁的胃口啊！如果你有钱，要想买莫奈一幅画，你就要考虑买什么样的房子来配它，而不是它来配你。

莫奈在二十世纪还活了二十六年，无人打扰地隐居在他的维吉尔花园画画，画你们看到的睡莲，直到生命的最后一刻。莫奈经历了法国人所说的"美好时代"，所谓"美好时代"指的是1890年到1914年，伦敦、巴黎、柏林，城市人口剧增，1890年俾斯麦颁布了工人权利保障法，1900年工人国际在巴黎开会表明工人力量一定会战胜资本家，当时的政府与资本家已经不能再对工会和工人政党置之不理了。同时呢，又非常微妙地出现一个新的文化现象——资产阶级的生活方式在欧洲各国都被奉为榜样，资产阶级的衣着、装饰、建筑、消遣的情趣都被全欧洲的人们模仿。而莫奈，他肯定不会预料到他画的画，那些曾经十分迟钝的法国资产阶级都未能接受的光斑与色彩，居然在未来岁月得到整个世界的欣赏。1914年第一次世界大战爆发，那一年莫奈七十四岁，他不需要逃避兵役了。

最后一个小问题——也许有人会问，莫奈的画是因为看到伦敦的雾霾受到了启发吗，包括他的《日出·印象》都可能是在描绘工业污染，你怎么看现在雾霾对中国的影响？我不认为莫奈是预言未来的先知，《日出·印象》的雾气当然不是工厂烟囱里的烟雾，但他画的巴黎火车站肯定是蒸汽机气雾，这应该毫无疑问。莫奈只是把光、空气、雾作为一个表达对象，哪怕这个雾里真的含有化学污染。十九世纪的工程师和科学家还没有环境保护意识，技术还没有达到这个程度，狄更斯写小说《雾都孤儿》那会儿伦敦已经有污染了，只是情况还不严重。莫奈不会考虑他画的对象的其他意义，他把鲁昂大教堂和干草垛当作没有差别的绘画对象来处理，对他来说，重要的只是它们的颜色在光线下的变化。莫奈不是天主教徒，我没看到这一类的证据，他不是一个悲天悯人的画家。污染、环境、生态这些概念都是后来的，这个问题对莫奈不仅不重要，而且根本不存在。二十世纪初，"一战"前后，超现实主义和未来主义都把钢铁、车轮、速度、烟囱作为歌颂的对象，人们膜拜现代大工业，当年谁能知道以后会发生怎样的情况……这是慢慢长大的一个现代恶魔，污染、破坏、变异、退化，这些后果必须到了一定程度才会引起警觉。1872年的塞纳河边没有太多工厂，巴黎不像伦敦。

解释世界,还是改造世界?

(吴亮在苏州金鸡湖美术馆的讲座,2013年8月3日)

今天听众并不多,但这正是我期待的,我并不认为这个主题会引起许多人的兴趣,虽然我的主题和马克思有关,和马克思对世界的不满有关。

假如我强调说马克思的不满,可能很多人就会有兴趣了,因为他们现在都对这个世界很不满。我先把我今天要说的关键词写在书板上——马克思的不满,马克思的计划,马克思的遗产——前天发生了一个小意外,我把右肩摔坏了,这个意外使我今天的讲座内容发生点变化,也就是说,不仅仅吴亮出了意外,马克思也出了意外,马克思的好多预言并没有实现。

我们从这个大题目开始:解释世界,还是改造世界?这是马克思非常重要的一句名言。这句名言出自他早期作品,也就是1845年的《关于费尔巴哈的提纲》,一共有十一段,这是最后一段,说:"哲学家们只是用不同的方式解释世界,问题在于改变世界。"这是整个论纲的最后一句话,非常有力的一句话。

马克思在 1845 年是一个青年黑格尔主义者,但那时候他又开始着迷于费尔巴哈的人本主义,这使马克思的黑格尔思想得到了一个彻底的转变,开始把辩证法放在一个唯物主义的基础上面,唯物主义有好多来源,马克思阅读了大量的哲学著作,从古希腊到十八世纪的法国唯物主义,但更近期的是费尔巴哈的人本主义。他说"我们当时都像被闪电击中一样震撼了",闪电就是指费尔巴哈,他把人放到第一位。马克思的特点是,他在黑格尔身上学到很多东西以后,他会坦承自己受到黑格尔的影响,但是黑格尔是错的,因为他的辩证法是颠倒的。同时他还会说,费尔巴哈影响了我,像闪电一样影响了我,但是费尔巴哈也错了,费尔巴哈没有从人的实践去理解世界,这个世界并不是一个旧唯物主义所理解的纯粹外在世界,理解世界必须从人的实践角度去理解。所以马克思总要比别人高出一筹,这就是马克思厉害的地方。虽然马克思有过很多别人的思想,我们可以说他明显地使用了黑格尔的语言,使用了费尔巴哈的语言,但是我们可能还是认为这是具有马克思风格的语言,实际上马克思的许多思想包括表述风格和这两个人是不能完全分开的。

马克思的这个预言,这个哲学任务向政治任务的转向,解释世界到改造世界,毫无疑问应该有外在和内在的原因,为什么要改造世界呢?毫无疑问,马克思对世界很不满意。那么对世界很不满意,是马克思一个人的问题吗?当然不是。在马克思成长与成熟的十九世纪初期，以及到他的中年，我们讲十九世纪的前半叶，欧洲所谓的知识分子、资产阶级、一些革命党等各种各样的社会力量都对欧洲现状很不满意，马克思的不满并不是一个特殊现象。另外一个问题，对世界产生强烈不满以后，马克思才会萌动一个计划，就是如何改变这个世界，光解释世界是不行的，我要改变它。这是我要说的第二部分——马克思的计划。

先讲马克思不满的来源，我从两个方面来说。一个是他个人的不满，他的个人不满首先来自他的家庭。我们都知道马克思是德国犹太人，父亲母亲都是犹太人。马克思的父亲是个律师，马克思在柏林大学读的是法学，是法学博士，他不是学哲学的，更不是学经济学的，他的本科是法学。马克思的祖父是个犹太教典学者，而马克思的母亲又是拉比之女，也就是说，他的父亲母亲的祖上不仅都是犹太人，而且都是在犹太教领域承担着研究或解释职责的神职人员，这样一种深厚的犹太教传统对马克思家族的影响和对他本人肯定会起作用，马克思自己一定知道这一家族信仰的秘密，假设连他自己都不知道，后来那些马克思的传记作者又怎么知道的呢。

我们都知道欧洲几百年来一直有一个排犹传统，就是欧洲人排斥犹太人，这个故事很漫长。简单说，犹太人自从失去家园以后，在欧洲游荡了两千多年，他们在欧洲游荡的时候慢慢就分化成三类人。一类是做生意的商人，通常讲犹太人很聪明，很精明，就知道赚钱；另外一类，虽然是犹太穷人，但也属于过世俗生活的人。不论富人穷人,两种犹太人在欧洲都受到排斥。富人受排斥的原因是嫉妒,你们太有钱了,讨厌你们。流落在欧洲的那些穷苦犹太人则更加遭到鄙视,这也是人类的势利心态,有钱遭嫉妒,贫穷遭歧视。所以犹太人总是被赶来赶去的。

第三类犹太人,世界性的了不起的杰出人物,马克思是其中之一,还有爱因斯坦、弗洛伊德都是犹太人。这些犹太人,包括许多科学家、发明家和艺术家,我们发现有一个共同特征,这个特征是什么呢?他们不再强调我是犹太人,甚至不再说自己信仰犹太教,他们可以改变信仰,甚至干脆声称自己是无神论者,他们是在为人类服务,这就是他们作为犹太人更为超越的地方。

确实,《旧约》当中,多处讲以色列要复国,以色列几次亡国,必将再次复国之类,确实《旧约》里面有这个东西,但《旧约》还有一个内容,很多人不会太注意,就是犹太人所说的:"我们是上帝的选民。"并不是说上帝只选了我们,而只是说把"我们作为人类的代表",是人类的一部分,我们是通过摩西向耶和华说过话的人,所以我们的约书里有这样的记录。

因为犹太人身份在欧洲很受挤兑,为谋生和求生很多犹太人都在反省。要么隐瞒我的身份,我不强调犹太身份;要么我把犹太人问题人类化,我不谈我的犹太特殊性了,我谈普遍事物。像爱因斯坦根本就不谈这个,爱因斯坦关心的不是地球上的事情,他管的是整个宇宙的事情。他出名以后成了和平主义者,因为他出了名你才去问他,你作为物理学家对战争有什么看法?假如他不是物理学家，人家就不会问他了，因为他对和平的见解没什么新花样，我们都知道爱因斯坦的主要贡献是相对论，不是别的。

弗洛伊德从来没有说过人的潜意识力比多与人种、民族有什么关系，他只说人类本能与禁忌的关系，他把所有人当作一种人，这就是犹太人处理问题的方法，非常了不起。

回过来讲马克思。马克思家庭的犹太背景，在德国生活有很大麻烦，这不是我们的猜测，而是事实。1816年马克思还没出生，马克思出生是1818年。1816年马克思的父亲所生活的特利尔小城，地方当局有一道通知，说假如一个犹太人在德国担任比较高的职位，比如医生、法官、律师之类的，你必须放弃你的犹太教信仰。为了求生与养家糊口，那毫无疑问，马克思的父亲选择了妥协，放弃了犹太教信仰。作为法律学者的马克思父亲是否为此强制的决定感到羞辱我们不得而知，还是把一切交给想象吧。

马克思的父亲一共生了八个孩子，马克思六岁的时候，他父亲带着已经出生的六个孩子一起信了基督教。应该说从马克思六岁以后他受到了基督教的教育，但后来在他年纪很小时写的诗歌、作文与学校论文当中，我们几乎看不出基督教和犹太教的任何痕迹。

但很有意思的是，马克思二十出头的时候，先后写过两篇对研究马克思青年时代思想发展脉络很重要的文章，其一是《论犹太人问题》。前提是：马克思在柏林大学读书时，有个青年黑格尔派的领袖叫鲍威尔，是一个非常极端的反犹分子。马克思很佩服鲍威尔,但似乎不太赞同鲍威尔的反犹主张。作为回应,就是说我们的老师都在谈这个犹太人问题,那我也要谈这个问题。马克思的切入点是,所有犹太人问题,归根到底是一个资产阶级问题。犹太人被欧洲人认为只知道赚钱,你们的宗教信仰就是做生意,你们的上帝就是钱,所以犹太人全部毛病不是犹太人问题,是一种社会和经济之恶,是一个资产阶级的问题,犹太人问题的一般解决就是必须要把资产阶级问题先解决掉,也就是说,必须把金钱这件事情解决掉,马克思当时还没说究竟应该怎么解决,但已经用一种非常肯定非常带有未来马克思的口气声称:只要资产阶级和金钱问题一旦解决,犹太人的问题也就自然解决了。马克思把它化解为一个人类的问题,也就是说所有民族都有资产阶级这种阶级存在,而不独犹太人。

在这个化解与超然的解释方案背后,我认为是隐藏着一种自卑的,就是说,马克思不愿意承认自己和犹太人身份或犹太教有任何瓜葛,但是他要超越这个难题,他不是用正面回答。以后我们陆续可以发现马克思经常用超越的方式来解决问题,他不谈论你们谈论的问题,他把你们的问题改变为另一个问题,他越过你,他比你高,这是马克思经常用的修辞手段,他的逻辑所在,他的魅力所在,也是马克思两百年以后继续能够有蛊惑力,有刺激力,甚至能够让我们仍然感到强烈共鸣的原因。

马克思出身于中产阶级,他的邻居就是后来成为他妻子的燕妮一家,燕妮比他大四岁,他们是姐弟恋。因为马克思的聪明与早熟，十四岁时就爱上了十八岁的燕妮。燕妮一半苏格兰血统一半普鲁士血统，她的父亲是一个官僚，哥哥曾经做过德国某一个内务部长，马克思的未来丈人家境不错，应该说他对这种优越的生活不会有什么愤恨。但从他最早写的诗歌看，诗歌内容分两种，一半诗稿是送给燕妮的爱情诗，这是马克思的爱，还有一半是马克思的恨，爱憎分明始终伴随着马克思一生，这也是所有人都有的爱与憎。很奇怪，马克思憎恨的对象非常抽象，好像总是针对世界之恶，神、巨魔、深渊、海洋就是那个对立面，一些很空洞很宏大的象征性的意象。他的作品中总是会出现一个巨人形象，这个巨人形象要么以被诅咒的恶的形象出现，要么就是他自己成为这个巨人——他会变身为一个拯救者，一个骑士，一个与堂·吉诃德相似的英雄，我来拯救世界了，我要和上帝拼一拼。他的名言是：虽然我什么都不是，但是我要主导一切。这个宏大志愿马克思很小的时候就通过诗歌确定下来了。马克思这种诗歌形式的表述是写给他女朋友的，未来丈人也看了，可能会觉得他是一个沉迷空想的人。我觉得马克思虽然有很好的诗情，但是他的诗写得并不好。不过马克思的志向并不是成为一个诗人，这只是少年马克思的一种宣泄，尽管这种诗人气质影响了马克思一生。

要取得丈人的欢心，获得燕妮的爱情，马克思要保证读出一个博士学位。我在七十年代曾经买过他一本书，马克思当年的博士论文——《德谟克利特的自然哲学和伊壁鸠鲁的自然哲学的差别》，当时我看这本书的时候根本看不懂，因为我对这两个古希腊哲学家一点都不知道，当时我们阅读的东西非常有限。过了四十年，我对古希腊这两位哲学家有点了解了。马克思在里面流露出一种很奇怪的想法，是什么呢？德谟克里特代表着早期的力学，原子论就是他提出来的，显然是一个表达理性世界的哲学认识。而伊壁鸠鲁是一个怀疑的原子论者，他宁肯要心灵宁静，也不要客观的真理，伊壁鸠鲁强调生活必须很朴素，不要有太多欲望。所以马克思在评论这两个人不同的哲学观的时候带一句话，就是他们不同的人生观——马克思喜欢的是伊壁鸠鲁，因为伊壁鸠鲁的生活好像有点不思进取，他喜欢一种悠闲自在的生活，一种和这个世界所谓权力、功利完全无关的生活。但同时，在这篇文章里马克思又说到希腊神话中的另一个人物：普罗米修斯。普罗米修斯在希腊神话里是叛逆者，他盗火给人类，泄露天机，后来被宙斯钉在悬崖上派老鹰来啄食他内脏。马克思非常欣赏普罗米修斯和整个世界对抗，和众神对抗，马克思后来不止一次提到普罗米修斯。

马克思既喜欢闲暇，又热衷战斗，他后来想象过未来的人已经摆脱了异化奴役，将如何生活，打猎、钓鱼，晚上回家从事批判……显然这个想象已经包含了马克思的个人理想和某种日常经验，但是马克思毕竟是普罗米修斯，而不是伊壁鸠鲁。希腊神话谱系告诉我们，普罗米修斯的父亲是死亡之神，他的母亲是预言之神，这两种身份在马克思身上都得到了延续。马克思一生有两件事一直在做，一是诅咒旧世界灭亡，死亡之神；一个是准备新纪元的到来,预言之神。普罗米修斯父母的血液通过普罗米修斯双重性地影响到了马克思,我不知道这是不是一种巧合,非常富有文学性的联想。

马克思的这种不满,说到这里还不是非常切身的,家族被剥夺了信仰的权利,责任并不在抽象的资产阶级一方;或者年轻时代浪漫的狂想,有时候我们讲"为赋新词强说愁"这种类似的东西,你年纪很轻嘛,可能会很狂。但到他二十多岁以后,直到他毕生,马克思为什么会在这么长的时间里,对整个资本主义制度那么仇恨?假如没这个仇恨,他不可能花那么多时间去写《资本论》,而且终其半生还没写完,没有一个强大的动力这是不可想象的。

那么,是不是还有马克思个人的其他原因?马克思大学将要毕业的时候,青年黑格尔派的那些教授们经常发表激进言论。这个我们不陌生,一个教授言论过激,学校当局就不会一直姑息纵容,鲍威尔一度被解聘了,马克思毕业时没有被学校聘为教授,言论激进的马克思肯定知道普鲁士早已不是他的久留之地。你们看看他是怎么冷嘲热讽地批判普鲁士的书报检查制度,就会明白马克思为什么先出走布鲁塞尔和巴黎,最后落草伦敦了。

可是,获得言论自由并非马克思的终极目的,马克思的终极目标是消灭金权控制世界的制度,而不是区区普鲁士书报检查制度。英国的出版自由与言论自由满足了马克思写作与出版《资本论》的外部条件,但是这远远不是马克思所梦想的理想社会。青年马克思所痛恨的金钱,痛恨由金钱构成的资本,除了受到了圣西门主义以及形形色色的社会主义、无政府主义思潮影响之外，说不定在个人经验上积累了来自实际生活的金钱创伤与憎恨？

还有一个情况，德国是新教国家，契约精神很重要，父子间也是一样。成年以后的马克思，十六七岁的男子汉了，他常给父亲写信，讲我最近看什么书，和他的父亲交流，然后是向他父亲要钱，因为要生活要买书。他父亲说，你不能花太多钱，你借钱是要还的。马克思大学毕业后曾经有一个志向，想做报纸杂志的时事评论员，以他的才华写时评不是问题，但这点点稿费远远不够他日常生活。但马克思的习性是，当父亲不愿意再继续给他寄钱来支持他，他的母亲也不愿意给钱的时候，他也不会改变自己的生活方式，放弃自己的远大理想。儿子不尽责任，父母很愤怒，这些都可以在马克思父母与他的通信中找到这个家庭内部有关金钱的分歧与龃龉。

于是马克思向他的一个叔叔去借钱，这个叔叔叫菲利浦，他在荷兰做生意，是一个资本家，并且正是现在我们都熟悉的飞利浦公司的创始人之一。马克思一生在骂资本主义，但他真正打过交道的，认识的，有密切来往的资本家只有两个，一个是飞利浦叔叔，另一个是恩格斯。前者曾经借过他很多钱，后来他始终没有能力全部偿还。后者一直给钱让马克思花，却从来没有叫马克思还，这就是恩格斯。马克思直接打过交道的资本家就这两个，都对他不错。一个是给他钱，一直不还清；一个是不让你还。亲戚朋友归亲戚朋友，资产阶级是资产阶级，抽象与具体是两回事，所以马克思还是要骂资产阶级。为什么呢？我慢慢解释这个问题。

那么马克思一直在讲的无产阶级呢，作为革命心脏的无产阶级，他又有几个工人朋友？不，他没有一个工人朋友，非常有意思啊。马克思搞革命是从哲学开始的，他在大学里交往的全都是哲学同行，个个是教授，后来在报社里认识的也都是识字的有抱负的激进知识分子。马克思离开《德法年鉴》先去比利时后去法国，在巴黎认识了恩格斯，随即恩格斯把他带到了伦敦。最后，就在伦敦定居，直到去世。

到了伦敦，马克思的家就成了各种无政府主义者、社会主义者、流亡者的一个聚会地点，海外流亡的这些人，谋反的，要颠覆世界的，要掀起革命的。马克思在后来的三十多年中交往的几乎全是流亡者，这种情况和艺术家非常相像。也许艺术家现在有点钱了就和老板打交道吗？不知道，也许是。艺术家跑到任何地方只要说我是画画的，他马上就能找到朋友，就像列宁讲的：一个有觉悟的工人，都可以凭着国际歌的熟悉的曲调，哪怕远离祖国都能找到无产阶级同志，这是同样一个逻辑。马克思和流亡者在一起，通过流亡者了解世界。马克思的学习有三个地方，一个是图书馆，一个是报纸，另一个就是和流亡者交流了，要么吵架、开会、辩论，要么是听来自各个国家的消息，他就生活在这样一个语境里。

伦敦的三十多年中，马克思也出去玩，出去疗养，但他从来没有一份正式的工作。马克思不是职业革命家，甚至不是组织革命的人，是什么呢？马克思只是不断宣传需要一个政治组织的学者，而这个组织由他来掌控，革命则需要等待。马克思对欧洲当时所发生的几次革命都不是太看好。唯有最早的一次，1848年《共产党宣言》发表，他充满信心，这个文件由他和恩格斯合作起草，大部分由马克思操刀。马克思这一年已经三十岁了。"一个幽灵，一个共产主义的幽灵在欧洲徘徊"，这是第一句。第二句是："整个欧洲都开始恐慌。梅特涅和基佐、教皇和沙皇建立起了神圣同盟，现在哪一个革命党、反对党不被咒骂为共产主义者呢？既然如此，那么我们就必须把我们的主张公开宣布出来……"这就是整个宣言的开场白。

马克思真是太厉害了。你们看看他随手写下的这两个人名，梅特涅是谁？当时奥地利的外交大臣，欧洲的神圣联盟就由他主持，一个手腕非常强悍的欧洲外交家；另一个基佐，法兰西第二共和国的首相。这两位都是欧洲政坛的顶级人物。《共产党宣言》1848年2月问世，巧了，同年同月，法国、奥地利和其他欧洲国家相继发生了革命。梅特涅逃亡伦敦，基佐也下台了。马克思对梅特涅、基佐的憎恨是观念上的，他们之间没有私仇。马克思是有大志向、大计划的人，他看到欧洲革命的确来了，只是革命以后无产阶级没有掌握政权，世界并没有变成他想象的那个样子。1848年初马克思或许认为这个世界的根本变化将要到来，哲学头脑和无产阶级心脏联合起来了，整个欧洲都要变，而欧洲的变化又会带来全世界的变化。我们知道马克思与黑格尔一样相信有一个历史的线性发展，落后国家迟早要走先进国家的道路，欧洲是火车头，先进国家先搞起来，落后的国家就好说了，这是马克思历史进步论和历史决定论的一次实践检验。

可是革命没有成功，至少马克思恩格斯认为没有成功——无论如何1848年革命产生了另外一个历史结果——马克思在1850年和恩格斯两人联名写了一个《告国际共产主义者同盟书》，先总结了两次革命的失败，然后解释说，这不是革命的失败，而是革命之前这个旧社会传统的残渣余孽的失败，真正的无产阶级革命的时机还没到来。

1851年后，马克思决定要做个事情——写《资本论》，他要通过经济学研究来论证资本主义为什么会必然灭亡。这个灭亡现在还没到时间，我先要在理论上解决这个问题，然后，酝酿与等待下一次革命，为未来无产阶级革命推翻这个私有制世界做理论准备。

大量时间投入《资本论》的写作，几乎没有其他经济收入，这意味着马克思将陷入窘困的生活状态，恩格斯资助他，他从来没买过自己的住宅，一直住恩格斯为他租的房子。马克思总想赚点钱，1851年机会来了。什么机会呢？我们都知道瓦特完善了蒸汽机，1807年英国轮船终于可以用蒸汽机推动了，1814年火车也用蒸汽机推动了，这就是令马克思振奋的蒸汽机的时代。蒸汽机出现之前，英国航海都是帆船，利用风力，现在以蒸汽机为动力，他们的船就越造越大了。十九世纪中叶，英国造出了当时最大的邮轮。以前只有探险者、军人和水手跑远洋，海上漂好几个月才到另一个洲。现在邮轮缩短了大英帝国与殖民地的距离，那些殖民地长官可以带家眷了，同时方便了通信，最早的跨大洋邮件就是委托邮轮捎带的。

搭着邮轮，伦敦来了一位美国《纽约每日论坛报》的主管，此人很喜欢马克思的文笔和观点，特约马克思给他写文章。怎么样？一个礼拜给我们写一到两篇，你们英国是消息最灵通的地方，我们美国读者都很想了解大英帝国和附属国发生的事，一篇文章报酬一英镑。19世纪中叶的一英镑非常值钱，当时英国一个四口之家，一年收入有九十英镑日子就很小康了。马克思需要钱，但他不愿意为了钱去做他不愿意做的事情，写国际时政评论马克思却是愿意的，哪怕只是为了区区一英镑！想想看，马克思为美国这家报纸的专栏评论，竟然坚持写了八年之久，前后一共大约写了五百来篇！

对马克思来讲，这一英镑固然很重要，但他更需要美国读者。他真的很敬业，为了挣一英镑，他写一篇评论要花多大力气，你们随便找几篇，《马恩全集》里都有，你们会非常惊讶——除了马克思讲到的第二次鸦片战争和太平天国，我对他当年的其他评论对象基本不了解，我没法核实，但就我浏览的印象而言，八年中马克思所涉及的论题范围、深入程度、资料引用，以及他文笔的犀利、幽默，那种华丽的措辞和富有魅力的文学性，至今难有匹敌者，你们会觉得为了小小的一英镑，似乎很不值得。

尽管如此努力，马克思仍然没有别的赚钱机会，《资本论》第一卷出版了,他自嘲"它的稿费只够我的雪茄烟钱",但是马克思在这条注定赚不了钱的路上没有回头路了,怪不得他痛恨金钱呢。不再给《纽约每日论坛报》写专栏后,马克思一度想去海关谋一个什么职位,后来想想还是不去算了。我能想象,换了我,我也不去。已经很牛的一个人,跑到海关里面做个小小办事员,多异化呀,拿这点点钱都不好意思,忙忙碌碌,还不能算是创造劳动价值的劳动呢。对金钱的现实渴望,对金钱的抽象厌恶,生活如此窘迫,但他依然很骄傲,他十几岁时就写过一首诗,题目是《人的自豪》,那时候他还没有物质生活的压力,现在,他对金钱真是非常的厌恶,厌恶到了他不再对赠予他金钱的人心存感激。唯物主义不唯物,经济是基础,哲学是上层建筑,马克思是上层建筑,因为马克思是哲学大脑。

我不知道,是不是有一种人非常特别,他的行为逻辑与普通人是相反的。比方某些用特殊材料做成的艺术家或政治家,他们对曾经恩惠自己的人会有一种不安与反感,他内心会有一种自卑,他不愿意亏欠别人什么,而所亏欠的,恰恰又是他最不屑的东西,譬如金钱。

恩格斯对马克思很好,一直把他当成非常了不起的精神导师。恩格斯很谦虚,恩格斯第一个同居女友去世后,写了封信给马克思报告了这个悲伤的消息。马克思给他回信几乎没有提这个事,一句安慰都没有,还像往常那样说我身上没钱了。终于恩格斯受不了了,非常愤怒地回了信,两人差点要绝交。后来马克思认错了，向恩格斯道歉，人类历史上最伟大的友谊才没有破裂。

不能说马克思完全就是为了自己，确实如他年轻时所说的，他的理想是为了人类解放的崇高事业，不是为了自己，马克思并不自私，他是顾不上，所以他的生活过得一团糟。那么马克思的性格如何？性格就是命运。以前读梅林的《马克思传》，说他非常幽默，讨孩子喜欢。我想，梅林所看到的马克思，肯定是在他去马克思家做客的时候。当然啦，梅林叔叔来做客，马克思就不工作了，肯定和两个女儿一起玩。所以留给梅林的印象就是，马克思和他的女儿们其乐融融，讲故事，笑话不断，轻松幽默，马克思擅长讲笑话是闻名的。

马克思性格还有另一面，另一面是什么？是燕妮的日记，燕妮写给她母亲的信。燕妮很爱马克思，但尽管他们相爱，生活毕竟不是爱情诗。燕妮抱怨马克思脾气暴躁，这非常正常，一个鼓吹暴力革命的人脾气怎么可能温和呢？当年马克思在巴黎开编辑会议天天吵架，所以他们开会时必须要把门窗关起来，以防街上的人听见，可见马克思嗓音有多大，他在辩论的时候绝对不饶人，声音非常尖锐。

不修边幅。1848年前后的马克思在布鲁塞尔有过案底，因秘密集会，被比利时警察记录在案了，探员跟踪他，跑到伦敦去看看马克思究竟在干什么。探员回来报告说，马克思很邋遢，身上的衣服不知道是泥土的颜色还是肮脏的颜色，他经常写作写到半夜，写到疲倦了一头倒在沙发上，连脱衣服的力气都没有……马克思偶尔也会享受到一种愉悦的悠闲时光,那是在梅林笔下,他似乎稍微有点钱了,搬到比较好的房子,他会把头发梳得干干净净,昂首阔步走在前头,燕妮领着最小的女儿爱琳娜,后面是两个大女儿,小燕妮和劳拉,还有两个家里的女佣,一个拎着篮子,里面放着面包、奶酪、水果,另一个拿着只大篮子,里面是地毯,他们要到公园去野炊了,这在马克思一家是很少见的情景,享受天伦之乐……大部分时间,如果没有客人来访,马克思都在房间里单独工作,愤懑,发脾气,啃书本,疯狂地写作,这就是马克思的日常状态。

1867年马克思的《资本论》第一卷终于出版了,他承诺,他还要写两卷。我们知道马克思是1883年去世的,1867年到他去世还有十六年,他完全有时间把《资本论》写下去并付梓。后来在检查马克思遗物的时候,人们发现马克思为了续写《资本论》还留下了一百多本笔记本,中间足足有一千页和高利贷有关,光为了高利贷就做了一千页笔记,他居然舍得花那么多时间。那么为什么,马克思没有把《资本论》写完,以他的健康状况和不屈不挠的性格,以他留下的大量准备材料,这个不了了之的结果是很难解释的。

不发表,这可能是马克思的写作习惯之一,这种情况在他早年写诗歌时就存在,还有他写过那么多哲学笔记,包括后来影响极大的《巴黎手稿》,马克思生前也没发表。我讲的主题来自马克思的两句话:"解释世界,还是改造世界?"他的《关于费尔巴哈的提纲》生前同样没有发表,直到马克思去世后,恩格斯写了一本书叫《路德维希·费尔巴哈和德国古典哲学的终结》,他才从马克思的遗作中挑出这篇未发表的论纲作为自己这本书的附录。意思是说,关于费尔巴哈,马克思早就说了这些精辟的论断,恩格斯道德品质非常好,他从不掠人之美,他总是说我受马克思的教育,马克思是第一小提琴,他是第二。确实,马克思写了大量手稿从来没有发表,这给后人带来了很多迷惑,这个人好像真的不自私,不虚荣,他不要求发表,就写给自己看,为自己清理思想,我们不得不认为马克思真的很严肃。

无论我们如何猜测,有一件事情发生了,就是——马克思的计划搁浅了。或者说,马克思的计划推迟了。1848年是无产阶级革命被推迟了,马克思的计划转向对资本主义必将灭亡的经济学论证;1867年至1883年,马克思留下了一百本笔记和一千页有关高利贷的笔记,再一次将践行这一论证的承诺推迟了。我们不禁会问,莫非其中出现了什么不可克服的障碍,或难以预料的变故?

《资本论》的后两卷,马克思死后恩格斯才把它整理出来,结构非常紊乱,不完整,马克思自己不愿意拿出来发表,其实是很有道理的。马克思没有拿出来的原因很可能是,他对资本主义的几个关键描述与现实状况发生了尖锐的矛盾,"工人阶级贫困化","资本越来越集中","越来越多的人沦为无产阶级"。《资本论》第一卷结尾部分有一段非常著名的预言,马克思说,随着这个世界的资本越来越集中于极少数人,随着大多数资本家都慢慢变成了无产者,资本主义生产关系和生产力严重不能兼容,这个外壳就要爆炸了,丧钟就要敲响了,剥夺者就要被剥夺了……意思就是说已经宣布了资本主义即将走向灭亡,革命钟声将要敲响,资本家将被剥夺,一切私有财产将要被没收。他是那样肯定地用了一个末世判决的语气来宣布世界的必然命运,毫无商量余地,但是世界却发生了朝另外一些方向的变化。这个世界并不是只有马克思一个人在思考,也不可能只按照马克思指示的路线发生改变。人们的社会存在决定人们的意识,而不是相反——这是马克思的基本思想。那么同样,马克思的思考也必须没有例外地被社会存在所决定——是存在决定思想,不是思想决定存在。1848年革命后的欧洲资本主义经济没有出现马克思上述预言的景象,这个景象的推演与描绘根据的只是马克思的逻辑推论,以及一种急迫想看到世界濒临崩溃的"末世/创世"愿望。1848年革命失败,流亡伦敦的拿破仑的侄子路易·波拿巴回到巴黎通过镇压与权谋稳定了法国局势,马克思有一篇很著名的文章《路易·波拿巴的雾月十八日》写的就是这个事件。马克思真是辛辣,雨果不过讽刺波拿巴是个小丑,马克思又一次超越了雨果,站在一个更高的历史高度说:我要指出的是,究竟是一种什么样的法国阶级斗争局势,使一个小丑成为英雄?我们现在不去评论马克思这篇文章给1851年之后的法国带来什么,我们要问的是路易·波拿巴给法国此后的二十年带来了什么?波拿巴镇压反对派、复辟帝制、大搞阅兵式和挑起普法战争是一方面，但是在他执政二十年中，法国完成了工业革命，大兴土木重建举世瞩目的新巴黎则是另一面，连马克思都挖苦"法国资产阶级用经济的胜利来弥补政治上的失败"，换句话说，马克思看到了资本主义自由市场经济在1851年后的法国有了强劲的发展，经济的胜利嘛……顺便插一句，至于马克思是否也会用 GDP 增长来衡量路易·波拿巴的政绩，你们可以猜猜看。

马克思一直说资本是肮脏的，甚至沾着血，资本的本性就是榨取剩余价值，尽管他很少指名道姓地攻击掌握资本的资本家。马克思不愿意讨论人性的善恶，但他很愿意宣布某一种经济制度的善恶。不过正如加尔文说的，连小孩子都知道钱只要没有锁在柜子里它就会升值，钱会升值是因为人支配和运用了钱，使闲置的钱变成了资本。钱的本性其实就是人的本性，因为人和人不一样，所以不同的人赋予钱的性质也就不一样。马克思不相信资本家有钱人会有仁慈心，他好像忘记了，当年在特利尔小城，他和燕妮的父亲都还是圣西门主义者的时候，是否怀疑过圣西门怎么可能是一个千金散尽的有钱贵族，而他的终身战友恩格斯就是一个慷慨仁慈的资本家。

资本未必一定会升值，当然资本也不可能总是能够吞并其他资本如其所愿地形成所谓垄断资本的集中，而使绝大多数人沦为无产者。弗里德曼有个数据，二十世纪六十年代美国注册的私人企业有一千万余家，平均每年新注册四十万家，同时又有略少于四十万家宣布倒闭或破产，这几乎是一个稳定的常数。换句话说，资本的集中与分散，投资的成功或失败，一直活跃地存在于自由市场的竞争体制中，这里面有太多不确定的因素和我们不可能全盘掌控的可变性。资本只要离开了人，既没有本性，也没有逻辑，就像人类使用的任何工具，它的功能与使用它的结果之好坏、成败、善恶，统统取决于行为人的目的、行为后果、具体的道德情境与复杂的社会过程。

也许有人会说，弗里德曼的数据是五十年前的，早过时了。很好，五十年就过时，那么，一百七十年算不算过时呢？马克思在《资本论》中考察了十九世纪六十年代资本主义工厂的工作条件，引用的资料基本来自恩格斯写于四十年代后期的《英国工人阶级状况》。遗憾的是，恩格斯此书所引用的大量报告内容并非发生在资本高度集中的产业，那种糟糕状况恰恰发生在缺乏资本的前资本主义作坊与设备落后的行业中，而且随着时间推移已经在渐渐改变。二十年过去了，马克思《资本论》第八章"工作日"的本意是试图证明资本主义的本性就是逐步强化对工人的剥削，因此雇佣的人越多就会有越多工人被剥削，要得出这么一个无情的资本逻辑就在于压榨更多剩余价值的不道德结论，并且最终导致危机，马克思的证据应该在资本化程度最高的产业中去寻找，因为那里资本对工人的剥削按马克思的逻辑应该最严重。但是《资本论》第一卷没有证明这一点，还是沿用了恩格斯二十年前的旧说。至于恩格斯，他的《英国工人阶级状况》具有十分明显的宣传特点,他给马克思的信里说这本书是"在世界舆论的审判庭上控诉英国资产阶级",可惜这份起诉书引用的材料并非无可挑剔——首先它是有选择地对英国前资本主义工业化初级阶段的考察,其中提供的夜班工人私生子的数据来自1801年的资料,而在另一处引用了1833年工厂调查委员会揭发的恶劣工作条件,却没有同时告诉读者1833年英国已经通过了阿尔朔普爵士的《工厂法》,目的就是要消除委员会报告中所提到的状况。马克思从工厂视察报告中引用了一些特别恶劣的虐待工人的案例,并引申为这是资本主义为利润生产的体系性常态,似乎是不可避免的,事实上那些恶劣的工厂主正是视察员奉命侦查和起诉的对象。马克思不愿意相信代表资本利益的国家机构会改善工人阶级的糟糕处境,但他又不得不仰赖那些统治阶级委派的人提供的证据,正是这些人在行动,通过调查、起诉、辩论与立法,逐渐把事情引向改良。

既然说到了改良,就不能不提十九世纪下半叶的英国费边社。费边社可能大家不熟,但我说一个人你们肯定很耳熟,就是萧伯纳。萧伯纳是费边社四君子之一,赫赫有名的剧作家,这个人最著名的一段言论是针对婚姻的,"不管你结婚还是不结婚,反正你将来都要后悔"。

维多利亚女王在位时期,英国经济强劲发展,社会福利明显提高,和费边社的积极活动不无关系。费边社不是一个党派,只是一个松散的组织,它的成员经常搞讲座、做交流,印一些小册子大家传阅。这里面有作家、企业家、慈善家、报社记者、律师,这些所谓有文化有同情心的小资产阶级人士，主张帮助穷困人群，缩小收入差距，我们赚的钱很多了，拿出来一部分帮助有困难的人，办孤儿院，提供免费教育，免费培训那些缺少技能的人，让他们自食其力而不是等待救济。

为什么叫费边社？很有意思，历史上费边确有其人，公元前三世纪的一个罗马将军，这个人打仗有点特别，从来不进行正面决战。史书记载，汉尼拔带大军打到罗马，费边的对策就是两军对峙，保持距离，就像毛泽东的战术，敌进我退，敌退我追，保持兵力，骚扰加尾随，汉尼拔没办法对罗马百姓进行掠劫，很别扭。费边一方力量薄弱，决战无把握，当时罗马人骂他胆小鬼，结果证明他是对的，这个拖延战术通过时间赢了汉尼拔，有这样一个出典。"拖延和避免决战"就成了费边社的宗旨，不激化矛盾，不要你死我活，有些事需要拖，中国古人讲"大事化小，小事化了"，古人不作为，任其自然，费边社是要有作为的，通过对时间的等待，等待机会，时机成熟就做，没有机会就等。费边社就是奉行这样一个温和的渐进的政治改良概念，渐进的政治改良在英国很有社会基础，费边社化身为今天的英国工党一点都不奇怪。十九世纪末英国自由党和费边社一些人在1900年组建英国工党，纲领和政策很具有社会主义色彩，三十年代工党成了英国的两大政党之一，和保守党轮流执政。

现在你们就可以知道，为什么马克思改变世界的政治主张在十九世纪下半叶的英国几乎没有什么重要影响。因为对这个世界心怀不满的何止是马克思一个人，为改变或改良世界而提出可行计划或不可行计划甚至是灾难性计划的更何止是马克思一个人！我觉得，马克思计划的搁浅、推迟，主要是指《资本论》的迟迟没有写完，他好像是在故意拖延，因为马克思不是没有充裕的时间，他都有工夫为高利贷写了一千页。我猜想马克思是在犹豫，因为他的唯物主义立场决定了他必须通过唯物的事实证据说话，但是马克思的长处还是在黑格尔的历史必然性与辩证法推导，还是在他充满激情的浪漫政治想象，还是在他不肯屈服的性格和对人类不平等状态的无情敌意，还是在他隐秘的善恶两元对立所决定的拒绝一切改良与和平方案的绝对主义决断。

今天我们时间不够，哪怕粗略地介绍马克思著名的"剩余价值理论"同亚当·斯密"劳动价值论"与十八世纪苏格兰古典经济学的继承关系，同加尔文和路德新教抵制高利贷的道德同构关系（我好像突然明白了马克思为什么会无意识地，或是有意识地为高利贷写了那么多笔记），同奥地利学派门格尔和庞巴维克的不相容关系——离开这三个方面关系的梳理我们就很难讲清马克思"剩余价值理论"的方法论来源、道德正当性假设以及可能隐藏的重大理论陷阱——我们可以把这三个饶有意味的问题留待以后，了解它们，不仅可以帮助我们更深入地理解马克思和马克思的时代，还能为我们破解《资本论》何以中途搁浅之谜，向我们打开另外一些需要较大耐心才能深入其底奥、从而建立起自己得以独立判断的知识领域。

最后的一点时间我想说说法国……马克思最初的共产主义概念来自圣西门,他是法国人。马克思在 1848 年前后形成的暴力革命主张也来自法国,法国大革命的影响是毋庸置疑的,前者是理想蓝图,后者是实现蓝图的途径和手段。马克思的暴力革命诉求一辈子没有放弃过,他觉得他已经充分论证了资本主义私有制的不合法性(其实他只是提供一种指控,法庭辩论远远没有结束),所以他不断宣称剥夺者必须被剥夺。马克思强调阶级斗争,他认为人类的文明史就是一部阶级斗争史,所以他撕破了一切爱的面纱和宗教的面纱,看到的只是赤裸裸的经济利益,但是这却不是法国人的思维方式,恰恰是被马克思所辛辣批判过的典型的世俗犹太人思维方式。年轻的马克思写过许多爱情诗,这是送给一个具体的女人的,成熟以后的马克思绝对不屑于谈论抽象之爱,你们如果有兴趣读一下马克思 1846 年在布鲁塞尔写的《反克利盖公告》,你们就会对他所主张的共产主义与爱、与宗教感情应该是一种什么样的敌对关系有个新的认识。在你们印象中法国人都是浪漫的,但那不过是艺术的法国,是半个法国;作为政治的浪漫主义在法国的极端暴力表现之疯狂之狂欢化,绝对不是只知道香奈儿和波尔多葡萄酒的今天年轻人所能想象的。马克思《哥达纲领批判》提到了"无产阶级专政",这个词是布朗基发明的,法国人;《共产党宣言》最后一句"无产阶级失去的只是他们的锁链",原创者马拉,法国人,雅各宾党三巨头之一,顺带说,"路易必须死,法兰西才能生存"这样煽情有力的短句,也出自马拉。马拉本来是医生，弃医从政后说起话来惊世骇俗。马克思非常善于在他自己的文章中引用那些当时一度流行并且极具煽动潜能的格言，玩这套语言把戏，法国人尤其擅长，当然德国浪漫主义者也有出色表达，"宗教是人民的鸦片"版权属于德国诗人海涅，"各尽所能，各取所需"则出自另一个德国人沙佩尔——后来者居上，既然这些名言的广为流传与马克思无法分开，与二十世纪国际共运史无法分开，我们不妨将这些格言警句继续看作是马克思的遗产。

前面我讲了并不是只有马克思一个人想要改变世界，十八世纪、十九世纪发誓要改变世界，身体力行甘愿抛头颅洒热血的法国人源源不断前赴后继，"不断斗争，不顾一切地斗争，一直斗争到死为止，这是一个革命者的天职"，这句铿锵有力的话是布朗基说的，布朗基曾被缺席选为巴黎公社名誉主席，因为公社成立的时候他人还关在卡奥尔监狱。布朗基早马克思两年去世，巴黎万人空巷，为他送葬的市民有二十万，法国人崇拜不屈不挠的受难英雄，这种禀性似乎已经是法国文学的传统，而不只限于左翼文学特色，雨果、梅里美、司汤达都喜欢描写这样的悲壮场景。马克思的暴力革命理论不仅吸收了布朗基关于无产阶级专政的提法，而且吸收了更早的包括马布利、莫雷利和巴贝夫在内的法国十八世纪社会主义先驱的某些创意，特别是巴贝夫。巴贝夫写过一本小册子《平等者宣言》，那个时代的共产主义幽灵们风行自费印刷的小册子十分简陋，还常常是石印的，"不平等，宁可死"是巴贝夫的名言，类似中国人的"宁可玉碎，不为瓦全"。巴贝夫改变世界的主张被计划得非常具体，通俗易懂很具有操作性——废除私有制，建立财产公共所有制，建造公共仓库，所有生活用品由上级领导平均分配，用强制的有效劳动服务于祖国，所有教师与科学家必须向上级提交忠诚证明，你们是不是有点儿似曾相识？巴贝夫最厉害的是，他计划组织一种叫作"法朗吉"的"共同目标团体"，以职业革命家为核心班子，建立根据地，发动人民游击战争，巴贝夫的口号是，穷人必须起来去掠劫富人，不平等必须被铲除，这场革命之后，"也许一切都会回归混沌，但从混沌中将会诞生一个新的再生世界！"

巴贝夫1797年因密谋武装起义失败被砍头了，同时拿破仑的威望与军事胜利正如日中天，法国将属于农民拥戴的拿破仑而不属于无产阶级代言人巴贝夫，平等者坐天下的时代尚未到来。巴贝夫是法国大革命的产物，他的平等计划虽然流产却变成了某种需要等待一个多世纪之后的亚洲国家居然可以仿效的模式，他像流星一样隐没了。法国大革命的遗产错综复杂，并不是所有法国大革命的产物都热衷鼓吹暴力革命，圣西门就是其中之一。法国帝制复辟后大批旧贵族回到了巴黎，文艺生活又在公爵夫人或子爵夫人的沙龙轰轰烈烈地展开，圣西门主义开始流行，乔治·桑和肖邦，柏辽兹和李斯特，他们宁肯参加贵族沙龙也不愿意与资产阶级为伍，法国资产阶级暴发户依然处在被贬低的卑下地位，那个神秘的上层地位永远属于贵族或者属于精神贵族，包括文学家、哲学家和艺术家。巴尔扎克的《人间喜剧》多半写于菲利普时代，在他笔下资产阶级永远是那么精明计算和丑陋不堪。法国文人一直倾向于"左"倾是不是有更复杂的传统原因，至少直到二十世纪三十年代与六十年代马克思还两次受到众多重要的法国知识分子的青睐，绝不会是一件无缘无故的事情。站在无产阶级一边的文学家艺术家大有人在，乔治·桑是较早的一个，库尔贝是较晚的一个，库尔贝不仅画筑路工人还亲身参与了巴黎公社。但是，我猜想马克思除了读法文版的巴尔扎克小说，可能没有机会看到法国印象派的绘画，马克思精通法语，他的早期著作《哲学的贫困》就是用法文写的。我很好奇的是，如果马克思有机会在巴黎的落选沙龙上看到了马奈、莫奈和雷诺阿充满资产阶级新趣味的绘画，他会有什么反应？按照马克思对宗教和落后农民的鄙视态度，恐怕他对米勒的作品都会不屑一顾。况且那正是法国历史上的最反动时期，小丑拿破仑三世执政，经济发展迅速，内外矛盾尖锐，社会危机频仍，一触即发。不过我敢打赌，马克思绝对不会对法兰西第二帝国的年度 GDP 报表产生丝毫兴趣，除非他欣喜地听到越来越多的资产阶级沦为无产阶级的消息，而不是波拿巴狼狈地在色当投降。

时间差不多了……改造世界不是某个人一厢情愿的一件事情，尤其还关系到全人类，哪怕他是一个绝顶的天才。天才很多，你有计划，别人也有计划，究竟谁对谁错，并不是仅仅用辩证法推导就能够来证明。马克思认为：人是社会关系的总和。既然如此，人要和传统作最彻底的决裂就是不可能的。马克思还认为：一切重新建构抽象的哲学体系，并以哲学来投射现实的企图，都是注定要失败的。既然如此，就不要轻言用哲学作为改变世界的大脑，因为改变现实比投射现实更为艰难，甚至更为冒险。那么，就让我们回到解释世界，对艺术家而言，你们不妨回到呈现世界。你们的任务就是呈现。你们用各种方式呈现你们的情感，呈现你们的幻想，因为这些东西并不及物，这些投射对世界无害。

最后补充一句，前面我引用的马克思那段话，来自他1846年用法文写的《哲学的贫困》。的确，无论如何，与大千世界相比，哲学总是贫困的。

后　记

《漫长的瞬间：吴亮谈话录Ⅱ》是我刚刚整理出来的第二本谈话录。第一本谈话录《此时此刻：吴亮谈话录》已早交给商务印书馆了，出版时间是2012年9月。两本谈话录涉及的话题范围互有关联性，但是内容没有重复，仍然围绕着艺术——是不是当代艺术并不重要——同艺术家们的个人谈话，不论出名还是尚未出名，或者可能永远不会出名；在各式各样艺术家个展和群展之间或之后，长长短短的即兴发言；以及应邀在一些艺术讲座上的闲聊，零碎的或驳杂的，有主题或无主题的——诸如此类。

我的即兴发言和聊天讲座离凯奇的境界还太远——约翰·凯奇说"一次好的学术讲座应该是一次轻松的消遣"——据周围的朋友说，我平时讲话与我的书面语非常接近，是这样吗？这绝不是好消息，这正是我不希望的。那么，我希望的口头表达应有什么特点呢：首先必须有一点点口吃（某种感觉和思想似乎很难被顺利描述），适度犹豫（口若悬河通常会让人不信任），偶尔迟疑（混合着杂音），甚至回避某些问题（迂回、打岔、沉默、停顿），废话（无足轻重，离题，无意义的细节），语塞和走神儿（由于我们不知道的原因），还有不连贯（语言没有被安顿在正确位置，敏行讷言之人），以及画蛇添足（掩饰、浮夸、谎言，为什么不能承认我们都会说谎呢）。

与艺术家谈话能够满足我此一欲望：谈话时经历一遍，录音听一遍，最后文字整理一遍。现在，我既迷上了将如此容易流逝的日常表达形塑为一种"正式文本"的枯燥工作，同时又害怕那一大堆芜杂散落的语音碎片，它消耗我大量精力，而且，为此我必须搁置当下时间……最后一个问题是：在我看来，谈话式的写作（即经过修订过的谈话录音文字）是一种体例，还是一种风格？我的经验是，它不是写作文体中的某一种特殊风格，而是一种可以呈现不同思考类型与口语表达风格的特殊体例。《漫长的瞬间：吴亮谈话录Ⅱ》中个别谈话文本出于不得已，最后做了比较大的书面化修订，何以如此？只有我自己知道问题出在哪里……

我喜欢艺术家的口语陈述，不完全因为我经常与各种各样的艺术家聊天。在这几年里，我陆陆续续整理修订了数十位艺术家与我的谈话录音，每当完成一个口述记录文本，那种如释重负的感觉异常美妙——我眼前开始出现了幻觉，某个艺术家的声音在我耳边萦绕，一个逝去的场景隐隐约约重现了，我们相对而坐，多半是在他本人的画室里，应我之邀，他正在追述另一个存在于他当时记忆中的往事——这几个重叠的时间和空间会以一种并不在场的形态若有若无地呈现，通过几个层次递进的话语被捕捉，最后落在了纸面上，今非昔比物是人非，文字却能够让一次日常谈话永续其存在，简直不可思议。

吴 亮

2014 年 12 月 27 日